GRAMMAIRE FRANÇAISE

Troisième édition

GRAMMAIRE FRANÇAISE

JACQUELINE OLLIVIER

MARTIN BEAUDOIN
Faculté Saint-Jean, University of Alberta

THOMSON

NELSON

Australia   Canada   Mexico   Singapore   Spain   United Kingdom   United States

THOMSON
NELSON

**Grammaire française,
Third Edition**

By Jacqueline Ollivier and Martin Beaudoin

Editorial Director and Publisher:
Evelyn Veitch

Executive Editor:
Chris Carson

Marketing Manager:
Lisa Rahn

Senior Developmental Editor:
Katherine Goodes

Senior Production Editor:
Bob Kohlmeier

Copy-Editor:
Elizabeth d'Anjou

Proofreader:
Sophie Lamontre

Indexer:
Isabelle Léger

Production Coordinator:
Helen Locsin

Creative Director:
Angela Cluer

Interior-Design Modifications:
Tammy Gay

Cover Design:
Katherine Strain

Cover Image:
Pierre Auguste Renoir / The
Bridgeman Art Library / Getty
Images

Compositor:
Nelson Gonzalez

Permissions Coordinator:
Maria DeCambra

Printer:
Webcom

**National Library of Canada
Cataloguing in Publication**

Ollivier, Jacqueline
Grammaire française / Jacqueline
Ollivier and Martin Beaudoin. —
3e éd.

Includes index.
ISBN 0-17-641567-X

1. French language—Grammar.
2. French language—Textbooks
for second language learners—
English speakers. I. Beaudoin,
Martin, 1965–   II. Title.

PC2105.O48 2004   448.2'421
C2003-905104-8

AVANT-PROPOS

La ***Grammaire française*** a été écrite par Jacqueline Ollivier en 1979, puis éditée une première fois en 1992 par l'auteure. Au cours des années, l'ouvrage s'est établi comme un des meilleurs manuels de français disponibles pour les études françaises. En effet, les explications grammaticales et la structure de la ***Grammaire française*** sont d'une grande simplicité tout en étant exhaustives. Bien que plusieurs changements aient été apportés à la 3e édition, j'ai tenu à honorer l'esprit que Jacqueline Ollivier avait donné à ce respectable ouvrage.

Le présent manuel s'adresse aux étudiants de collège ou du premier cycle universitaire. Il peut être utilisé pour une étude méthodique de la langue française ou comme référence occasionnelle. Les explications grammaticales sont données en un français simple et concis, ce qui évite le passage constant de l'anglais au français tout en permettant une exposition additionnelle au français. Tous les aspects structurels de la grammaire française et plusieurs aspects lexicaux y sont couverts, permettant une étude complète et systématique de la langue.

La 3e édition de la Grammaire française est constituée de 19 leçons. Chaque leçon comporte des explications, des règles, des remarques et des applications immédiates pour vérification rapide de la compréhension (les réponses se trouvent à la fin de chaque leçon). On y trouve aussi des séries d'exercices à la fin de chaque section ; les réponses sont données dans un volume séparé : *Grammaire française : Clé de correction et exercices supplémentaires*, Jacqueline Ollivier & Martin Beaudoin.

La 3e édition comprend les principaux changements suivants :

- Plusieurs leçons ont été déplacées pour regrouper conceptuellement les différents aspects de la grammaire tout en respectant l'ordre établi par la pratique pédagogique.
- Plusieurs leçons ont été combinées ou scindées. La 3e édition de *Grammaire française* comporte 19 leçons.
- Les explications grammaticales ont été revues et souvent clarifiées. Nous avons modernisé les règles et reformulé bon nombre d'exemples pour mieux refléter la réalité nord-américaine. La terminologie a été modifiée de façon à refléter les analyses linguistiques contemporaines, notamment en ce qui concerne la classification des déterminants et des adjectifs.
- Quelques tableaux ont subi des changements ou ont été éliminés.
- Le lexique a été modernisé et des équivalences nord-américaines ont été ajoutées.
- La présentation a été retravaillée pour clarifier la structure des leçons.

Grammaire française enseigne à la fois la grammaire, l'orthographe et le vocabulaire, donnant ainsi une base solide, essentielle à la bonne connaissance de la langue française. L'ouvrage est une source de réflexion qui conduit l'étudiant à une compréhension approfondie du français et lui permettra de découvrir le génie de la langue.

Je tiens à exprimer ma reconnaissance à Dorine Chalifoux pour sa contribution enthousiaste au travail minutieux de révision et pour son appui tout au long du processus de réédition.

Martin Beaudoin
Faculté Saint-Jean

TABLE DES MATIÈRES

Avant-propos . . . . **V**

Leçon 1 **Le présent de l'indicatif   L'impératif** **1**
   I.   Le présent de l'indicatif 1
      A. Formes 1
         1. Verbes réguliers 1
         2. Verbes irréguliers 6
   Exercices 8
      B. Emplois 11
   Exercices 15
      C. Distinctions de sens 18
         1. Autres traductions de « **for** » et « **since** » 18
         2. Expressions idiomatiques avec **avoir** 19
         3. Sens de *porter-mener; apporter-amener;*
           emporter-emmener 21
   Exercices 21
   II.   L'impératif 23
      A. Formes 23
         1. Conjugaison 23
         2. Forme affirmative et négative 25
         3. Autres personnes 26
         4. Impératif passé 26
   Exercices 26
      B. Emplois 27
   Exercices 29
   Réponses aux applications immédiates 31

Leçon 2   Le nom   L'adjectif **33**

  I.   Le nom 33
      A. Genre des noms 33
      B. Observations sur quelques noms 36
      C. Pluriel des noms 37
      D. Nombres collectifs 38
      E. Fractions 39
  Exercices 40
  II.   L'adjectif 42
      A. Formes 42
          1. Féminin de l'adjectif 42
          2. Féminins particuliers 43
          3. Pluriel de l'adjectif 46
      B. Accord 47
      C. Place de l'adjectif 50
          1. Postposé 50
          2. Antéposé 51
          3. Place des adjectifs multiples 52
          4. Changement de sens de l'adjectif selon sa place 53
      D. Observations sur quelques adjectifs 54
      E. Adjectifs ordinaux 56
  Exercices 57
  Réponses aux applications immédiates 61

Leçon 3   Les temps du passé **63**

  I.   Le passé composé 64
      A. Formes 64
          1. Verbes conjugués avec **avoir** 64
          2. Verbes conjugués avec **être** 66
      B. Emplois 69
  II.   L'imparfait 70
      A. Formes 70
      B. Emplois 72
  Exercices 75
  III. Le plus-que-parfait 80
      A. Formes 80
      B. Emplois 81
  Exercices 83
  Réponses aux applications immédiates 85

Leçon 4 **Les déterminants** **87**
    I.   Les articles 87
        A. Article défini 88
            1. Formes 88
            2. Emplois 88
        B. Article indéfini 92
            1. Formes 92
            2. Emplois 92
        C. Article partitif 94
            1. Formes 94
            2. Emplois 94
        D. Omission de l'article 97
    Exercices 98
    II.   Les déterminants démonstratifs 102
            1. Formes simples 103
            2. Formes composées 103
    Exercices 104
    III. Les déterminants possessifs 105
        A. Formes 105
        B. Accord 106
        C. Emplois 107
        D. Article à la place du possessif 109
        E. Autres façons d'exprimer la possession 111
    Exercices 112
    IV. Les déterminants numéraux 114
    Exercices 117
    Réponses aux applications immédiates 118

Leçon 5 **Le futur** **Le conditionnel** **120**
    I.   Le futur 120
        A. Futur simple 120
            1. Formes 120
            2. Emplois 124
        B. Futur antérieur 125
            1. Formes 125
            2. Emplois 126
    Exercices 128
    II.   Le conditionnel 131
        A. Conditionnel présent 131
            1. Formes 131

      2. Emplois 132

    B. Conditionnel passé 136

      1. Formes 136

      2. Emplois 136

Exercices 139

Réponses aux applications immédiates 142

Leçon 6   **Le subjonctif présent et passé** **144**

I.   Formes 144

    A. Subjonctif présent 144

    B. Subjonctif passé 148

II.   Emplois 149

    A. Propositions indépendantes 149

    B. Propositions subordonnées complétives 149

    C. Après certaines conjonctions 153

    D. Propositions relatives 156

    E. Éviter le subjonctif 156

    F. Emplois distincts du présent et du passé 157

III. Proposition infinitive 158

Exercices 160

Réponses aux applications immédiates 165

Leçon 7   **L'adverbe   Le comparatif et le superlatif** . . . **168**

I.   L'adverbe 168

    A. Rôle 168

    B. Catégories 168

    C. Formation 169

    D. Place 171

    E. Adverbes utiles 172

Exercices 175

II.   Le comparatif et le superlatif 178

    A. Comparatif 178

      1. Adjectif et adverbe 178

      2. Nom 180

      3. Verbe 180

      4. Règles particulières 181

    B. Superlatif 182

      1. Adjectif 182

      2. Nom 183

      3. Adverbe 183

4. Règles particulières 184
C. Expressions utiles 184
Exercices 185
Réponses aux applications immédiates 189

Leçon 8   **La négation** **190**
I. Formes 190
II. Place de la négation 191
A. ne... pas 191
B. Autres négations 194
III. Emplois 196
A. Adverbes négatifs 196
B. Déterminants négatifs 198
C. Pronoms négatifs 199
D. Conjonctions négatives 201
IV. Négation multiple 203
Exercices 205
Réponses aux applications immédiates 209

Leçon 9   **Le participe présent   Le participe passé**
Le passif **211**
I. Le participe présent 211
A. Formes 211
B. Emplois 212
Exercices 217
II. Le participe passé 221
A. Formes 221
B. Emplois 224
Exercices 226
III. Le passif 227
A. Voix passive 227
B. Éviter le passif 229
Exercices 231
Réponses aux applications immédiates 231

Leçon 10   **L'interrogation   Le discours indirect** **233**
I. L'interrogation 233
A. Phrases interrogatives qui demandent une réponse
affirmative ou négative 233

B. Phrases interrogatives qui demandent une réponse spécifique 235

Exercices 242

II. Le discours indirect 246

A. Phrase déclarative 246

B. Ordre à l'impératif 248

C. Interrogation dans le discours indirect 249

D. Passer du discours direct au discours indirect 251

Exercices 252

Réponses aux applications immédiates 255

Leçon 11   Les pronoms personnels **257**

I. Les pronoms personnels atones 258

A. Pronoms sujets 258

1. Formes 258

2. Place 259

B. Pronoms compléments directs ou indirects 261

1. Formes et emplois 262

a. Groupe A : me, te, nous, vous, se 262

b. Groupe B : le, la, les 263

c. Groupe C : lui, leur 264

d. Groupe D : y 265

e. Groupe E : en 268

2. Place 271

3. Ordre de plusieurs pronoms compléments devant le verbe 273

Exercices 273

II. Les pronoms disjoints (toniques) 278

A. Formes 278

B. Emplois 278

Exercices 281

Réponses aux applications immédiates 284

Leçon 12   Les pronoms relatifs **285**

I. Fonction 285

II. Formes 286

III. Emplois 288

A. Avec antécédent nom de personne, nom de chose ou pronom 288

1. Qui 288

2. Que 289
3. Dont 291
4. Qui, lequel, auquel, duquel, où 292
B. Avec antécédent proposition ou sans antécédent 293
1. Ce qui 293
2. Ce que 294
3. Ce dont 294
4. Ce + préposition + quoi 295
Exercices 296
Réponses aux applications immédiates 302

Leçon 13 Les pronoms possessifs
Les pronoms démonstratifs 303

I. Les pronoms possessifs 303
A. Formes 303
B. Accord 304
C. Emploi 304
D. Expressions idiomatiques 304
Exercices 305
II. Les pronoms démonstratifs 307
A. Pronoms démonstratifs variables 307
1. Formes simples : celui, celle, ceux, celles 307
2. Formes composées : avec -ci et -là 307
B. Pronoms démonstratifs invariables 308
1. Forme simple : ce, c', ç' 308
2. Formes composées : ceci, cela (ça) 310
Exercices 311
Réponses aux applications immédiates 314

Leçon 14 Les verbes pronominaux 315

I. Formes 315
A. Conjugaison 315
B. Infinitif et participe présent 315
C. Temps composés 316
D. Impératif 316
E. Place du pronom réfléchi 317
II. Catégories 318
A. 1re catégorie : verbes pronominaux réfléchis
ou réciproques 318
B. 2e catégorie : verbes essentiellement pronominaux . . . 322

C. 3ᵉ catégorie : verbes pronominaux à sens passif 324
III. Accord du participe passé 325
A. 1ʳᵉ catégorie 325
B. 2ᵉ et 3e catégories 325
IV. Emplois 327
Exercices 328
Réponses aux applications immédiates 333

Leçon 15   L'infinitif **335**
I.   Formes 335
A. Infinitif présent 335
B. Infinitif passé 335
C. Forme négative 336
D. Infinitif passif 337
II.   Emplois 337
A. Comme nom 337
B. Sans rapport au verbe principal 338
C. Comme complément d'un verbe 338
1. Verbes et expressions sans préposition 339
2. Verbes et expressions avec la préposition **à** 340
3. Verbes et expressions avec la préposition **de** 340
4. Changement de sens selon la préposition 342
D. Comme complément d'un nom ou d'un adjectif . . . 344
E. Dans des constructions impersonnelles 346
Exercices 348
Réponses aux applications immédiates 355

**Leçon 16   Les verbes impersonnels
Les mots indéfinis** **356**
I.   Les verbes impersonnels 356
A. Définition 356
B. Verbes impersonnels et expressions impersonnelles . . . 356
Exercices 359
II.   Les mots indéfinis 360
A. Formes 361
B. Emplois 362
Exercices 375
Réponses aux applications immédiates 379

Leçon 17   Les prépositions   Les conjonctions **380**
    I.   Les prépositions 380
       A. Rôle 380
       B. Catégories 380
          1. Prépositions courantes 380
          2. Adjectifs, participes passés et participes présents . . 381
       C. Emplois 381
          1. Préposition + verbe 381
          2. Préposition + nom 382
    Exercices 393
    II. Les conjonctions 394
       A. Rôle 394
       B. Catégories 395
          1. Conjonctions de coordination 395
          2. Conjonctions de subordination 395
    Exercices 398
    Réponses aux applications immédiates 399

Leçon 18   Les verbes semi-auxiliaires
           Savoir et connaître **401**
    I.   Devoir + infinitif 401
    II. Pouvoir + infinitif 404
    III. Faire, laisser et les verbes de perception + infinitif 405
       A. Faire + infinitif 405
       B. Laisser et les verbes de perception + infinitif 406
    IV. Savoir et connaître 409
    Exercices 411
    Réponses aux applications immédiates 414

Leçon 19   Les temps littéraires : Le passé simple
           Le passé antérieur   L'imparfait et le
           plus-que-parfait du subjonctif **415**
    I.   Le passé simple 415
       A. Formes 415
          1. Verbes réguliers 415
          2. Verbes irréguliers 416
       B. Emplois 418
    Exercices 418
    II. Le passé antérieur 418

A. Formes 419
B. Emplois 419
Exercices 420
III. L'imparfait et le plus-que-parfait du subjonctif 421
A. Formes 421
1. Imparfait du subjonctif 421
2. Plus-que-parfait du subjonctif 422
B. Emplois 423
Exercices 424
Réponses aux applications immédiates 425

Appendice **426**
I. Tableau des modes et des temps 428
A. Verbes réguliers 429
Verbe régulier en **er : aimer** 429
Verbe régulier en **ir : finir** 430
Verbe régulier en **re : vendre** 431
B. Verbes irréguliers 432
Auxiliaire **avoir** 432
Auxiliaire **être** 433
C. Autres verbes irréguliers 434
II. Les nombres, les mois, les jours 446
III. Verbes + infinitif 447
IV. La syllabe orthographique 449
V. Le **e** et l'accent grave 450

Lexique **451**

Index **475**

Tableaux **486**

• LE PRÉSENT DE L'INDICATIF
• L'IMPÉRATIF

I. Le présent de l'indicatif

On utilise le présent de l'indicatif pour décrire une action ou un état au moment actuel ou au moment auquel se produit l'action principale du discours. C'est un temps simple (c'est-à-dire formé d'un seul mot).

Ex. Il pleut.
J'aime les fleurs.
Nous sommes tristes.

A. Formes

1. **Verbes réguliers.** Il y a trois groupes : les verbes en **er** (1er groupe), en **ir** (2e groupe) et en **re** (3e groupe).

Ex.

aimer	finir	vendre
j'aime	je fin**is**	je vend**s**
tu aim**es**	tu fin**is**	tu vend**s**
il, elle, on aime	il, elle, on fin**it**	il, elle, on vend
nous aim**ons**	nous fin**issons**	nous vend**ons**
vous aim**ez**	vous fin**issez**	vous vend**ez**
ils, elles aim**ent**	ils, elles fin**issent**	ils, elles vend**ent**

a. Verbes en **er** (voir conjugaison ci-dessus)

Tous les verbes en **er** sont *réguliers* excepté le verbe **aller** (le verbe **envoyer** est irrégulier au futur et au conditionnel).

— Comme les terminaisons **e**, **es**, **ent** sont muettes, quatre formes du présent ont la même prononciation.

Ex. je parl**e**, tu parl**es**, il parl**e**, ils parl**ent**

— Quand le verbe commence par *une voyelle* ou *un h muet**, il y a *une liaison* à la troisième personne du pluriel.

Ex. j'aime, tu aimes, il aime, ils aiment

j'habite, tu habites, il habite, elles habitent

Application immédiate

Écrivez et prononcez les verbes suivants aux quatre personnes à terminaisons muettes.

1. naviguer :

    je _____ , tu _____ , il _____ , ils _____

2. arriver :

    j'_____ , tu _____ , il _____ , ils _____

réponses p. 31

ATTENTION

Aux terminaisons muettes du présent des verbes en **ier**, **uer** et **ouer** : on prononce **i**, **u** et **ou**.

Ex. étud**ier** : j'étud**i**e, tu étud**i**es, il étud**i**e, ils étud**i**ent

continu**er** : je continu**e**, tu continu**es**, il continu**e**, ils continu**ent**

lou**er** : je **l**ou**e**, tu **l**ou**es**, il **l**ou**e**, ils **l**ou**ent**

---

*Un **h** est classé comme *muet* ou *aspiré* ; il n'est jamais prononcé.

Quand il est muet, il y a une élision ou une liaison avec le mot précédent.

    Ex. l'homme (élision), un homme, les hommes, un grand homme (liaisons)

Quand il est aspiré, il compte pour une consonne même s'il n'est pas prononcé ; il bloque alors l'élision et la liaison.

    Ex. en/haut, le/héros, un/héros, des/héros

Dans le lexique, un astérisque [*] placé devant un *h* indique qu'il est aspiré.

Application immédiate

Écrivez et prononcez les verbes suivants aux quatre personnes à terminaisons muettes.

1. apprécier :

   j'_____ , tu _____ , il _____ , ils _____

2. tuer :

   je _____ , tu _____ , il _____ , ils _____

3. jouer :

   je _____ , tu _____ , il _____ , ils _____

réponses p. 31

CHANGEMENTS ORTHOGRAPHIQUES DE CERTAINS VERBES EN **ER**

Aux *quatre personnes à terminaisons muettes* (je, tu, il/elle/on, ils/elles) :

— les verbes qui ont un **e** ou **é** à la fin de l'avant-dernière syllabe de l'infinitif changent ces lettres en **è** pour des raisons de prononciation :

Ex. le/ver
    je l**è**ve
    tu l**è**ves
    il, elle, on l**è**ve
    nous levons
    vous levez
    ils, elles l**è**vent

esp**é**/rer
    j'esp**è**re
    tu esp**è**res
    il, elle, on esp**è**re
    nous espérons
    vous espérez
    ils, elles esp**è**rent

— les verbes en **eler** et **eter** doublent la consonne **l** ou **t** :

Ex. app**eler**
    j'appe**ll**e
    tu appe**ll**es
    il, elle, on appe**ll**e
    nous appelons
    vous appelez
    ils, elles appe**ll**ent

ép**eler**
    j'épe**ll**e
    tu épe**ll**es
    il, elle, on épe**ll**e
    nous épelons
    vous épelez
    ils, elles épe**ll**ent

jeter
    je je**tt**e
    tu je**tt**es
    il, elle, on je**tt**e
    nous jetons
    vous jetez
    ils, elles, je**tt**ent

Exceptions		
geler	**peler**	**acheter**
je gèle	je pèle	j'achète
tu gèles	tu pèles	tu achètes
il, elle, on gèle	il, elle on pèle	il, elle, on achète
nous gelons	nous pelons	nous achetons
vous gelez	vous pelez	vous achetez
ils, elles gèlent	ils, elles pèlent	ils, elles achètent

— Les verbes en **oyer** et en **uyer** changent le **y** en **i**. Les verbes en **ayer** suivent la même règle, mais ils peuvent aussi garder le **y** :

p**ayer**	nett**oyer**	enn**uyer**
je paie (paye)	je nettoie	j'ennuie
tu paies (payes)	tu nettoies	tu ennuies
il, elle, on paie (paye)	il, elle, on nettoie	il, elle, on ennuie
nous payons	nous nettoyons	nous ennuyons
vous payez	vous nettoyez	vous ennuyez
ils, elles paient (payent)	ils, elles, nettoient	ils, elles ennuient

Ces changements orthographiques sont aussi employés à l'impératif (p. 24), au futur (leçon 5, p. 122), au conditionnel (leçon 5, p. 132) et au subjonctif présent (leçon 6, p. 146).

À la première personne du pluriel (nous) :

— les verbes en **cer** conservent le son [s] du **c** à l'infinitif en ajoutant une cédille sous le **c**.

  Ex. commen**cer**   nous commen**ç**ons

— les verbes en **ger** conservent le son [ʒ] du **g** à l'infinitif en ajoutant un **e** après le **g**.

  Ex. man**ger**   nous mang**e**ons

Ces changements orthographiques sont aussi employés à l'imparfait (voir leçon 3, p. 71).

Application immédiate

Écrivez et prononcez les verbes suivants au présent et aux personnes indiquées.

1. mener : je _____ , nous _____
2. répéter : je _____ , nous _____
3. épeler : je _____ , nous _____
4. feuilleter : je _____ , nous _____
5. peler : je _____ , nous _____
6. essayer : je _____ , nous _____
7. employer : je _____ , nous _____
8. essuyer : je _____ , nous _____
9. placer : je _____ , nous _____
10. nager : je _____ , nous _____

réponses p. 31

---

b. Verbes réguliers en **ir** (voir conjugaison, p. 1)

Les verbes réguliers en **ir** se conjuguent avec l'infixe **iss** au pluriel du présent. (Les verbes irréguliers en **ir** n'ont pas l'infixe.)

Dans cette catégorie, on trouve en particulier des *verbes formés sur des adjectifs*.

Ex. Adjectifs de couleur

blanc → blanchir
bleu → bleuir
brun → brunir
jaune → jaunir
noir → noircir
rouge → rougir
vert → verdir

Autres adjectifs

beau → embellir
court → raccourcir
dur → durcir
grand → grandir, agrandir
gros → grossir
jeune → rajeunir
laid → enlaidir
large → élargir
lent → ralentir
lourd → alourdir
maigre → maigrir
mince → amincir
pâle → pâlir
profond → approfondir
sale → salir
vieux → vieillir

PARTICULARITÉ DU VERBE **HAÏR** (= DÉTESTER)

Il n'y a *pas de tréma aux trois formes du singulier du présent.*

je   ha**is** (prononcez [ɛ])   nous haïssons
tu   ha**is** (prononcez [ɛ])   vous haïssez
il, elle, on ha**it** (prononcez [ɛ])   ils, elles haïssent

c. Verbes réguliers en **re** (voir conjugaison, p. 1)

Il n'y a *pas de terminaison à la troisième personne du singulier* du présent des verbes réguliers en **dre**, mais il faut mettre un **t** à celle des verbes en **pre**.

Ex. ven**dre** : il vend
interrom**pre** : il interrom**t**

Application immédiate

Écrivez les verbes suivants au présent et à la personne indiquée.

1. corrompre : ils _____   5. fondre : elle _____
2. rendre : vous _____   6. perdre : nous _____
3. descendre : je _____   7. répondre : tu _____
4. interrompre : on _____   8. rompre : ils _____

réponses p. 32

---

2. Verbes irréguliers. Ils peuvent se terminer par **er**, **ir**, **oir** ou **re**. (Revoir le présent de ces verbes dans l'appendice, p. 432–445.)

Verbes en **er** :   aller → je vais

Verbes en **ir** : certains se conjuguent comme les verbes du 1er groupe (couvrir, découvrir, ouvrir, offrir, souffrir, cueillir, accueillir, recueillir, saillir et assaillir)

— offrir → j'offre

Autres verbes en **ir** :

courir	→ je cour**s**	dormir	→ je dor**s**
mentir	→ je men**s**	partir	→ je par**s**
sentir	→ je sen**s**	servir	→ je ser**s**
sortir	→ je sor**s**	mourir	→ je m**eurs**
venir	→ je v**iens**	tenir	→ je **tiens**

Note

Ne confondez pas : devenir → je deviens

deviner → je devine

Verbes en **oir** :

avoir :	j'ai		
vouloir :	je veux	valoir :	je vaux
apercevoir :	j'aperçois	recevoir :	je reçois
voir :	je vois	devoir :	je dois
savoir :	je sais	s'asseoir :	je m'assois *ou* je m'assieds
pouvoir :	je peux *ou* je puis (employé surtout dans l'inversion : puis-je)		

Verbes en **re** :

être :	vous êtes	dire :	vous dites
faire :	vous faites	mettre :	je mets
prendre :	je prends, nous prenons	vendre :	je vends, nous vendons
craindre :	je crains, nous craignons	joindre :	je joins, nous joignons
peindre :	je peins, nous peignons	atteindre :	j'atteins, nous atteignons
vivre :	je vis	rire :	je ris
suivre :	je suis	écrire :	j'écris
croire :	je crois	croître :	je croîs

Attention à *l'accent circonflexe à la troisième personne du singulier* des verbes suivants et de leurs dérivés :

connaître :	il connaît	disparaître :	il disparaît
naître :	il naît	plaire :	il plaît

Application immédiate

Écrivez les verbes suivants au présent et à la personne indiquée.

1. sentir : tu _____
2. éteindre : je _____
3. souffrir : il _____
4. reconnaître : elle _____

5. recevoir : je _____
6. appartenir : tu _____
7. pouvoir : elles _____
8. plaire : il _____

réponses p. 32

Exercices

Exercice I (oral)

*Prononcez les verbes en **er** suivants au présent de l'indicatif, à la personne indiquée.*

a) *Verbes en **ier**, **uer**, **ouer***

1. prier : Je vous en ....
2. simplifier : Tu .... la phrase.
3. nier : Il .... la vérité.
4. saluer : Elles .... leur professeure.
5. remuer : Tu .... trop.
6. polluer : On .... l'océan.
7. nouer : Tu....... tes lacets.
8. louer : Tu .... ton appartement.
9. jouer : Je .... du piano.

b) *Verbes en **er** à changements orthographiques*

1. peser : Tu .... cinquante kilos.
2. acheter : Vous .... une imprimante.
3. geler : On .... ici.
4. céder : Je .... ma place.
5. appeler : Tu .... la police.
   Nous ...... l'hôpital.
6. jeter : On .... des cailloux.
   Vous .... un coup d'œil.
7. effrayer : Nous .... le cheval.
8. tutoyer : Je .... mes amis.
9. envoyer : Elle .... un message.
10. appuyer : On .... sur une touche.
11. effacer : Nous .... l'écran.
12. avancer : Ils .... lentement.
13. arranger : Tu .... tes papiers.
14. juger : Nous .... la situation.
15. bouger : Vous .... toujours.

Exercice II (oral)

Donnez rapidement la forme correspondante du singulier ou du pluriel des formes du présent des verbes réguliers et irréguliers suivants.

1. tu fais (vous)
2. j'obéis (nous)
3. ils perdent (il)
4. vous êtes (tu)
5. je mets (nous)
6. tu vis (vous)
7. elle a (elles)
8. nous accueillons (j')
9. vous avez (tu)

10. nous écrivons (j')	16. ils doivent (on)	22. elle vaut (elles)
11. elles courent (elle)	17. tu peins (vous)	23. je reçois (nous)
12. il plaît (ils)	18. j'acquiers (nous)	24. nous remercions (je)
13. nous suivons (je)	19. je bois (nous)	25. il parle (ils)
14. tu vois (vous)	20. il tient (ils)	26. tu habites (vous)
15. elles connaissent (elle)	21. tu t'assieds (vous)	27. je mange (nous)

Exercice III (oral)

*Verbes réguliers en **ir***

a) *Donnez le verbe de sens contraire pour chacun des verbes suivants.*

1. amincir ≠ ....
2. blanchir ≠ ....
3. maigrir ≠ ....
4. embellir ≠ ....
5. vieillir ≠ ....

b) *Complétez les phrases avec un verbe en **ir** à la forme correcte.*

6. Nous allons beaucoup trop vite ; il faut ....
7. Ce parterre de fleurs .... le parc.
8. Quand on a une jolie photo qui est trop petite, on la fait .... pour mieux l'admirer.
9. Je l'ai complimenté ; il en a ....
10. Pour que ce gros bateau puisse passer ici, il faudra .... le canal.

Exercice IV (oral)

Lisez les phrases ci-dessous à haute voix en faisant particulièrement attention au présent des verbes.

1. Il rentre souvent tard le soir parce qu'il rencontre des amis.
2. J'étudie rapidement et puis j'apprécie le temps libre qui suit.
3. Les jeunes se confient des secrets.
4. Les invités savourent leur tasse de café.
5. Est-ce que tu tutoies tes camarades de classe ?
6. Ces gens prennent des décisions qui soulèvent un tollé général.
7. Il hait la chaleur et ses amis la haïssent aussi.
8. Le fleuve Colombia débouche dans le Pacifique par un vaste estuaire.
9. Un membre du comité de lecture rejette cette œuvre littéraire.
10. Ils créent des emplois supplémentaires.
11. Elle continue son voyage malgré le mauvais temps.

Exercice V (écrit)

Quelle est la troisième personne du pluriel du présent des verbes irréguliers suivants ?

1. être : ils _____
2. faire : elles _____
3. devoir : elles _____
4. aller : ils _____
5. pouvoir : elles _____
6. croire : ils _____
7. avoir : elles _____
8. vouloir : ils _____
9. écrire : ils _____
10. apprendre : ils _____
11. connaître : elles _____
12. peindre : elles _____

Exercice VI (écrit)

Pour vérifier votre connaissance du présent de l'indicatif, complétez les phrases avec la forme correcte du verbe entre parenthèses.

1. Je ne (haïr) _____ pas ce cours, mais je le (suivre) _____ seulement parce qu'il le (falloir) _____ .
2. Un vaurien est une personne qui ne (valoir) _____ rien.
3. Les enfants (salir) _____ leurs vêtements quand ils (jouer) _____ dehors.
4. Je (raccourcir) _____ ce pantalon qui (être) _____ trop long ; je l'(aimer) _____ bien parce qu'il m'(amincir) _____ .
5. (Pouvoir) _____-je vous poser une question ?
6. Il (partir) _____ tôt chaque jour et il (revenir) _____ tard.
7. Je (mourir) _____ de faim ; et vous ?
8. Le Québec (produire) _____ beaucoup de bière blanche.
9. Vous me (surprendre) _____ quand vous (dire) _____ que vous ne (croire) _____ pas mon histoire.
10. Il (conduire) _____ bien quand il le (vouloir) _____ .
11. Nous (craindre) _____ le pire. Elle (vivre) _____ si dangereusement !
12. Je vous (offrir) _____ ce bouquet de fleurs.
13. Les poules (pondre) _____ des oeufs.
14. Est-ce que ce parfum (sentir) _____ bon ?
15. Ton dessin (représenter) _____ un animal bizarre.
16. Ses notes le (satisfaire) _____ .
17. (Prendre) _____-tu toujours du chocolat comme dessert ?
18. Tu (mener) _____ une vie trop agitée et tu (mettre) _____ trop d'énergie dans ton travail.
19. Je (cueillir) _____ ces fruits parce qu'ils (être) _____ mûrs.
20. Il me (dire) _____ qu'il vous (connaître) _____ très bien, mais il (mentir) _____ peut-être.
21. Chaque fois que nous le (rencontrer) _____ , il nous (raconter) _____ une histoire drôle.

22. J'(employer) _____ souvent cet outil.
23. Nous (changer) _____ de train à la prochaine gare.
24. Peut-être (rire) _____-vous trop souvent. (Notez l'inversion après **peut-être**.)
25. Leurs élèves (s'instruire) _____ .
26. Ils (fuir) _____ parce qu'ils (voir) _____ un désastre arriver.
27. Mes verres de contact me (permettre) _____ de bien voir.
28. L'adjectif (qualifier) _____ un nom ou un pronom.
29. Ces étudiantes (réussir) _____ toujours bien et elles (avoir) _____ toujours de bonnes notes.
30. Le temps (devenir) _____ gris et je (deviner) _____ que tu n'(être) _____ pas content.

B. Emplois

Le présent est employé :

1. a. Pour exprimer une *action qui a lieu maintenant*, en ce moment.

   Ex. Il **dort**.   Vous **travaillez**.

   Si l'on veut insister sur le fait que l'action a lieu au moment présent, on emploie l'expression **être en train de** + *infinitif* (« to be in the act of »).

   Ex. Ne faites pas de bruit ; il **est en train de** dormir. (« He is sleeping. »)

b. Pour exprimer *un état au moment présent*.

   Ex. Ils **sont** heureux.

2. Pour exprimer *une action habituelle*.

   Ex. Quand je suis fatigué, je **me repose**.
   Tous les jours, je **vais** en classe à 9 heures.
   Les gens **parlent** toujours de la température.

3. Pour exprimer *un fait qui est toujours vrai*.

   Ex. La terre **tourne** autour du soleil.
   Les nuages **apportent** la pluie.
   Qui **dort dîne**. (proverbe)

4. Pour exprimer *un passé récent* par rapport au présent, généralement exprimé par **venir** (au présent) + **de** + *infinitif.*

   Ex. J'**arrive** de Paris. = Je viens d'arriver de Paris.
   Elle **sort** du bureau à l'instant. = Elle vient de sortir du bureau.

5. Pour exprimer *un futur proche* par rapport au présent, généralement exprimé par **aller** (au présent) + *infinitif.*

> **Ex.** Je **repars** demain pour Los Angeles. = Je vais repartir demain pour Los Angeles.
> Attendez-moi! Je **viens** tout de suite. = Je vais venir tout de suite.

6. Après un **si** de condition dans *une phrase conditionnelle au futur, au présent ou à l'impératif* (voir leçon 5, p. 124).

> **Ex.** Si vous **voulez** ce livre, je vous l'apporterai.

7. Comme *présent littéraire* dans *une narration au passé* pour rendre l'action plus vivante.

> **Ex**. Je n'étais pas sitôt arrivé dans le bureau de mon collègue qu'il **se met** à s'énerver en faisant de grands gestes et qu'il me **parle** d'une façon inadmissible. Je suis ressorti très rapidement, jurant de ne plus jamais retourner le voir.

8. Avec **depuis**, pour exprimer *qu'une action commencée dans le passé continue dans le présent*. C'est la forme progressive anglaise « I have been ___ing... for, since... »

— **depuis** (« for ») indique *l'espace de temps* entre le commencement de l'action dans le passé et le moment présent où l'action continue. (Depuis combien de temps?)

> **Ex.** Depuis combien de temps étudiez-vous le français?
> J'**étudie** le français **depuis trois mois**.
> (« I have been studying French for three months. »)

— **depuis** (ou **depuis que** + sujet + verbe) (« since ») indique *le commencement* de l'action dans le passé, action qui continue dans le présent. (Depuis quand?)

> **Ex.** Depuis quand étudiez-vous le français?
> J'**étudie** le français **depuis** le mois de septembre.
> (« I have been studying French since September. »)

> *ou* : J'**étudie** le français **depuis que** je suis arrivé à l'université.
> (« I have been studying French since I started university. »)

Application immédiate

Traduisez les phrases suivantes.

1. « She has been sick for five days. »
2. « Why have you been angry at me since yesterday ? »
3. « Robert has been playing the piano since September. »

réponses p. 32

---

a. Expressions équivalentes à **depuis** (« for »)

Leur construction est différente de celle de **depuis**.

Il y a... que...

Ex. Il y a combien de temps **que** vous étudiez le français ?
Il y a trois mois **que** j'étudie le français.

Cela (Ça) fait... que...

Ex. Ça fait combien de temps **que** vous étudiez le français ?
Ça fait trois mois **que** j'étudie le français.

Voilà... que... (pas de question possible dans ce cas)

Ex. Voilà trois mois **que** j'étudie le français.

ATTENTION

Il y a souvent confusion entre **il y a... que...** et **il y a** (« ago » + verbe au passé).

Ex. Il y a une heure **que** je suis là. (« I have been here for an hour. »)
Il y a une heure, j'étais à la bibliothèque. (« An hour ago, I was at the library. »)

REMARQUE

L'espace de temps est placé immédiatement après **depuis, il y a, ça fait, voilà.**
(Pour l'emploi de **depuis** dans le passé, voir leçon 3, p. 75.)

Application immédiate

Répondez à la question suivante, puis changez la réponse en employant les expressions équivalentes à **depuis**.

Depuis combien de temps êtes-vous ici ? (1 heure)

réponses p. 32

Note

*Ambiguïté de sens avec le mot **heure***

Ex.   Je travaille **depuis** deux heures.

Deux heures peut signifier **combien de temps** l'action a déjà duré (« for 2 hours ») ; ou **l'heure à laquelle** l'action a commencé (« since 2 o'clock ») ;

mais :   **Il y a** deux heures **que** je travaille. (Ici le sens est clair.)

Employez une expression équivalente à **depuis** « for » quand il y a une ambiguïté de sens avec le mot **heure**.

Pour exprimer **depuis** « since », faites une autre phrase.

Ex.   J'ai commencé à travailler à deux heures.

---

b. Depuis dans une phrase négative

La même construction, avec **depuis** ou **depuis que** + présent, est employée à la forme négative pour exprimer *qu'une action n'a pas eu lieu depuis un moment dans le passé* et que la situation continue dans le présent. « I have not been (doing)... for, since... »

Ex. Je n'étudie pas depuis trois jours. (« for »)
Je n'étudie pas depuis que j'ai été malade. (« since »)
Je ne le vois plus depuis longtemps. (« for »)

À la forme négative, on emploie aussi le passé composé avec **depuis** pour exprimer *qu'une action n'a pas eu lieu depuis un moment du passé jusqu'au présent*, mais que la situation peut changer dans le présent. « I have not (done)... for, since... »

Ex. Je ne lui **ai pas écrit depuis** un mois. (« for »)
Je ne lui **ai pas écrit depuis** sa dernière lettre. (« since »)

Exemples avec les expressions équivalentes à **depuis** (« for »)

> **Il y a** une éternité **que** je ne vous **ai pas vu.**
> **Ça fait** un mois **que** vous **ne lui avez pas parlé.**
> **Voilà** très longtemps **que** je **ne suis pas allée** voir un film.

Application immédiate

Complétez les phrases suivantes avec le présent ou le passé composé du verbe indiqué : « I have not been ____ing » ou « I have not _____ ».

1. Je (ne pas prendre) _____ de vacances depuis trois ans.

2. Ça fait une semaine qu'il (ne pas se sentir bien) _____ .

3. Il y a longtemps que tu (ne pas m'appeler) _____ au téléphone.

4. Elle (ne plus chanter) _____ depuis l'année dernière.

réponses p. 32

Exercices

Exercice VII (oral)

*Répondez en utilisant l'expression **être en train de** au présent.*

> **Ex.** Pourquoi ne viens-tu pas me voir ?
> Parce que je **suis en train de** lire un roman passionnant.

1. Qu'est ce que vous faites en ce moment ?
2. Pourquoi parle-t-il si longtemps au téléphone ?
3. Qu'écrivez-vous ?
4. Pourquoi as-tu besoin d'un dictionnaire ?

Exercice VIII (oral)

Depuis, il y a... que, ça fait... que

a) *Répondez aux questions suivantes avec imagination.*

1. Depuis combien de temps travaillez-vous ici ?
2. Depuis combien de temps attendez-vous votre petit(e) ami(e) ?
3. Depuis quand portes-tu un plâtre ?
4. Il y a combien de temps qu'il pleut ?
5. Ça fait combien de temps que Marie sort avec Fred ?
6. Depuis combien de temps habitez-vous ici ?
7. Depuis quand suivez-vous ce cours ?

b) *Posez les questions dont voici les réponses.*

1. Elle joue au hockey depuis septembre. (**jouer à** pour un sport)
2. Ça fait six ans qu'il joue du piano. (**jouer de** pour un instrument de musique)
3. Je gagne ma vie comme traductrice depuis l'année dernière.
4. Elle n'est pas allée à Vancouver depuis très longtemps.
5. Il y a deux ans qu'il vit ici.

c) *Faites trois nouvelles phrases en remplaçant **depuis** dans la phrase suivante par des expressions équivalentes.*

Je le sais depuis longtemps.

Exercice IX (oral)

*Les verbes **aimer** et **plaire** à*
*Le verbe **plaire** est plus employé que le verbe **aimer**. Changez de verbe dans les phrases suivantes. Attention au pronom complément indirect.*

Ex. J'aime ce film. → Ce film me plaît.

1. Tu fais seulement ce que tu aimes.
2. Est-ce que tu aimes mon nouvel ordinateur?
3. Je n'aime pas du tout ce livre.
4. Est-ce qu'il aime la natation?
5. Aimez-vous cette situation?
6. Est-ce qu'ils aiment le ski?

Exercice X (oral)

Lisez le texte suivant en cherchant le sens de chaque verbe. Puis répondez à la question.

(...) J'ai seize ans et je suis un enfant de huit ans. C'est difficile à comprendre. Ce n'est pas facile à comprendre. Personne ne le comprend excepté moi. N'être pas compris ne me dérange pas. Cela ne me fait rien. Je m'en fiche. Moi, je reste le même. Je ne veux pas aller plus loin : je reste donc arrêté. Je ne veux pas continuer car je ne veux pas finir fini. Je reste comme je suis. Je laisse tout, s'avilir, s'empuantir, se dessécher. Je les laisse tous vieillir, loin devant moi. Je reste derrière, avec moi, avec moi l'enfant, loin derrière, seul, intact, incorruptible ; frais et amer comme une pomme verte, dur et solide comme une roche. C'est important comme le diable ce que je dis là. C'est tout pour moi. (...)

Réjean Ducharme, *Le nez qui voque,* Gallimard, 1967, p. 9.

Que pensez-vous de cette personne ? Discutez-en en employant le présent de l'indicatif.

Exercice XI (écrit)

Décrivez au présent deux actions habituelles qui s'appliquent à vous-même.

> **Ex.** Je suis toujours calme.
> Je travaille tard le soir.

Exercice XII (écrit)

Indiquez trois faits qui sont toujours vrais.

> **Ex.** Les poissons vivent dans l'eau.
> Il fait chaud en été.

Exercice XIII (écrit)

Composez un paragraphe de quatre ou cinq lignes à présent de l'indicatif sur le sujet suivant, en faisant un bon choix de verbes.

> C'est le printemps. Je suis sur le campus de mon université, assis(e) à l'ombre d'un arbre...

Exercice XIV (écrit)

*Rédigez une phrase au présent avec **il y a... que** et une phrase au passé avec **il y a** (« ago »).*

> **Ex.** **Il y a** trois jours **que** je cherche ma clé.
> **Il y a** une heure, j'étais au laboratoire.

Exercice XV (écrit)

Rédigez deux phrases affirmatives et une phrase négative concernant vos propres activités à l'université, en employant une de ces expressions :

depuis, il y a... que, ça fait... que, voilà... que.

> **Ex.** Je **suis** au laboratoire **depuis** une demi-heure.
> **Ça fait** plusieurs semaines **que** je **n'ai pas écrit** à mes parents.

Exercice XVI (écrit)

Rédigez un petit paragraphe au passé en y incorporant le présent littéraire (voir B 7, p. 12).

Exercice XVII (écrit)

Rédigez un court passage au présent en employant huit des verbes suivants :
jeter, créer, offrir, essayer, lancer, forcer, venir, pouvoir, recevoir, devenir, permettre, observer, suivre, courir, faire.

C. Distinctions de sens

1. Autres traductions de « for » et « since »

a. « for » : **depuis, pendant, pour**

— **Depuis** sert à exprimer qu'une action commencée dans le passé continue dans le présent (voir p. 12).

Ex. Ils voyagent **depuis** un mois.

— **Pendant** désigne un espace de temps d'une durée limitée mais non datée. Le mot reste parfois inexprimé quand la durée de temps *suit immédiatement* le verbe.

Ex. L'année dernière, ils ont voyagé (**pendant**) un mois.

— **Pour** est employé à la place de **pendant** avec les verbes *aller, venir, partir*.

Ex. Ils partent **pour** un mois.

Application immédiate

Complétez avec **depuis, pendant** ou **pour**.

1. J'ai été absente _____ une semaine.

2. Ses parents viennent _____ quelques jours.

3. Il habite Los Angeles _____ trois ans.

réponses p. 32

---

b. « since » : **depuis** ou **depuis que, puisque, comme**

— **Depuis** ou **depuis que** indique *le commencement* d'une action (voir p. 12) qui continue dans le présent.

Ex. Je suis triste **depuis** votre départ.
Je suis triste **depuis que** vous êtes parti.

— **Puisque** signifie : parce que, du fait que.

Ex. **Puisqu**'il faut que vous le sachiez, je vais vous le dire.

— **Comme** est employé au commencement d'une phrase à la place de **parce que** (sens moins fort que **puisque**).

Ex. **Comme** il fait beau, je ne prends pas mon parapluie.

Application immédiate

Complétez avec **depuis, depuis que, puisque** ou **comme**.

1. Il ne me parle plus _____ nous nous sommes disputés.

2. Donne-le-lui, _____ elle l'a demandé.

3. _____ il est fatigué, il ne viendra pas ce soir.

4. Il fait chaud _____ le 4 juillet.

réponses p. 32

---

2. Expressions idiomatiques avec *avoir*

   a. avoir besoin de

   Ex. Nous **avons besoin de** farine et d'œufs pour faire le gâteau.

   b. avoir chaud, froid et être chaud, froid

   On emploie : **avoir chaud** ou **froid** pour *une sensation* de chaleur ou de froid

   et : **être chaud** ou **froid** pour *la qualité* d'une chose ou d'une personne.

   Ex. J'ai chaud en ce moment. (J'ai une sensation de chaleur ; je ressens de la chaleur.)
   La soupe **est** trop **chaude** pour être mangée maintenant. (C'est la qualité de la soupe.)
   J'**ai froid** même si le radiateur **est chaud.**
   Le directeur **est** très **froid** avec ses employés ; personne ne l'aime.

Application immédiate

Complétez avec les expressions nécessaires, à la forme correcte : **avoir chaud, avoir froid, être chaud** ou **être froid**.

1. Nous avons fermé la fenêtre parce que nous_____ .

2. Je me suis brûlé la langue avec ce café ; il _____ .

3. Elle demande au serveur de réchauffer sa soupe car elle _____ .

4. Vous _____ ? Vous n'êtes pas comme moi, j'ai la chair de poule.

réponses p. 32

---

c. avoir envie de

Ne pas confondre **avoir envie de** (to want something or someone) et **envier** *(to envy)*.

Ex. J'**ai envie** d'aller me promener.

mais : Je n'**envie** pas mes voisins.

d. avoir faim, avoir soif

Ex. Il fait si chaud que j'**ai** toujours **soif** et que je n'**ai** pas du tout **faim**.

e. avoir l'air (de)

— **avoir l'air** + *adjectif* (voir leçon 2, p. 48)

Ex. Vous **avez l'air** fatigué.

— **avoir l'air de** + *nom*

Ex. Il avait l'air d'un homme très bien.

— **avoir l'air de** + *infinitif*

Ex. Vous **avez l'air de** ne pas me reconnaître.

f. avoir le droit de a un sens plus fort que *pouvoir*

Ex. On n'**a** pas **le droit d'**entrer ici.
Vous **avez le droit de** dire cela.

g. avoir lieu = se passer, arriver, se produire

Ex. La conférence **aura lieu** mardi prochain.

h. avoir mal et **faire mal**

avoir mal = avoir de la douleur   **faire mal** = causer de la douleur

Ex. J'**ai mal** aux pieds.   Mes pieds me **font mal**.
J'**ai mal** au cœur.   J'ai une dent qui me **fait mal**.
(= J'ai la nausée.)

i. avoir peur

Ex. Avez-vous **peur** des serpents, des araignées? Oui, j'en **ai** très **peur**.

REMARQUE

Employez **très** avec les expressions **avoir froid, avoir faim, avoir froid** et **avoir peur**. Ne pas employe **beaucoup**.

Ex. avoir très chaud

j. **avoir raison (de)** ≠ **avoir tort (de)**

Ex. Vous **avez tort** de lui en parler.

k. **avoir sommeil** signifie *avoir besoin de dormir.* Ne pas confondre avec *être endormi.*

Ex. Robert ne dort pas assez ; alors il **a** toujours **sommeil.**

mais : Le lundi matin, les étudiants sont toujours endormis.

l. **avoir + âge + ans**

Ex. Quel âge avez-vous ? — J'**ai** 18 **ans.**

3. **Sens de *porter-mener, apporter-amener, emporter-emmener***

— *porter* (« to carry »)

Ex. Je vais **porter** votre valise à la voiture.
La mère **porte** son enfant dans ses bras.

— *mener* (« to lead, to take, to conduct. [someone, something] »)

Ex. Vous ne savez pas où est l'épicerie ; je vais vous y **mener.**
Nous aimerions que vous **meniez** les négociations.

— apporter (« to bring [something] »)

Ex. Demain, **apportez**-moi votre composition écrite.

— *amener* (« to bring [someone] »)

Ex. Je veux lui parler ; **amenez**-la-moi.

— emporter (« to take [something] along »)

Ex. **Emporte** ton parapluie car il va pleuvoir.

— *emmener* (« to take [someone] along »)

Ex. Il va **emmener** ses enfants au parc ce soir.

Exercices

Exercice XVIII (oral)

*Les verbes **porter, mener, apporter, amener, emporter** et **emmener***
Trouvez le verbe qui convient pour chaque phrase, à la forme appropriée.

1. Vous ne savez pas où est la bibliothèque ; je vais vous y ....
2. Il va .... ses amis au cinéma ce soir.

3. Le père .... son bébé dans ses bras.

4. Il est interdit d'....... de la nourriture dans la salle de classe.

5. Je dois .... mon imperméable car il risque de pleuvoir.

6. On .... quelquefois un ami au cours de français.

7. Il aime .... les discussions.

8. Tu n'as pas de voiture, alors je vais t' .... à l'aéroport.

9. Pour la sortie, chacun devra .... son repas.

10. Le docteur guérit les malades qu'on lui ....

11. Allez-vous .... vos enfants au cinéma?

12. Le sac qu'elle .... sur son dos est lourd.

Exercice XIX (écrit)

*Complétez avec: **depuis, depuis que, pendant, pour, puisque** ou **comme**.*

1. Vous lisiez _____ que je préparais le repas.

2. Je corrigerai ce texte _____ vous ne voulez pas le faire.

3. _____ elle ne fait plus d'exercice, elle s'ennuie.

4. Vous a-t-on dit que je pars _____ quelques jours?

5. Je n'ai pas eu de leurs nouvelles _____ la naissance de leur fils.

6. _____ il a terminé ses devoirs, il peut aller jouer avec ses amies.

Exercice XX (écrit)

Rédigez une phrase avec chacune des expressions suivantes.

1. comme («since»)
2. pendant
3. depuis que
4. puisque

Exercice XXI (écrit)

*Complétez les phrases suivantes avec une expression idiomatique avec **avoir**, au temps qui convient (voir p. 19 à 21).*

1. Il faut que j'aille voir le docteur parce que j'_____ à un bras.

2. J'_____ de ce gâteau; il semble bon.

3. Ces fraises _____ très mûres; je vais en acheter quelques-unes.

4. Il y a des gens qui veulent toujours _____ .

5. Avec ce billet, vous _____ d'entrer sans payer.

6. Je porte une tuque car j'_____ d'attraper un rhume.

7. Il est midi, alors nous _____ .

8. L'examen _____ demain; alors il faut étudier.

9. Tout le monde _____ d'être respecté.

10. Nous _____ de lui demander une explication car elle pourrait se mettre en colère.

Exercice XXII (écrit)

Composez une phrase avec chacune des expressions suivantes.

1. avoir le droit de
2. avoir lieu
3. avoir envie de
4. avoir chaud
5. être chaud(e)
6. faire mal

II. L'impératif

L'impératif est un mode qui exprime un ordre, un conseil, une exhortation. Il a deux temps : le présent et le passé (voir aussi p. 428).

A. Formes

1. L'impératif a *trois* personnes. Elles sont tirées du *présent de l'indicatif : la 2ᵉ personne du singulier* ainsi que *les 1ʳᵉ et 2ᵉ personnes du pluriel* (**tu, nous, vous**) sans les pronoms sujets, pour *tous les verbes*, réguliers et irréguliers, *à l'exception de quatre*. Il y a cependant quelques particularités.

   Voici l'impératif des verbes réguliers en **er**, **ir** et **re** et de quelques verbes irréguliers :

aim er	fin ir	vend re	fai re	prend re	all er
aime	finis	vends	fais	prends	va
aimons	finissons	vendons	faisons	prenons	allons
aimez	finissez	vendez	faites	prenez	allez

   Les quatre verbes irréguliers suivants font exception :

être	avoir	savoir	vouloir
sois	aie	sache	veuille *ou* veux
soyons	ayons	sachons	voulons
soyez	ayez	sachez	veuillez *ou* voulez

   PARTICULARITÉS

   — *À la 2ᵉ personne du singulier (**tu**), on omet le **s** de toutes les formes en **es** et **as**, c'est-à-dire :*

   • avec la terminaison **es** du présent des verbes en **er** et la terminaison **as** du présent du verbe irrégulier **aller**.

   Ex. aimer : aime ; **aller** : va

- avec la terminaison **es** du présent des verbes irréguliers en **ir** qui se conjuguent comme les verbes en **er** au présent (voir p. 6).

  Ex. ouvrir : ouvre

- avec la terminaison **es** des verbes irréguliers

  Ex. avoir : aie   **savoir** : sache   **vouloir** : veuille

Cependant *on garde le **s*** de ces formes quand l'impératif est *immédiatement suivi de **y** ou de **en** après un trait d'union*, pour faciliter la prononciation de la voyelle.

Prononcez la liaison :

Ex. vas-y   parles-en   nages-y   offres-en   aies-en

Application immédiate

Mettez les verbes à la 2ᵉ personne du singulier de l'impératif. Faut-il un **s** ?

1. (travailler) _____ bien.
2. (cueillir) _____ des fleurs.
3. (savoir) _____ la leçon.
4. (acheter) _____ la maison.

5. (aller) _____ à la gare.
6. (être) _____ à l'heure.
7. (offrir) _____ -en un.
8. (goûter) _____ -y.

réponses p. 32

— L'impératif étant tiré des formes correspondantes du présent de l'indicatif, on y retrouve les changements orthographiques des verbes en **er** (voir p. 3–4).

Ex.

appeler	acheter	répéter	nettoyer	placer	nager
appelle	**achète**	**répète**	**nettoie**	place	nage
appelons	achetons	répétons	nettoyons	**plaçons**	**nageons**
appelez	achetez	répétez	nettoyez	placez	nagez

et le verbe haïr
hais
haïssons
haïssez

2. La place et l'ordre des *pronoms compléments* varient *à l'affirmatif et au négatif.*

    a. *À l'impératif affirmatif,* les pronoms *suivent le verbe* et sont liés au verbe par des *traits d'union.* Le pronom complément direct est placé devant l'indirect (sauf **en** qui se trouve toujours en dernier).

        Ex. Donnez-lui.
             Donnez-lui-en.
             (un trait d'union pour chaque pronom)

Ordre des pronoms après l'impératif affirmatif

Impératif affirmatif	*devant*	Comp. direct me (m'), te (t') nous, vous le, la, les	*devant*	Comp. indirect me (m'), te (t') nous, vous lui, leur	*devant*	y	*devant*	en

        Ex. Apportez-les-y.   Parle-nous-en.
             Offre-lui-en.   Dites-la-leur.
             Donne-le-nous.   Emmène-nous-y.
                   ↓   ↓
               direct   indirect

REMARQUES

— **Me** et **te** se changent en **m'** et **t'** devant une voyelle.
   Il n'y a *pas de trait d'union* à l'endroit *d'une apostrophe.*

      Ex. Donnez-**m'**en.   Occupe-**t'**en.

— **Me** et **te** se changent en **moi** et **toi** quand ils sont *le seul* ou *le dernier* pronom après l'impératif.

      Ex. Écoute-**moi**.   Dites-le-**moi**.
          Lave-**toi**.   Répète-le-**toi**.

    b. À *l'impératif négatif,* les pronoms précèdent le verbe et ont le même ordre qu'aux autres temps (voir leçon 11, p. 262). *Il n'y a pas de trait d'union.*

        Ex. Ne le lui donne pas. (Donne-le-lui.)
             Ne me le donnez pas. (Donnez-le-moi.)
             Ne m'en envoyez pas. (Envoyez-m'en.)
             N'y va pas. (Vas-y.)

Application immédiate

Mettez les impératifs négatifs suivants à la forme affirmative.

1. Ne me la raconte pas.

2. Ne nous le répétez pas.

3. N'y va pas.

4. Ne va pas y travailler.

5. Ne les y pousse pas.

réponses p. 32

---

3. Il n'y a *pas de formes de l'impératif* aux 1re et 3e personnes du singulier ni à la 3e personne du pluriel. Quand on a besoin d'une de ces formes, on emploie la forme correspondante *du subjonctif présent*, avec **que** et *le pronom sujet.*

> **Ex.** Qu'ils partent immédiatement !
> Qu'il finisse son travail !
> Que je puisse le voir !
> Qu'elle fasse attention !

4. *L'impératif passé* est formé de *l'impératif de l'auxiliaire* **avoir** ou **être** + *participe passé du verbe* en question.

> Il est employé pour un ordre qui *sera accompli dans le futur.*

> **Ex. Aie fini** ton travail bientôt.
> **Soyez rentré** à onze heures.

Exercices

Exercice I (oral)

Donnez les deux personnes qui complètent l'impératif des verbes suivants.

> **Ex.** Fais attention. → Faisons attention.
> Faites attention.

1. Fais-moi confiance.
2. Sois aimable.
3. Attends ton tour.
4. Baissez-vous.
5. Ne vous regardez pas.
6. Viens tout de suite.
7. Sachons réagir.
8. Parlez-lui-en.
9. N'en offrez pas.
10. Comporte-toi mieux.

Exercice II (écrit)

Remplacez les mots soulignés par des pronoms; y a-t-il un trait d'union après l'impératif?

> **Ex.** Donnez-lui <u>son manteau</u>. → Donnez-le-lui.
> Va dire <u>la raison</u>. → Va la dire.

1. Répondez <u>à ma question</u>.
2. Venez raconter <u>votre histoire</u>.
3. Dites <u>à votre ami</u> d'aller voir ce film.
4. Venez chercher <u>ces livres</u>.
5. Ne fais pas <u>de bruit</u>.
6. Lis <u>ce texte</u>.
7. Viens <u>à mon bureau</u>.
8. Donnez <u>cette clé à son propriétaire</u>.
9. Apportez-moi <u>votre feuille</u>.
10. Achète-toi <u>cette planche à roulettes</u>.

Exercice III (écrit)

Mettez les impératifs négatifs à la forme affirmative. Écrivez aussi l'infinitif du verbe entre parenthèses.

> **Ex.** Ne les lui donnez pas. → Donnez-les-lui. (donner)

1. N'en parlons pas.
2. Ne te les brosse pas.
3. N'y fais pas attention.
4. Ne te fâche pas.
5. Ne me les envoyez pas.
6. Ne le lui dis pas.
7. Ne nous en allons pas.

Exercice IV (écrit)

Donnez la forme négative des impératifs affirmatifs suivants. Écrivez aussi l'infinitif du verbe entre parenthèses.

> **Ex.** Interrompez-moi. → Ne m'interrompez pas. (interrompre)

1. Donne-le-moi.
2. Trouve-t'en.
3. Endormez-vous-y.
4. Plongez-les-y.
5. Donne-m'en.

B. Emplois

L'impératif est employé:

1. Pour *donner un ordre.*

> **Ex.** sors; ne partez pas; travaillons dur; laisse-moi tranquille; va-t'en; qu'il se taise

2. Pour *exprimer un souhait.*

Ex. sois heureuse ; profitez bien de vos vacances ; faites un bon voyage

3. Pour *une exhortation, un conseil, une prière.*

Ex. ne parlez pas trop ; méfiez-vous de lui ; ayez la gentillesse de me prévenir ; asseyez-vous donc ; qu'il fasse bien attention

4. Avec **veuillez** + *infinitif.*

Cet impératif de **vouloir** est équivalent à **s'il vous plaît**. C'est une forme polie pour donner un ordre.

Ex. Veuillez fermer la porte. = Fermez la porte, s'il vous plaît.
Veuillez vous asseoir. = Asseyez-vous, s'il vous plaît.

À la fin d'une lettre

Veuillez agréer, cher Monsieur, l'expression de mes sentiments distingués.

5. Pour *une supposition.*

L'impératif est alors équivalent à une phrase avec **si** :

Ex. Faites-leur du bien, ils l'oublieront vite. = Si vous leur faites du bien...
Gare-toi là et tu n'auras pas de contravention. = Si tu te gares là...
Traite-le de menteur, il ne réagira pas. = Si tu le traites de menteur...

ATTENTION

Ne confondez pas le mot anglais « *let's* », qui signifie une suggestion ou une exhortation et se traduit avec la 1re personne du pluriel de l'impératif, avec le verbe **laisser,** qui signifie donner la permission :

Ex. Partons. (« Let's leave. »)

mais : Laissez-moi vous expliquer ceci. (« Let me explain... »)

Exercices

Exercice V (oral)

Faites une liste des ordres que votre professeur vous donne dans votre cours de français : impératifs de conseil, d'exhortation, de prière, á la forme affirmative ou négative.

> **Ex.** Ne parlez pas anglais.
> Préparez votre travail chaque jour.
> Écrivez lisiblement.

Exercice VI (oral)

Maintenant demandez à votre professeur, avec des impératifs, ce que vous voudriez qu'il fasse pour que les étudiants soient plus satisfaits.

> **Ex.** Soyez patient(e) avec nous ; la prononciation du français est difficile.
> Donnez-nous de bonnes notes ; ne soyez pas trop dur(e).
> Répétez les explications de grammaire.

Exercice VII (oral)

Donnez l'ordre indiqué en employant la forme familière (tu) ou polie (vous) d'après la personne à qui l'ordre est donné.

> **Ex.** Dites à votre camarade de venir tout de suite.
> Viens tout de suite.

1. Dites à votre enfant de s'asseoir et de se calmer.
2. Demandez à votre patronne de parler moins vite. (deux façons)
3. Demandez à quelqu'un d'écrire son adresse sur votre carnet.
4. Dites à votre médecin de ne plus vous prescrire ce médicament.
5. Dites à votre camarade de chambre de se lever tôt mais de ne pas faire de bruit.
6. Dites à votre voisin d'appeler ce numéro en cas d'urgence.
7. Dites à votre grand-père de vous faire de son bon pain.

Exercice VIII (oral)

*Employez **veuillez** + infinitif à la place de l'impératif et éliminer l'expression « s'il vous plaît ».*

> **Ex.** Asseyez-vous, s'il vous plaît. → Veuillez vous asseoir.

1. Écoutez bien les directives, s'il vous plaît.
2. Partez tout de suite, s'il vous plaît.
3. Levez-vous et sortez sans bruit, s'il vous plaît.

Continuez avec d'autres exemples.

Exercice IX (oral)

Dans le texte suivant, donnez les verbes entre parenthèses à la forme familière (tu) de l'impératif. Puis lisez le texte en mettant les verbes à la 2ᵉ personne du pluriel (vous) et en faisant tous les changements nécessaires.

.... (marcher) deux heures tous les jours, ... (dormir) sept heures toutes les nuits, ... (se coucher) dès que tu as envie de dormir ; .... (se lever) dès que tu es éveillé. Ne .... (manger) qu'à ta faim, ne .... (boire) qu'à ta soif, toujours sobrement. Ne .... (parler) que lorsqu'il le faut, n' .... (écrire) que ce que tu peux signer ; ne .... (faire) que ce que tu peux dire.
N' .... (oublier) jamais que les autres comptent sur toi, et que tu ne dois pas compter sur eux. N' .... (estimer) l'argent ni plus ni moins qu'il ne vaut : c'est un bon serviteur et un mauvais maître. .... (Pardonner) d'avance à tout le monde, pour plus de sûreté ; ne .... (mépriser) pas les hommes, ne les .... (haïr) pas davantage et n'en .... (rire) pas outre mesure ; .... (plaindre)-les. .... (S'efforcer) d'être simple, de devenir utile, de rester libre.

Alexandre Dumas fils

Exercice X (écrit)

Complétez la phrase par un ordre à l'impératif.

   Ex. Si vous êtes fatigué, reposez-vous quelques instants.

   1. Si tu as sommeil, _____ .
   2. Si vous ne voulez pas me croire, _____ .
   3. Si votre vélo ne fonctionne pas, _____ .
   4. Si tu n'aimes pas la pollution, _____ .

Exercice XI (écrit)

Donnez l'ordre (à l'impératif) qui correspond à la situation. Employez un pronom dans la phrase.

   Ex. Je suis malade ; il faut que le docteur vienne. Appelez-le immédiatement.

   1. J'aimerais avoir deux litres de lait.
   2. Nous ne connaissons pas assez bien ce poème.
   3. Elle ne sait pas que son amie est partie.
   4. Il faut de la farine et des œufs.
   5. J'ai des révisions à faire pour demain.

Exercice XII (écrit)

Mettez les phrases suivantes à la forme négative. Attention au partitif dans la phrase négative.

> **Ex.** Posez-moi des questions. → Ne me posez pas de questions.

1. Apportez-lui des fleurs.
2. Viens faire du canot avec nous.
3. Donnez-moi du vin.
4. Allez chercher un dictionnaire.

Exercice XIII (écrit)

Écrivez en un petit paragraphe les conseils que vous voudriez donner à un(e) étudiant(e) qui arrive sur le campus pour la première fois. Employez des impératifs (affirmatifs et négatifs).

Exercice XIV (écrit)

Vous allez photographier quelqu'un (ou plusieurs personnes). À l'aide de phrases impératives vous lui (leur) dites où se placer, de ne pas bouger, etc. (Écrivez un paragraphe de trois ou quatre lignes; un peu d'humour, s'il vous plaît.)

Réponses aux applications immédiates

I. Le présent de l'indicatif

p. 2
1. je navigue, tu navigues, il navigue, ils naviguent
2. j'arrive, tu arrives, il arrive, ils arrivent

p. 3
1. j'apprécie, tu apprécies, il apprécie, ils apprécient
2. je tue, tu tues, il tue, ils tuent
3. je joue, tu joues, il joue, ils jouent

p. 5
1. je mène, nous menons
2. je répète, nous répétons
3. j'épelle, nous épelons
4. je feuillette, nous feuilletons
5. je pèle, nous pelons
6. j'essaie (essaye), nous essayons
7. j'emploie, nous employons
8. j'essuie, nous essuyons
9. je place, nous plaçons
10. je nage, nous nageons

p. 6   1. ils corrompent
        2. vous rendez
        3. je descends
        4. on interrompt
        5. elle fond
        6. nous perdons
        7. tu réponds
        8. ils rompent

p. 8   1. tu sens
        2. j'éteins
        3. il souffre
        4. elle reconnaît
        5. je reçois
        6. tu appartiens
        7. elles peuvent
        8. il plaît

p. 13   1. Elle est malade depuis cinq jours.
        2. Pourquoi êtes-vous en colère contre moi depuis hier?
        3. Robert joue du piano depuis septembre.

p. 14   Je suis ici depuis une heure.
        Il y a une heure que je suis ici.
        Ça fait une heure que je suis ici.
        Voilà une heure que je suis ici.

p. 15   1. n'ai pas pris
        2. ne se sent pas bien
        3. ne m'as pas appelé(e)
        4. ne chante plus

p. 18   1. pendant
        2. pour
        3. depuis

p. 19   1. depuis que
        2. puisqu'
        3. Comme
        4. depuis

p. 19   1. avions froid
        2. était très (trop) chaud
        3. est froide
        4. avez chaud

II. L'impératif

p. 24   1. travaille
        2. cueille
        3. sache
        4. achète
        5. va
        6. sois
        7. offres
        8. goûtes

p. 26   1. Raconte-la-moi.
        2. Répétez-le-nous.
        3. Vas-y.
        4. Va y travailler.
        5. Pousse-les-y.

• LE NOM
• L'ADJECTIF

I. Le nom

Un nom est un mot qui *sert à désigner un être animé* (personne ou animal) ou *une chose.* On l'appelle aussi *un substantif.* On distingue *les noms communs* des *noms propres.* Ces derniers *désignent des gens, des lieux* ou *des époques.* Ils prennent une majuscule.

Noms communs	**Noms propres**
une chaise	Céline Dion
une pensée	la Renaissance
un corridor	Montréal

A. Genre des noms

Les noms ont un *genre :* **masculin** ou **féminin**. L'identification du genre des noms de choses est *purement grammaticale,* c'est-à-dire que le genre d'un objet n'est pas lié à ses caractéristiques.

1. Il faut toujours savoir le genre d'un nom, mais cette connaissance vient avec la pratique. Quand vous rencontrez un nom, apprenez-le toujours avec son article.

Ex. une table, **un** respect, **une** nation

Dans un texte, si l'article qui accompagne un nom n'indique pas son genre, il faut chercher un autre mot qui l'indique : adjectif, participe passé, pronom.

2. Il y a des exceptions, mais la terminaison d'un nom permet souvent d'identifier son genre. Voici une liste des terminaisons les plus courantes classées selon le genre qu'elles déterminent.

Terminaisons déterminant le féminin

Terminaison/ exemples	Exceptions	Terminaison/ exemples	Exceptions
-ade une promenade une limonade	un jade un stade	**-ie** une pluie une boulangerie une folie	un incendie un génie un parapluie
-aille une trouvaille une tenaille	le braille	**-ière** une carrière une bière une manière	un derrière un cimetière l'arrière
-aine une dizaine une douzaine	un domaine un capitaine	**-ion** une vision une conversation une mission	un bastion un million un camion
-aison une maison une raison		**-té** la liberté la bonté	un raté un été
-nce une tendance une science une pince	un prince un silence	**-tte** une omelette une patte une cigarette	un squelette
-ée une idée une pensée une bordée	un musée un lycée un trophée	**-tude** une habitude une certitude	
-sse une masse une promesse		**-ture** une conjoncture une nature	
-ice une justice une police	un supplice un caprice		

Terminaisons déterminant le masculin

Terminaison/ exemples	Exceptions
-c un banc un porc	
-d un gland	
-g un rang	
-k un kayak un yack	
-l un fauteuil	
-p un drap	
-m un harem	une faim
-t un menuet un appartement un changement un coffret un port un rabot	une dent une forêt une nuit une jument une part la plupart
-lon/-non/-ron/ -ton un ballon un tenon un baron un chaton	une guenon

Terminaison/ exemples	Exceptions
-a un cinéma un camélia	une caméra
-aire un dictionnaire un anniversaire	une grammaire une affaire
-ier un terrier	
-in un pain un vin	une main une fin
-o un piano un métro un mémo	une radio une moto une photo
-oir un devoir un pouvoir	
-sme le socialisme un spasme	
-u un bureau un genou un tutu	une eau une peau une vertu
-ien bien lien	

Certaines catégories de noms de choses ont le même genre. Les noms de sciences et de disciplines (sauf le génie) sont tous **féminins**. Les saisons et les noms de jours, d'arbres (sauf l'épinette), de métal, de couleur, de doctrines et de langues sont tous **masculins**.

Ex. le capitalisme, le socialisme, le bouddhisme, la médecine, la linguistique, le bouleau, l'érable, le fer, le cuivre.

> **Note**
>
> Le nom des langues, des sciences et des disciplines s'écrit en minuscules.

B.   Observations sur quelques noms

1. Certains noms ont un *double genre et deux sens différents.*

Ex. un livre : « a book »   une livre : « a pound »
      un poste : « a job »   la poste : « postal services »
      un manche : « a handle »   une manche : « a sleeve »
      un vase : « a vase »   la vase : « mud »
      un mode : « a mode »   une mode : « a trend »
      un voile : « a veil »   une voile : « a sail »

2. *Les noms de nationalité* prennent *une majuscule* : les **F**rançais, les **A**méricains, etc. (L'adjectif de nationalité ne prend pas de majuscule ; voir p. 50.)

Ex. Un Français est un homme français.
      Une Française est une femme française.

mais : Il est Français. (= C'est un homme français.)

3. On *vulgarise* des noms propres quand on utilise un nom propre pour désigner un objet provenant du lieu ou de la personne :

Ex. le cognac, un picasso

On *personnifie* des mots communs quand on utilise un nom commun pour désigner une personne, un lieu ou une époque :

Ex. le Petit Prince, la rivière Noire

4. Certains noms sont *identiques au masculin et au féminin.* On dit qu'ils sont *épicènes.*

Ex. un élève, une élève
      un enfant, une enfant
      un camarade, une camarade

5. Orgue, **délice** et **amour** sont des noms *masculins au singulier*, mais *féminins au pluriel.*

Ex. un orgue impressionnant   de grandes orgues
      un premier amour   des amours passagères

C. Pluriel des noms

1. Le pluriel des noms se forme généralement en ajoutant un **s** au singulier.

> **Ex.** l'hôtel → les hôtels
> une pomme → des pommes
> un trou → des trous

a. Les noms qui ont déjà un **s**, **x** ou **z** ne changent pas au pluriel.

> **Ex.** un fils → des fils
> une toux → des toux
> un nez → des nez

b. Les noms en **eu, au, eau, œu** prennent généralement un **x**.

> **Ex.** un cheveu → des cheveux
> l'eau → des eaux
> un vœu → des vœux

> **Exceptions** (prennent un **s** au pluriel) :
>
> pneu, bleu, sarrau, landau

c. Sept noms en **ou** prennent un **x** :

> bijou, caillou, chou, genou, hibou, joujou, pou.

d. Les noms en **al** changent généralement en **aux**.

> **Ex.** un canal → des canaux
>
> un journal → des journaux

> **Exceptions** (prennent un **s** au pluriel) :
>
> aval, bal, carnaval, chacal, festival, récital, régal

e. Les noms en **ail** prennent un **s**.

> **Ex.** un éventail → des éventails
> un détail → des détails

> **Exceptions** (changent **ail** en **aux**) :
>
> bail, corail, émail, soupirail, travail, vitrail

f. En français, les noms de famille ne prennent pas de **s** au pluriel.

> **Ex.** les Dupont, les Tremblay

g. Certains noms sont *toujours pluriels*.

> **Ex.** les gens, les mathématiques, les épinards, les frais, les funérailles

h. Certains pluriels sont *complètement irréguliers.*

> **Ex.** un oeil → des yeux
> un ciel → des ciels *ou* des cieux (connotation religieuse ou
> poétique)
> un aïeul → des aïeuls (grands-parents) *ou* des aïeux (ancêtres)

2. Pluriel des *noms composés.* Les verbes et les prépositions qui se trouvent dans un nom composé ne changent pas au pluriel.

Les adjectifs et les noms se mettent au pluriel, sauf quand le sens l'interdit.

> **Ex.** un chef-d'œuvre → des chefs-d'œuvre
> un grand-père → des grands-pères
> un hors-d'œuvre → des hors-d'œuvre
> un gratte-ciel → des gratte-ciel

D. Nombres collectifs

On *ajoute* **aine** *au nombre cardinal* pour indiquer *une quantité approximative.* Ce sont des noms féminins, suivis de **de** + *nom.* Le **e** du nombre cardinal disparaît et **x** se change en **z**.

> **Ex.** Combien de personnes y avait-il à la conférence?
> Il y **en** avait **une centaine**. (environ 100)

On évite généralement les nombres collectifs pour les chiffres en bas de 10 puisqu'ils sont trop petits pour impliquer une approximation.

> **Ex.** J'ai reçu une **douzaine de** roses. (12 exactement)
> J'ai acheté **une demi-douzaine d'**œufs. (6)

Voici quelques nombres collectifs :

> dix → une dizaine (de)
> douze → une douzaine (de)
> quinze → une quinzaine (de)
> vingt → une vingtaine (de)
> trente → une trentaine (de)
> cent → une centaine (de)

> **Exception** : mille → un millier (de)

Application immédiate

Écrivez les nombres collectifs suivants.

1. à peu près vingt jours _____
3. environ quinze pages _____
2. environ trois mille morts _____
4. à peu près dix élèves _____

réponses p. 61

E. Fractions

1. Fractions courantes

1/4 : un quart (25 %, 25 pour cent)   2¼ : deux et quart
1/3 : un tiers
1/2 : un demi, une demie   5½ : cinq et demi(e)
2/3 : deux tiers
3/4 : trois quarts

— **Demi(e)** est variable après le nom, invariable devant le nom (voir p. 48).

Ex. J'ai répondu à une question et **demie** en une **demi**-heure.

— Le nom correspondant est **la moitié (de)**.

Ex. As-tu répondu à toutes les questions ?
Non, seulement à **la moitié**.

2. Autres fractions

Le **nominateur** est le nombre *cardinal* qui se trouve *en haut* de la fraction.

Le **dénominateur** est le nombre *ordinal* qui se trouve *en bas* de la fraction.

Ex. 5/7 : cinq septièmes
3⅖ : trois et deux cinquièmes

Application immédiate

Écrivez les fractions en toutes lettres.

1. 3/5 _____   3. 1/8 _____

2. 3/4 _____   4. 4⅗ _____

réponses p. 61

Exercices

Exercice I (oral)

*Indiquez le genre de chaque nom en utilisant **le** ou **la**, ou si vous préférez, **un** ou **une**.*

1. chimie, équité, étudiant, voyage, musée, poulet, garantie, bouteille, saveur
2. firmament, ciel, vendredi, ambiance, démolition, écureuil, effet, hauteur
3. capitalisme, balle, pierre, utopie, feuille, bonté, présence, nation, fil, parc
4. gouvernement, Amérique, totalité, addition, opinion, toiture, absence, érable
5. oiseau, château, enlèvement, douceur, armature, moitié, parti, partie, carreau
6. litière, analogie, maladie, menton, ferveur, caoutchouc, égalité, société, baignoire
7. pouvoir, existence, exception, connaissance, terminaison, ver, animal, dent
8. saccage, bouche, liberté, prix, présence, permission, maison, presse, intensité
9. été, pas, folie, appareil, pou, licence, différence, signification, dragon, cheval
10. développement, oreille, largeur, sentiment, limitation, fils, dénouement
11. voiture, silence, vache, table, vacances, mot, saison

Exercice II (oral)

Lisez les fractions et les pourcentages suivants.

1. 4/3
2. 3/6 = 1/2 ou 50 %
3. 3/4 ou 75 %
4. 8⅓
5. 5¼

Exercice III (écrit)

Refaites les phrases suivantes au féminin.

1. Voilà un prince hospitalier.
2. Le héros est courageux.
3. Son mari est aimable et riche.

4. Ce cheval est agile.
5. Le jeune homme est sincère.

Exercice IV (écrit)

Rédigez les phrases suivantes au pluriel.

1. Regardez ce vitrail coloré.
2. Il a l'œil vif.
3. Le fil électrique est bleu.
4. Cet animal est blessé.
5. Mon logis est cher et luxueux.
6. C'est un bel homme.
7. Le pneu est usé.
8. Voilà un vieil ami.

Exercice V (écrit)

Mettez les noms composés au pluriel.

1. un arc-en-ciel
2. un timbre-poste
3. un ouvre-boîte
4. un après-midi
5. un haut-parleur
6. un coffre-fort
7. un chef-d'œuvre
8. un pique-nique

Exercice VI (écrit)

Réécrivez les nombres collectifs suivants en toutes lettres.

1. environ 50 _____
2. à peu près 20 étudiants _____
3. 12 mouchoirs _____
4. environ mille personnes _____

Exercice VII (écrit)

*Complétez les phrases suivantes en employant **demi(e)** ou **moitié**.*

1. Vous avez bu _____ de la bouteille de vin.
2. J'ai passé une semaine et _____ chez eux.
3. Tu as mangé _____ du gâteau.
4. Nous avons mis toute _____-heure à faire ce travail.

Exercice VIII (écrit)

Écrivez une phrase avec chacune des expressions suivantes.

1. la moitié _____
2. une douzaine _____
3. premier(ère) _____
4. des milliers _____

II. L'adjectif

L'adjectif se rapporte à *un nom* ou à *un pronom*, dont il *exprime une caractéristique essentielle* : c'est pour cette raison qu'on l'appelle souvent *adjectif qualificatif.* Il ne possède pas de genre ou de nombre et prend par conséquent ceux du nom ou du pronom dont il dépend.

> **Ex.** Le livre **périmé.**
> Les **grands** garçons.
> La femme **triste.**

A. Formes

1. Féminin de l'adjectif

a. On ajoute généralement un **e** au masculin pour avoir le féminin.

> **Ex.** grand $\rightarrow$ grande fermé $\rightarrow$ fermée
> court $\rightarrow$ courte intelligent $\rightarrow$ intelligente
> courtois $\rightarrow$ courtoise vrai $\rightarrow$ vraie

REMARQUE

Il faut mettre un *tréma** sur le **e** du féminin des adjectifs en **gu** pour conserver le son [y] du masculin. Il est maintenant acceptable de mettre le tréma sur le **u** plutôt que sur le **e**.

aigu $\rightarrow$ aiguë (*ou* aigüe) contigu $\rightarrow$ contiguë (*ou* contigüe)

b. Quand l'adjectif se termine déjà par un **e** au masculin, il ne change pas au féminin.

> **Ex.** riche $\rightarrow$ riche calme $\rightarrow$ calme
> utile $\rightarrow$ utile tranquille $\rightarrow$ tranquille
> étrange $\rightarrow$ étrange moderne $\rightarrow$ moderne

---

*Le tréma sépare les sons de deux voyelles consécutives.

2. Féminins particuliers

a. Les adjectifs **beau, nouveau, vieux,** qui viennent tous avant le nom, ont une autre forme au masculin singulier : **bel, nouvel, vieil.** Cette forme est employée devant un nom commençant par une voyelle ou un **h** muet. Les adjectifs **fou** et **mou,** qui se placent normalement après le nom, ont aussi la forme **fol** et **mol.** Ils viennent alors avant le nom. Leur emploi est surtout littéraire.

Ex. un bel **h**omme, le nouvel **a**n, un vieil **a**rbre, un fol **a**mour

Le féminin est formé sur cette deuxième forme du masculin : **belle, nouvelle, vieille, folle, molle.**

Application immédiate

Écrivez la forme correcte de l'adjectif.

1. (nouveau) un _____ espoir
2. (vieux) un _____ arbre
3. (fou) une _____ passion
4. (beau) une _____ ferme
5. (beau) un _____ âge
6. (mou) un _____ oreiller

réponses p. 61

---

b. La terminaison **er** change pour **ère.**

| **Ex.** | premier → première | cher → chère |
| | dernier → dernière | étranger → étrangère |

c. La terminaison **f** change pour **ve.**

| **Ex.** | actif → active | neuf → neuve |
| | vif → vive | bref → brève |

d. La terminaison **x** change pour **se.**

| **Ex.** | heureux → heureuse | douloureux → douloureuse |
| | amoureux → amoureuse | jaloux → jalouse |

e. La terminaison **eur** change généralement pour **euse.**

| **Ex.** | voleur → voleuse | trompeur → trompeuse |
| | flatteur → flatteuse | tapageur → tapageuse |

— La terminaison change quelquefois en **eresse**.

> pécheur   → pécheresse
> enchanteur → enchanteresse

— Plusieurs adjectifs en **eur** prennent un **e**.

> meilleur   → meilleure
> antérieur   → antérieure
> postérieur   → postérieure
> majeur   → majeure
> mineur   → mineure
> inférieur   → inférieure
> supérieur   → supérieure
> intérieur   → intérieure
> extérieur   → extérieure

— La terminaison **teur** peut aussi avoir la forme **trice**.

> **Ex.** moteur → motrice   créateur → créatrice

f. Les adjectifs qui se terminent *par une consonne précédée d'une voyelle doublent la consonne* avant le **e** final :

Ex. ancien	→ ancienne	épais	→ épaisse
bon	→ bonne	gras	→ grasse
gros	→ grosse	las	→ lasse
muet	→ muette	cruel	→ cruelle
net	→ nette	gentil	→ gentille
sot	→ sotte	naturel	→ naturelle
nul	→ nulle	pareil	→ pareille
vermeil	→ vermeille		

mais il existe plusieurs **exceptions** à cette règle.

Ex. complet	→ complète	féminin	→ féminine
concret	→ concrète	fin	→ fine
discret	→ discrète	opportun	→ opportune
inquiet	→ inquiète	replet	→ replète
mauvais	→ mauvaise	final	→ finale
ras	→ rase	général	→ générale

g. Certains adjectifs ont *un féminin irrégulier.*

Ex.	blanc	→ blanche	doux	→ douce	favori	→ favorite
	grec	→ grecque	faux	→ fausse	frais	→ fraîche
	public	→ publique	roux	→ rousse	long	→ longue
	sec	→ sèche	malin	→ maligne	Franc	→ Franche

h. Certains adjectifs sont *invariables* : chic (pas de féminin), bon marché et les noms employés pour désigner des couleurs (orange, marron, cerise, crème, etc.)

Ex. Regardez comme cette robe est **chic**.
Elle aime acheter des articles **bon marché**.
Tes souliers sont-ils **marron** ou noirs ?
Ces sacs ne sont pas blancs, mais **crème**.

Application immédiate

Écrivez le féminin des adjectifs suivants.

1. joli _____
2. vieux _____
3. exceptionnel _____
4. veuf _____
5. menteur _____
6. turc _____
7. supérieur _____
8. portatif _____
9. joyeux _____
10. franc _____
11. rouge _____
12. familier _____
13. beau _____
14. satisfait _____
15. bénin _____
16. bas _____
17. chic _____
18. ambigu _____
19. oral _____
20. quotidien _____
21. conservateur _____

réponses p. 61

---

3. Pluriel de l'adjectif

a. On ajoute généralement un **s** au singulier (masculin ou féminin) pour avoir le pluriel.

Ex. *masc.* : content → contents
fém. : contente → contentes
masc. : bleu → bleus
fém. : bleue → bleues

b. Quand il y a déjà un **s** ou un **x** au singulier, l'adjectif ne change pas au masculin pluriel, mais le pluriel du féminin est régulier.

Ex. *masc.* mauvais → mauvais   malheureux → malheureux
fém. mauvaise → mauvaises   malheureuse → malheureuses

c. La terminaison **al** devient **aux** au masculin pluriel.

Ex. général → généraux
principal → principaux
normal → normaux

Exceptions :

— Les adjectifs suivants peuvent prendre la terminaison **aux** au pluriel, mais ils prennent de plus en plus la terminaison **als** : austral, banal, boréal, facial, glacial, initial, jovial, martial, pascal et théâtral.

— Les adjectifs suivants prennent toujours la terminaison **als** au pluriel : bancal, fatal, marial, natal, naval et tonal.

— L'adjectif **final** prend habituellement la terminaison **als** au pluriel, mais la forme **finaux** est aussi acceptée.

d. On ajoute **x** aux terminaisons **eau** et **eu** (sauf bleu → bleus).

Ex. beau → beaux
nouveau → nouveaux
hébreu → hébreux

Application immédiate

Donnez le féminin singulier, le masculin pluriel et le féminin pluriel des adjectifs suivants.

1. bon _____   3. normal _____

2. religieux _____   4. nouveau _____

réponses p. 61

B. Accord

1. L'adjectif s'accorde *en genre et en nombre* avec le nom ou le pronom auquel il se rapporte.

> **Ex.** Le livre est **ouvert**.
> Il y a des feuilles **blanches** sur le bureau.
> Ils sont **satisfaits**.
> La page est **marquée**.

2. Quand un adjectif qualifie *plusieurs* noms ou pronoms, il est :

— *masculin pluriel* si les noms ou pronoms sont masculins ;

> **Ex.** Le livre et le cahier sont **ouverts**.
> Pierre et lui sont **absents**.

— *féminin pluriel* si les noms ou pronoms sont féminins ;

> **Ex.** La poire et la pêche sont **bonnes**.
> Hélène et elle sont **gentilles**.

— *masculin pluriel* si les noms ou pronoms sont de genres différents.

> **Ex.** Robert et Marie étaient **contents** de vous avoir vu.
> Le vase et les fleurs sont **blancs**.

3. *Deux adjectifs au singulier* peuvent qualifier *un nom pluriel.*

> **Ex.** Les langues **française** et **espagnole** sont populaires dans les écoles.
> Les **première** et **deuxième** personnes du pluriel sont irrégulières.

4. Dans le cas d'un nom collectif, l'adjectif s'accorde avec le nom *ou* avec son complément, d'après le sens.

> **Ex.** Un groupe d'étudiants **bruyant** (ou **bruyants**).
> Un groupe d'étudiants **important**.

5. Avec l'expression **avoir l'air**, l'adjectif s'accorde :

— avec le sujet s'il s'agit d'une chose ;

Ex. Votre machine a l'air **usée**. Ces propositions ont l'air **sérieuses**.

— avec le sujet ou le mot **air** s'il s'agit d'une personne, selon le sens.

Ex. Elle a l'air **gentille**. (Elle a l'air d'être gentille).
Elle a l'air **inquiet**. (Elle a un air inquiet.)

6. L'adjectif est invariable (toujours masculin singulier) dans les cas suivants :

a. Après **ce + être**, même si **ce** représente des noms féminins ou pluriels ;

Ex. Écoutez cette musique qui vient de l'église ; **c'est** vraiment **beau** !
Cette pièce critique la société d'une façon efficace parce que **c'est exagéré, humoristique** et **absurde**.
Je suis allé à une conférence ce soir, mais **ce** n'était pas **intéressant**.

b. Quand il est employé *adverbialement* (c'est-à-dire qu'il modifie le verbe) dans des expressions courantes : **coûter (valoir) cher ; parler fort, haut,** ou **bas ; voir clair ; chanter faux** ou **juste ; travailler dur,** etc.

Ex. Votre robe coûte **cher**, n'est-ce pas ?
Les étudiants travaillent **dur** au moment des examens.
Elle parle toujours **fort**, ce qui est gênant.

Note

Fort devant un autre adjectif devient un adverbe et signifie **très**.

Ex. Vous êtes **fort** intelligente. (= Vous êtes très intelligente.)

c. Les adjectifs **demi, mi** et **nu** sont invariables *quand ils précèdent le nom* (il y a un trait d'union entre l'adjectif et le nom).

Ex. Écrivez un paragraphe d'une **demi**-page.
Parlez à **mi**-voix.
Il est **nu**-tête.
mais : une page **et demie**, la tête **nue**.

d. L'adjectif **possible** est invariable avec le superlatif **le plus, le moins**.

> **Ex.** Faites **le plus** d'efforts **possible**.

> *mais :* Vos prédictions sont **possibles**.

e. après **quelqu'un de, personne de, quelque chose de, rien de** (voir aussi leçon 16, p. 368 et 369).

> **Ex.** J'ai vu **quelqu'un d'important**.
> Je n'ai vu **personne d'important**.
> J'ai vu **quelque chose de joli**.
> Je n'ai **rien** vu **de joli**.

> *mais :* J'ai vu une personne **importante**.
> J'ai vu une **jolie** chose.

f. Dans un *adjectif de couleur composé*, c'est-à-dire qualifié par un autre adjectif (**foncé, clair, pâle,** etc.) ou complété par un nom.

> **Ex.** des yeux **bleu vert**
> des tissus **vert pomme**
> une veste **bleu foncé**
> des souliers **beige clair**

> *mais :* une veste **bleue**
> des souliers **beiges**

Cependant, les adjectifs de couleurs liés par **et** s'accordent seulement s'ils indiquent *des couleurs distinctes*; pour éviter l'ambiguïté, on peut répéter le nom.

> **Ex.** des vaches **noir et blanc** (ces vaches ont toutes du noir et du blanc)
> des vaches **noires et blanches** (certaines de ces vaches sont entièrement noires, d'autres sont entièrement blanches)

Les noms ou les syntagmes nominaux employés comme adjectifs de couleur sont en général invariables. (Exceptions : **rose, fauve, pourpre, écarlate** et **incarnat**.)

> **Ex.** un habit **crevette**
> une voiture **rubis**
> des cheveux **poivre et sel**
> les tables **orange**

Application immédiate

Complétez les phrases suivantes en écrivant la forme correcte des adjectifs entre parenthèses.

1. (intéressant)   J'ai entendu des histoires _____ .

2. (content)   Robert et moi, nous sommes _____ .

3. (heureux)   Voilà un père et une mère _____ .

4. (beau)   Allez voir les montagnes de cette région. C'est si _____ !

5. (cher)   Ses chaussures coûtent très _____ .

6. (premier, deuxième)   Les _____ et les _____ personnes du singulier de ce verbe prennent un **s**.

7. (demi)   J'ai passé trois semaines et _____ à voyager.

8. (confus)   Est-elle toujours aussi _____ ?

réponses p. 61

C. Place de l'adjectif

La place de l'adjectif est une question complexe, car il y a des exceptions aux règles. Généralement, l'adjectif suit le nom.

1. L'adjectif est placé après le nom (postposé) :

a. Quand il donne au nom *une qualité distinctive* (couleur, forme, nationalité, religion, goût, profession, classe sociale, groupe politique, etc.) qui place le nom dans *une catégorie*.

> **Ex.** une robe **jaune**   un prêtre **catholique**
> une table **ronde**   le cidre **doux**
> le parti **socialiste**   une famille **bourgeoise**
> des écrivains **canadiens**
> (les adjectifs de nationalité n'ont pas de lettre majuscule)

b. Quand *un participe présent* ou *un participe passé* est employé comme adjectif.

> **Ex.** une situation **inquiétante**   une porte **ouverte**
> un film **fascinant**   une personne bien **élevée**
> un parfum **enivrant**   un signe **peint**

c. Quand il est modifié par *un complément* ou par *un adverbe long*.

> **Ex.** un conférencier **intéressant à écouter**
> un travail **agréable à faire**
> un étudiant **très bon en mathématiques**
> un site **vraiment merveilleux**
> une femme **singulièrement belle**

2. L'adjectif est placé *devant le nom (antéposé)* :

a. Quand il est *court* et *très fréquent*.

petit	grand	gros
bon	mauvais	
meilleur	pire	
jeune	vieux	
joli	beau	vilain
gentil	long	moindre
autre		

> **Ex.** une **longue** histoire   un **joli** bouquet
> la **moindre** chose   une **vieille** église
> mon **autre** frère   une **mauvaise** note

b. Quand il forme *un mot composé* avec un nom ou est *souvent employé avec un nom*.

> **Ex.** un **jeune** homme   un **grand** magasin
> des **jeunes** gens   des **petits** pains
> une **violente** tempête   faire la **grasse** matinée
> des **petits** pois   dire un **bon** mot
> recevoir les **sincères** condoléances

c. Quand il qualifie *un nom propre*.

> **Ex.** le **sympathique** M. Durand   la **célèbre** Marie Curie

Exception : quand l'adjectif fait partie du nom propre.

> **Ex.** Charles **le Chauve**, Louis **le Bien Aimé**, Ivan **le Terrible**

d. Quand il est *descriptif avec un sens affectif* (en opposition au sens strictement distinctif) ou pour le rendre *plus poétique*, en poésie et quelquefois en prose.

> **Ex.** Quelle **merveilleuse sensation** ! une **magnifique** réception
> une **incroyable** histoire   de **ravissants** villages
> cette **charmante** personne

Application immédiate

Placez l'adjectif entre parenthèses dans les phrases suivantes à la place et à la forme convenables.

1. C'est une maison. (carré)

2. Je ne veux pas boire ce vin. (aigre)

3. Regardez la personne là-bas. (assis)

4. Voilà une fille. (gentil)

5. C'est un film. (particulièrement bon)

6. Je fais un travail. (passionnant)

7. Vous connaissez M. Dubonnet. (extraordinaire)

8. De quelles actions vous êtes capable ! (merveilleux)

réponses p. 62

3. Place des adjectifs multiples

Les adjectifs gardent leur place respective, soit antéposés, soit postposés.

Ex. une **grosse** pluie
une pluie **pénétrante** → une **grosse** pluie **pénétrante**

une **belle** maison
une maison **rouge** → une **belle** maison **rouge**

Si plus d'un adjectif est antéposé, on les joint par la conjonction **et**, sauf si un des mots est plus fortement lié au nom.

Ex. un **beau** garçon + un **grand** garçon (lien étroit)
→ un **beau grand** garçon
(*ou, moins fréquemment*, un **beau** et **grand** garçon)

un beau gâteau + un bon gâteau
→ un beau **et** bon gâteau (liens égaux)

Application immédiate

Placez les adjectifs entre parenthèses à la place et à la forme convenables.

1. un jardin (fleuri, joli)

2. une pluie (bon, persistant)

3. un travail (long, mauvais)

4. mon frère (aîné, gentil)

5. un jeune homme (grand, mince, élégant)

6. vos enfants (beau, petit)

réponses p. 62

---

4. **Changement de sens de l'adjectif selon sa place**

Certains adjectifs changent de sens selon leur place. Ils ont *le sens propre* (objectif) quand ils sont placés *après le nom* et *le sens figuré* (affectif) quand ils sont placés *devant le nom*.

Changement de sens d'après la place

Adjectif	**Sens propre** (suit le nom)	**Sens figuré** (précède le nom)
ancien	l'histoire **ancienne** (d'une autre époque)	mon **ancien** professeur (que j'avais avant)
brave	un soldat **brave** (courageux)	un **brave** homme (gentil, bon, simple)
certain	un résultat **certain** (sûr, assuré)	un **certain** sourire (d'une sorte spéciale)
cher	un vêtement **cher** (dont le prix est élevé)	mon **cher** ami (tendrement aimé)
dernier	l'année **dernière** (qui précède cette année)	le **dernier** mois de l'année (dans une série)
différent	une question **différente** (non semblable, pas la même)	**différentes** personnes (quelques, diverses, variées)
drôle	une histoire **drôle** (amusante)	une **drôle d'**histoire (bizarre)
grand	un homme **grand** (≠ petit)	un **grand** homme (important, célèbre)
même	la simplicité **même** (pure, exacte)	la **même** explication (identique)

(suite page 54)

Adjectif	Sens propre (suit le nom)	Sens figuré (précède le nom)
nouveau	une façon **nouvelle** (pas connue depuis longtemps, récente)	une **nouvelle** robe (autre, supplémentaire)
pauvre	un homme **pauvre** (qui n'est pas riche)	un **pauvre** homme (malheureux, infortuné)
prochain	la semaine **prochaine** (qui suit cette semaine)	la **prochaine** fois (suivante dans une série)
propre	une maison **propre** (≠ sale) le sens **propre** (réel, intrinsèque)	ma **propre** maison (qui m'appartient)
sale	des mains **sales** (≠ propres)	une **sale** affaire (mauvaise)
seul	une personne **seule** (non accompagnée)	mon **seul** souci (seulement un)

Application immédiate

Remplacez le mot souligné par l'adjectif entre parenthèses. Placez-le devant ou après le nom, d'après le sens du mot souligné.

1. Il y a <u>plusieurs</u> façons de voir la chose. (différent)

2. L'été <u>passé</u>, nous étions au bord de la mer. (dernier)

3. Il a un air <u>bizarre</u> aujourd'hui. (drôle)

4. Vous vous êtes mis dans une <u>mauvaise</u> situation. (sale)

5. Il a écrit ça de sa main <u>à lui</u>. (propre)

6. C'est une mode <u>récente</u>. (nouveau)

7. Martin Luther King était un homme <u>important</u>. (grand)

8. C'est un fait <u>sûr</u>. (certain)

réponses p. 62

D. Observations sur quelques adjectifs

1. différent

Quand cet adjectif est placé devant le nom dans le sens de *certains* ou *divers*, il est pluriel et il n'y a pas d'article (voir aussi leçon 16, p. 364).

Ex. Différentes (certaines, diverses) personnes me l'ont dit.

2. étranger, étrange

Ne confondez pas **étranger** (qui est d'une autre nation) et **étrange** (bizarre).

Ex. Pour vous, le français est une langue **étrangère**.
   Voilà un phénomène **étrange**. (bizarre, drôle de)

3. horrible: Signifie très laid, très mauvais.

Ex. Il fait un temps **horrible**.

terrible: Signifie effrayant, violent.

Ex. Il fait un vent **terrible**.

ATTENTION

N'employez pas **très** avec un adjectif qui a déjà un sens superlatif, comme *merveilleux, formidable, extraordinaire, magnifique, épatant, horrible, délicieux*, etc.

Ex. magnifique = très très... beau

---

4. mauvais

— **mauvais** ≠ **bon**: c'est l'équivalent anglais de «bad» mais aussi de «wrong»

Ex. Votre dictée est **mauvaise**; elle est pleine de fautes.
   Je ne peux pas ouvrir la porte; j'ai pris la **mauvaise** clé.

5. nouveau, neuf

— **nouveau** signifie *récent, connu depuis peu*, ou *autre, supplémentaire* (voir p. 54).

Ex. Venez voir ma **nouvelle** maison. (autre)
   Voilà un esprit **nouveau**. (d'innovation)

— **neuf** signifie *fait depuis peu, qui n'a pas* ou *presque pas servi* («brand new»).

Ex. C'est une maison **neuve**. (qui vient d'être finie)

6. rendre + *adjectif*

Le verbe anglais « to make » se traduit par **rendre** quand il est construit avec *un adjectif.* N'employez jamais le verbe **faire** dans ce cas.

Ex. Si vous mangez trop, ça va vous **rendre malade**.

Cette situation le **rendra nerveux** à la longue.

Pour **rendre** votre long séjour **agréable**, il faudrait le préparer activement.

E. Adjectifs ordinaux

Les adjectifs ordinaux, aussi appelés les nombres ordinaux, indiquent *l'ordre* ou *le rang.*

Ils se forment en ajoutant **ième** au nombre cardinal correspondant. Le **e** final du nombre cardinal disparaît.

Ex. sept → sept**ième**   quatre → quatr**ième**
vingt et un → vingt et un**ième**   vingt-deux → vingt-deux**ième**
vingt-trois → vingt-trois**ième**

Exceptions :

premier (1er), première (1re)   cinq → cinquième (avec **u**)
deuxième *se dit aussi* second(e)   neuf → neuvième (avec **v**)

Les adjectifs ordinaux sont variables en genre et en nombre.

Ex. le **premier** jour
la **première** année
les **premières** années
la **deuxième** année

REMARQUES

— Quand **premier** et **dernier** accompagnent *un nombre cardinal,* on les place *après* le nombre cardinal.

Ex. les **deux premiers** exercices

— Un nombre cardinal remplace un nombre ordinal pour *le rang des souverains d'une dynastie,* excepté **premier** et **second** (pour deuxième). Il n'y a pas de déterminant.

Ex. François 1er → François premier
Charles X → Charles dix
Louis XIV → Louis quatorze

— On *abrège* **premier** et **première** différemment des autres nombres ordinaux :

premier : 1er
première : 1re
deuxième, second ou seconde : 2^e
troisième : 3^e
quatrième : 4^e
vingt et unième : 21^e
cent unième : 101^e

...

— L'abréviation de l'adjectif ordinal est aussi *variable*.

Ex. le **1er** jour
la **1re** année
les **1res** années
la **2e** année

Exercices

Exercice I (oral)

Remplacez le nom souligné par le nom donné entre parenthèses et faites les changements nécessaires.

Ex. (une poire)   Voici un fruit vert et peu appétissant. Il a l'air véreux et il est petit.
Voici une poire verte et peu appétissante. Elle a l'air véreuse et elle est petite.

1. (cette tomate)   Ce légume doit être excellent parce qu'il est bien rouge et mûr à point ; il est assez gros et a l'air délicieux.

2. (mes amis)   Ma tante est grande, distinguée et très active. C'est une femme généreuse et aimée de tout le monde.

3. (la rue)   Le boulevard est long, large et bordé d'arbres. Il est toujours plein de monde.

4. (ma sœur)   J'aime mon frère parce qu'il est discret, honnête et calme. Il est aussi ordonné, gentil et courageux. Il est franc et direct avec moi.

5. (cette montagne)   Regardez <u>ce petit mont</u>. Il n'est pas haut, mais il est escarpé. En ce moment, le temps est sec, alors il est jaune foncé.

6. (la fille)   <u>Le garçon</u> peureux était tremblant, pâle, effrayé, silencieux et confus.

Exercice II (oral)

Placez les adjectifs correctement et accordez-les avec le nom.

Ex. une cheminée (grand, noir) → une grande cheminée noire

1. une présentation (endormant, long)
2. une porte (grand, fermé)
3. une maison (seul, abandonné)
4. un enfant (sympathique, jovial)
5. une composition (clair, concis)
6. un vin (rouge, petit, bon)
7. un bâtiment (solide, vieux)
8. un visage (ridé, vilain)
9. une personne (jeune, ivre de joie)
10. les exercices (premiers, deux)

Exercice III (oral)

Placez l'adjectif avant ou après le nom selon le sens donné par les mots entre parenthèses.

Ex. chère / ma tante (que j'aime beaucoup) → ma chère tante

1. dernière / la semaine (des examens finals)
2. même / la chose (identique)
3. ancienne / mon amie (que j'avais l'année dernière)
4. brave / ma sœur (si courageuse)
5. propre / sa maison (impeccable)
6. prochaine / l'année (qui vient)
7. pauvre / son chien (malheureux)
8. drôle / un costume (bizarre)
9. nouveau / un (autre) manteau
10. seul / mon enfant (sans amis)

Exercice IV (oral)

*Dans le texte suivant, substituez le mot **fait** au mot **chose** et faites les changements nécessaires.*

Je m'en vais vous mander* la <u>chose</u> la plus étonnante, la plus surprenante, la plus merveilleuse, la plus miraculeuse, la plus triomphante, la plus étourdissante, la plus

---

*mander : faire savoir

inouïe, la plus singulière, la plus extraordinaire, la plus incroyable, la plus imprévue, la plus grande, la plus petite, la plus rare, la plus commune, la plus éclatante, la plus secrète jusqu'aujourd'hui, la plus brillante, la plus digne d'envie...

Madame de Sévigné

Exercice V (oral)

Relevez tous les adjectifs du texte suivant et cherchez leur sens.

L'ours

Cet animal à la fourrure épaisse, aux pattes trop courtes malgré les longues griffes qui les prolongent, a l'aspect d'un lourdaud bourru ; mais son intelligence est vive, son odorat subtil, son flair exceptionnel. Ce solitaire, rusé et prudent, n'aime aucun séjour autant que les forêts profondes et les cavernes. Il est si indépendant qu'il n'habite pas le même domicile que son épouse à laquelle il se contente d'aller rendre visite. Quand cette dernière a des petits, elle interdit au père l'entrée de sa bauge, car Monsieur Ours est tellement vorace, qu'avec la désinvolture d'un dégustateur chez le pâtissier, il lui est arrivé de croquer, comme un chou glacé, un de ses propres enfants... Très gourmand de sucre, il est avide de miel et n'est guère aimé des abeilles.

d'après Buffon

Exercice VI (oral)

Faites une phrase en employant chacun des adjectifs suivants à la forme ou à la place indiquée.

1. même (employé adverbialement)
2. drôle (avant le nom)
3. dernier (après le nom)
4. grand (avant le nom)
5. sale (avant le nom)
6. demi (après le nom)
7. beau (+ nom masc. commençant par une voyelle)
8. bleu foncé

Exercice VII (écrit)

Écrivez l'adjectif correctement dans les phrases suivantes.

1. (attentif) Les étudiants sont _____ en classe.
2. (frais)   Cette viande n'est pas _____ .
3. (aigu)   Ces notes _____ me font mal aux oreilles.
4. (favori) Ce sont ses chansons _____ .
5. (extérieur, blanc) La partie _____ est _____ .
6. (incorrect, vain) Votre réponse est _____ et vos efforts sont

   _____ .

7. (bénin) Heureusement, la tumeur était _____ .
8. (local) Nous sommes arrivés à huit heures du matin, heure _____ .
9. (vrai) C'est une histoire _____ .
10. (libéral, conservateur) Vos idées sont-elles _____ ou _____ ?

Exercice VIII (écrit)

Traduisez les deux phrases suivantes.

1. « This book will make you famous. »
2. « The appointment I have makes me nervous. »

Exercice IX (écrit)

Décrivez un animal que vous trouvez très curieux. Faites un bon choix d'adjectifs et employez-en le plus possible. (cinq lignes)

Exercice X (écrit)

*Ajoutez **des** ou **de (d')** selon la position de l'adjectif, et si c'est nécessaire.*

1. Dans cette rue, il y a _____ magnifiques vitrines.
2. Connaissez-vous _____ autres poèmes de cet auteur?
3. Nous avons vu _____ différentes choses qui pourraient nous intéresser.
4. Elle a reçu _____ roses rouges, _____ superbes roses rouges.
5. Je n'ai pas _____ idées intéressantes en ce moment.
6. _____ jeunes gens vont le voir pour lui apporter _____ très bonnes revues.

Exercice XI (écrit)

Rédigez une phrase avec chacune des expressions suivantes en faisant les accords appropriés. Aux numéros 6, 7 et 8, faites une phrase pour chaque mot.

1. quelqu'un de (+ *adjectif*)
2. quelque chose de (+ *adjectif*)
3. avoir l'air (+ *adjectif*)
4. ce (+ *adjectif*) (représentant un nom fém. ou plur.)
5. un groupe de personnes (+ *adjectif*)
6. horrible, terrible
7. étranger, étrange
8. nouveau, neuf

Exercice XII (écrit)

Complétez les phrases suivantes avec la traduction appropriée des mots anglais entre parenthèses.

1. Vous êtes _____ à me le dire. (« first »)

2. _____ , il faut aller à la banque. (« first » ; deux réponses)
3. Faites _____ exercices pour demain. (« the first three »)

Réponses aux applications immédiates

I. LE NOM

p. 39   1. une vingtaine de jours
        2. trois milliers de morts
        3. une quinzaine de pages
        4. une dizaine d'élèves

p. 40   1. trois cinquièmes
        2. trois quarts
        3. un huitième
        4. quatre et cinq sixièmes

II. L'ADJECTIF

p. 43   1. nouvel
        2. vieil
        3. folle
        4. belle
        5. bel
        6. mol

p. 47   1. bonne, bons, bonnes
        2. religieuse, religieux, religieuses
        3. normale, normaux, normales
        4. nouvelle, nouveaux, nouvelles

p. 50   1. intéressantes
        2. contents
        3. heureux
        4. beau
        5. cher
        6. première, deuxième
        7. demie
        8. confuse

p. 45   1. jolie
        2. vieille (ou vieilles)
        3. exceptionnelle
        4. veuve
        5. menteuse
        6. turque
        7. supérieure
        8. portative
        9. joyeuse
      10. franche
      11. rouge
      12. familière
      13. belle
      14. satisfaite
      15. bénigne
      16. basse
      17. chic
      18. ambiguë (ou ambigüe)
      19. orale
      20. quotidienne
      21. conservatrice

p. 52   1. …une maison carrée.
              2. …ce vin aigre.
              3. …la personne assise là-bas.
              4. …une gentille fille.
              5. …un film particulièrement bon.
              6. …un travail passionnant.
              7. …l'extraordinaire M. Dubonnet.
              8. De quelles merveilleuses actions…

p. 53   1. un joli jardin fleuri
              2. une bonne pluie persistante
              3. un long et mauvais travail (ou un travail long et mauvais)
              4. mon gentil frère aîné
              5. un grand jeune homme mince et élégant
              6. vos beaux petits enfants

p. 54   1. Il y a différentes façons…
              2. L'été dernier…
              3. Il a un drôle d'air…
              4. …dans une sale situation.
              5. …de sa propre main.
              6. …une nouvelle mode.
              7. …un grand homme.
              8. …un fait certain.

LES TEMPS DU PASSÉ

On se sert du **passé composé** et de **l'imparfait** pour indiquer une action ou un état passé. Il faut constamment faire un choix entre ces deux temps.

Le passé composé exprime *un fait terminé au moment où l'on parle.*

> **Ex.** J'**ai vu** ce film.

L'imparfait montre *une action en train de se dérouler dans le passé,* sans indication de début ni de fin. Il est souvent utilisé pour mettre en contexte une autre action exprimée soit au passé composé soit au passé simple.

> **Ex.** Il **faisait** beau.

Le choix entre le passé composé et l'imparfait est généralement clair. Cependant, dans certains cas, il est difficile de déterminer si le temps indiqué est défini ou non. L'emploi du passé composé ou de l'imparfait dépend alors de ce que l'on veut exprimer. On emploie l'imparfait si on veut se replacer dans le passé (« flashback ») ; dans ce cas c'est seulement la répétition de l'action qui est importante. On emploie le passé composé si l'action est vue du présent, et qu'on veuille alors insister sur la durée totale de la répétition de l'action dans le passé.

> **Ex.** Je **jouais** au tennis *tous les matins* pendant les vacances.
> J'**ai joué** au tennis tous les matins *pendant les vacances.*

Application immédiate

Appliquez le même raisonnement à la phrase suivante et faites deux phrases.

Pendant la guerre, les avions (venir) _____ bombarder la ville à la même heure chaque jour.

réponses p. 85

On se sert du **plus-que-parfait** pour exprimer un fait passé antérieur à un autre fait passé.

>**Ex.** Ils **avaient** déjà **dîné** avant de partir.

I.   Le passé composé

A. Formes

Il est *formé du présent de l'auxiliaire* **avoir** *ou* **être** + *le participe passé du verbe* en question.

>**Ex.** Nous **avons aimé** ton cadeau.
>Ils **sont allés** au cirque.

(Revoir les formes des participes passés réguliers et irréguliers, leçon 9, p. 221–223, + appendice, p. 428–445.)

L'auxiliaire est un verbe qui *aide* à former les temps composés. Il constitue le premier mot du temps composé. La plupart des verbes forment le passé composé avec l'auxiliaire **avoir**. Tous les verbes pronominaux et un très petit nombre de verbes intransitifs forment toutefois ces temps avec l'auxiliaire **être**.

Les règles qui s'appliquent aux temps simples (négation, interrogation, place des pronoms objets et de l'adverbe) s'appliquent maintenant à l'auxiliaire, car c'est l'auxiliaire qui est *conjugué* dans la forme composée.

>**Ex.** Vous **n**'avez **pas** fini votre travail. (négation)
>As-**tu** acheté tes livres? (interrogation)
>Je **les y** ai mis. (place des pronoms)
>Je suis **souvent** rentré tard. (place de l'adverbe)

Voici le passé composé du verbe **aimer**:

j'ai aimé	nous avons aimé
tu as aimé	vous avez aimé
il, elle, on a aimé	ils, elles ont aimé

1. Verbes conjugués avec *avoir*

a. Les verbes **avoir** et **être**

Comme le verbe **avoir** est conjugué avec lui-même, ajoutez le participe passé **eu** à un temps simple pour obtenir le temps composé correspondant.

Ex. j'ai → j'ai **eu** nous avons → nous avons **eu**

Le verbe **être** se conjugue également avec l'auxiliaire **avoir** ; son participe passé est **été** et il est invariable

Ex. Je suis → J'ai **été**

b. Les verbes **transitifs**

Ces verbes ont un *complément direct* ou *indirect ;* l'action exercée par le sujet passe sur le complément directement ou indirectement.

Ex. J'**ai fait** mon travail. J'**ai répondu** à la question.

c. Les verbes **intransitifs** (excepté ceux qui sont conjugués avec **être**) (voir 2a, p. 66)

Ces verbes n'ont pas de complément direct ou indirect, mais peuvent avoir un complément de phrase.

Ex. J'ai marché **très vite**.

Accord du participe passé. Il s'accorde avec *le complément direct (CD) du verbe* si ce complément précède le verbe. (Exception : **été** du verbe **être**, qui est invariable.)

Ex. Ces bottes, je <u>les</u> ai **trouvées** sur le perron. (CD = **les** pour **ces bottes**)
Ces bottes <u>que</u> j'ai **trouvées** sur le perron… (CD = **que** pour **ces bottes**)

mais : J'ai **trouvé** <u>ces bottes</u> sur le perron. (CD = **ces bottes**)

Application immédiate

Écrivez correctement le participe passé du verbe indiqué.

1. Aimez-vous la machine à coudre que vous avez _____ (acheter) récemment ?

2. Le fleuve a _____ (inonder) la ville et l'a _____ (couvrir) de boue.

3. Lesquels a-t-il _____ (finir) d'abord ?

4. Voilà les photos que j'ai _____ (faire). Je les ai _____ (montrer) à ma mère.

5. Je pense que mes peintures seront finies demain. Je me rappelle que je vous en ai _____ (promettre) une.

réponses p. 85

---

2. Verbes conjugués avec *être*

a. *Les verbes intransitifs* de la liste suivante (et seulement ces verbes).

Ce sont des verbes de *mouvement* ou de *changement d'état*. Apprenez-les par cœur.

aller	parvenir
arriver	passer
décéder	rentrer
descendre	rester
devenir	retomber
entrer	retourner
monter	revenir
mourir	sortir
naître	tomber
partir	venir

« La maison d'être » est un dessin qui permet de mémoriser la plupart de ces verbes :

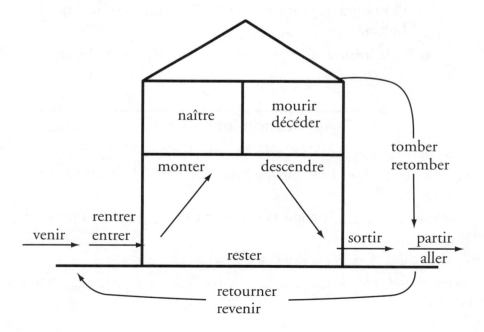

Une deuxième façon de mémoriser cette liste est la *méthode Dr Mrs Van Der Trampp.* À chaque lettre du nom correspond la première lettre d'un verbe qui peut utiliser l'auxiliaire **être** pour former un temps composé :

Descendre	**M**onter
Rentrer	**R**evenir
	Sortir

Venir	**D**evenir
Arriver	**E**ntrer
Naître	**R**ester

Tomber
Retourner
Aller
Mourir
Partir
Passer

Voici les autres verbes, moins fréquents, se conjuguant avec **être** : advenir, choir, échoir, intervenir, provenir, redevenir, survenir.

Ex. Passé composé du verbe **aller** :

je suis allé(e)	nous sommes allés(es)
tu es allé(e)	vous êtes allé(e, s, es)
il, elle, on est allé(e)	ils, elles sont allés(es)

Accord du participe passé. Il s'accorde avec le sujet du verbe, comme un adjectif.

Ex. <u>Elle</u> est allé**e** en ville cet après-midi.
<u>Ils</u> sont mort**s** dans un accident d'auto.
<u>Nous</u> sommes parti**(e)s** très tôt.

Distinction de sens entre **rentrer, retourner, revenir**

rentrer = retourner à la maison

Ex. <u>Nous</u> **sommes rentrés** tôt parce que nous étions fatigués.

retourner = « to go back »

Ex. Elle a beaucoup aimé l'Espagne et <u>elle</u> y **est retournée** plusieurs fois.

revenir = « to come back »

Ex. Je **suis revenu** vous voir pour vous parler davantage.

REMARQUE

Certains verbes intransitifs peuvent avoir un complément direct : **monter ; descendre ; sortir ; passer ; rentrer ; retourner.** Ils sont alors conjugués avec **avoir** et s'accordent avec le complément direct s'il le précède.

Ex. Elle **a monté** <u>sa valise</u> dans sa chambre.
J'**ai descendu** <u>les escaliers</u> quatre à quatre.
Elle a lu la lettre <u>qu'</u>elle **a sortie** de son sac.
<u>Quelles bonnes vacances</u> nous **avons passées** à la montagne !

Application immédiate

Écrivez correctement le participe passé.

1. Nous sommes _____ (passer) vous voir, mais vous n'étiez pas là.

2. Elle a _____ (retourner) les crêpes très habilement.

3. Ils sont _____ (rester) à la maison.

4. Elles sont _____ (revenir) à trois heures.

5. Les fauteuils étaient dehors ; nous les avons _____ (rentrer) avant la pluie.

réponses p. 85

---

b. Les verbes **pronominaux**

Ils se conjuguent toujours avec l'auxiliaire **être** et un pronom réfléchi (voir leçon 14, p. 316). *Accord du participe passé.* Il s'accorde généralement avec le complément direct s'il précède le verbe.

Ex. Ils se sont finalement **lavés.**
(ils ont lavé qui ? **se**, donc accord)
Ils se sont finalement **lavé** les cheveux.
ils ont lavé quoi ? les cheveux, donc pas d'accord ; **se** est alors complément indirect : laver [les cheveux] à qui ?)

Si on ne peut pas analyser le pronom objet (on parle alors de verbes essentiellement pronominaux) ou si le verbe a un sens passif, le participe passé s'accorde alors avec le sujet.

Ex. Nous nous sommes **évanouis**.
Ces pommes se sont **vendues** comme des petits pains chauds.

Le participe passé des verbes suivants est toujours *invariable* (parce que le pronom est réfléchi est complément indirect) :

se dire	se téléphoner
s'écrire	se mentir
se parler	se nuire
se plaire	se déplaire
se rire	se sourire

B. Emplois

Le passé composé est employé pour exprimer :

1. Une action qui s'est produite à un point précis dans le passé.

Ex. Il l'**a rencontrée** dans la rue avant-hier.
Robert Bourassa **est mort** d'un cancer en 1996.

2. Une série d'actions successives dans le passé.

Ex. Vous **êtes arrivé**, vous **avez cogné** à la porte, on vous **a ouvert, vous êtes entré**, on vous **a frappé** et puis vous **ne vous souvenez plus** de rien.
Je suis venu, j'ai vu, j'ai vaincu. (Jules César)

3. Une action qui s'est répétée et qui est terminée.

Ex. Elle **a rendu** visite à sa tante quelques fois avant sa mort.
Je **suis allée** à cette église plusieurs fois.

4. Une action d'une certaine durée et qui est terminée.

Ex. Robert **a habité** Winnipeg toute son enfance.
Nous **sommes restés** longtemps à discuter sur la terrasse.

REMARQUE

Le passé composé est souvent utilisé pour remplacer le *passé simple* dans les textes modernes.

Ex. Je **répondis** à sa lettre. → J'**ai répondu** à sa lettre.
Elle **traversa** la rue. → Elle **a traversé** la rue.

Application immédiate

Mettez le verbe au passé composé et justifiez cet emploi.

1. Quand je lui ai donné votre réponse, il _____ (sourire).

2. Hier, je _____ (prendre) une décision importante.

3. Soudain, il me _____ (demander) de l'accompagner.

4. Si tu _____ (ne pas finir) bientôt, je vais m'en aller.

5. Je _____ (naître) en mai 1983.

6. Je lui _____ (parler) pendant une demi-heure.

réponses p. 85

II. L'imparfait

L'imparfait est un temps simple qui montre *une action continue qui s'est déroulée dans le passé,* sans indications précises de début ni de fin. Il est souvent utilisé pour mettre en contexte une autre action exprimée soit au passé composé soit au passé simple.

A. Formes

On forme l'imparfait en se reportant au *radical* de la 1re personne du pluriel (nous) du présent de l'indicatif auquel on ajoute les terminaisons suivantes :

1re personne du singulier : **ais**
2e personne du singulier : **ais**
3e personne du singulier : **ait**
1re personne du pluriel : **ions**
2e personne du pluriel : **iez**
3e personne du pluriel : **aient**

La formation de l'imparfait est régulière pour tous les verbes, réguliers et irréguliers, excepté le verbe **être** qui a un radical irrégulier : j'**étais**.

Voici l'imparfait des trois groupes verbaux :

aimer	finir
(nous aimons → *radical* = **aim**)	(nous finissons → *radical* = **finiss**)
j'aim**ais**	je finiss**ais**
tu aim**ais**	tu finiss**ais**
il, elle, on aim**ait**	il, elle, on finiss**ait**
nous aim**ions**	nous finiss**ions**
vous aim**iez**	vous finiss**iez**
ils, elles aim**aient**	ils, elles finiss**aient**

vendre
(nous vendons → *radical* = **vend**)
je vend**ais**
tu vend**ais**
il, elle, on vend**ait**
nous vend**ions**
vous vend**iez**
ils, elles vend**aient**

Voici aussi l'imparfait de quelques verbes irréguliers :

boire   (nous buvons) → je buvais
craindre (nous craignons) → je craignais

croire   (nous croyons) → je croyais

faire   (nous faisons) → je faisais
prendre (nous prenons) → je prenais

venir   (nous venons) → je venais

voir   (nous voyons) → je voyais

REMARQUES

— Aux 1re et 2e personnes du pluriel (**nous** et **vous**) du présent de l'indicatif, il suffit généralement d'ajouter un **i** pour avoir la forme de l'imparfait.

    Ex. présent : nous parl**ons**   imparfait : nous parl**ions**

Si le radical du verbe se termine par **i**, il y a *deux* **i** à l'imparfait.

Ex. présent : nous étud**ions**   imparfait : nous étud**iions**

— Les trois terminaisons **ais, ait** et **aient** ont la même prononciation.

Ex. Je voy**ais**, tu voy**ais**, il voy**ait** et ils voy**aient** sont identiques à l'oral.

— Les verbes en **cer** et **ger** subissent des changements. orthographiques avec les terminaisons **ais, ait, aient** (voir leçon 1, p. 4). Dans le premier cas, le **c** devient **ç** ; dans le second, le **g** devient **ge**. Ces changements maintiennent les sons doux des consonnes ; en effet, **c** se prononce [k] devant **a** et **u**, et **g** se prononce [g] devant les mêmes voyelles.

Ex. je commen**çais**   je chan**geais**

Application immédiate

Écrivez l'imparfait des verbes à la personne indiquée.

1. être ; nous _____

2. répondre ; il _____

3. comprendre ; je _____

4. pâlir ; elle _____

5. rire ; on _____

6. écrire ; tu _____

7. connaître ; ils _____

8. travailler ; vous _____

9. manger ; ils _____

10. placer ; tu _____

réponses p. 85

B. Emplois

L'imparfait se traduit de plusieurs façons : « I did, I was doing, I used to do, I would do, how about doing, if only I did », etc. Il est employé :

1. Pour exprimer *une action inachevée* :

    a. *À un moment indéterminé* du passé ;

        Ex. Ce matin, ma voiture ne **marchait** pas. (« did not work »)
            Il ne **souriait** jamais quand il **était** petit. (« never smiled, was »)
            L'enfant **pleurait** parce qu'il **avait** faim. (« was crying, was »)

— c'est souvent le cas avec les verbes d'état d'esprit qui expriment des actions généralement vues dans leur continuité :

avoir	penser	aimer	espérer	pouvoir
être	croire	désirer	regretter	vouloir
	trouver	préférer		
	songer	détester		
	savoir			

Ex. Autrefois, on **croyait** qu'il **était** impossible d'aller à la lune.
Il **pensait** que tu **voulais** rester à la maison.
Nous **savions** qu'il **était** malade, mais nous ne **pensions** pas que c'**était** si grave.
Je **croyais** que tu le **trouvais** sympathique.

Mais ces verbes sont au passé composé quand le fait est accompli ou a des limites précises.

Ex. Quand il m'a dit ça, j'**ai cru** mourir.
J'**ai** bien **pensé** à vous pendant votre absence.
Tu **as regretté** de ne pas pouvoir rester avec nous.

b. *À un moment précis* du passé.

Ex. Ce matin, à neuf heures, il **faisait** déjà chaud et humide.
Hier soir, quand je suis sorti, le ciel **était** plein d'étoiles.
Quand je me suis réveillé, j'**avais** mal à la tête.
À la fin de la course, son cœur **battait** très fort et il **transpirait** à grosses gouttes.

2. Pour *décrire les circonstances, le décor, les personnages d'une scène, l'aspect physique et mental ou le temps qu'il faisait* dans le passé. Ces imparfaits ne font pas progresser la narration.

Ex. Comme la nuit **arrivait** et qu'il **commençait** à faire frais, nous avons décidé de partir.

« Madame la baronne, qui **pesait** trois cent cinquante livres, **s'attirait** par là une très grande considération, et **faisait** les honneurs de la maison avec une dignité qui la **rendait** encore plus respectable. Sa fille Cunégonde, âgée de dix-sept ans, **était** haute en couleur, fraîche, grasse, appétissante. Le fils du baron **paraissait** en tout digne de son père. Le précepteur Pangloss **était** l'oracle de la maison, et le petit Candide **écoutait** ses leçons avec toute la bonne foi de son âge et de son caractère. »

Voltaire, *Candide*

3. Quand *deux actions sont simultanées* :

   a. Pour une action en cours (« I was ___ing ») quand une autre action (au passé composé) a eu lieui.

      Ex. Quand tu as téléphoné, j'**écoutais** les nouvelles à la radio. L'expression **être en train de** (leçon 1, p. 11) est toujours à l'imparfait dans le passé.

      Ex. Qu'est-ce que vous **faisiez** lorsque je suis arrivé ?
      — J'**étais en train** de me reposer.

   b. Pour deux actions *simultanément en cours* dans le passé.

      Ex. Il **lisait** pendant que j'**écrivais**.
      Je le **connaissais** bien quand il **habitait** à côté de chez moi.

4. Pour *une action répétée un nombre indéterminé de fois* ou à *intervalles réguliers dans un espace de temps indéterminé* (« I used to do, I would »). Ne confondez pas cet emploi avec le conditionnel, qui se traduit souvent aussi avec « would ».

      Ex. Chaque fois qu'elle **pleurait**, j'**essayais** de la consoler.
      Quand il **allait** à la bibliothèque, il la **rencontrait** de temps en temps.
      À cette époque-là, il **fréquentait** les bars régulièrement.
      Quand j'étais en France, je **prenais** un café au lait et un croissant tous les matins.

5. Après **si** :

   a. Dans *une phrase conditionnelle* au conditionnel présent (voir leçon 5, p. 134).

      Ex. Si tu m'**appelais**, j'irais te voir immédiatement.

   b. *Pour un souhait, un désir* (« If only I did, How about doing »).

      Ex. Si seulement on **était** en vacances !
      Je suis si inquiète ; **si seulement** il **arrivait** !
      Si nous **allions** prendre un café !

6. *À la place du présent* dans le style indirect ou passé (voir leçon 10, p. 246).

      Ex. Il **dit** qu'il **faut** partir. → Il **a dit** qu'il **fallait** partir.
      Je **pensais** que vous **étiez** malade.
      Elle **a remarqué** qu'il y **avait** beaucoup de fumée dans la salle.

7. Avec *depuis* pour une action *commencée dans le passé* et *qui continuait à un certain moment du passé*. («had been ___ing... for, since...»)
Comparez avec l'emploi du présent pour traduire «have been ___ing... for, since...» (voir leçon 1, p. 12).

> **Ex.** Il **attendait depuis** un quart d'heure quand je suis arrivée. («for»)
> **Depuis** sa chute, il ne **se sentait** plus aussi bien qu'avant. («since»)
> Il **pleuvait depuis** quelques jours; alors la terre était boueuse. («for»)

Application immédiate

Mettez les phrases suivantes au temps qui convient.

1. Vous ne m'avez pas compris; je _____ (ne pas vouloir) dire ça.

2. Je _____ (vouloir) m'enfuir, mais ma manche était coincée.

3. Il _____ (pleuvoir) quand nous sommes partis.

4. Si vous _____ (être) gentil, vous m'aideriez.

5. À cette époque-là, nous _____ (jouer) souvent aux cartes.

6. Chaque fois qu'elle venait, nous _____ (se disputer).

réponses p. 85

REMARQUE

Le *futur proche* (**aller** + infinitif) et le *passé récent* (**venir de** + infinitif) sont toujours à l'imparfait dans le passé.

> **Ex.** J'**allais vous dire** quelque chose et puis j'ai oublié.
> Quand la cloche a sonné, le professeur **venait** juste **de finir** son explication.

Exercices

Exercice I (oral)

Mettez les phrases suivantes au passé composé. Attention à la place des pronoms objets, des négations, et des adverbes.

1. Nous mangeons beaucoup.
2. Comprends-tu ma question?
3. Je ne le veux pas.
4. Ne voulez-vous pas l'écouter?

5. Robert et moi y entrons.
6. Ils passent la voir tous les jours.

Exercice II (oral)

Donnez l'imparfait et le passé composé des formes suivantes à la personne indiquée.

1. nous commençons	6. vous appelez	11. il atteint
2. vous nagez	7. tu es	12. ils font
3. j'entre	8. elle reste	13. je connais
4. nous voyons	9. vous buvez	14. tu finis
5. ils s'arrêtent	10. j'envoie	15. je souris

Exercice III (oral)

Mettez les phrases suivantes au passé; choisissez le passé composé ou l'imparfait pour chaque verbe selon le contexte. Expliquez les différents cas en classe.

1. Aujourd'hui le professeur .... (donner) un cours intéressant. Si seulement ça .... (pouvoir) toujours être le cas !
2. La semaine dernière, il .... (pleuvoir) chaque jour.
3. Je le .... (voir) de temps en temps quand il .... (travailler) à la cafétéria. Mais il .... (quitter) son emploi hier parce que les nombreuses heures de travail le .... (empêcher) d'étudier suffisamment.
4. Je .... (vouloir) lui tenir compagnie pendant quelques instants, mais quand il .... (exprimer) le désir d'être seul, je .... (comprendre) qu'il .... (falloir) que je m'en aille.
5. Robert .... (s'absenter) deux semaines quand il .... (avoir) la grippe.
6. Comme le chien .... (aboyer) sans cesse la nuit dernière, je me .... (mettre) des bouchons dans les oreilles.
7. Elle .... (vouloir) lui envoyer un message, mais le serveur .... (être) en panne.
8. Il .... (attendre) un donneur depuis un an quand on lui .... (faire) une greffe du cœur.
9. Je .... (venir de) rentrer et je .... (aller) me reposer quand vous .... (sonner).

Exercice IV (oral)

Mettez ces phrases au passé.

1. Il me .... (falloir) une heure pour achever ce travail que je .... (croire) presque terminé.
2. La première fois que je le .... (voir), il me .... (sembler) normal.
3. Il .... (s'évanouir) comme nous .... (entrer) dans la salle.
4. Vous .... (venir) à quatre heures alors que votre rendez-vous .... (être) à trois heures. Qu'est-ce qui vous .... (retarder) ?

5. Nous ...... (prendre) un verre ensemble cet après-midi lorsque Pierre .... (entrer).

6. Pendant les vacances, je .... (se baigner) trois fois seulement, mais je .... (aller) souvent à la plage.

7. Si vous m' .... (accorder) plus de temps, je pourrais faire un meilleur travail.

8. Je .... (avoir) un C pour ce devoir et pourtant je .... (mettre) beaucoup de temps à le faire. Mon professeur me .... (dire) que je .... (pouvoir) le voir demain à ce sujet.

Exercice V (oral)

Dans les phrases suivantes tirées de L'Étranger *de Camus, les temps du passé sont soulignés. Notez que la narration est au masculin. Justifiez l'emploi de chaque temps.*

1. J'ai voulu voir maman tout de suite.
2. Maman passait son temps à me suivre des yeux en silence.
3. Cela me prenait mon dimanche.
4. Je suis resté longtemps à regarder le ciel.
5. À cinq heures, des tramways sont arrivés dans le bruit.
6. Ils hurlaient et chantaient à pleins poumons que leur club ne périrait pas.
7. J'ai pris appui le premier et j'ai sauté au vol. Puis j'ai aidé Emmanuel à s'asseoir.
8. Pour la première fois depuis bien longtemps, j'ai pensé à maman. Il m'a semblé que je comprenais pourquoi à la fin d'une vie elle avait pris un « fiancé ».

Exercice VI (oral)

*Complétez les phrases avec **rentrer, retourner** ou **revenir**, au temps correct.*

1. Chaque fois que nous .... à notre village, nous avions le cafard.
2. Je .... très tard hier soir parce que nous sommes allés à la danse.
3. Elle se sentait mieux dès que le printemps ....

Exercice VII (oral)

*Complétez les phrases avec le passé composé d'un des verbes **devoir, pouvoir** ou **savoir** et expliquez le sens du verbe.*

1. Sa voiture est tombée en panne au milieu de la campagne, alors il .... faire deux kilomètres à pied pour trouver une station d'essence.
2. Nous n'avions pas de leurs nouvelles depuis longtemps. Nous ne .... pas qu'ils avaient été foudroyés.
3. Pendant que les autres invités étaient occupés à parler ensemble, j' .... prendre Robert à part un instant pour lui demander comment allaient ses parents.

Exercice VIII (oral)

Complétez les phrases suivantes avec le passé composé ou l'imparfait du verbe donné, selon le cas. Expliquez votre choix.

1. venir
   a. D'habitude, elle .... me voir à trois heures.
   b. Elle .... me voir à trois heures hier.
2. aller
   a. Je .... au cinéma deux fois la semaine dernière.
   b. Je .... quelquefois lui dire bonjour quand je passais près de chez elle.
3. falloir
   a. Autrefois, il .... beaucoup de temps pour se rendre en Europe.
   b. Il .... travailler toute la journée pour finir ce projet.
4. faire
   a. Aujourd'hui, Jeanne .... la queue pendant quatre heures pour acheter un seul billet.
   b. Il .... froid quand nous sommes partis.
5. répondre
   a. Il .... qu'il n'avait pas le temps de s'en occuper.
   b. Chaque fois qu'on l'appelait, il .... gentiment.

Exercice IX (oral)

Donnez, au passé, vos impressions sur un film que vous venez de voir.

Exercice X (écrit)

Écrivez le participe passé du verbe entre parenthèses. Y a-t-il un accord ?

1. Je sais que tu lui as (rendre) _____ sa bicyclette.
2. Il n'est pas satisfait de la part qu'il a (recevoir) _____ .
3. Il s'ennuie de la ville qu'il a (quitter) _____ .
4. Elles sont (tomber) _____ dans l'eau.
5. Quels cours avez-vous (suivre) _____ le semestre dernier ?
6. Tu as (acheter) _____ des provisions et tu les as (mettre) _____ dans le réfrigérateur.
7. Est-ce que vous avez (pouvoir) _____ partir à l'heure.
8. Elle nous a (raconter) _____ une histoire sans queue ni tête. Je ne l'ai pas (croire) _____ , et elle s'en est (offusquer) _____ .
9. Il y a des musées intéressants dans cette ville ; j'en ai (visiter) _____ plusieurs.
10. Lesquelles avez-vous (prendre) _____ , les vertes ou les noires ?
11. Il est victime de la situation qu'il a (créer) _____ .
12. Son alcoolisme a (nuire) _____ à sa réputation.

Exercice XI (écrit)

*Rédigez trois phrases contenant le pronom relatif **que** et un verbe transitif au passé composé.*

> **Ex.** J'aime la fleur **que** vous m'**avez donnée.**

Exercice XII (écrit)

Qu'est-ce que vous avez fait aujourd'hui ? Donnez une série de petites phrases avec des verbes au passé composé.

Exercice XIII (écrit)

Imaginez-vous à un certain moment du passé ou faites, en quatre ou cinq lignes, la description d'une famille que vous avez connue. Employez seulement l'imparfait, comme dans l'exemple de Candide *(voir p. 73).*

Exercice XIV (écrit)

Composez une phrase avec chaque verbe.

> 1. retourner   2. revenir

Exercice XV (écrit)

Faites une phrase avec chacun des passés composés suivants.

> 1. j'ai dû (j'ai été obligé)
> 2. j'ai pu (j'ai réussi à)
> 3. j'ai su (j'ai appris)

Exercice XVI (écrit)

Terminez cette histoire en donnant l'explication demandée. (cinq lignes au passé)

Un changement d'humeur

« Pourquoi as-tu l'air si maussade aujourd'hui, hein ? Quand je t'ai vu hier tu semblais si heureux ; tu venais de passer une très bonne journée avec tes amis. Est-ce que quelque chose est arrivé depuis que je t'ai parlé ? As-tu reçu de mauvaises nouvelles de quelqu'un ? Allons, explique-moi ! »

— Eh bien ! Voilà ce qui s'est passé…

Exercice XVII (écrit)

Complétez les phrases en expliquant les circonstances qui ont causé les actions suivantes. Employez des verbes à l'imparfait.

> 1. Suzanne s'est mise à pleurer _____ .
> 2. Le facteur m'a rapporté une lettre que j'avais déjà envoyée _____ .

3. J'ai changé de place pendant la conférence _____ .
4. Vous n'avez pas compris ce texte _____ .
5. Le chien a aboyé _____ .

Exercice XVIII (écrit)

Complétez les phrases suivantes en employant des verbes à l'imparfait et au passé composé.

1. Je résoudrais ce problème si _____ .
2. En dépit de tous mes efforts, _____ .
3. Quand il m'a vu(e), _____ .
4. Il se rendait compte que _____ .
5. Voyant son attitude, _____ .
6. Lorsque j'étais petit(e) _____ .
7. Vous étiez en train de _____ .
8. Si seulement _____ .
9. Tout à coup, _____ .
10. Un soir d'automne, _____ .
11. Il (Elle) avait échoué bien des fois et pourtant _____ .
12. Les deux amis sentaient que _____ .
13. Il l'a appelé(e), lui a dit bonjour, lui a posé une question, _____ .
14. J'ai parlé au conférencier à la fin de sa conférence et il m'a dit que _____ .

Exercice XIX (écrit)

Décrivez en cinq ou six lignes le moment où vous avez reçu votre lettre d'admission à l'université de votre choix. (Employez différents temps du passé.)

Exercice XX (écrit)

Composez cinq ou six lignes sur la plus grande peur que vous avez jamais eue. (Employez différents temps du passé.)

III. Le plus-que-parfait

Le *plus-que-parfait* est *le temps composé de l'imparfait.* On s'en sert pour exprimer *un fait passé antérieur à un autre fait passé.*

A. Formes

Le plus-que-parfait est le temps composé de l'imparfait.

Il est formé *de l'imparfait de l'auxiliaire* **avoir** *ou* **être** + *le participe passé du verbe en question.*

Ex. aimer   arriver
  j'**avais aimé**   j'**étais arrivé(e)**
  tu **avais aimé**   tu **étais arrivé(e)**
  il, elle, on **avait aimé** il, elle, on **était arrivé(e)**
  nous **avions aimé**   nous **étions arrivés(es)**
  vous **aviez aimé**   vous **étiez arrivé(e)(s)**
  ils, elles **avaient aimé** ils, elles **étaient arrivé(e)s**

  se reposer
  je m'**étais reposé(e)**
  tu t'**étais reposé(e)**
  il, elle, on s'**était reposé(e)**
  nous nous **étions reposés(es)**
  vous vous **étiez reposé(e)(s)**
  ils, elles, s'**étaient reposé(e)s**

Le participe passé suit les *mêmes règles d'accord que celles du passé composé* (voir p. 65 et 67–69).

Application immédiate

Écrivez le plus-que-parfait des verbes suivants à la personne indiquée.

1. finir ; je   3. partir ; nous

2. vivre ; il   4. se lever ; vous

réponses p. 86

B. Emplois

1. *L'antériorité* exprimée par le plus-que-parfait (« I had done ») est souvent indiquée par *une conjonction temporelle*, mais pas toujours.

  Ex. *Après que* tu **étais partie**, il a téléphoné à ses amis.
    Vous **aviez terminé** votre travail *quand* nous sommes arrivés.
    J'**avais** *toujours* **eu** confiance en lui.
    Je n'**avais** pas vu Robert *depuis deux mois* quand je l'ai rencontré.

2. Il exprime aussi *une action habituelle, antérieure à une autre action habituelle qui est à l'imparfait.*

  Ex. Quand il **avait fini** de lire, il dormait un peu.

3. Il est employé *après si* :

— dans une phrase conditionnelle au conditionnel passé (voir leçon 5, p. 137) ;

Ex. Si vous **étiez venu**, vous **auriez vu** cette personne.

— pour exprimer *un regret*. (Comparez avec **si** + *imparfait* pour un désir, voir p. 74.)

Ex. Si j'**avais su** !
Si seulement vous **aviez pu** lui parler !

4. On le trouve *au style indirect au passé*, à la place du passé composé qui est employé pour le style indirect au présent (voir leçon 10, p. 246–247).

Ex. Il me dit que j'**ai menti**. → Il m'a dit que j'**avais menti**.

Application immédiate

Justifiez l'emploi des plus-que-parfaits suivants.

1. Généralement, quand il avait expliqué quelque chose, c'était clair.

2. Il a ajouté que j'avais fait de mon mieux.

3. Quand j'ai reçu ta lettre, il y avait quelques mois que je n'avais pas eu de tes nouvelles.

4. J'aurais déjà fini si j'avais commencé à temps.

5. Elle vous a renvoyé la feuille que vous lui aviez donnée.

réponses p. 86

ATTENTION

En anglais, une action antérieure à une action passée n'est pas toujours au plus-que-parfait. De plus, le plus-que-parfait n'est pas employé pour un état.

Ex. Le professeur voulait savoir qui **avait triché**. (« had cheated » ou « cheated »)
Sa dent **était tombée** la veille. (« had fallen out » ou « fell out »)

Exercices

Exercice I (oral)

Mettez les verbes des propositions principales au passé et faites les changements nécessaires.

Ex. Je pense que vous avez menti. → Je pensais que vous aviez menti.

1. Tu dis qu'il a fini son exercice.
2. Savez-vous qu'elle est arrivée ?
3. Vous parlez beaucoup lorsque vous êtes nerveuse.
4. La faute que tu as commise n'est pas grave.
5. Tu oublies ce que je t'ai dit avant de partir.

Exercice II (écrit)

Exprimez trois regrets.

1. Si seulement _____ !
2. Si _____ !
3. Si seulement _____ !

Exercice III (écrit)

Complétez les phrases suivantes en utilisant des plus-que-parfaits.

1. Vous auriez été satisfait(e) si _____ .
2. L'herbe était très sèche parce que _____ .
3. Généralement elle se reposait quand _____ .
4. Nous avons acheté la voiture que _____ .

Exercice IV (écrit)

Rédigez une phrase exprimant une action habituelle antérieure à une autre action habituelle à l'imparfait.

Ex. Elle **était** fatiguée parce qu'elle **avait fait** ses exercices quotidiens de gymnastique.

Exercice V (écrit)

Mettez ce passage au passé.

Un séjour à l'étranger

Une fois arrivé dans ce nouveau pays, il _____ (se rendre compte) que la situation _____ (être) tout à fait différente de celle à laquelle il _____ (s'attendre) ; au lieu d'être désagréables, la plupart des gens le _____ (saluer) quand ils _____ (passer) à côté de lui. Ils lui

_____ (sourire) même et lui _____ (dire) quelques mots dans leur langue, qu'il _____ (ne pas comprendre). Peut-être _____ (ils, ne pas savoir) qu'ils _____ (avoir) affaire à un étranger. Voyant cela, il _____ (décider) de ne pas suivre les conseils que ses amis lui _____ (donner) avant son départ. Il _____ (essayer) de rendre à ces gens la gentillesse qu'ils lui _____ (démontrer). Il _____ (accepter) leurs invitations et _____ (apprendre) quelques mots de leur langue. Il _____ (rester) un an dans ce pays; puis il _____ (revenir) dans le sien. Il _____ (garder) un très bon souvenir de son séjour à l'étranger, disant même souvent qu'il _____ (aller) y retourner un jour.

Exercice VI (écrit)

Mettez le récit au passé.

Un orage d'été

En deux minutes le temps _____ (changer). Le ciel qui _____ (être) si bleu _____ (devenir soudainement) noir comme de l'encre à cause de l'orage qui _____ (approcher). Bientôt une grosse pluie _____ (commencer) à tomber. Le vent _____ (se lever). Le tonnerre et les éclairs _____ (se joindre) à la scène. Dans la rue, les voitures _____ (se mettre) à aller plus vite, car chacun _____ (vouloir) rentrer chez soi rapidement. L'orage _____ (passer) juste au-dessus de la petite ville; un éclair _____ (tomber) sur un des clochers de l'église et le _____ (endommager). Heureusement, un orage d'été _____ (ne pas durer généralement). Le soleil _____ (revenir) donc et sa chaleur _____ (sécher rapidement) les flaques d'eau. Les enfants _____ (pouvoir) retourner dehors aux jeux qu'ils _____ (abandonner).

Exercice VII (écrit)

Mettez ce passage au passé.

Scène de restaurant

Nous _____ (être) assises depuis quelques minutes à une petite table de restaurant quand nous _____ (remarquer) un homme qui _____ (dîner) seul à une autre petite table non loin de nous. En le voyant, nous le _____ (trouver tout de suite) singulier; mais nous _____ (comprendre) pourquoi seulement plus tard. Il _____ (être) assez jeune, très gras pour son âge et _____ (sembler) très préoccupé de lui-même au point de ne pas voir les gens autour de lui. Surtout il _____ (appeler) constamment le garçon et à chaque fois lui _____ (commander) un autre vin ou un autre plat. Il lui _____ (poser) des questions concernant des détails culinaires ou le _____ (complimenter) sur son service. Quand le garçon _____ (venir) lui demander son choix de dessert, nous _____ (penser) qu'il _____ (aller) en prendre un léger en raison de la quantité de nourriture qu'il _____ (déjà ingurgiter). Mais nous _____ (être) ébahies quand il _____ (demander) une omelette norvégienne pour deux qu'il _____ (avaler ensuite) sans difficulté. Des glaces _____ (couvrir) les murs du restaurant. Après le dessert, il _____ (se tourner) vers celle qui _____ (se trouver) à sa droite et _____ (se sourire), visiblement très satisfait de son repas et de lui-même.

Réponses aux applications immédiates

I. LE PASSÉ COMPOSÉ

p. 63
1. venaient
2. sont venus

p. 65
1. achetée
2. inondé, couverte
3. finis
4. faites, montrées
5. promis

p. 68
1. passé(e)s
2. retourné
3. restés
4. revenues
5. rentrés

p. 70
1. a souri
2. j'ai pris
3. m'a demandé
4. n'as pas fini
5. suis né(e)
6. ai parlé

II. L'IMPARFAIT

p. 72
1. étions
2. répondait
3. comprenais
4. pâlissait
5. riait
6. écrivais
7. connaissaient
8. travailliez
9. mangeaient
10. plaçais

p. 75
1. ne voulais pas
2. voulais
3. pleuvait
4. étiez
5. jouions
6. nous disputions

III. LE PLUS-QUE-PARFAIT

p. 81   1. avais fini
            2. avait vécu
            3. étions partis
            4. vous étiez levés

p. 82   1. habitude
            2. style indirect au passé
            3. antériorité
            4. après *si*
            5. antériorité

LES DÉTERMINANTS

4

Le **déterminant** est une classe de mots qui *précisent ce que représente un nom en le situant par rapport à l'univers.* Ainsi, le nom **pomme** sans déterminant renvoie à une notion abstraite. En le précédant de l'article **la**, on spécifie de quelle pomme il est question.

Il existe plusieurs types de déterminants. Les *articles définis*, les *articles indéfinis*, les *articles partitifs*, les *déterminants démonstratifs*, les *déterminants possessifs* et les *déterminants numéraux* (nombres) sont présentés dans ce chapitre. Les *déterminants indéfinis* sont expliqués dans le chapitre 16. Les *déterminants interrogatifs et exclamatifs* sont intégrés dans le chapitre 10 et les *déterminants négatifs,* dans le chapitre 8.

I. Les articles

Le rôle d'un article est de *déterminer un nom* tout en indiquant son *genre* (masculin ou féminin) et son *nombre* (singulier ou pluriel). Il y a trois sortes d'articles : *l'article défini, l'article indéfini, l'article partitif.*

Les articles

Article	Singulier		Pluriel
	masculin	*féminin*	*masculin et féminin*
défini	**le (l')**	**la (l')**	**les**
indéfini	**un**	**une**	**des**
partitif	**du (de l')**	**de la (de l')**	**des**

A. Article défini

1. Formes : **le, la, les** (voir aussi tableau ci-dessus)

a. Le et **la** se changent en **l'** devant un mot commençant **par une voyelle** ou un **h** muet.

Ex. l'omelette (féminin), **l'h**onneur (masculin)

REMARQUES

— **L'** n'indique pas le genre d'un nom.

Application immédiate

Indiquez si le **h** est muet ou aspiré.

1. l'habit _____

2. la harpe _____

3. l'herbe _____

4. l'histoire _____

réponses p. 118

b. Les articles **le** et **les** se contractent avec les prépositions **à** et **de,** sauf quand l'article fait partie d'un nom de famille :

à + le   → au
à + les → aux
de + le → du
de + les → des

Ex. Je vais **au** cinéma.   Elles sont **aux** États-Unis.
Je vois le livre **du** professeur.   Voilà les tables **des** étudiants.

mais : Les tableaux **de Le** Corbusier

Cependant, **l'** et **la** n'ont pas de formes contractées : **à l', à la ; de l', de la.**

Ex. Nous sommes **à la** bibliothèque.
Nous profitons **de l'**expérience.

2. Emplois :

L'article défini est employé

a. Devant *une personne ou une chose déterminée.* On répète l'article dans une série de noms ;

Ex. Voici **le** livre que nous employons.
Le docteur m'a dit que j'étais très malade.
La lecture **des** romans est intéressante.
Elle a acheté **la** robe, **le** manteau et **le** chapeau qu'elle aimait.

b. Devant *un nom pris dans le sens général* (l'article est souvent omis en anglais dans ce cas). Il est employé en particulier avec les verbes **aimer, adorer, préférer, détester ;**

Ex. **La** vie est courte. (« Life is short. »)
L'argent est nécessaire pour vivre.
J'aime **la** musique, mais je déteste **la** peinture.
Il n'aime pas **le** café ; il préfère **le** thé.

c. Devant *les noms abstraits ;*

la   **Le** silence est d'or. (proverbe)
La patience est utile dans la vie.

d. Devant *les titres de profession et les titres honorifiques*, sauf lorsqu'on s'adresse directement à la personne en lui donnant son titre ;

Ex. **Le** Premier ministre vit à Ottawa.
J'aime la classe **du** professeur Smith.
La Présidente est en visite au Mexique.
L'excellent docteur Dupont est à son bureau.

mais : Veuillez agréer, **Excellence**, l'assurance de tout mon respect.

On n'emploie pas l'article devant **monsieur, madame** ou **mademoiselle** suivis du nom de la personne.

Ex. Monsieur Lancelot est de bonne humeur.
J'ai vu madame Lenoir hier matin.

e. Devant *les saisons ;*

Ex. **Le** printemps est agréable, mais **l'**hiver est froid.

f. Devant *les noms de langues ou de disciplines ;*

Ex. J'étudie **le** français, **la** biologie et **les** mathématiques.

mais : Quand un nom de langue suit le verbe **parler**, l'article n'est pas nécessaire.

Ex. Je parle français, mais je ne parle ni (le) russe ni (l') italien.

g. Devant *les noms de peuples* et *les noms de pays, de provinces, de grandes îles, de montagnes, de fleuves, de rivières, de bâtiments célèbres*;

> **Ex. Les** Québécois aiment la chaleur.
> **La** France n'est pas très grande.
> **La** Saskatchewan est vallonnée.
> **Le** Maghreb en fait rêver plus d'un.
> **Les** Rocheuses traversent le Canada et les États-Unis.
> **Le** Saint-Laurent est un fleuve majestueux.
> **Le** Smithsonian est un musée célèbre.

L'article est quelquefois inclus dans un nom de ville ; on ne le répète alors pas.

> **Ex. Le Mans** est une ville connue pour ses courses d'autos.
> Nous sommes arrivés **au Havre** hier soir.

h. Pour indiquer le prix d'un objet *par unité de mesure ou de poids*;

> **Ex.** Le lait coûte un dollar **le** litre.
> Les œufs coûtent deux dollars **la** douzaine.
> Les cerises coûtent quatre dollars cinquante **la** livre.

Pour *l'unité de vitesse*, on emploie généralement **au** (contracté), **à la** ou **à l'**. S'il s'agit d'une *distance* plutôt que d'une vitesse, on utilise **par**.

> **Ex.** Il roulait à 50 km **à l'**heure quand il a eu l'accident.

mais : Elle marchait 50 km **par** jour.

Pour *l'unité de temps*, on emploie généralement **par**.

> **Ex.** Il gagne 1 500 dollars **par** mois.

i. Pour *remplacer le déterminant possessif* quand le possesseur est indiqué ou évident (voir p. 109 et leçon 14, p. 327) ;

> **Ex.** Je me lave **les** mains.
> (plutôt que « Je lave mes mains. »)
> Vous haussez **les** épaules.
> (plutôt que « Vous haussez vos épaules. »)
> Vous lui soignez **les** yeux.
> (plutôt que « Vous soignez ses yeux. »)

j. Dans *les dates;*

> **Ex.** Aujourd'hui, c'est **le** 8 août.
> Edmonton, **le** 8 août 2003. (en haut d'une lettre)

k. Devant le noms des jours de la semaine quand l'action est habituelle ou imprécise ;

Ex. Je me promène toujours **le** dimanche. (« on Sundays »)
J'ai des cours **le** lundi, **le** mercredi et **le** vendredi, mais pas **le** mardi ni **le** jeudi.
J'irai vous voir tous **les** mardis.

Pour un jour particulier, on omet généralement l'article.

Ex. J'irai vous voir mardi. (= mardi prochain)
Je pars mardi en huit. (= dans une semaine)

l. Devant *le superlatif* (voir leçon 7, p. 182).

Ex. Voilà **la** plus belle ville du monde.
Voilà **l'**étudiante **la** plus brillante de la classe.

Application immédiate

Complétez les phrases avec une forme de l'article défini, quand cela est nécessaire.

1. _____ notes de _____ étudiant sont bonnes.

2. _____ remarque _____ étudiante est intéressante.

3. J'aime _____ soupe, _____ salade, _____ légumes, _____ pain et _____ café.

4. _____ honnêteté devient-elle rare ?

5. Il trouve que _____ docteur Lebrun est sympathique.

6. _____ cigarette n'est pas bonne pour _____ santé.

7. _____ Mississippi est _____ plus long fleuve d'Amérique.

8. Parlez-vous _____ espagnol ?

9. Qu'allez-vous étudier l'année prochaine, _____ mathématiques ou _____ économie ?

10. Combien coûte ce ruban ? Deux dollars _____ mètre.

11. Viendrez-vous _____ lundi prochain ?

réponses p. 118

B. Article indéfini

1. Formes : **un, une, des** (voir aussi tableau, page 87)

Ex. **un** cahier   **des** cahiers (« some »)
    une serviette   **des** serviettes

2. Emplois

a. L'article indéfini s'emploie *devant des noms de personnes ou de choses indéterminées.*

On le répète dans une série de noms.

Ex. Il y a **un** tapis sur le plancher.
    Une fourmi se promène par terre.
    Je vois **des** enfants qui courent.
    Nous avons **un** chien, **un** chat et **un** cheval.

Note

Un, une sont aussi des déterminants numéraux : un (une), deux, trois, etc.

---

b. En français soutenu, l'article indéfini se change en **de** (ou **d'**) *devant un nom précédé d'un adjectif* ou *après une négation absolue.*

Ex. Voici **des** roses.   Voici **de** belles roses.
    J'ai fait **des** erreurs.   J'ai fait **d'**autres erreurs.
    Je **n'**ai **pas de** stylo.
    Cet enfant **n'**a **pas de** chapeau.
    Cet enfant **n'**a **pas de** souliers.

REMARQUES

— Pour la négation absolue, le nom se met au pluriel dans les cas où il y en aurait plusieurs si la phrase était positive.

    Ex. Il n'y a pas de voitur**es** dans la rue.

— Il n'y a jamais de changement avec le verbe **être**.

    Ex. C'est **un** livre.   Ce **n'**est **pas un** livre.
        C'étaient **des** excuses.   Ce **n'**étaient **pas des** excuses sincères.

Application immédiate

a) Complétez les phrases ci-dessous avec l'article indéfini.

   1. Ils ont _____ garçon et _____ fille.

   2. Il y a _____ enfants dans le parc.

   3. J'ai _____ autres idées.

   4. Nous n'avons pas écrit _____ composition.

b) Écrivez les phrases ci-dessous au singulier.

   1. Elle a des plantes.

   2. Elle a des stylos.

   3. Il a de petites difficultés.

réponses p. 118

Note

On garde **un, une** ou **des** pour insister sur une distinction.

Ex. Je ne veux pas **un** crayon ; je veux deux crayons.

ATTENTION

Les étudiants apprenant le français ont souvent des difficultés à choisir correctement entre **les** et **des**, ainsi qu'entre **aux** et **à des**. Pour éviter de vous tromper, mettez le nom au singulier. Il sera alors facile de déterminer, selon le sens de la phrase, si c'est l'article défini ou indéfini qui convient.

Ex. J'ai vu <u>des</u> avions. → J'ai vu <u>un</u> avion.
J'ai vu <u>les</u> avions partir. → J'ai vu <u>l'</u>avion partir.

Nous écrivons <u>aux</u> auteurs. → Nous écrivons <u>à l'</u>auteur.
Nous écrivons <u>à des</u> auteurs. → Nous écrivons <u>à un</u> auteur.

C. Article partitif

1. Formes: **du (de l'), de la (de l'), des** (voir aussi tableau, page 87). Il est formé de **de** + *l'article défini*.

Ex. Je fais **du** français, **de la** biologie, **de l'**art et **des** mathématiques.

2. Emplois

a. L'article partitif est employé devant des noms de choses *qu'on ne peut pas compter*, pour indiquer une partie ou une quantité indéterminée de ces choses (« some, any »).

Ex. J'ai **du** travail à faire pour demain.
Vous voulez **de la** soupe, n'est-ce pas ?
Avez-vous **de la** chance aux examens ?
Il faut que j'achète **du** pain, **de la** viande et **de l'**huile.

REMARQUES

— **Des** est partitif seulement avec des noms non comptables. Il peut aussi être un article défini (*de* + *les*) ou indéfini (pluriel de *un* ou *une*).

Ex. Il me faut **des** vacances. (article partitif)
J'ai mangé **des** noix. (article indéfini)
Voilà un **des** étudiants. (article défini)

— Le partitif anglais « some, any » n'est pas toujours exprimé ; il est toujours exprimé en français.

b. On utilise aussi habituellement **de (d')** après les mots de quantité, que ce soient un nom, un adjectif ou un adverbe.

Ex. noms	**adjectifs**	**adverbes**
deux cuillerées de	couvert de	beaucoup de
un tas de	plein de	trop de
une tasse de	orné de	assez de
une boîte de	garni de	un peu de
une bouteille de	rempli de	peu de
un bouquet de	vide de	combien de
une douzaine de	regorgeant de	autant de

Ex. Nous avons fait beaucoup **d'**efforts pour y arriver.
Nous n'avons pas assez **de** temps.
Combien **d'**argent as-tu ?
Il y a pas mal **de** travail à faire. (= une assez grande quantité)
Voulez-vous une tasse **de** thé ?
La boîte est pleine **de** bonbons.

Cependant, on garde habituellement **du**, **de la**, **de l'** ou **des** dans les expressions suivantes :

bien des
la plupart des
la plus grande partie de la (de l')
la plus grande partie du (de l')
encore du
encore de la
encore des

Ex. **Bien des** gens ne comprennent pas cela.
La plupart des signatures sont illisibles.
Il me faut **encore du** papier ; je n'en ai pas assez.

c. Après *une négation absolue*, **du**, **de la**, **de l'** se changent en **de** (ou **d'**).

Ex. J'ai **de la** chance. → Je **n'**ai **pas de** chance.
Il a **de l'**argent. → Il **n'**a **pas d'**argent.
Elle veut faire **du** bateau. → Elle **ne** veut **pas** faire **de** bateau.
Apportez **du** vin. → N'apportez **pas de** vin.

Tout comme pour l'article indéfini, il n'y a pas de changements avec le verbe **être** dans les négations limitées ou pour insister.

Ex. C'est **du** pain. → Ce n'est **pas du** pain.
Je n'ai pas mangé **du** gâteau qui est sur la table.
Il ne veut pas **du** vin mais de la bière.

RÉCAPITULATION : L'ARTICLE DANS UNE PHRASE NÉGATIVE

Rappelez-vous que l'article défini (**le**, **la**, **les**) ne change jamais au négatif, mais que l'article indéfini et le partitif (**un**, **une**, **du**, **de la**, **de l'**, **des**) se changent en **de** (ou **d'**) dans une négation absolue, excepté avec le verbe **être** ou pour insister.

Ex. J'ai **la** clé de ma voiture. → Je **n'**ai **pas la** clé de ma voiture.
Je cherche **un** crayon. → Je **ne** cherche **pas de** crayon.
Il a **du** courage. → Il **n'**a **pas de** courage.
Vous êtes **des** idoles. → Vous **n'**êtes **pas des** idoles.

Note

À l'interrogatif négatif, on emploie **de** ou **de** + *article* selon le sens.

Ex. **Ne** mangez-vous **pas de** soupe? (indéfini : Ne mangez-vous **aucune** soupe?)
Ne mangez-vous **pas de** soupe parfois? (partitif : Ne mangez-vous pas **un peu de** soupe parfois?)

Application immédiate

Complétez les phrases avec une forme du partitif.

1. Vous avez _____ patience et _____ ambition.

2. Y a-t-il _____ espoir?

3. J'ai renversé _____ encre sur mon papier.

4. Tu as acheté _____ viande, mais pas _____ poisson.

5. Ce n'est pas _____ bruit qu'il faut; c'est _____ silence.

6. N'as-tu pas mangé _____ gâteau que je t'ai apporté?

réponses p. 118

REMARQUE

Ne confondez pas le partitif **du, de la, de l', des** et l'indéfini pluriel **des** avec les formes **du, de la, de l'** et **des** de l'article défini contracté (préposition **de + le, la, l', les**).

Ex. Le professeur corrige les devoirs des étudiants.
(article défini contracté; prép. **de + les**)
Aujourd'hui **des** étudiants sont absents.
(article indéfini; pluriel de **un**)
Les exercices **des** autres étudiants sont bons.
(prép. **de + les**)

Nous avons parlé **du** passé.
(prép. **de + le**)
Vous aurez **du** beau temps.
(article partitif)

Application immédiate

Indiquez s'il s'agit de l'article indéfini, du partitif, ou de la préposition **de** + *article*.

1. Il y a **des** fruits dans le panier.

2. Je m'occupe **de la** maison.

3. Vous avez **du** courage pour entreprendre le tour **du** monde.

4. Voilà le résultat **des** examens.

5. Il faut **de l'**amour dans la vie.

réponses p. 118

D. Omission de l'article

L'article n'est pas employé:

1. Dans plusieurs *expressions figées.*

avec soin	contre nature	sans cœur
avec patience	demander pardon	sans gêne
avec soin	contre nature	sans gêne
avec patience	demander pardon	sans cœur
avoir faim	donner congé	sans rancune
avoir peur	garder rancune	sauf correction
avoir raison	par hasard	sous clé
avoir recours	perdre de vue	sous enveloppe
avoir soif	prêter sur gages	tenir parole
avoir tort	rendre justice	etc.

2. Devant un nom *objet d'un autre nom* (complément déterminatif).

Ex. le laboratoire de français
le livre de français
notre salle de lecture
sa table de travail

3. Dans certains *proverbes*.

Ex. Œil pour œil, dent pour dent.
Il y a anguille sous roche.
Noblesse oblige.
Donner carte blanche.

4. Dans des *appositions*.

Ex. Falher, capitale canadienne du miel.
Nous avons invité M. Chrétien, Premier ministre du Canada.

5. Après la préposition **en**.

Ex. Vous êtes en voyage.
Il faut agir en justicier.
Nous sommes en vacances.

Exercices

Exercice I (oral)

Ajoutez l'article défini quand il est nécessaire. Contractez-le avec à ou de au besoin.

1. Tous .... jours, il se plaint .... temps qu'il fait.
2. Aujourd'hui c'est .... 5 octobre.
3. .... musées sont souvent fermés .... lundi.
4. J'ai besoin .... livre que je vous ai prêté.
5. Pourquoi hausses-tu .... épaules ?
6. Je vous rencontre .... bar vers 20 h.
7. .... Île-du-Prince-Édouard est bondée de touristes en juillet.
8. J'adore .... chocolat.
9. .... bêtise n'a pas de patrie.
10. .... lait coûte un dollar .... litre.
11. Voici .... meilleurs renseignements qui existent.
12. Je vous téléphonerai .... mercredi prochain.
13. .... heures, ... jours, ... semaines, ... mois passent rapidement.
14. Avez-vous vu .... madame Legrand ?
15. .... sommets .... Rocheuses sont très hauts.

Exercice II (oral)

Lisez le texte suivant et identifiez les articles définis (contractés ou non) et les articles indéfinis.

Femmes

Dans l'après-midi, elles sortaient ensemble, menaient la vie des femmes. Ah ! cette vie était extraordinaire !... Elles allaient dans des thés. Elles restaient là, assises pendant des heures, pendant que des après-midi entières s'écoulaient. Elles parlaient : «Il y a entre eux des scènes lamentables, des disputes à propos de rien. Je dois dire que c'est lui que je plains dans tout cela quand même. Combien ? Mais au moins deux millions. Et rien que l'héritage de la tante Joséphine... Non... comment voulez-vous ? Il ne l'épousera pas. C'est une femme d'intérieur qu'il lui faut, il ne s'en rend pas compte lui-même. Mais non, je vous le dis. C'est une femme d'intérieur qu'il lui faut... D'intérieur qu'il lui faut... D'intérieur... D'intérieur...» On le leur avait toujours dit. Cela, elles l'avaient bien toujours entendu dire, elles le savaient : les sentiments, l'amour, la vie, c'était là leur domaine... Il leur appartenait. Et elles parlaient, parlaient toujours, répétant les mêmes choses, les retournant, puis les retournant encore, d'un côté puis de l'autre.

Nathalie Sarraute, *Tropisme*

Exercice III (oral)

Mettez l', le ou la devant le nom. (Attention à la première lettre : voyelle, h muet ou h aspiré ?)

1. .... autobus
2. .... hausse
3. .... espérance
4. .... Havane
5. .... hasard
6. .... héros
7. .... hâte
8. .... humour
9. .... humeur

Exercice IV (oral)

*Pour chaque phrase, déterminez si **des** est un article indéfini ou un article défini contracté (prép. **de + les**).*

1. Le long *des* quais, il y a *des* cafés.
2. Il faut prendre l'avion quand on voyage *des* États-Unis en France.
3. *Des* vagues se brisaient sur les rochers.
4. Avez-vous besoin *des* clous qui sont là ?

Exercice V (oral)

*Déterminez si **de** est un article indéfini ou une préposition.*

1. *De* nombreux avions s'envolaient *de* la piste.
2. Au bord *de* l'eau, *de* petits crabes s'agitaient.
3. Au fond *de* votre verre, je vois *de* nombreuses particules noires.
4. Il avait mis *de* gros souliers sales.

Exercice VI (oral)

*Mettez des articles entre les mots, la où il en faut, pour faire des phrases correctes
(les mots sont dans le bon ordre). Faites les contractions nécessaires.*

> **Ex.** nous/avons/dictées/tous/jours/dans/cours de français
> Nous avons des dictées tous les jours dans le cours de français.

1. tous/êtres humaines/ont/qualités/et/défauts
2. je/bois/thé/parce que/je/n'aime/pas/café. j'y/ajoute/citron/et/sucre
3. vendredi/je/participe/à/discussions/sur/sujets/intéressants
4. elle/fait/belles/peintures. c'est/artiste incomparable
5. je/prends/médicaments/avec/moi/au cas où/j'aurais mal/à/tête
6. voilà/étudiant/plus/sympathique/de/classe
7. elle prend/train de Montréal/à/New York puis/avion jusqu'à/Mexique
8. il/nous/donne/autres/exercices/à/faire/pour/semaine/prochaine
9. aventure est/sel/de/vie

Exercice VII (oral)

*Vous avez très faim et très soif; vous allez commander le repas dont vous avez
envie. Employez les verbes **vouloir, boire, manger, prendre, demander**, etc.*

Exercice VIII (oral)

*Expliquez comment vous vous y prenez pour préparer votre repas favori.
Employez des verbes comme **prendre, ajouter, mélanger, battre, mettre, faire frire,
faire cuire**, etc.*

Exercice IX (écrit)

Mettez au singulier les phrases suivantes:

1. J'entends des bruits suspects.
2. Il y a des personnes endormies dans cet auditoire.
3. Il achète de longs concombres.
4. Voici des photos d'une grande beauté.

Exercice X (écrit)

Mettez les mots soulignés au pluriel. Faites tout autre changement nécessaire.

1. Nous avons parlé à la personne que nous connaissions.
2. Il est allé à une réunion du club.
3. Vous parlez à une étudiante sérieuse.
4. Il faut penser à l'enfant de familles défavorisée.

Exercice XI (écrit)

*Complétez les phrases avec **de (d')** ou **des**.*

1. _____ enfants chantaient en chœur.
2. Nous avons vu _____ autres personnes.
3. Il y a _____ jours où je suis très triste.
4. Vous avez _____ mauvaises idées en tête.
5. _____ nuages noirs montaient rapidement dans le ciel.
6. Je n'ai pas _____ instructions à vous donner.
7. Beaucoup _____ gens se posent cette question.

Exercice XII (écrit)

Placez l'adjectif dans la phrase et faites les changements nécessaires.

1. Venez voir ; j'ai des cartes à vous montrer. (jolies)
2. Nous avons entendu des concerts meilleurs que celui-ci. (autres)
3. On raconte des histoires à son sujet. (drôles de)
4. « Voilà des compositions », a dit le professeur. (très belles)

Exercice XIII (écrit)

*Complétez les phrases, quand cela est nécessaire, avec l'article défini, indéfini ou partitif, ou avec **de**.*

1. _____ poésie est intéressante à étudier. Dans ce recueil, il y a _____ poème que j'aime beaucoup.
2. Il n'y a plus _____ espoir de retrouver _____ deux alpinistes qui se sont perdus récemment.
3. Vous avez montré beaucoup _____ patience et bien _____ gens n'en auraient pas eu autant.
4. Nous avons tous besoin _____ compréhension envers _____ autres.
5. Il manque _____ importants détails à votre travail. Ce ne sont pas _____ choses à négliger, pourtant.
6. Avez-vous _____ papier collant spécial pour cela ?
7. Je n'ai jamais _____ argent liquide sur moi. Je paie toujours avec _____ chèques.
8. Il n'y a plus _____ lait ni _____ œufs dans le réfrigérateur ; il faudrait en acheter, ainsi que _____ fromage et _____ bouteille _____ vin.
9. Voulez-vous encore _____ café ? Oui, volontiers, je _____ trouve très bon.
10. _____ plupart _____ temps, je suis heureux.
11. Nous avons beaucoup _____ travail pour _____ lundi prochain.
12. Avez-vous _____ allumette ? Il faut que je mette _____ feu à ce tas de _____ papiers.

13. Vous avez mis _____ peinture à _____ endroits difficiles à atteindre.
14. Il ne peut pas vivre sans _____ livres. _____ lecture est essentielle pour lui.
15. J'aime étudier _____ français, mais je ne suis pas _____ étudiant _____ plus studieux.

Exercice XIV (écrit)

Mettez les phrases à la forme affirmative.

1. Ne versez pas d'eau sur le feu.
2. Je ne mange pas d'épinards ni de gigot d'agneau.
3. Il n'y a pas de bonnes recettes dans ce livre de cuisine.
4. On n'a pas de force quand on ne fait pas d'exercice physique.
5. Nous n'avons pas de croissants, mais nous n'avons pas faim.

Exercice XV (écrit)

Écrivez une phrase avec chacune des expressions suivantes.

1. la plupart des
2. beaucoup de
3. à des
4. des (article défini contracté)
5. du (partitif)
6. de la (partitif)

Exercice XVI (écrit)

*Dites en quelques lignes ce que vous possédez et ce que vous aimeriez posséder : animaux ou choses. Employez les verbes **avoir, posséder** et **acheter,** et les phrases **avoir envie de, avoir besoin de, je voudrais,** etc.*

Exercice XVII

*Écrivez quelques phrases à l'affirmatif et au négatif sur vos goûts. Employez les verbes **aimer, aimer mieux, préférer, détester,** etc.*

II. Les déterminants démonstratifs

On emploie le déterminant démonstratif (anciennement appelé *adjectif démonstratif*) soit pour désigner *une personne ou une chose qui est présente* au moment où l'on parle, soit pour *reprendre quelque chose dont on a déjà fait mention* ou dont on parlera.

Les déterminants démonstratifs

	masc. sing.	fém. sing.	pluriel
forme simple	**ce/cet**	**cette**	**ces**
forme composée	**ce/cet... ci** **ce/cet... là**	**cette... ci** **cette... là**	**ces... ci** **ces... là**

1. **Formes simples** : ce, cet, cette, ces.

   Le déterminant démonstratif *s'accorde en genre et en nombre avec le nom qu'il modifie* et sur lequel il attire l'attention.

   Ex. ce professeur, **cet** arbre, **cette** salle de classe, **ces** étudiants (« this, that, these, those »)

   — La deuxième forme du masculin singulier (**cet**) s'emploie devant un mot qui commence par une voyelle ou un **h** muet (exception : on traite les nombres ordinaux qui débutent par une voyelle comme s'ils commençaient par une consonne).

   Ex. cet oiseau ; cet honneur

   mais : ce onzième

   — Il n'y a qu'une forme au pluriel : ces.

2. **Formes composées** avec **-ci** et **-là**

   Quand on veut *faire la distinction entre deux noms* (pour les séparer ou les opposer), on ajoute **-ci** après un des noms et **-là** après l'autre. (N'oubliez pas le trait d'union.)

   Ex. Je voudrais essayer **cette** robe-**ci**, mais pas **ce** manteau-**là**.

   En principe, **-ci** indique l'objet le plus proche ou qui suit, alors que **-là** indique l'objet le plus éloigné ou qui vient d'être énoncé.

Application immédiate

Écrivez le déterminant démonstratif qui convient.

1. _____ travail est mal fait.

2. Donnez-lui _____ feuille _____ et _____ crayon _____ .

3. Regardez _____ arbre magnifique !

4. _____ idées sont très intéressantes.

5. À qui appartient tout _____ or ?

6. _____ onzième enfant n'est pas le bienvenu dans la famille.

réponses p. 118

REMARQUE

Le déterminant démonstratif peut avoir *un sens temporel*. Voici quelques exemples :

— **ce** soir (dans le futur proche) (« tonight »)

    Ex. Je vous appellerai **ce soir**.

— **cette** nuit (la nuit dernière ou la nuit prochaine)

    Ex. J'ai bien dormi **cette nuit**. J'espère ne pas rêver **cette nuit**.

— **en ce temps-là** (pour un temps passé)

    Ex. En ce temps-là, les choses étaient différentes.

— **ces jours-ci** (pour un temps non fini ou récent)

    Ex. Ces jours-ci, il ne se sent pas bien.

Exercices

Exercice I (oral)

Ajoutez le déterminant démonstratif qui convient, simple ou composé.

1. .... jour heureux restera longtemps dans ma mémoire.
2. ..... petite rivière, ... arbres touffus, ... herbe épaisse rendaient .... petit coin de la vallée très pittoresque.
3. .... œillets- .... vont éclore, mais .... rose .... est déjà fanée.
4. Depuis .... soir- ...., je ferme toujours à clé.
5. Nous n'aimons pas .... gens- ....

Exercice II (oral)

Mettez les phrases au singulier.

1. Ces vallées sont magnifiques.
2. Ces jeune hommes ont amené ces jeunes filles à la soirée.
3. Ces honneurs ont été accordés à cet homme.

Exercice III (oral)

Traduisez les mots entre parenthèses pour compléter les phrases suivantes.

1. Je devais choisir entre le film américain et le film français ; je suis allé voir .... pour améliorer mon français. (« the latter »)
2. Je ne veux pas cette feuille ; donnez-moi .... est là-bas. (« the one which »)
3. J'ai perdu mon stylo ; alors j'ai emprunté .... (« my brother's »)
4. Il y avait de nombreuses personnes à la réunion ; j'ai parlé à .... je connaissais. (« the ones that »)

Exercice IV (écrit)

Vous avez une photo prise dans un endroit que vous avez visité et vous la montrez à un(e) ami(e) en lui indiquant les différentes personnes ou choses qui s'y trouvent et en expliquant les circonstances : « Cet été, je suis allé à... et nous avons pris cette photo. Regarde... » Écrivez cinq ou six lignes et employez beaucoup de démonstratifs.

Exercice V (écrit)

Vous faites visiter un bâtiment neuf à quelqu'un et vous lui expliquez à quoi servent les différentes salles. (Employez beaucoup de démonstratifs.)

III. Les déterminant possessifs

A. Formes

Un déterminant possessif indique á qui appartient la chose ou la personne.

Les déterminants possessifs

		un seul OBJET POSSÉDÉ		*plusieurs* OBJETS POSSÉDÉS
	personnes	*masculin*	*féminin*	*masculin et féminin*
un seul *possesseur*	je	**mon**	**ma**	**mes**
	tu	**ton**	**ta**	**tes**
	il, elle	**son**	**sa**	**ses**
plusieurs *possesseurs*	nous	*masculin et féminin* **notre**		*masculin et féminin* **nos**
	vous	**votre**		**vos**
	ils, elles	**leur**		**leurs**

B. Accord

Examinons la phrase : « Robert a apporté **sa** composition. »

On remarque que le déterminant possessif s'accorde *en personne avec le possesseur*, **Robert** (3ᵉ personne du singulier), et *en genre et en nombre avec l'objet possédé*, **composition** (féminin singulier).

L'objet possédé se trouvant *après le déterminant possessif*, il faut toujours savoir *le genre de ce nom* pour le donner au déterminant possessif.

> **Ex**. Elle aime **son** fils.
> Il aime **son** fils.
> Il aime **sa** fille.
> Elle aime **sa** fille

ATTENTION

Par raison d'euphonie, **mon, ton** et **son** sont utilisés devant un mot *féminin* qui *commence par une voyelle ou un* **h** *muet*, sauf devant les nombres ordinaux.

Ex. mon <u>a</u>uto
   ton <u>é</u>norme maison
   son <u>a</u>mie
   son <u>h</u>istoire (**h** muet)

mais : **sa** <u>h</u>aute estime (**h** aspiré)
   J'en suis à **ma** <u>on</u>zième semaine à l'université.

Application immédiate

Donnez le déterminant possessif qui convient, à la personne demandée. Le genre du nom est indiqué.

1. _____ cravate (féminin) ; 1ʳᵉ sing.

2. _____ poème (masculin) ; 3ᵉ sing.

3. _____ bonne histoire (féminin) ; 2ᵉ sing.

4. _____ autre chemise (féminin) ; 3ᵉ sing.

5. _____ opinion (féminin) ; 3ᵉ sing.

6. _____ mauvaise habitude (féminin) ; 3e sing.

7. _____ haute taille (féminin) ; 1re sing.

8. _____ onzième page (féminin) ; 1re sing.

réponses p. 119

C. Emplois

Le déterminant possessif indique qui est *le possesseur* de la chose (ou de la personne) désignée par le nom.

> **Ex. Je** suis contente d'avoir **mes** propres idées.
> Avez-**vous** écrit **votre** biographie ?

1. *Avec le pronom indéfini* **on** (ou un autre mot indéfini ou impersonnel sujet du verbe), on emploie généralement **son, sa, ses ;** quelquefois on emploie **notre, nos** ou **votre, vos,** selon le contexte.

> **Ex. On** n'est pas toujours satisfait de **son** sort.
> **Chacun** a **ses** défauts.
> **Il** faut emporter **son** parapluie quand il pleut.
> **Il** est évident qu'une bonne odeur dans la cuisine excite **notre** appétit.
> Quand **quelqu'un** frappe à **votre** porte, il est quelquefois imprudent d'ouvrir.

2. Il y a parfois ambiguïté quant au possesseur de **son, sa,** et **ses.**

Considérons cette phrase : « Paul est content parce que Suzanne n'a pas oublié **son** livre. »

Comme le possessif n'indique pas le genre du possesseur, on ne sait pas si **son** indique un livre qui appartient à **Paul** ou à **Suzanne**. Pour être clair, on peut :

— ajouter **à lui, à elle** (en gardant le déterminant possessif) ;

> **Ex.** Paul est content parce que Suzanne n'a pas oublié **son** livre **à lui**.
> (livre appartenant à Paul)

ou :

— renforcer le possessif avec l'adjectif **propre** ;

> **Ex.** Paul est content parce que Suzanne n'a pas oublié son propre livre. (livre appartenant à Suzanne)

— utiliser le pronom démonstratif **celui-ci, celle-ci** : le livre de celui-ci (celle-ci) ;

— répéter le nom du possesseur : le livre de Paul (de Suzanne).

3. Son, sa, ses ou **leur, leurs ?**

À la 3ᵉ personne, **leur, leurs** s'emploient pour *deux* possesseurs ou plus ; pour un seul possesseur, on utilise **son, sa, ses.**

Ex. **Elle** voit **son** problème. (un possesseur)
   Il se rend compte de **ses** responsabilités. (un possesseur)
   M. et Mme Dupont sont allés voir **leurs** enfants. (deux possesseurs)
   Les enfants sont en train de promener **leur** chien. (plusieurs possesseurs)

Application immédiate

Complétez avec **leur(s), son, sa** ou **ses.**

1. Ils rient de _____ propres fautes.

2. Cet étudiant veut savoir _____ notes.

3. Le professeur a apporté _____ cartable et _____ papiers.

réponses p. 119

---

4. Particularité de **leur** (singulier) et **leurs** (pluriel)

Dans la phrase « **M. et Mme Dupont** sont dans **leur** maison. », **leur** est singulier parce qu'il n'y a qu'une maison.

Dans la phrase « **Les oiseaux** font leur(s) nid(s). », on emploie

— **leur** (singulier) si on veut souligner que **chaque** oiseau a **un** nid : « **Les oiseaux** font (**chacun**) **leur** nid. »

— **leurs** (pluriel) si on veut insister sur *la pluralité* : « **Les oiseaux** font **leurs** nids. »

Application immédiate

Faites le même raisonnement avec cette phrase :

« Les professeurs ont leur(s) façon(s) d'enseigner. »

réponses p. 119

> **Note**
>
> Le déterminant possessif pluriel **leurs** a un **s**, mais le pronom personnel objet indirect pluriel **leur** (voir leçon 11, p. 264) n'en a pas.
>
> **Ex.** J'ai vu **leurs** amis et je **leur** ai dit bonjour.
> Robert a des amis à Toronto ; il m'a donné **leurs** numéros de téléphone et je **leur** ai téléphoné.

Application immédiate

Complétez avec **leurs** (*déterminant possessif*) ou **leur** (*pronom*).

1. Ils sont avec _____ parents et ils _____ parlent.

réponses p. 119

---

5. Répétez le déterminant possessif devant chaque nom, sauf si ces noms représentent le même objet possédé.

> **Ex.** J'ai apporté **mon** livre, **mon** cahier et **mon** crayon. (trois objets différents)
> Je vous présente **mon** collègue et ami Édouard Delon. (une seule personne)

6. Le déterminant possessif *fait partie du nom* dans des mots comme :

	madame	**ma**demoiselle	**mo**nsieur
pluriel :	**mes**dames	**mes**demoiselles	**mes**sieurs

D. Article à la place du possessif

1. On emploie l'article à la place du possessif *quand le possesseur est évident dans la phrase.*

> **Ex.** Il a haussé **les** épaules.
> Levez **la** main si vous savez la réponse.
> Il marchait dans l'eau, **le** pantalon retroussé.
> J'ai mal **au** dos.
> Il a tiré **les** cheveux de **Lucie**.
> Il **se** lave **les** mains.
> Elle **s'**est cassé **la** jambe gauche en faisant du ski.
> J'**ai les** yeux noirs et **les** cheveux bruns et frisés.

Elle était assise, **l'**œil fixé sur lui.
Il est entré, **le** manteau déchiré et **le** chapeau sale.

mais : J'ai mis **mes** mains sur **mes** genoux. (Le possesseur n'est pas évident.)

2. On emploie parfois aussi *l'article défini* (+ **en**) à la place du possessif quand *le possesseur est un objet* ; **en** désigne le possesseur. Cet usage est rare et littéraire.

Ex. Je voudrais bien acheter ce magnétoscope, mais **le** prix **en** est trop élevé. (= mais son prix est trop élevé)
Ce tableau est très beau, mais **les** couleurs **en** sont trop vives.
(= mais ses couleurs sont trop vives)
J'aime Paris et j'**en** connais **les** monuments.

3. Après **dont**, il n'y a pas de possessif. (**Dont** indique le possesseur.)

Ex. Voilà un monsieur **dont** je connais **la** femme.
J'ai lu une composition **dont la** longueur est insuffisante.

Application immédiate

Complétez avec le déterminant possessif ou l'article, selon le cas.

1. Le petit garçon a tiré _____ langue au photographe.

2. En rentrant à la maison, il a enlevé _____ souliers et il s'est allongé sur _____ dos pour se reposer.

3. Le cheval a dressé _____ oreilles pointues.

4. Elle m'a parlé durement, _____ regard méchant et _____ doigt menaçant.

5. Voici votre devoir. Vous allez en corriger toutes _____ fautes.

6. Vous avez _____ mains froides.

7. Je vais lui mettre des gouttes dans _____ yeux.

réponses p. 119

E. Autres façons d'exprimer la possession

1. Avec **être à**

> À qui **est** ce manteau ? — Il **est à** moi.
> Est-ce que ces lunettes **sont** à vous ? — Non, elles **ne sont pas à** moi ; elles **sont à** elle.
> Est-ce que cette serviette **est** à Robert ? — Non, elle **n'est pas à** lui ; elle **est à** son voisin.
> **Est**-ce **à** vous ? — Oui, c'**est à** moi. Et ça ? — C'**est à** lui.

2. Avec **appartenir à**

> **Ex.** J'**appartiens** à un club de tennis.
> Est-ce que ce livre **appartient à** Robert ? — Oui, il **lui appartient**.
> La clé qui est sur la table **m'appartient**.
> À qui **appartiennent** ces balles ? — Elles **leur appartiennent**.

3. Avec **de** + *nom*

> **Ex.** C'est le livre **de mon camarade**.
> Ce n'est pas mon chapeau, c'est celui **de Robert**.

EN RÉSUMÉ

> Voici les trois façons d'exprimer la possession :
>
> | | | |
> |---|---|---|
> | C'est le manteau de Paul. | *ou* | C'est son manteau. |
> | Ce manteau est à Paul. | *ou* | Ce manteau est à lui. |
> | Ce manteau appartient à Paul. | *ou* | Ce manteau lui appartient. |

Note

Pour traduire « He is a friend of mine. » :
C'est un de mes amis. *ou* **C'est un ami à moi.**

Application immédiate

Donnez deux expressions équivalentes pour chaque phrase.

1. C'est l'argent de Sylvie.

2. C'est son argent.

3. Cette bicyclette est à elle.

réponses p. 119

Exercices

Exercice I (oral)

Complétez les phrases avec le déterminant possessif qui convient. Tenez compte du genre du nom qui suit le possessif.

1. L'étudiant a posé .... affaires sur le bureau, c'est-à-dire .... calculatrice, ... livre, ... stylo, ... crayon et des feuilles de papier.
2. À l'université, vous prenez .... propres décisions.
3. Cet édifice est impressionnant ; regardez .... hauteur vertigineuse et la couleur de .... murs !
4. Tout le monde fait de .... mieux dans cette classe.
5. Elle va essayer de réaliser .... impossible rêve.
6. Nous avons oublié d'apporter .... cahiers d'exercices.
7. Les quatre saisons ont .... particularités ; chacune a .... avantages et .... inconvénients.
8. Tu n'as rien dit et pourtant .... opinion est importante.
9. Elle se querelle parfois avec .... amis.
10. La petite fille joue avec .... bicyclette.
11. Je vais vous donner .... propre impression du voyage.
12. Il a du vocabulaire, mais .... accent est très prononcé et .... articulation n'est pas très bonne.
13. Parle-moi de .... voyages avec .... amis.
14. Odette est habillée chaudement ; elle porte .... bottes d'hiver, ... tuque et .... écharpe.
15. En le voyant, nous n'avions pas pu cacher .... étonnement.
16. J'ai des voisins étranges ; ils prennent .... voiture pour aller chez les voisins et .... enfants jouent sur le toit de .... maison.
17. J'avais besoin de toute ...... énergie.
18. Mes enfants sont intéressants ; j'aime .... originalité.
19. Vous êtes arrivés chacun à .... tour.
20. Passez-moi .... lunettes qui sont là-bas, s'il vous plaît. Je ne vois rien sans elles.

Exercice II (oral)

*Remplacez les mots soulignés par un déterminant possessif de la 3e personne : **son, sa, ses** ou **leur(s)**. Combien de possesseurs y a-t-il ?*

1. La chambre de mon frère est petite.
2. Les voitures de Robert sont rapides.
3. La gentillesse de mes amis me touche.
4. Les enfants de nos voisins sont insupportables.
5. Le livre du professeur est ennuyeux.
6. Le manteau de l'avocate coûte très cher.

Exercice III (oral)

*Utilisez **être** à et **appartenir** à pour faire deux nouvelles phrases ayant le même sens que chacune des phrases suivantes.*

> **Ex. C'est mon livre.** → Ce livre est à moi. Ce livre m'appartient.

1. C'est le passeport de Jean.
2. Ce n'était pas ma valise.
3. Est-ce que c'est votre imperméable?
4. Ce sont leurs lettres.
5. Ce sera ta montre un jour.

Exercice IV (écrit)

Complétez les phrases avec le déterminant possessif qui convient, ou avec l'article si le possessif n'est pas nécessaire. Faites bien la distinction entre parties du corps et vêtements ou autres objets possédés.

1. La bouteille m'a échappé parce que j'avais de l'huile sur _____ mains.
2. Le docteur lui a soigné _____ foie.
3. Elle est arrivée _____ cœur battant et _____ air effrayé.
4. Pour notre sortie à la plage, emportez _____ lunettes de soleil et _____ maillot de bain.
5. Je vais mettre _____ chapeau parce que j'ai froid à _____ tête.
6. J'ai heurté _____ front contre la porte.
7. Mon neveu a _____ cheveux roux de _____ père et _____ nez retroussé de _____ mère.
8. Voilà un poète célèbre dont _____ œuvres sont très connues.
9. Monsieur Durand était présent au banquet; à _____ droite se trouvait _____ femme et à _____ gauche était assis _____ fils.
10. Avant de mettre l'enfant au lit, je lui ai lavé _____ figure et _____ mains et puis je lui ai mis _____ pyjama; j'ai aussi rangé _____ jouets.
11. Après être entrés, ils se sont essuyé _____ pieds et ont enlevé _____ manteau.
12. En vieillissant, elle commence à perdre _____ mémoire.
13. Regardez cette robe; _____ style en est très intéressant.
14. La jeune fille dont on ne voit que _____ nez et _____ yeux est _____ amie.
15. Quand il ne sait pas la réponse, il hausse toujours _____ épaules.
16. L'avaleur de sabres a enfoncé un sabre dans _____ gorge.
17. Il a chaud à _____ tête; il est certainement fiévreux.
18. Ils se sont brûlé _____ doigts en touchant au feu.
19. Le chien s'enfuit, _____ queue entre _____ pattes.
20. Vous vous êtes fait raccourcir _____ nez.

Exercice V (écrit)

Répondez en incorporant dans votre phrase les mots entre parenthèses et un déterminant possessif ou un article selon le cas.

> **Ex. Que vous êtes-vous lavé? (figure)** → Je me suis lavé la figure.

1. Comment êtes-vous revenu de Haïti? (portefeuille vide)
2. Où vous êtes-vous fait mal? (cou)
3. Qu'est-ce qu'il lui a essuyé? (nez)
4. Qu'est-ce qu'elle a retrouvé? (sac)
5. Qu'est-ce que sa mère lui a lavé? (cheveux)
6. Où avez-vous froid? (mains)
7. Que vous êtes-vous abîmé en lisant de trop près? (vue)
8. Qu'est-ce qu'elle s'est fait soigner? (jambe cassée)
9. Qu'est-ce qu'il a enlevé en arrivant? (veste)
10. Comment s'est-il présenté pour son interview? (cheveux mal peignés, veston sale)

Exercice VI (écrit)

Parlez d'une chose spéciale que vous possédez. Décrivez ses qualités et dites pourquoi vous l'aimez. Employez beaucoup de déterminants possessifs. (quatre lignes)

Exercice VII (écrit)

*Faites votre portrait en utilisant souvent le verbe **avoir**. (cinq lignes)*

Exercice VIII (écrit)

Un jour vous avez porté un costume spécial pour une certaine occasion: pour jouer dans une pièce, pour une fête, ou simplement pour faire rire vos amis. Décrivez votre déguisement et votre maquillage. (cinq ou six lignes)

IV. Les déterminants numéraux

Les nombres sont représentés par des chiffres.

> **Ex.** Le nombre 25 est formé des chiffres 2 et 5.

Les **nombres** (ou adjectifs numéraux) **cardinaux** indiquent *un nombre précis*. Ils sont généralement *invariables*.

Particularités

1. **Un** a le féminin **une**.

> **Ex.** J'ai acheté **un** chandail et **une** paire de souliers.

2. Attention ! **Quatre** n'a jamais de **s**.

    Ex. Voilà les **quatre** dollars que je vous dois.

3. Traditionnellement, les déterminants numéraux composés *en dessous de cent* ont un trait d'union. Cependant, plusieurs grammairiens acceptent maintenant les traits d'union même entre les nombres au-dessus de cent.

    Ex. vingt-cinq ; soixante-dix
        cent quarante-deux *ou* cent-quarante-deux

Exceptions :

Il n'y a pas de trait d'union dans les nombres suivants avec **et** :

    vingt et un (21)
    trente et un (31)
    quarante et un (41)
    cinquante et un (51)
    soixante et un (61)
    soixante et onze (71)

Il n'y a pas de **et** dans les nombres suivants :

    quatre-vingt-un (81)
    quatre-vingt-onze (91)
    cent un (101)
    cent onze (111)

4. **Vingt** et **cent** prennent un **s** au pluriel *s'ils ne sont pas suivis d'un autre nombre.*

    Ex. quatre-vingts   cinq cents

    mais : quatre-vingt-cinq   cinq cent vingt

5. **Mille** est invariable.

    Ex. six **mille** personnes

Dans les dates du dernier millénaire, on peut dire l'année en centaines ou un milliers.

    Ex. 1812 = l'an mille huit cent douze *ou* l'an dix-huit cent douze

    mais : 2003 = l'an deux mille trois

6. On n'emploie pas **un** devant **cent** ou **mille**.

    Ex. 100 000 : cent mille
        1 300 : mille trois cents

7. **Un million** et **un milliard** prennent un **s** au pluriel puisque ce sont des noms et **de** s'ils sont directement suivis d'un nom.

    Ex. trois millions **d'**habitants
    six milliards **s** cent mille humains

8. Quand on écrit les nombres avec des chiffres, *la virgule marque le point décimal (sauf dans les dates).* Aussi, on *laisse une espace après chaque groupe de trois chiffres* en allant vers la gauche. Les nombres de quatre chiffres peuvent s'écrire avec ou sans espace. Si un *symbole* suit le nombre, *une espace les sépare.*

    Ex. dix mille huit cent vingt-deux : 10 822
    un dixième : 0,1
    cinq cents euros cinquante : 500,50 €
    mille cent trois dollars canadiens : 1 103 $CAN

9. Certains nombres ont une prononciation particulière.

    — Le **f** de **neuf** se prononce **v** avec les mots commençant par une voyelle ou un **h** muet.

    Ex. Il a neuf ans. [nœvā]
    Il est neuf heures.

    — **Six** et **dix** se prononcent [**sis**] et [**dis**]. De plus, on prononce la consonne finale de **cinq, sept, huit** sauf quand ils sont suivis d'un mot qui commence par une consonne.

    Ex. cinq livres ; six livres ; huit livres ; dix livres

    Avec un mot qui commence par une voyelle, la liaison est normale.

    Ex. six éléphants   huit enfants

    La liaison est interdite à l'intérieur d'un nombre composé.

    Ex. cent un

Application immédiate

Écrivez les nombres suivants en toutes lettres.

1. (98)   3. (1 111)

2. (377)   4. (5 561)

réponses p. 119

Exercices

Exercice I (oral)

Lisez les nombres suivants.

16   22   31   44   55   67   78   81   93   105   111   123   132
146   271   304   1 001   2 614   10 359   3 000 000
trois enfants   six étudiants   dix livres   huit pages   neuf crayons

Exercice II (oral)

*Lisez les opérations suivantes. (+ = **plus**, - = **moins**, × = **multiplié par** ou **fois**, ÷ = **divisé par**, = **égalent** ou **font**.*

1. $6 - 6 = 0$
2. $32 \times 2 = 64$
3. $50 \times 10 = 500$
4. $75 - 15 = 60$
5. $144 \div 12 = 12$
6. $11 + 13 + 40 = 64$
7. $10\ 000 \div 2 = 5\ 000$
8. $131 - 111 = 20$
9. $10,8 \div 4 = 2,7$
10. $1\ 000 \times 1\ 000 = 1\ 000\ 000$

Exercice III (écrit)

Écrivez les nombres cardinaux suivants en toutes lettres.

1. 31
2. 91
3. 200
4. 263
5. 1 842
6. 111 715

Exercice IV (écrit)

Complétez les phrases en écrivant les nombres en toutes lettres.

1. Sa thèse a _____ pages. (61)
2. Les _____ enfants jouent ensemble. (4)
3. Cette voiture coûte _____ dollars. (60 000)
4. La guerre du Golfe a eu lieu en _____ . (1991)
5. Ce pays a _____ habitants. (5 000 000)
6. _____ ans, c'est un bel âge. (80)

Réponses aux applications immédiates

I. Les articles

p. 88   1. muet
         2. aspiré
         3. muet
         4. muet

p. 91   1. Les, l'
         2. La, de l'
         3. la, la, les, le, le
         4. L'
         5. le
         6. La, la
         7. Le, le
         8. *(pas d'article)*
         9. les, l'
        10. le
        11. *(pas d'article)*

p. 93   a) 1. un, une
           2. des
           3. d'
           4. de
       b) 1. Elle a une plante.
           2. Elle a un stylo.
           3. Il a une petite difficulté.

p. 96   1. de la, de l'
         2. de l'
         3. de l'
         4. de la, de
         5. du, du
         6. du

p. 97   1. article indéfini
         2. préposition **de** + article défini
         3. partitif, article défini contracté
         4. article défini contracté
         5. partitif

II. Les déterminants démonstratifs

p. 103   1. Ce
         2. cette feuille-ci ; ce crayon-là
         3. cet
         4. Ces
         5. cet
         6. Ce

III. Les déterminants possessifs

p. 106 1. ma
2. son
3. ta
4. son
5. son
6. sa
7. ma
8. ma

p. 108 1. leurs
2. ses
3. son, ses

p. 108 Les professeurs ont leurs façons d'enseigner.
(Il y a beaucoup de façons d'enseigner. On insiste sur la pluralité.)
Les professeurs ont leur façon d'enseigner.
(Chaque professeur a sa façon d'enseigner.)

p. 109 leurs, leur

p. 110 1. la
2. ses, le
3. ses
4. le, le
5. les
6. les
7. les

p. 111 1. Cet argent est à Sylvie. Cet argent appartient à Sylvie.
2. Cet argent est à elle. Cet argent lui appartient.
3. C'est sa bicyclette. Cette bicyclette lui appartient.

IV. Les déterminants numéraux

p. 116 1. quatre-vingt-dix-huit
2. trois cent soixante-dix-sept
3. mille cent onze
4. cinq mille cinq cent soixante et un

• LE FUTUR
• LE CONDI-TIONNEL

I. Le futur

Le français a deux temps pour exprimer des faits à venir : le futur (simple) et le futur antérieur.

A. Futur simple

C'est un temps simple, donc exprimé avec un mot.

1. Formes

a. Verbes réguliers. À *l'infinitif* du verbe, on ajoute *les terminaisons du présent du verbe* **avoir**. On élimine le **e** final des verbes en **re**. Voici le futur des trois groupes de verbes réguliers.

terminaisons du verbe **avoir** au présent		**aimer**	**finir**	**vendre**
j'**ai**	→	j'aimer**ai**	je finir**ai**	je vendr**ai**
tu **as**	→	tu aimer**as**	tu finir**as**	tu vendr**as**
il **a**	→	il, elle, on aimer**a**	il, elle, on finir**a**	il, elle, on vendr**a**
nous av**ons**	→	nous aimer**ons**	nous finir**ons**	nous vendr**ons**
vous av**ez**	→	vous aimer**ez**	vous finir**ez**	vous vendr**ez**
ils **ont**	→	ils, elles, aimer**ont**	ils, elles, finir**ont**	ils, elles, vendr**ont**

REMARQUES

— À cause de sa formation sur l'infinitif, la *lettre caractéristique* du futur est *la lettre* **r**. On la trouve *immédiatement avant la terminaison du futur* de tous les verbes, réguliers et irréguliers, à toutes les personnes. Elle n'est pas présente dans les autres temps de l'indicatif.

Ex. finir : je finis, je finissais, j'ai fini, etc.

mais : je **finir**ai

    vendre : je vends, je vendais, j'ai vendu, etc.

mais : je **vendr**ai

    préparer : je prépare, je préparais, j'ai préparé, etc.

mais : je **préparer**ai

— La terminaison **ai** de la première personne du singulier (**je**) du futur se prononce [e] et la terminaison **ais** du conditionnel présent se prononce [ɛ]. Prononcez :

j'aimer**ai**, j'aimer**ais** ; je finir**ai**, je finir**ais**, etc.

— Dans les verbes en **ier, uer, éer, ouer,** seuls **i, u, é, ou** s'entendent ; prononcez-les clairement. Le **e** de la terminaison **er** est maintenant muet dans la syllabe.

Ex. remerc**ie**r : je remerc**ie**/rai	cr**ée**r : je cr**ée**/rai
contin**ue**r : je contin**ue**/rai	av**oue**r : j'av**oue**/rai

— À cause de sa formation à partir de l'infinitif, le verbe **haïr** a un tréma à toutes les personnes du futur.

Ex. je haïrai	nous haïrons
tu haïras	vous haïrez
il, elle, on haïra	ils, elles haïront

Application immédiate

Écrivez et prononcez le futur des verbes suivants à la personne indiquée.

1. obéir ; nous
2. répondre ; vous
3. aimer ; ils
4. rencontrer ; tu
5. étudier ; il
6. louer ; je

réponses p. 142

CHANGEMENTS ORTHOGRAPHIQUES DE CERTAINS VERBES EN **ER**

Les changements effectués au présent de l'indicatif (voir leçon 1, p. 3 á 4) se trouvent à toutes les personnes du futur de ces verbes :

Ex. lever	**appeler**	**jeter**
je lèverai	j'appellerai	je jetterai
tu lèveras	tu appelleras	tu jetteras
il lèvera	il appellera	il, elle, on jettera
nous lèverons	nous appellerons	nous jetterons
vous lèverez	vous appellerez	vous jetterez
ils lèveront	ils appelleront	ils, elles jetteront

acheter	**peler**
j'achèterai	je pèlerai
tu achèteras	tu pèleras
il achètera	il pèlera
nous achèterons	nous pèlerons
vous achèterez	vous pèlerez
ils achèteront	ils pèleront

payer	**nettoyer**	**essuyer**
je paierai	je nettoierai	j'essuierai
tu paieras	tu nettoieras	tu essuieras
il paiera	il, elle, on nettoiera	il, elle, on essuiera
nous paierons	nous nettoierons	nous essuierons
vous paierez	nous nettoierez	vous essuierez
ils paieront	ils, elles nettoieront	ils, elles essuieront

Application immédiate

Écrivez le futur des verbes suivants à la personne indiquée.

1. jeter ; je
2. employer ; on
3. mener ; elle
4. se promener ; nous
5. rappeler ; je
6. ennuyer ; tu

réponses p. 142

---

b. Verbes irréguliers. Certains verbes du 3e groupe (normalement irréguliers) forment leur futur *régulièrement*, par exemple:

— les verbes irréguliers en **re** (excepté **être** et **faire**);

Ex. boire → je boirai; naître → je naîtrai; écrire → j'écrirai

— et quelques verbes irréguliers en **ir**.

Ex. ouvrir → j'ouvrirai; fuir → je fuirai

D'autres ont *un radical irrégulier* qu'il faut savoir par cœur. *Les terminaisons* sont toujours celles *du présent du verbe **avoir**.*

Futur irrégulier de verbes courants

aller → j'irai	mourir → je mourrai
avoir → j'aurai	pleuvoir → il pleuvra
courir → je courrai	pouvoir → je pourrai
cueillir → je cueillerai	recevoir → je recevrai
devoir → je devrai	s'asseoir → je m'assiérai
envoyer → j'enverrai	*ou* je m'assoirai
être → je serai ⎱ *à ne pas*	tenir → je tiendrai
savoir → je saurai ⎰ *confondre*	valoir → je vaudrai ⎱ *à ne pas*
faire → je ferai	vouloir → je voudrai ⎰ *confondre*
falloir → il faudra	voir → je verrai

Note

Aller et **envoyer** sont les seuls verbes en **er** qui sont irréguliers au futur.

Application immédiate

Donnez le futur des verbes suivants à la personne indiquée.

1. comprendre; il
2. faire; nous
3. devenir; je
4. vivre; tu

5. aller; vous
6. voir; elle
7. accueillir; je
8. connaître; ils

réponses p. 142

2. Emplois

Le futur est employé :

a. Pour exprimer une action ou un état *futur par rapport au présent* (« shall, will ») :

> **Ex.** Il lui **écrira** bientôt. (action)
> Ce soir, je **serai** fatigué après ma longue journée. (état)

Note

Dans l'usage informel, on emploie souvent le *futur proche* à la place du futur simple. Le futur proche se forme avec *le présent de **aller** + l'infinitif* du verbe.

> **Ex.** Je **vais parler** dans un instant.
> Elle **va étudier** le français le trimestre prochain.
> Je **vais** vous **raconter** cette anecdote.
> Cher ami, (dans une lettre) Je **vais** te **donner** des nouvelles de nous tous.

b. *Après les conjonctions temporelles* **quand, lorsque, aussitôt que, dès que, pendant que, tandis que** *et aussi* **tant que** (« as long as ») pour exprimer un fait futur (en anglais, le verbe reste au présent).

Le verbe de la proposition principale est *au futur* ou *à l'impératif.*

> **Ex. Quand** vous **voudrez** me parler, je vous écouterai.
> (« When you want... »)
> Téléphonez-moi **dès que** vous **arriverez**.
> **Pendant que** je **me reposerai**, tu pourras lire un peu.
> **Tant que** vous n'**aurez** pas tous les éléments de la situation, vous ne pourrez pas tirer de conclusion.

c. *Pour donner oralement des ordres atténués,* au lieu de l'impératif (voir aussi leçon 15, p. 338) :

> **Ex.** Vous me **direz** combien je vous dois. (= Dites-moi combien je vous dois.)

d. Dans une phrase conditionnelle avec **si** + présent.

> **Ex. Si** on **passe** un bon film, j'**irai** le voir.

Une phrase conditionnelle comprend deux propositions : *la proposition conditionnelle,* qui commence par **si** et qui exprime la condition ou l'hypothèse, et *la proposition principale,* qui exprime le résultat ou la conséquence. *Il n'y a jamais de futur après un **si** de condition.*

Rappelons que :

si + il = s'il   **si + elle = si elle**
si + ils = s'ils   **si + elles = si elles**
si + on = si on

Voici les trois cas courants de phrases conditionnelles avec **si** + *présent :*

Si je dis oui, il **dit** non. (*présent*)
Si vous ne pouvez pas venir, **faites**-le moi savoir. (*impératif*)
S'il fait beau demain, nous **pourrons** sortir. (*futur*)

Application immédiate

Dans les phrases suivantes, mettez les verbes indiqués au futur ou à un autre temps si le futur ne convient pas.

1. Tant que je ne le _____ (voir) pas, je ne le croirai pas.

2. Si vous _____ (se dépêcher), vous ne manquerez pas votre avion.

3. S'il se jette à tes genoux, lui _____ (pardonner)-tu ?

4. Je me demande s'ils _____ (arriver) à la convaincre.

5. Donnez-moi de vos nouvelles dès que vous le _____ (pouvoir).

6. Comme tu as peur de te perdre, que vas-tu faire ? Je _____ (te suivre).

réponses p. 142

B. Futur antérieur

C'est un temps composé, c'est-à-dire qu'il est formé de deux mots.

1. Formes

Le futur antérieur est *la forme composée du futur* (voir aussi le tableau des modes et temps, p. 428). Formation : *le futur de l'auxiliaire **avoir** ou **être** + le participe passé* du verbe en question. Le futur antérieur suit les mêmes règles d'accord que le passé composé (voir chapitre 3, p. 65, 67–69).

Ex. aimer *(transitif)*
j'aurai aimé
il, elle, on aura aimé
nous aurons aimé
vous aurez aimé
ils, elles auront aimé

aller *(intransitif)*
je serai allé(e)
il, elle, on sera allé(e)
nous serons allé(e)s
vous serez allé(e)(s)
ils, elles seront allé(e)s

se lever *(pronominal)*
je me serai levé(e)
tu te seras levé(e)
il, elle, on se sera levé(e)
nous nous serons levé(e)s
vous vous serez levé(e)(s)
ils, elles se seront levé(e)s

Application immédiate

Écrivez le futur antérieur des verbes suivants à la personne indiquée.

1. finir ; je

2. partir ; vous

3. se tromper ; ils

4. comprendre ; tu

réponses p. 142

---

2. Emplois

a. Comme son nom l'indique, le futur antérieur exprime *une action future qui se réalisera avant une autre action future.* Pour montrer cette séquence, on utilise généralement *une conjonction temporelle qui montre l'antériorité :* **quand, lorsque ; après que ; tant que ; aussitôt que, dès que ; à peine... que.**

Ex. Quand tu **auras fini** ton travail, tu pourras jouer.
(« When you have finished... »)
Après que vous **aurez écrit** la phrase au tableau, je la **corrigerai.**
Tant que tu n'**auras** pas **répondu,** ils **attendront.**
Aussitôt que tu lui **auras téléphoné,** elle se **sentira** mieux.
À peine serez-vous **arrivé que** vous **devrez** déjà penser à repartir.

REMARQUE

Dès que, aussitôt que et **à peine... que** indiquent des actions *immédiatement antérieures* à l'action principale. Si les deux actions ne peuvent pratiquement pas être distinguées l'une de l'autre, les deux verbes sont *au futur simple*.

Ex. Dès que le départ **sera** donné, les chevaux **se mettront** à courir.

À peine sera-t-elle sur la route **qu**'elle **se rendra** compte de son oubli.

b. Le futur antérieur peut aussi indiquer *qu'une action sera accomplie à un certain moment à venir*. Ce moment est généralement indiqué.

Ex. J'**aurai** certainement **fini** ça quand tu partiras.
Demain, à cette heure-ci, il **sera arrivé** à Winnipeg.
À ce moment-là, il **aura eu** le temps de se reposer.

c. Il peut exprimer *un fait passé imaginé, une supposition, une probabilité*. Cet emploi est rare.

Ex. Elle est en retard ; elle **aura eu** un accident !
Il n'est pas dans le train ; il l'**aura manqué**.
Espérons qu'ils **se seront** bien **amusés** à la fête.
Elle a l'air contente ; elle **aura réussi** à son examen.

Application immédiate

Dans les phrases suivantes, mettez le verbe indiqué au futur antérieur, ou à un autre temps si le futur antérieur ne convient pas.

1. Il _____ (lire) tout le livre avant que j'arrive.

2. Vous recopierez votre dictée quand vous en _____ (corriger) les fautes.

3. Le coquin, il _____ (encore faire) des siennes !

4. On ne sait pas si l'été _____ (être) assez chaud pour produire une bonne récolte.

5. Si tu _____ (bien suivre) la recette, ton gâteau sera délicieux.

réponses p. 142

Exercices

Exercice I (oral)

Donnez le futur des verbes suivants à la 1re personne du singulier (je).

1. servir
2. voir
3. faire
4. pouvoir
5. saluer
6. venir
7. avoir
8. savoir
9. courir
10. créer
11. s'asseoir
12. dire
13. mourir
14. mener
15. nouer
16. envoyer
17. répondre
18. offrir
19. céder
20. prouver
21. ouvrir
22. prendre
23. serrer
24. haïr
25. vouloir
26. recevoir
27. étudier

Exercice II (oral)

Mettez les phrases suivantes au futur.

> **Ex.** Quand il **part** en voyage, il **prépare** ses valises.
> → Quand il **partira** en voyage, il **préparera** ses valises.
> Elle **rentre** après que les enfants **ont dîné**.
> → Elle **rentrera** après que les enfants **auront dîné**.

1. Ils se sentent bien quand ils sont en vacances.
2. On est fatigué lorsqu'on arrive du travail.
3. Le conférencier commence son discours dès que l'auditoire est silencieux.
4. Le professeur s'en va aussitôt qu'il a fini son cours.
5. Je peux le prouver, si vous le voulez.
6. Tu dis bonjour à ton frère si tu le vois.
7. À peine entendent-ils la cloche qu'ils se précipitent dehors.
8. Vous finissez votre travail après la récréation.
9. Elle plante des fleurs dès que la saison le permet et puis elle les cueille quand elles sont épanouies.
10. Ils viennent dîner après que les enfants sont couchés.
11. Puisqu'il fait beau, il faut en profiter.
12. La marée démolit le château de sable peu de temps après que les enfants l'ont bâti.
13. Les étudiants font attention en classe tant qu'ils ne sont pas trop fatigués.
14. Nous voyons beaucoup de choses intéressantes pendant que nous voyageons.
15. S'il ne vient pas, c'est qu'il a eu un empêchement.

Exercice III (oral)

Changez le futur en futur proche dans les phrases suivantes.

1. Je vous dirai cela dans un instant.
2. Il racontera l'histoire aux membres du groupe.
3. Je pense que vous serez content de le savoir.

Exercice IV (oral)

*Dans chacun des cas ci-dessous, utilisez le verbe indiqué pour créer deux phrases. Employez le futur avec **dans** pour la première, puis le passé composé avec **il y a** (« ago ») pour la deuxième.*

> **Ex.** (aller) J'**irai** le voir **dans** quelques jours.
> Je **suis allé** le voir **il y a** quelques jours.

1. (partir)   Ils .... à la campagne .... un mois.
2. (parler)   Nous leur .... quelques minutes.
3. (participer) J' .... à un tournoi de tennis .... trois semaines.

Exercice V (oral)

Finissez les phrases suivantes en employant un futur quand c'est possible.

1. J'irai à Québec quand ....
2. J'irai à Québec si ....
3. Je vous verrai quand ....
4. Je vous verrai si ....
5. Je ne sais pas quand ....
6. Je ne sais pas si ....

Exercice VI (écrit)

Complétez les phrases avec le futur ou le futur antérieur après la conjonction temporelle.

1. Lorsque vous _____ (ne plus avoir) besoin de ce papier, jetez-le.
2. Tu lui liras une histoire après qu'elle _____ (se brosser) les dents.
3. Quand vous _____ (finir) d'écouter ce programme, il sera temps de vous coucher.
4. Je me coucherai dès que j'_____ (avoir) envie de dormir.
5. Je te dirai mon secret après que tu me _____ (dire) le tien.
6. Tu m'appelleras quand tu y _____ (penser).
7. À peine _____ (monter [ils]) dans le bateau qu'ils auront le mal de mer.

Exercice VII (écrit)

Finissez ces phrases en employant le futur quand c'est possible.

> **Ex.** Je serai très fatigué quand **j'aurai fini de travailler à l'ordinateur.**
> Elle vous verra si **elle va mieux.** (futur impossible)

1. Tu écouteras bien pendant que _____ .
2. Vous vous fâcherez lorsque _____ .
3. Nous irons manger quand _____ .
4. Il se demande si _____ .
5. Je continuerai à le dire tant que _____ .

6. Il faudra faire de l'exercice physique si _____ .
7. Faites-le aussitôt que _____ .
8. À six heures ce soir _____ .
9. Vous visiterez Seattle après que _____ .
10. Mon Dieu ! Avec deux heures de retard, _____ .

Exercice VIII (écrit)

*Rédigez un paragraphe de quatre ou cinq lignes expliquant ce que vous ferez durant vos prochaines vacances. Employez des futurs et des futurs antérieurs, des **si** d'interrogation indirecte et de condition, et des conjonctions temporelles.*

Exercice IX (écrit)

Faites une phrase au futur avec chacune des conjonctions temporelles suivantes.

1. après que
2. à peine... que...
3. tant que
4. lorsque

Exercice X (écrit)

Complétez les phrases au futur antérieur en imaginant une explication probable.

Ex. Elle a mal à l'estomac ; **elle aura encore mangé trop vite.**

1. Son chien est de nouveau perdu ; _____ .
2. La boîte de gâteaux secs est vide ; _____ .
3. Ils devaient me donner un coup de fil ; _____ .
4. Le paquet n'est jamais arrivé à destination ; _____ .

Exercice XI (écrit)

Composez un paragraphe de cinq ou six lignes pour donner une idée de ce que vous ferez plus tard (votre carrière et votre vie). Employez beaucoup de futurs.

Exercice XII (écrit)

*Rédigez une phrase avec un **si** d'interrogation indirecte et une avec un **si** de condition.*

Exercice XIII (écrit)

Rédigez quelques lignes sur le sujet suivant : Comment sera ce monde dans 20 ans ? Employez beaucoup de futurs.

Exercice XIV (écrit)

Décrivez en quelques lignes une visite à une cartomancienne qui prédit tout votre avenir. Employez le style direct. (N'oubliez pas le futur proche.)

II. Le conditionnel

C'est le mode de *l'action éventuelle* ou *hypothétique* qui dépend d'une condition énoncée ou non. Ile existe deux formes de conditionnel : le conditionnel présent et le conditionnel passé. Alors qu'il a été longtemps enseigné comme un mode verbal distinct, la plupart des linguites le traitent maintenant comme un temps de l'indicatif.

A. Conditionnel présent

C'est un temps simple : un mot.

1. Formes

a. Verbes réguliers

Il est formé à partir de *l'infinitif du verbe*, comme le futur, mais avec *les terminaisons de l'imparfait*. On élimine le **e** final des verbes en **re**. Voici le conditionnel présent des trois groupes de verbes réguliers.

Terminaisons de l'imparfait	**aimer**
ais	j'aimer**ais**
ais	tu aimer**ais**
ait	il, elle, on aimer**ait**
ions	nous aimer**ions**
iez	vous aimer**iez**
aient	ils, elles, aimer**aient**

finir	**vendre**
je finir**ais**	je vendr**ais**
tu finir**ais**	tu vendr**ais**
il, elle, on finir**ait**	il, elle, on vendr**ait**
nous finir**ions**	nous vendr**ions**
vous finir**iez**	vous vendr**iez**
ils, elles, finir**aient**	ils, elles vendr**aient**

REMARQUE

Comme pour le futur et pour la même raison, la lettre caractéristique du conditionnel est la lettre **r**.

CHANGEMENTS ORTHOGRAPHIQUES DE CERTAINS VERBES EN **ER**

Ce sont les mêmes que ceux du futur (voir p. 122).

b. Verbes irréguliers

Formation : le radical du futur (voir p. 123) + les terminaisons de l'imparfait.

Ex. je voudrais, j'irais, je ferais, je viendrais, je serais

Application immédiate

Écrivez le conditionnel présent des verbes réguliers et irréguliers suivants, à la personne indiquée.

1. révéler ; je

2. craindre ; nous

3. revenir ; il

4. rendre ; tu

5. savoir ; tu

6. ouvrir ; vous

7. envoyer ; ils

8. se lever ; elle

réponses p. 142

---

2. Emplois

a. Le conditionnel présent traduit généralement les formes anglaises « should, would », pour exprimer, comme en anglais, *une possibilité* ou *une éventualité*.

Ex. Il **pourrait** encore venir.
Comment **saurais**-je la vérité ?
Ce **serait** une folie de le faire.
Je lui **expliquerais** le poème avec plaisir.

En particulier, la locution ***au cas où*** (ou ***pour le cas où***) est *toujours suivie du conditionnel* puisqu'elle exprime une éventualité.

Ex. Au cas où vous **voudriez** lui écrire, parlez-moi d'abord.
J'ai pris mes lunettes **au cas où** il **faudrait** lire des sous-titres pendant le film.

b. Il est employé quand *un fait rapporté semble douteux* ou *n'a pas encore été confirmé.*

Ex. D'après ce qu'on vient de me dire, le conférencier **serait** malade.
Selon vous, il y **aurait** moins de travail pour certains cours de cinq unités que pour des cours de trois unités.
Il y a eu un meurtre. Il **s'agirait** d'un règlement de compte.

c. Il est employé pour *atténuer une expression, la rendre plus polie* (en particulier à la place de l'indicatif présent des verbes **devoir, pouvoir, vouloir,** qui a un sens plus fort).

Ex. Pourriez-vous m'indiquer la rue Lepic?
Voudriez-vous me passer le sel?
Vous **devriez** peut-être vous excuser.
Je **voudrais** bien pouvoir y aller.

d. L'expression anglaise « I wish you would (do…) » se traduit par le *conditionnel présent du verbe* **vouloir + que** + *subjonctif* (littéralement « I would wish that you [do…] »).

Ex. Je **voudrais** que vous veniez avec moi. (« I wish you would come with me. »)

— Quand les deux verbes ont le même sujet, on emploie *l'infinitif* au lieu du subjonctif: « I wish I could… » se traduit par: **Je voudrais** + *infinitif.*

Ex. Je **voudrais** aller avec vous.
(« I wish I could go with you. »)

Application immédiate

Traduisez les phrases suivantes.

1. « He wishes you would come. »

2. « I wish I could understand. »

réponses p. 143

---

e. Le conditionnel présent est aussi employé pour exprimer *ce qui était futur et est maintenant passé* (le futur du passé). (Voir aussi leçon 10, p. 247.)

Ex. Elle sait qu'il **viendra**. (le futur du présent)
Elle savait qu'il **viendrait**. (le futur du passé)
Il dit que ce travail **sera** facile.
Il a dit que ce travail **serait** facile.

Note

Pour exprimer *le futur proche du passé*, on emploie *l'imparfait de **aller** + l'infinitif* du verbe.

Ex. Elle savait qu'il **allait venir**.

Application immédiate

Mettez les phrases suivantes au passé.
1. Tout le monde est sûr que vous serez d'accord.
2. Tout le monde est sûr que vous allez être d'accord.

réponses p. 143

---

f. Il est employé *dans une phrase conditionnelle avec **si** + imparfait* (il n'y a jamais de futur ni de conditionnel après un **si** de condition).

Ex. Si j'**avais** envie de dormir, j'**irais** me coucher.
Que **feriez**-vous si vous **étiez** riche?
Si vous **tourniez** la page, vous **trouveriez** la suite de l'exercice.
Si nous **savions** mieux le français, nous **saurions** la différence entre un saut, un seau, un sceau et un sot.

Mais le conditionnel présent peut être employé après le *si d'interrogation indirecte* («whether»).

Ex. Je ne savais pas **si** je **pourrais** aller vous voir.
Il se demandait **s**'il **saurait** jamais la raison de son départ.
Je me demande **s**'il **hésiterait** à l'accuser.

Application immédiate

Complétez avec le conditionnel présent ou, s'il ne convient pas, avec un autre temps.

1. J'emporte un chapeau au cas où j' _____ (avoir) froid.

2. Il ferait un temps formidable si le vent _____ (être) moins fort.

3. Nous savions qu'ils _____ (déménager) bientôt.

4. _____ (Pouvoir)-vous me dire où se trouve le parc Sainte-Jeanne-d'Arc ?

5. Nous lui avons demandé s'il _____ (aller) au match de football ce jour-là.

6. Ça lui _____ (plaire) de voyager beaucoup.

réponses p. 143

REMARQUES

— « Would » se traduit par un *imparfait* quand il indique une *action répétée dans le passé* (voir leçon 3, p. 74).

Ex. L'été dernier, il me **parlait** souvent. (« he would speak... »)

Quelquefois « would » indique *une volonté* et se traduit par *l'imparfait* de **vouloir**.

Ex. Elle ne **voulait** pas bouger. (« She would not move. »)

— « Should » se traduit par *le conditionnel présent* de **devoir** quand il indique un conseil (voir aussi leçon 18, p. 402).

Ex. Vous **devriez** voyager davantage. (« You should travel... »)

— « Could » se traduit par le verbe **pouvoir** *au conditionnel présent, au passé composé* ou *à l'imparfait* d'après le contexte de la phrase (voir aussi leçon 18, p. 404) :

Ex. Faites attention, il **pourrait** devenir méchant. (« he could become... »)
Je voulais venir, mais je n'**ai** pas **pu**. (« I could not » dans le sens de « I was not able to... »)
Je voulais venir, mais je ne **pouvais** pas le laisser seul. (« I could not leave him... »)

B. Conditionnel passé

C'est un temps composé : deux mots.

1. Formes

Le conditionnel passé est la forme composée du conditionnel présent.

Il est formé à partir du *le conditionnel présent de l'auxiliaire* **avoir** *ou* **être** + *participe passé du verbe* en question.

Ex. aimer *(transitif)*
j'aurais aimé
tu aurais aimé
il, elle, on aurait aimé
nous aurions aimé
vous auriez aimé
ils, elles auraient aimé

aller *(intransitif)*
je serais allé(e)
u serais allé(e)
il, elle, on serait allé(e)
nous serions allé(e)s
vous seriez allé(e)(s)
ils, elles seraient allé(e)s

se lever *(pronominal)*
je me serais levé(e)
tu te serais levé(e)
il, elle, on se serait levé(e)
nous nous serions levé(e)s
vous vous seriez levé(e)(s)
ils, elles se seraient levé(e)s

Application immédiate

Écrivez le conditionnel passé des verbes suivants à la personne indiquée.

1. emmener ; je _____

2. créer ; nous _____

3. mourir ; il _____

4. se rendre compte ; ils _____

réponses p. 143

---

2. Emplois

On trouve le conditionnel passé (« should have, would have ») dans des constructions analogues à celles du conditionnel présent, pour exprimer :

a. *une éventualité, une possibilité qui ne s'est pas réalisée ;*

Ex. Il **aurait été** content de le voir.

— avec la locution **au cas où** (ou **pour le cas où**).

> **Ex. Au cas où** vous **auriez vu** mon sac, dites-le moi.

b. *un fait rapporté qui semble douteux ou qui n'a pas été confirmé;*

> **Ex.** Il paraît qu'il **se serait enfui**.
> Le pilote **aurait fait** une fausse manœuvre.

c. *une forme polie;*

> **Ex.** J'**aurais** bien **aimé** vous parler.

d. les expressions anglaises «I wish you had (done)…» (**j'aurais voulu + que** + *subjonctif*) et «I wish I had (done)…» (**j'aurais [bien] voulu** + *infinitif;*

> **Ex. J'aurais bien voulu** que Robert vienne avec moi. («I wish Robert had come with me.»)
> **J'aurais voulu** vous aider. («I wish I had helped you.»)

e. *le futur antérieur du passé;*

> **Ex.** Il pense que vous **aurez fini** bientôt. (futur antérieur du présent)
> Il pensait que vous **auriez fini** bientôt. (futur antérieur du passé)

f. *une phrase conditionnelle avec* **si** + *plus-que-parfait.* (Il n'y a jamais de futur ni de conditionnel après un **si** de condition.)

> **Ex.** Vous **auriez entendu** le bruit **si** vous **aviez écouté.**
> Vous **auriez vu** l'accident si vous **aviez regardé.**
> Vous **auriez dit** des choses intéressantes **si** vous **aviez parlé.**

Mais après le **si** *d'interrogation indirecte*, on peut employer le conditionnel passé.

> **Ex.** On se demandait **s**'il **aurait pu** le deviner.

Application immédiate

Complétez avec le conditionnel passé ou, s'il ne convient pas, avec un autre temps.

1. Je vous _____ (parler) si je vous avais vu.

2. Il _____ (vouloir) que vous l'écoutiez attentivement.

3. On se demande si elle y _____ (aller) toute seule.

4. Vous seriez maintenant chez eux si vous _____ (partir) ce matin.

5. On dit qu'il _____ (prendre) sa décision il y a longtemps.

réponses p. 143

Tableau complet des phrases conditionnelles
(Les cas les plus courants sont indiqués par un astérisque [*].)

VERBE AVEC **SI** DE CONDITION (condition, hypothèse)	VERBE PRINCIPAL (conséquence, résultat)	EXEMPLES
présent	*présent	**Si** vous **voulez** jouer au tennis, vous **pouvez** le faire.
	*impératif	**Si** vous **avez** une question, **venez** me voir à mon bureau.
	*futur	**Si** nous **partons** maintenant, nous **arriverons** tôt.
	futur antérieur	**Si** vous **travaillez** bien, vous **aurez fini** ce soir.
passé composé	*futur antérieur	**S'**il **a fait** une promenade, ça lui **aura fait** du bien.
	*futur	**Si** le brouillard **a commencé** à se dissiper, il y **aura** du soleil tout à l'heure.
	*impératif présent	**Si** vous **avez écrit** un poème, **lisez**-le.
		Si vous **avez** trop **bu**, il ne **faut** pas conduire votre voiture.
	imparfait	**S'**il vous **a révélé** cela, c'**était** pour vous troubler.
	passé composé	**Si** vous **êtes parti**, vous **avez eu** raison.
imparfait	*conditionnel présent	**Si** elle **avait** froid, elle **mettrait** un manteau.
	conditionnel passé	**Si** tu **étais** gentil, tu n'**aurais** pas **prononcé** ces paroles.
plus-que-parfait	*conditionnel passé	**Si** vous lui **aviez écrit**, il **aurait répondu**.
	conditionnel présent	**Si** vous **aviez dit** ça, il le **saurait**.
PAS DE FUTUR NI DE CONDITIONNEL		

Exercices

Exercice I (oral)

*Donnez : a) le futur, b) le conditionnel présent, c) le futur antérieur, d) le conditionnel passé des verbes suivants à la personne indiquée. (Prononcez bien la lettre **r** et insistez sur la différence de prononciation des terminaisons **ai** et **ais** du futur et du conditionnel à la 1re personne du singulier **je**.)*

1. tu es	8. elle travaille	14. j'envoie	20. ils connaissent
2. vous buvez	9. j'ai	15. vous courez	21. je remercie
3. ils savent	10. vous haïssez	16. nous partons	22. ils appellent
4. on voit	11. il veut	17. tu viens	23. nous descendons
5. nous faisons	12. elles vont	18. je me lave	24. vous écrivez
6. on peut	13. il espère	19. tu tombes	25. je crois
7. il perd			

Exercice II (oral)

Mettez les phrases suivantes au passé pour obtenir des futurs du passé, c'est-à-dire le conditionnel présent ou passé.

Ex. Je pense que vous **viendrez**.
→ Je pensais que vous **seriez venu(e)(s)**.

1. Je suis certain que vous pourrez lui parler.
2. Ils disent que l'incident aura beaucoup de répercussions.
3. Il affirme qu'elle viendra.
4. Vous pensez qu'il faudra lui téléphoner.
5. Nous déclarons qu'elles auront fini à trois heures.

Exercice III (oral)

*Remplacez le conditionnel présent par le futur proche du passé (imparfait de **aller** + infinitif).*

Ex. Il a dit qu'il **pourrait** le faire.
→ Il a dit qu'il **allait pouvoir** le faire.

1. Nous avons vu qu'il **pleuvrait** bientôt.
2. Je savais que tu lui **écrirais**.
3. Tu avais dit qu'il **arriverait** à trois heures.
4. En entendant la musique, je me suis rendu compte que nous **danserions**.

Exercice IV (oral)

Faites des phrases conditionnelles avec les mots suivants en vous servant du tableau p. 138.

Ex. être prêt — partir.
→ Si tu es prêt, partons.

1. avoir du talent — connaître le succès
2. avoir un meilleur professeur — travailler davantage
3. arriver en retard — manquer l'avion
4. avoir un rendez-vous avec elle (lui) — avoir de la chance
5. se dépêcher — finir avant le déjeuner
6. aller en France — dépenser beaucoup d'argent
7. s'entendre avec tout le monde — être heureux
8. donner un renseignement — être au courant

Exercice V (oral)

Traduisez les mots anglais pour compléter les phrases suivantes.

1. (« I wish it would rain. »)
2. Je sais que je .... lui écrire, mais je n'en ai pas le courage. (« should »)
3. ....- vous m'aider, s'il vous plaît ? (« could »)
4. Chaque fois que je le rencontrais, il .... la tête de l'autre côté. (« would turn »)
5. J'ai fait tout ce que je .... pour elle. (« could »)

Exercice VI (oral)

Lisez le texte suivant et trouvez les conditionnels. Cherchez le sens des mots difficiles.

Si j'étais riche...

Je n'irais pas me bâtir une ville en campagne, et mettre au fond d'une province les Tuileries devant mon appartement. Sur le penchant de quelque agréable colline bien ombragée, j'aurais une petite maison rustique, une maison blanche avec des contrevents verts ; et quoi qu'une couverture de chaume soit en toute saison la meilleure, je préférais magnifiquement, non la triste ardoise, mais la tuile, parce qu'elle a l'air plus propre et plus gai que le chaume, qu'on ne couvre pas autrement les maisons dans mon pays, et que cela me rappellerait un peu l'heureux temps de ma jeunesse. J'aurais pour cour une basse-cour, et pour écurie une étable avec des vaches, pour avoir du laitage que j'aime beaucoup. J'aurais un potager pour jardin, et pour parc un joli verger semblable à celui dont il sera parlé ci-après. Les fruits, à la discrétion des promeneurs, ne seraient ni comptés ni cueillis par mon jardinier ; et mon avare magnificence n'étalerait point aux yeux des espaliers superbes auxquels à peine on osât toucher. Or, cette petite prodigalité serait peu coûteuse, parce que j'aurais choisi mon asile dans quelque province éloignée où l'on voit peu d'argent et beaucoup de denrées, et où règnent l'abondance et la pauvreté.

Jean-Jacques Rousseau, *Émile*

Exercice VII (écrit)

Rédigez un paragraphe du même titre que celui de Rousseau (« Si j'étais riche ») où vous définirez, comme l'auteur, l'existence dont vous rêvez. Employez beaucoup de conditionnels.

Exercice VIII (écrit)

Complétez les phrases suivantes avec les temps convenables des verbes entre parenthèses.

1. J'aimerais écrire un livre si j'en _____ (avoir) le temps.
2. Au cas où vous ne _____ (pouvoir) pas venir, prévenez-moi.
3. S'il avait compris l'explication, il _____ (ne pas demander) au professeur de la répéter.
4. Si vous _____ (s'asseoir) ici, vous verriez très bien l'écran.
5. Elle a expliqué qu'elle lui _____ (envoyer) bientôt un cadeau.
6. Tu ne te serais pas trompé si tu _____ (réfléchir).
7. S'ils _____ (être) riches, ils auraient acheté cette maison.
8. Il prend son parapluie au cas où il _____ (pleuvoir).

Exercice IX (écrit)

*Finissez les phrases suivantes en employant des conditionnels quand c'est possible. Distinguez le **si** d'interrogation indirecte du **si** de condition.*

1. J'aurais été heureux (*ou* heureuse) si _____ .
2. On se demandait bien si _____ .
3. Si j'enviais mes amis, _____ .
4. Vous ne savez pas si _____ .
5. Si tu nous avais prévenus, _____ .
6. Je t'inviterais si _____ .

Exercice X (écrit)

Faites une phrase où le conditionnel présent ou passé est employé pour exprimer la politesse et une phrase où il est employé pour exprimer un fait rapporté douteux.

Exercice XI (écrit)

*Faites cinq phrases illustrant cinq des huit cas courants de phrases conditionnelles avec le **si** de condition (voir tableau p. 138).*

Exercice XII (écrit)

*Faites deux phrases avec l'expression **au cas où** (ou **pour le cas où**).*

Exercice XIII (écrit)

Écrivez un paragraphe de cinq lignes sur le sujet suivant : Que feriez-vous si on vous donnait immédiatement quinze jours de vacances ?

Réponses aux applications immédiates

I. Le futur

p. 121
1. obéirons
2. répondrez
3. aimeront
4. rencontreras
5. étudiera
6. louerai

p. 122
1. jetterai
2. emploiera
3. mènera
4. nous promènerons
5. rappellerai
6. ennuieras

p. 123
1. comprendra
2. ferons
3. deviendrai
4. vivras
5. irez
6. verra
7. accueillerai
8. connaîtront

p. 125
1. verrai
2. vous dépêchez
3. pardonneras
4. arriveront
5. pourrez
6. vais te suivre

p. 126
1. aurai fini
2. serez parti(e), parti(e)s
3. se seront trompés
4. auras compris

p. 127
1. aura lu
2. aurez corrigé
3. aura encore fait
4. aura été
5. as bien suivi

II. Le conditionnel

p. 132
1. révélerais
2. craindrions
3. reviendrait
4. rendrais
5. saurais
6. ouvririez
7. enverraient
8. se lèverait

p. 133 1. Il voudrait que vous veniez.
          2. J'aimerais comprendre (*ou* pouvoir comprendre).

p. 134 1. Tout le monde était sûr que vous seriez d'accord.
          2. Tout le monde était sûr que vous alliez être d'accord.

p. 135 1. aurais
          2. était
          3. déménageraient
          4. Pourriez
          5. irait
          6. plairait

p. 136 1. aurais emmené
          2. aurions créé
          3. serait mort
          4. se seraient rendu compte

p. 137 1. aurais parlé
          2. aurait voulu
          3. serait allée
          4. étiez parti(e), parti(e)s
          5. aurait pris

LE SUBJONCTIF

- PRÉSENT

- PASSÉ

Le mode subjonctif s'emploie :

- pour un verbe qui *dépend d'un autre verbe* exprimant *un doute, un sentiment, une volonté, une possibilité ou un jugement*, c'est-à-dire un verbe subjectif ;
- avec *certaines conjonctions* ;
- dans certaines *relatives* pour exprimer *le but, la restriction, le temps* ;
- dans une proposition indépendante pour exprimer un souhait, un ordre ou une éventualité.

Alors que le subjonctif est rare en anglais courant, il est très fréquent en français tant à l'oral qu'à l'écrit.

> **Ex.** Il faut que tu **partes** avant que mon père ne **revienne**.
> Nous voulons qu'elle **soit** directrice.
> Qu'il **parte**, s'il ne travaille pas !

Le subjonctif a quatre temps : le subjonctif présent, le subjonctif passé, l'imparfait du subjonctif et le plus-que-parfait du subjonctif. Les deux derniers sont des temps littéraires et vieillis, rarement utilisés aujourd'hui (voir leçon 19, p. 421 à 424).

I. Formes

A. Subjonctif présent

C'est un temps simple : un mot.

1. Verbes réguliers. On forme le subjonctif présent en ajoutant les terminaisons **e, es, e, ions, iez, ent** à la racine de la 3e personne du pluriel (**ils** ou **elles**) du présent de l'indicatif. Voici le présent du subjonctif des trois groupes de verbes réguliers (en **er**, en **ir** et en **re**) :

Présent du subjonctif: Verbes réguliers

infinitif	3e pers. plur. présent de l'ind.	subjonctif présent
parler	ils, elles parl**ent**	que je parl**e** que tu parl**es** qu'il, qu'elle, qu'on parl**e** que nous parl**ions** que vous parl**iez** qu'ils, qu'elles parl**ent**
finir	ils, elles finiss**ent**	que je finiss**e** que tu finiss**es** qu'il, qu'elle, qu'on finiss**e** que nous finiss**ions** que vous finiss**iez** qu'ils, qu'elles finiss**ent**
vendre	ils, elles vend**ent**	que je vend**e** que tu vend**es** qu'il, qu'elle, qu'on vend**e** que nous vend**ions** que vous vend**iez** qu'ils, qu'elles vend**ent**

REMARQUES

— On donne une forme du subjonctif avec la conjonction **que**, car un subjonctif est généralement introduit par **que**. Mais l'inverse n'est pas vrai ; **que** n'introduit pas toujours un subjonctif.

Ex. Je suis content **que** vous **soyez** là. (subjonctif)
Je vois **que** vous **allez** bien. (indicatif)

— Les formes **nous** et **vous** du présent du subjonctif sont identiques à celles de l'imparfait de l'indicatif.

Ex. finir
imparfait de l'ind. : nous finiss**ions**, vous finiss**iez**
présent du subj. : que nous finiss**ions**, que vous finiss**iez**

— Les verbes en **er** qui ont des changements orthographiques aux terminaisons muettes **e, es, ent** du présent de l'indicatif (voir leçon 1, p. 3–4) ont les mêmes changements orthographiques aux terminaisons muettes du subjonctif présent.

Ex. lever (ils lèv/ent)
que je l**ève**
que tu l**èves**
qu'il, elle, on l**ève**
que nous levions
que vous leviez
qu'ils, elles l**èvent**

appeler (ils appell/ent)
que j'app**elle**
que tu app**elles**
qu'il, elle, on app**elle**
que nous appelions
que vous appeliez
qu'ils, elles app**ellent**

espérer (ils espèr/ent)
que j'esp**ère**
que tu esp**ères**
qu'il, elle, on esp**ère**
que nous espérions
que vous espériez
qu'ils, elles esp**èrent**

acheter (ils achèt/ent)
que j'ach**ète**
que tu ach**ètes**
qu'il, elle, on ach**ète**
que nous achetions
que vous achetiez
qu'ils, elles ach**ètent**

nettoyer (ils nettoi/ent)
que je netto**ie**
que tu netto**ies**
qu'il, elle, on netto**ie**
que nous nettoyions
que vous nettoyiez
qu'ils, elles netto**ient**

jeter (ils jett/ent)
que je je**tte**
que tu je**ttes**
qu'il, elle, on je**tte**
que nous jetions
que vous jetiez
qu'ils, elles je**ttent**

2. **Verbes du 3ᵉ groupe.** Il faut distinguer les verbes du 3ᵉ groupe à formation régulière de ceux à formation irrégulière.

a. À formation régulière

— Verbes irréguliers ayant *le même radical aux 1ʳᵉ et 3ᵉ personnes du pluriel du présent de l'indicatif.*

Ex. craindre (nous craignons, ils craignent)
que je craign**e**
que tu craign**es**
qu'il, elle, on craign**e**
que nous craign**ions**
que vous craign**iez**
qu'ils, elles craign**ent**

— Verbes irréguliers ayant *des radicaux différents* aux 1ʳᵉ et 3ᵉ personnes du pluriel du présent de l'indicatif, *mais dont les formes **nous, vous** sont celles de l'imparfait.* Les plus courants sont: **tenir,** venir, mourir, fuir, recevoir, voir, pourvoir, devoir, prendre, traire, croire, boire.

Ex. **boire** (nous buvons, ils boivent)
    que je boive
    que tu boives
    qu'il, elle, on boive
    que nous b**uvions**
    que vous b**uviez**
    qu'ils, elles boivent

b. À formation irrégulière

avoir (ils ont)
que j'**aie**
que tu **aies**
qu'il, elle, on **ait**
que nous **ayons**
que vous **ayez**
qu'ils, elles **aient**

être (ils sont)
que je **sois**
que tu **sois**
qu'il, elle, on **soit**
que nous **soyons**
que vous **soyez**
qu'ils, elles **soient**

faire (ils font)
que je **fasse**
que tu **fasses**
qu'il, elle, on **fasse**
que nous **fassions**
que vous **fassiez**
qu'ils, elles **fassent**

pouvoir (ils peuvent)
que je **puisse**
que tu **puisses**
qu'il, elle, on **puisse**
que nous **puissions**
que vous **puissiez**
qu'ils, elles **puissent**

savoir (ils savent)
que je **sache**
que tu **saches**
qu'il, elle, on **sache**
que nous **sachions**
que vous **sachiez**
qu'ils, elles **sachent**

valoir (ils valent)
que je **vaille**
que tu **vailles**
qu'il, elle, on **vaille**
que nous **valions**
que vous **valiez**
qu'ils, elles **vaillent**

falloir (il faut)
qu'il **faille**

pleuvoir (il pleut)
qu'il **pleuve**

aller (ils vont)	**vouloir** (ils veulent)
que j'**aille**	que je **veuille**
que tu **ailles**	que tu **veuilles**
qu'il, elle **aille**	qu'il, elle **veuille**
que nous **allions**	que nous **voulions**
que vous **alliez**	que vous **vouliez**
qu'ils, elles **aillent**	qu'ils, elles **veuillent**

Application immédiate

Écrivez le subjonctif présent des verbes réguliers et irréguliers suivants à la personne indiquée.

1. donner ; que je

2. réfléchir ; que tu

3. vendre ; que nous

4. se rappeler ; qu'ils

5. comprendre ; que vous

6. croire ; que je

7. craindre ; qu'on

8. savoir ; qu'elles

réponses p. 165

B. Subjonctif passé

C'est un temps composé : deux mots.

Il est formé *du présent du subjonctif de l'auxiliaire **avoir** ou **être** + participe passé du verbe* en question. Les règles d'accord sont les mêmes que celles du passé composé (voir chapitre 3, p. 65, 67–69).

Ex. faire (transitif)	**aller** (intransitif)
que j'aie fait	que je sois allé(e)
que tu aies fait	que tu sois allé(e)
qu'il, elle, on ait fait	qu'il, elle, on soit allé(e)
que nous ayons fait	que nous soyons allé(e)s
que vous ayez fait	que vous soyez allé(e), allé(e)s
qu'ils, elles aient fait	qu'ils, elles soient allé(e)s

se souvenir (pronominal)
que je me sois souvenu(e)
que tu te sois souvenu(e)
qu'il, elle, on se soit souvenu(e)
que nous nous soyons souvenu(e)s
que vous vous soyez souvenu(e), souvenu(e)s
qu'ils, elles se soient souvenu(e)s

Application immédiate

Écrivez le subjonctif passé des verbes suivants à la personne indiquée.

1. étudier ; que je

2. aller ; qu'il

3. recevoir ; qu'il

4. se rendre compte ; que vous

réponses p. 165

II. Emplois

A. Propositions indépendantes

On trouve le subjonctif dans des propositions indépendantes, c'est-à-dire des phrases autonomes :

1. *Comme impératif,* aux personnes qui n'existent pas au mode impératif (voir aussi leçon 1, p. 26) ;

> **Ex. Qu'il parte** tout de suite !
> **Qu'ils** y **aillent**, s'ils le veulent !

2. *Pour exprimer un souhait.*

> **Ex. Vive** la liberté !
> **Que** Dieu vous **bénisse** ! (Je prie que Dieu vous bénisse.)
> Honni **soit** qui mal y pense ! (honte à qui y voit du mal)
> Ainsi **soit**-il ! (à la fin d'une prière)

B. Propositions subordonnées complétives

Le subjonctif se trouve surtout dans des propositions subordonnées complétives introduites par la conjonction **que** et soumises à un verbe principal.

> **Ex.** Je veux **qu'**elle **vienne**. (« I want her to come. »)

1. Le subjonctif est employé *après les verbes et expressions :*

- *de doute, d'improbabilité ;*
  douter, il est douteux, il semble, il est peu probable, il est improbable

  Ex. Je doute que vous **sachiez** cette nouvelle.

- *de volonté, de désir, de défense;*
  vouloir, vouloir bien, consentir, consentir à, commander, demander, ordonner, exiger, compter, dire, écrire (pour un ordre seulement), attendre, s'attendre à, souhaiter, désirer, permettre, proposer, recommander, s'opposer à, empêcher, refuser, défendre, interdire, tenir à

  Ex. Il tient à ce que vous lui **parliez**.
  Elle veut que vous **écoutiez**.

- *de sentiments, d'émotions.*
  regretter, aimer, aimer mieux, préférer, s'étonner, craindre (+ ne), avoir peur (+ ne), être triste, content, heureux, désolé, ravi, furieux, fâché, en colère, étonné, surpris, honteux

  Ex. J'aime mieux que vous lui **disiez** vous-même la vérité.
  On craint que vous **ne refusiez**.

  mais: **espérer** est suivi de l'indicatif:

  Ex. J'espère que vous **aimez** mon gâteau. (indicatif)

EXPRESSIONS IMPERSONNELLES

- *de nécessité;*
  il faut; il ne faut pas; ce n'est pas la peine; il suffit; il est nécessaire, obligatoire, essentiel

  Ex. Il suffit que tu **remplisses** cette feuille.

- *de possibilité;*
  il est possible, il se peut, il n'est pas possible, il est impossible

  Ex. Il se peut qu'elle **ait oublié** la date.

- *de jugement;*
  il est regrettable; il est (*ou* c'est) dommage; il convient; il vaut mieux; il est temps; il importe; il est important, préférable, bon, juste, utile, rare

  Ex. Il convient que tu l'**appelles**.
  Il vaut mieux que nous **restions** à la maison.

REMARQUES

— *Le* **ne** *explétif* (ou *pléonastique*)

C'est un **ne** qu'on ajoute devant le verbe dans certaines constructions. Il n'a *pas de valeur négative* et il n'est pas traduit.

On le rencontre :

- dans une *phrase affirmative d'inégalité* avec **plus... que, moins... que** (voir aussi leçon 7, p. 181).

  Ex. Il est **moins** ennuyant **qu'on ne** le disait.

- avec les verbes **craindre, avoir peur** et les conjonctions **de peur que, de crainte que** (voir p. 153) ;

  Ex. Nous **avons peur** qu'il **ne** soit trop tard.

- avec les conjonctions **à moins que, avant que** (voir p. 154).

  Ex. À moins que vous **ne** veniez avec moi, je resterai à la maison.

Le **ne** explétif est de moins en moins employé dans le langage parlé. Il n'est jamais employé avec un verbe à l'infinitif.

— *Quand un verbe construit avec* **à** *est suivi du subjonctif,* on ajoute **ce que**.

  Ex. tenir **à** : Est-ce que vous tenez **à ce que** j'aille vous voir ?
  s'attendre **à** : Nous nous attendons **à ce qu'**il fasse beau.

Application immédiate (oral)

Ajoutez les mots entre parenthèses devant la phrase donnée, et employez le subjonctif.

> **Ex.** Tu réponds à la question. (Je veux...)
> → Je veux que tu répondes à la question.

1. Nous partons. (Il faut...) ; (Vous voulez) ; (Il craint...) ; (Tu attends...)

2. Vous allez au laboratoire. (Je souhaite...) ; (Il est nécessaire...) ; (Il est bon...) ; (Il semble...) ; (Il tient à...)

3. Elle fait la sieste. (Nous désirons...) ; (Il est improbable...) ; (Je doute...) ; (Il s'oppose à...)

4. Je crains l'orage. (Il ne faut pas...) ; (Il est dommage...) ; (Vous doutez...) ;
   (Tu t'étonnes...)

réponses p. 165–166

2. Le subjonctif est aussi employé après *les verbes de pensée et de déclaration* à la forme *négative* ou *interrogative*, si *l'attitude est subjective*. Le fait est alors considéré *dans la pensée*. Quand l'attitude n'est pas subjective, on emploie l'indicatif : le fait est réel mais perçu comme étant faux. (À l'affirmatif, ces verbes sont suivis de l'indicatif, excepté le verbe **nier**.)

Ex. Il **ne pense pas** que j'en sois capable. (subjonctif)
(À son avis, je n'en suis pas capable. C'est l'opinion qui est considérée.)
Il **ne pense pas** que j'en suis capable. (indicatif)
(J'en suis capable, mais il pense que non. La certitude du fait est marquée.)
Je ne trouve pas que ce travail **soit** mauvais. (À mon avis, ce travail n'est pas mauvais.)
Vous souvenez-vous qu'il **a parlé** ? (Le fait certain : il a parlé. Est-ce que vous vous en souvenez ?)
Vous souvenez-vous qu'il **ait parlé** ? (Nous remettons en doute le fait qu'il ait parlé.)

Verbes de pensée

	À l'affirmatif (+ indicatif)	Au négatif ou à l'interrogatif (+ subjonctif *ou* indicatif, *selon l'attitude*)
penser, croire	Je crois qu'il **a** raison.	Je ne crois pas qu'il **ait** raison.
être sûr, certain	Vous êtes sûr qu'il vous **a vu.**	Etes-vous sûr qu'il vous **a vu** ? (ou **ait vu**)
espérer	Tu espères qu'il **obtiendra** ce poste.	Espères-tu qu'il **obtienne** ce poste ?
il me semble	Il me semble que tu **as grossi.**	Il ne me semble pas que tu **aies grossi.**
voir	Je vois que c'**est** possible.	Je ne vois pas que ce **soit** possible.
se souvenir	Je me souviens qu'il **a** un violon.	Te souviens-tu qu'il **ait eu** un violon ?

Verbes de déclaration

	À l'affirmatif (+ indicatif)	**Au négatif ou à l'interrogatif** (+ subjonctif *ou* indicatif, *selon l'attitude*)
dire, affirmer, déclarer	Je dis que tu **es** fou de le penser.	Je ne dis pas que tu **es** fou de le penser.
nier (+ subj.)	Il nie que vous **ayez dit** ça.	Il ne nie pas que vous **ayez dit** ça. *ou* Il ne nie pas que vous **avez dit** ça.

REMARQUE

Dans le langage parlé on dit souvent : **Je ne crois pas que... Je ne pense pas que...** Comme ces mots *expriment une opinion*, ils sont généralement suivis du *subjonctif.*

Ex. Je ne crois pas que l'auteur **ait voulu** dire cela.

Application immédiate

Mettez le verbe principal à la forme négative. Employez le subjonctif ou l'indicatif et expliquez oralement le sens de la phrase dans chaque cas.

1. Il croit que vous êtes malade.

2. Nous pensons qu'il pourra se débrouiller tout seul.

réponses p. 166

C. Après certaines conjonctions

On emploie le subjonctif après les conjonctions :

* *de but ;*
  pour que, afin que, de peur que (+ ne), de crainte que (+ ne), de manière que, de façon à ce que, de sorte que

  Ex. Il fait tout **pour qu**'elle **soit heureuse**.

- *de restriction ;*
  à moins que (+ ne), sans que

  Ex. Nous allons partir, **à moins qu**'il **n'arrive** tout de suite.

- *de condition ;*
  à condition que, à supposer que, pourvu que

  Ex. Vous y arriverez **pourvu que** vous **travailliez**.

- *de temps ;*
  avant que (+ ne), jusqu'à ce que, en attendant que

  Ex. Je poserai la question **jusqu'à ce que** vous **répondiez**.

  Note : **après que** est suivi de *l'indicatif* puisque *le fait est accompli*.

  Ex. Il a plu après que vous **êtes parti**.

- *de concession.*
  bien que, quoique, malgré que, soit que... soit que...

  Ex. Quoiqu'il **ait fait** de son mieux, il n'a pas réussi.

  Pour une liste de conjonctions suivies de *l'indicatif,* voir la leçon 17, p. 396.

Application immédiate

Complétez avec la conjonction nécessaire d'après le sens.

1. _____ je sois content, il faudrait qu'il fasse beau.

2. Je n'en ai pas parlé _____ il ne me gronde.

3. Vous n'êtes pas passé me voir _____ je vous l'aie demandé.

4. Mettez-le dans ma boîte _____ ça ne vous dérange.

5. Elle veut bien s'en occuper _____ vous lui laissiez une marge de manœuvre.

réponses p. 166

REMARQUES

— **Jusqu'à ce que, avant que** (« until »)

Le mot anglais « until » se traduit par **jusqu'à ce que**, *excepté* s'il a le sens de « before » *dans une phrase négative* ; dans ce cas il se traduit alors par **avant que**.

Ex. Je resterai ici **jusqu'à ce que** tu arrives.

mais : Je **ne** prendrai **pas** de décision **avant que** nous en ayons parlé.

Application immédiate

Complétez ces phrases avec **jusqu'à ce que** ou **avant que** selon le contexte.

1. Restez ici _____ je revienne.

2. Ne commencez pas _____ je vous fasse signe.

3. Il ne reviendra pas _____ on le lui dise.

4. Je ne veux pas rester ici _____ il fasse nuit.

réponses p. 166

— **Il faut que** est plus simple à employer et plus courant que **il est nécessaire que**.

Ex. Aujourd'hui, **il faut que** j'étudie quelques pages de mon manuel de psychologie ; **il faut** aussi **que** j'aille à la bibliothèque.

— **Bien que, quoique** (« even though », « although »)

Les expressions anglaises « even though » et « although » se traduisent généralement par **bien que** ou **quoique**.

Ex. Je vais t'emmener au cinéma **bien que** tu n'aies pas été gentil.

D. Propositions relatives

1. *Le subjonctif dans la proposition relative* indique que le fait exprimé n'est *pas certain*, mais qu'il est *souhaité*. L'attitude est subjective.

Ex. Je cherche une église qui **soit** près de chez moi.
(Je souhaite qu'il y ait une église près de chez moi ; alors je cherche s'il y en a une.)

L'indicatif dans la proposition relative indique que le fait exprimé est *une réalité*.

Ex. Je cherche une église qui **est** près de chez moi.
(Il y a une église près de chez moi ; je la cherche.)

2. Quand *l'antécédent* du pronom relatif est *un superlatif* ou un des mots superlatifs **le premier, le seul, le dernier, il n'y a que**, le *subjonctif* est aussi employé pour exprimer une attitude subjective.

Ex. C'est **la plus belle** bicyclette qu'on **puisse** acheter.
(On ne peut en imaginer une plus belle.)

mais : C'est **la plus belle** bicyclette qu'on **peut** acheter.
(C'est la plus belle qui est disponible en ce moment.)

E. Éviter le subjonctif

Il est parfois souhaitable d'éviter le subjonctif pour simplifier une phrase. On évite le subjonctif de plusieurs façons.

— On utilise **un participe présent** à la place d'une subordonnée relative.

Ex. Je cherche une machine **qui puisse** faire ce travail.
Je cherche une machine **pouvant** faire ce travail.

— On remplace le verbe au subjonctif par un nom, quand un nom existe.

Ex. Nous partirons **avant qu'il n'arrive**.
Nous partirons **avant son arrivée**.

— On utilise **une autre proposition** qui a presque le même sens et qui n'exige pas le subjonctif.

Ex. J'irai vous voir **à moins qu'il ne pleuve**.
J'irai vous voir **s'il ne pleut pas**.

Application immédiate

Remplacez les verbes au subjonctif par un participe présent, un nom ou une autre proposition.

> **Ex.** J'ai hâte <u>qu'il parte</u>. → de le voir partir.

1. Nous souhaitons <u>que tu viennes</u> avec nous.
2. Elle aimerait un logiciel <u>qui puisse</u> faire du graphisme.
3. Tu y parviendras pourvu <u>que tu fasses</u> un effort.

réponses p. 166

F.   Emplois distincts du présent et du passé

On emploie **le présent du subjonctif** quand l'action du verbe subordonné est **simultanée** ou **postérieure** à celle du verbe principal.

On emploie **le passé du subjonctif** quand l'action du verbe subordonné est **antérieure** à celle du verbe principal.

Le temps du verbe principal (présent, futur, passé, composé, imparfait, conditionnel) n'importe pas — *seule la chronologie des actions importe* (voir le tableau ci-dessous).

Emploi du présent et du passé du subjonctif

Verbe principal	Verbe subordonné au subjonctif	
	Action **simultanée** ou **postérieure** à l'action principale	Action **antérieure** à l'action principale
présent futur passé composé imparfait conditionnel	↓ Présent du subjonctif	↓ Passé du subjonctif

— Action *simultanée ou postérieure à l'action principale* → *présent du subjonctif.*

> **Ex.** Je **veux** que tu **saches** l'histoire.
> Tu **as insisté** pour qu'elle **réponde.**
> Vous **proposerez** qu'elle **vienne.**
> Le professeur **voudrait** que vous **réfléchissiez** davantage.

— Action *antérieure à l'action principale* → *passé du subjonctif.*

> **Ex.** Je **doute** qu'ils **aient compris** la leçon.
> Il **regrettera** que vous ne **soyez** pas **venue.**
> Il **niait** que vous **soyez allé** avec lui.

Application immédiate

Complétez avec le présent ou le passé du subjonctif.

1. Il faudrait que vous _____ (apprendre) à épeler correctement.

2. Je suis content que vous _____ (apprécier) ma plaisanterie tout à l'heure.

3. Penses-tu qu'il y _____ (avoir) un risque important ?

4. Il est dommage que tu _____ (être) obligé de travailler hier soir.

5. Il faudrait que je _____ (se dépêcher) de l'envoyer pour qu'elle _____ (recevoir) cette lettre rapidement.

6. Il regrette que personne _____ (pouvoir) participer à la dernière discussion.

réponses p. 166

III. La proposition infinitive

A. Une proposition infinitive *remplace une proposition subordonnée complétive* à l'indicatif ou au subjonctif, introduite par **que**, quand *le sujet* du verbe subordonné est *le même* que celui du verbe principal.

On emploie l'infinitif, avec **à** ou **de** ou bien *sans préposition*, d'après la construction du verbe principal (voir p. 446–447).

L'infinitif *présent* remplace *les temps simples* des verbes subordonnés.

L'infinitif *passé* remplace *les temps composés* des verbes subordonnés.

Notez le changement de sens.

> **Ex.** **Il** prétend que **vous** mentez. (deux sujets différents)
> **Il** prétend **mentir**. (le même sujet ; donc proposition infinitive)
> **Il** regrette que **vous** ayez mal compris. (deux sujets différents)
> **Il** regrette **d'avoir** mal **compris**. (le même sujet ; donc proposition infinitive)

Application immédiate

Faites une seule phrase avec les deux propositions selon qu'ils exigent **à** ou **de**.

> **Ex.** Nous avons hâte/nous sommes en vacances.
> → Nous avons hâte d'être en vacances.

1. Je tiens/je pars tôt.

2. Les voyageurs espèrent/ils n'auront pas trop chaud pendant le voyage.

3. Il regrette/il a dit un mensonge.

4. Ma camarade de chambre a décidé/elle mettra ses affaires en ordre.

réponses p. 167

B. Dans le cas d'une *proposition subordonnée introduite par une conjonction*, on remplace la conjonction par *la préposition correspondante*, suivie de *l'infinitif.*

Conjonctions et prépositions correspondantes

Conjonctions (+ subjonctif)	**Prépositions** (+ infinitif)
pour que	pour
afin que	afin de
de peur que (+ ne)	de peur de
de crainte que (+ ne)	de crainte de
bien que, quoique	
malgré que	
jusqu'à ce que, en attendant que	jusqu'à, en attendant de
(*but*) { de façon que, de manière que	de façon à, de manière à
{ de sorte que, en sorte que	en sorte de
à moins que (+ ne)	à moins de
sans que	sans
à condition que, pourvu que	à condition de
avant que (+ ne *facultatif*)	avant de

Ex. Je vous appellerai **avant que vous** ne partiez. (deux sujets différents)
Je vous appellerai **avant de** partir. (le même sujet)

Quand une conjonction n'a pas de préposition correspondante (comme **bien que, quoique**), on garde la conjonction avec le subjonctif et on répète le sujet.

Ex. Tu veux sortir bien que **tu** aies mal à la tête.
Quoiqu'**elle** aime la ville, **elle** vit à la campagne.

Application immédiate

Utilisez dans la proposition subordonnée au subjonctif le même sujet que celui de la proposition principale. Effectuez les changements nécessaires pour en faire une proposition infinitive. Remarquez le changement de sens.

Ex. J'irai faire des courses **à moins que** tu n'aies la fièvre.
→ J'irai faire des courses **à moins d**'avoir la fièvre.

1. J'ai fait ça de peur qu'ils ne se trompent. _____

2. Nous parlerons français avant qu'ils finissent l'école d'immersion. _____

3. J'ai écrit cette lettre pour que tu puisses expliquer la situation. _____

4. Je veux bien y aller à condition que nous ne restions pas tard. _____

réponses p. 167

Exercices

Exercice I (oral)

Donnez le subjonctif présent des verbes aux personnes indiquées.

1. travailler	que je	que nous ....
2. mener	qu'il	qu'ils ....
3. appeler	que tu	que nous ....
4. jeter	qu'elle	que vous ....
5. rougir	qu'il	que nous ....
6. attendre	que j'	que vous ....
7. venir	qu'il	
8. faire	que je	
9. être	que tu	
10. pouvoir	qu'elle	
11. savoir	que nous	

12. avoir   qu'il ....
13. rire   que vous ....
14. décevoir   qu'on ....
15. aller   que tu ....
16. répondre   qu'ils ....
17. répéter   que je ....
18. vouloir   que nous ....
19. courir   que je ....
20. haïr   qu'elle ....

Exercice II (oral)

Donnez le subjonctif passé des verbes aux personnes indiquées.

1. mettre   que vous ....
2. s'asseoir   que tu ....
3. sortir   qu'elle ....
4. s'apercevoir que nous ....
5. répondre   qu'il ....
6. revenir   qu'ils ....

Exercice III (oral)

Remplacez la proposition subordonnée complétive par un nom.

Ex. Nous voulons qu'il meure. → Nous voulons sa mort.

1. Il a attendu que nous partions.
2. Je ne veux pas qu'on me punisse.
3. Elle déteste qu'il mente.
4. Ils exigent qu'on te capture immédiatement.
5. Je ne m'attendais pas à ce que vous arriviez si rapidement.

Exercice IV (oral)

Substituez les mots donnés aux mots soulignés dans la phrase et faites les changements nécessaires selon le cas: subjonctif, indicatif, ou infinitif dans la subordonnée.

Ex. Il demande que vous veniez.   Il convient. → Il convient que vous veniez.

1. Il faut que vous sachiez cela.
   a. Nous doutons
   b. Je veux
   c. Il espère
   d. Vous désirez

2. Elle souhaite que tu lui écrives.
   a. Elle s'oppose à
   b. Ce n'est pas la peine
   c. Il est improbable
   d. Tu veux

3. <u>Je préfère</u> que vous partiez.
   a. Il est regrettable
   b. Il interdit
   c. Il est temps
   d. Vous voulez bien

6. <u>J'autorise</u> qu'on le bannisse.
   a. Il s'attend à
   b. Il suffit
   c. J'attends
   d. Il est primordial

4. <u>Il est bon</u> que tu fasses tes comptes.
   a. J'aimerais mieux
   b. Nous recommandons
   c. Il tient à
   d. Je suis content

7. <u>Je ne pense pas</u> qu'il ait fini son travail.
   a. Il semble
   b. Nous sommes surpris
   c. Il importe
   d. Il est important

5. <u>Il est possible</u> qu'elle soit malade.
   a. Il se peut
   b. Il est peu probable
   c. Elle craint
   d. Il est dommage

8. <u>Je suis étonné</u> qu'il ne soit pas arrivé.
   a. Il me semble
   b. Il est possible
   c. Nous pensons
   d. Nous sommes sûrs

Exercice V (oral)

Complétez la phrase avec une proposition subordonnée au subjonctif ou à l'indicatif, selon le mode nécessaire.

Ex. Ils sont contents que...
   → Ils sont contents que **leur fils ait obtenu une bourse pour continuer ses études**.

1. Le professeur n'est pas certain que...
2. J'espère que...
3. Il paraît que...
4. Il aurait fallu que...
5. Je ne crois pas que...
6. Il a interdit que...
7. Je voudrais bien que...
8. Il se peut que......
9. Il me semble que......
10. Pour avoir sa permission, il suffit que...
11. Nous sommes heureux que...
12. Il est probable que...

Exercice VI (oral)

Liez les deux phrases en employant la conjonction ou la préposition, selon le cas.

Ex. Venez. Je pourrai vous parler. (afin que, afin de)
   → Venez **afin que** je puisse vous parler.

1. J'ai fini mon travail. Je suis allé au cinéma. (avant que, avant de)
2. Il faut travailler assidûment. Les résultats seront bons. (pour que, pour)
3. Elle est partie. Elle n'a pas fait de bruit. (sans que, sans)
4. Nous ferons du ski. La neige sera bonne. (à condition que, à condition de)

Exercice VII (oral)

Trouvez la conjonction de subordination (+ subjonctif ou indicatif) qui permet de lier les deux phrases. Modifiez la structure de la subordonnée au besoin.

> **Ex.** Je vais vous attendre; et puis vous arriverez.
> → Je vais vous attendre **jusqu'à ce que** vous arriviez.

1. Il est parti; et après Jean est arrivé.
2. Nous nous sommes mis en route; pourtant il faisait mauvais.
3. Tu m'as tout dit; maintenant je sais la vérité.
4. Le travail sera fait ce soir; excepté s'il a été malade.
5. Je passe souvent dans le couloir; mais il ne s'en aperçoit pas.

Exercice VIII (oral)

Complétez les phrases suivantes avec le subjonctif présent ou passé du verbe entre parenthèses, selon le sens.

1. La notaire a demandé que je .... (aller) la voir à son étude.
2. Quel dommage que vous .... (ne pas pouvoir) vous sortir de cette situation à temps.
3. Il est important que vous .... (arrêter) d'intervenir.
4. Je regrette que tout .... (se passer mal); nous avions tellement d'espoir.
5. Vous voulez qu'on .... (faire) une promenade ensemble?
6. Nous sommes heureux que vous .... (recevoir enfin) de leurs nouvelles.

Exercice IX (oral)

Finissez les phrases suivantes en employant le subjonctif.

1. Je ne crois pas que...
2. Nous ne sommes pas sûrs que...
3. Il nie que...
4. Ils ne se souviennent pas que...

Exercice X (écrit)

Écrivez une phrase avec le subjonctif employé comme impératif et une autre où il est employé pour exprimer un souhait.

> **Ex.** Qu'elle dise tout de suite ce qu'elle a à dire.
> Que vos désirs soient exaucés!

Exercice XI (écrit)

Liez les deux phrases. Faut-il le subjonctif ou l'infinitif dans la proposition subordonnée ?

Ex. Je partirai bientôt./Il le faut. → Il faut que je parte bientôt.

1. Ils ont oublié de venir./Ils le regrettent.
2. Je sors avec lui./Il le veut.
3. Nous irons au parc./Nous en sommes contents.
4. Est-ce absolument nécessaire ?/Je ne le pense pas.
5. Je vous appellerai./Attendez.
6. Vous avez perdu vos clés./C'est dommage.

Exercice XII (écrit)

Faites une phrase avec chacune des conjonctions suivantes :

1. pourvu que
2. avant que (dans le sens de « until »)
3. quoique (« even though »)
4. de peur que

Exercice XIII (écrit)

Écrivez une phrase pour chacun des emplois suivants :

1. Un subjonctif présent (employé à la place d'un futur) ;

   Ex. Il attendra. Il sera trop tard.
   → Il attendra qu'il soit trop tard.

2. Un subjonctif présent (action simultanée ou postérieure) ;

   Ex. Je voudrais que vous veniez avec nous.

3. Un subjonctif passé (action antérieure).

   Ex. Nous regrettons que vous ayez perdu le match de tennis.

Exercice XIV (écrit)

Complétez les propositions relatives suivantes avec le subjonctif ou l'indicatif, selon le sens.

1. Je cherche quelqu'un qui me _____ (comprendre).
2. Je n'ai trouvé personne qui _____ (vouloir) venir avec moi.
3. J'ai trouvé quelqu'un qui _____ (savoir) le faire.
4. Il y a quelque chose que je _____ (pouvoir) faire pour toi : te mener à l'hôpital.
5. Je ne vois rien qui _____ (être) comparable à cela.
6. C'est l'appartement le plus agréable que je _____ (trouver).

Exercice XV (écrit)

Finissez les phrases suivantes avec une proposition subordonnée au subjonctif expliquant la circonstance ou le souhait en question.

> **Ex.** Mes notes ne sont pas très bonnes ce trimestre ; <u>je m'attendais à ce qu'elles soient meilleures. Pourvu que je puisse faire des progrès !</u>

1. Je ne suis jamais satisfait(e) ; _____ .
2. Le pêcheur n'a pris aucun poisson _____ .
3. Le voleur a réussi à s'évader de la prison _____ .
4. Il pleut à torrents et elle n'a pas pris son parapluie ; _____ .
5. J'espère que vous allez m'attendre ; _____ .
6. Vous avez fait exprès de crier _____ .

Exercice XVI (écrit)

Vous avez peur de ne pas réussir un projet. Expliquez en quelques lignes quel est ce projet et la raison de vos craintes. Employez beaucoup de subjonctifs et les verbes **craindre, avoir peur, espérer, souhaiter,** *etc.*

Exercice XVII (écrit)

Vous rêvez de votre avenir. Décrivez votre rêve en employant **je veux (je voudrais bien) que..., je désire que..., je souhaite que...,** *etc.*

Réponses aux applications immédiates

I. Formes

p. 148
1. donne
2. réfléchisses
3. vendions
4. se rappellent
5. compreniez
6. croie
7. craigne
8. sachent

p. 149
1. aie étudié
2. soit allé
3. ait reçu
4. vous soyez rendu compte

II. Emplois

p. 151
1. Il faut que nous partions.
   Vous voulez que nous partions.
   Il craint que nous ne partions.
   Tu attends que nous partions.

2. Je souhaite que vous alliez...
    Il est nécessaire que vous alliez...
    Il est bon que vous alliez...
    Il semble que vous alliez...
    Il tient à ce que vous alliez...
3. Nous désirons qu'elle fasse la sieste.
    Il est improbable qu'elle fasse la sieste.
    Je doute qu'elle fasse la sieste.
    Il s'oppose à ce qu'elle fasse la sieste.
4. Il ne faut pas que je craigne l'orage.
    Il est dommage que je craigne l'orage.
    Il est dommage que je craigne l'orage.
    Vous doutez que je craigne l'orage.
    Tu t'étonnes que je craigne l'orage.

p. 153 1. Il ne croit pas que vous êtes malade.
    (*Indic.* : Vous êtes malade, mais il ne le croit pas.)
    Il ne croit pas que vous soyez malade.
    (*Subj.* : À son avis, vous n'êtes pas malade.)
2. Nous ne pensons pas qu'il pourra se débrouiller tout seul.
    (*Indic.* : réalité du fait.)
    Nous ne pensons pas qu'il puisse se débrouiller tout seul.
    (*Subj.* : doute sur le fait.)

p. 154 1. Pour que (Afin que)
2. de peur qu' (de crainte qu')
3. bien que (quoique)
4. à moins que
5. à condition que (pourvu que)

p. 155 1. jusqu'à ce que
2. avant que
3. avant qu'
4. jusqu'à ce qu'

p. 157 1. ta venue
2. pouvant
3. si tu fais

p. 158 1. appreniez
2. ayez apprécié
3. ait
4. aies été
5. me dépêche, reçoive
6. n'ait pu

III. La proposition infinitive

p. 159 1. Je tiens à partir tôt.

        2. Les voyageurs espèrent ne pas avoir trop chaud pendant le voyage.

        3. Il regrette d'avoir dit un mensonge.

        4. Ma camarade de chambre a décidé de mettre ses affaires en ordre.

p. 160 1. J'ai fait ça de peur de me tromper.

        2. Nous parlerons français avant de finir l'école d'immersion.

        3. J'ai écrit cette lettre pour pouvoir expliquer la situation.

        4. Je veux bien y aller à la condition de ne pas rester tard.

• L'ADVERBE
• LE COMPARA-TIF ET LE SUPERLATIF

I. L'adverbe

A. Rôle

Un adverbe est un mot invariable dont la fonction est de *modifier le sens* du *verbe*, de l'*adjectif* ou de l'*autre adverbe* auquel il est joint.

> **Ex.** Le professeur <u>parle</u> **lentement**. (modifie le verbe **parle**)
> Il est **très** <u>gentil</u>. (modifie l'adjectif **gentil**)
> Il n'est **pas** <u>souvent</u> en retard. (modifie l'adverbe **souvent**)

Un adverbe peut aussi modifier *une préposition*.

> **Ex.** Le mot se place **immédiatement** <u>après</u> le verbe.

B. Catégories

On distingue les adverbes :

- *de manière* : **bien, mal, ensemble, constamment, convenablement, aisément**, etc.

- *de temps* : **aujourd'hui, tôt, longtemps, quelquefois, souvent, toujours**, etc.

- *de lieu* : **devant, derrière, où, près, loin, dehors, ici, là**, etc.

- *de quantité* : **beaucoup, trop, aussi, assez, tout, très, moins**, etc.

- *d'affirmation* et *de doute* : **oui, si, naturellement, probablement, peut-être**, etc.

- *de négation et d'interrogation* (voir leçons 8 et 10).

- *des locutions adverbiales* : **en attendant, petit à petit, à la longue, à peu près, à propos, en même temps, quelque part, par hasard, bien sûr, tout de suite, sans doute, à moitié**, etc.

Note

Un adverbe de quantité n'est pas suivi de **de** quand il modifie un verbe.

  Ex. **J'aime beaucoup** les langues.

REMARQUE

À la place d'un adverbe, on peut aussi employer des expressions comme : **d'un air content, d'un ton méchant, d'une façon bizarre, d'une manière spéciale,** ou **avec joie, avec résolution, sans pitié,** etc.

C. Formation

1. Les adverbes de manière

  a. Ils se forment en ajoutant **ment** au féminin de l'adjectif.

    Ex. heureux, heureuse → **heureusement**
          vif, vive → **vivement**
          naturel, naturelle → **naturellement**
          facile, facile → **facilement**
          fou, folle → **follement**
          premier, première → **premièrement**

  b. Quelquefois le **e** du féminin change en **é**.

    Ex. profond, profonde → **profondément**
          aveugle, aveugle → **aveuglément**
          précis, précise → **précisément**
          énorme, énorme → **énormément**

  c. On ajoute **ment** au masculin d'un adjectif qui se termine par les voyelles **ai, é, i, u**. (Le **e** du féminin a disparu de l'orthographe du mot au XVIIe siècle.)

    Ex. vrai → **vraiment**
          résolu → **résolument**
          aisé → **aisément**
          Exception : gai → **gaiement**

Application immédiate

Écrivez les adverbes formés sur les adjectifs suivants.

1. rare _____
2. entier _____
3. frais _____
4. réel _____
5. relatif _____

6. poli _____
7. profond _____
8. chaleureux _____
9. léger _____
10. mou _____

réponses p. 189

---

   d. La terminaison **ant** d'un adjectif se change en **amment** et **ent** en **emment**. (Les deux terminaisons se prononcent [amã].)

      Ex. savant → **savamment**
            prudent → **prudemment**

      Exception: lent, lente → **lentement** (formation régulière)

Application immédiate

Écrivez les adverbes formés sur les adjectifs suivants et prononcez-les.

1. constant
2. méchant

3. évident
4. récent

réponses p. 189

---

   e. Certains adverbes se forment *irrégulièrement*.

      Ex. gentil → **gentiment**   bref → **brièvement**

 2. D'autres adverbes sont *vaguement reliés à des adjectifs*.

      Ex. bon → **bien**   meilleur → **mieux**   mauvais → **mal**   petit → **peu**

 3. Beaucoup d'autres adverbes ne sont pas formés à partir d'adjectifs.

      Ex. ainsi, maintenant, tard, loin, d'abord, ensuite

D. Place

1. Un adverbe qui modifie *un adjectif* ou *un autre adverbe précède* ce mot.

> **Ex.** Vous êtes **mal** habillée. (*devant un adjectif*)
> Il va **probablement** mieux. (*devant un adverbe*)

2. Un adverbe qui modifie *un verbe conjugué ne se trouve jamais devant* ce verbe.

> **a.** S'il modifie un verbe à *temps simple, il suit* le verbe.
>
> > **Ex.** Je le crois **généralement**.
> > Parlez-moi **franchement**.
> > Il n'était **jamais** à l'heure.
>
> **b.** S'il modifie un verbe à *temps composé*, l'adverbe se place *entre l'auxiliaire et le participe passé* quand il est *court* ou *commun*:
>
> > **Ex.** Vous avez **mal** jugé la situation.
> > J'ai **presque** fini.
> > Vous avez **déjà** pris votre décision?
>
> **c.** Si l'adverbe est *long* (comme beaucoup d'adverbes en **ment**) et *non commun*, on le place *après le participe passé*;
>
> > **Ex.** Il vous a parlé **gentiment**.
> > Elle a agi **généreusement**.
>
> mais le rythme de la phrase importe aussi pour la place de l'adverbe.

3. Les adverbes *de temps* et *de lieu* se placent *au commencement* ou *à la fin de la phrase* s'ils portent sur *l'ensemble de l'énoncé*, ou *après le participe passé* s'ils portent *seulement sur le verbe*.

> **Ex. Aujourd'hui**, j'ai des courses à faire.
> Je l'ai rencontré **là-bas**.
> Je n'ai pas fait grand-chose **hier**.
> Tu t'es levé **tard** ce matin.

4. On place des adverbes au commencement ou à la fin de la phrase *pour les mettre en relief.*

> **Ex. Très lentement** il a levé sa canne pour montrer quelque chose au loin.

5. L'adverbe se place habituellement *après l'infinitif.* L'adverbe **bien** se place avant l'infinitif.

> **Ex.** Je vous demande de parler **souvent** et de **bien** écouter aussi.

Application immédiate

Placez l'adverbe dans la phrase donnée.

1. Je pars. (immédiatement) _____

2. Il lui a répondu. (insolemment) _____

3. Vous avez compris. (bien) _____

4. Ils sont venus me voir. (avant-hier) _____

5. Vous essayez de faire. (trop) _____

6. Tu es fort. (extrêmement) _____

7. Nous avons parlé de vous. (souvent) _____

8. Tu parles français couramment. (très) _____

réponses p. 189

---

6. Certains adverbes placés au début de la phrase peuvent être suivis de *l'inversion du verbe et du pronom sujet*: **peut-être, aussi, à peine, donc, c'est pourquoi, sans doute, encore** (voir E, ci-dessous, et leçon 11, p. 259).

7. Certains adjectifs sont employés adverbialement: parler **fort**, chanter **faux**, coûter **cher**, etc. (voir leçon 2, p. 48).

E. Adverbes utiles

1. à la longue («in the long run»)

    Ex. À la longue, on s'en fatigue.

2. à plusieurs reprises = plusieurs fois

    Ex. Je l'ai vu **à plusieurs reprises**.

3. alors introduit une conclusion et traduit «so»

    Ex. J'avais nagé tout l'après-midi; **alors** j'étais fatigué.

4. auparavant = avant

    Ex. Je vais lui donner ceci, mais je voudrais vous en parler **auparavant**.

5. aussi se place après le verbe qu'il modifie comme les autres adverbes

    Ex. J'ai besoin de mon livre et j'ai **aussi** besoin d'un stylo.

— Si **aussi** modifie le sujet, il se place après le sujet :

    Ex. Robert **aussi** est parti.

6. **autrement** = d'une autre façon *ou* sinon (« otherwise »)

    Ex. Si vous n'y arrivez pas de cette façon, faites-le **autrement**. (d'une autre façon)
    Aidez-moi, **autrement** je ne pourrai pas y arriver. (sinon)

7. **beaucoup plus, beaucoup moins** + *adjectif*

    On peut employer **bien plus** ou **bien moins** au lieu de **beaucoup plus** ou **beaucoup moins** devant un adjectif. On emploie **bien** devant **meilleur** (au lieu de **beaucoup plus**).

    Ex. Tu es **beaucoup plus grande** qu'elle.
      ou : Tu es **bien plus grande** qu'elle.

8. **bien** + *adjectif* = tout à fait, très

    Ex. Tu es **bien** gentille.

    — **être bien** = **être à l'aise, être mieux** :

    Ex. Mettez-vous là, vous **serez bien**.

9. **comme il faut** = bien, convenablement

    Ex. Allons ! Faites ça **comme il faut**.

10. **doucement** peut signifier **lentement**

    Ex. Allez plus **doucement** ; il y a une limite de vitesse sur cette route.

11. **en même temps** = ensemble, à la fois, au même moment
    en ce moment = maintenant

12. **fort** bien = **très** bien (voir aussi leçon 2, p. 48, 6b)

13. L'emplacement de **même** (« even ») varie selon qu'il modifie un verbe, un adjectif, un adverbe, un nom ou un pronom.

    Ex. Même malade, elle pense encore aux autres. (adjectif)
    Il a été impoli et il a **même** refusé de répondre. (verbe)
    Il n'est **même** pas allé jusqu'au bout. (adverbe)
    Même sa mère ne le comprend pas. (nom ou un pronom)

14. **par moments** (« at times »)

    Ex. Par moments, il est très découragé.

15. **peut-être** a trois positions possibles (voir aussi leçon 11, p. 260); s'il commence la phrase, notez l'addition de **que**

> **Ex. Peut-être** es-tu fatigué.
> **Peut-être que** tu es fatigué.
> Tu es **peut-être** fatigué.

16. **plutôt** = de préférence; **plus tôt** (deux mots) ≠ plus tard

> **Ex.** Marie aime les textes informatifs; moi je lis **plutôt** des romans.
> Il ne reste plus de dessert; il fallait arriver **plus tôt**.

17. **seul** est variable quand il marque *l'exclusivité*

> **Ex. Seules** vos sœurs sont venues me rendre visite.
> **Seuls** les chiens s'y attaqueraient.

> *mais:* **Seul** une abondance de pluie pourrait aider les fermiers. (sens de **seulement**)

18. **si, tant, tellement**

> **Si** s'emploie avec *un adjectif ou un adverbe*. **Tant** s'emploie avec *un verbe*. **Tellement** s'emploie *dans tous les cas.*

> **Ex.** Je suis **si** content de vous voir. (adjectif)
> *ou* Je suis **tellement** content de vous voir.
> Vous travaillez **si** bien. (adverbe)
> *ou* Vous travaillez **tellement** bien.
> Il a **tant** travaillé. (verbe)
> *ou* Il a **tellement** travaillé.

19. **si oui** (deux mots); **sinon** (un mot)

20. **souvent** = fréquemment, bien des fois (« many times »)

> **Ex.** Vous êtes **souvent** en retard.

21. **surtout** = principalement (traduisez « more importantly » par **surtout** quand c'est un adverbe)

> **Ex.** Il faut être naturel avec lui et **surtout** ne pas l'irriter.

22. **tôt** = de bonne heure; **très tôt** = de très bonne heure

23. **tout** = entièrement, complètement

> **Ex.** Il est **tout** petit.

Tout est *invariable* si on l'emploie *adverbialement*, excepté devant un adjectif féminin singulier **(toute)** ou féminin pluriel **(toutes)** qui commence par une consonne ou un **h** aspiré, pour des raisons d'euphonie.

Ex. **Toute** captivante qu'elle soit, la musique classique n'est pas populaire auprès des adolescents.

mais : **Tout** intéressante qu'elle soit, la musique classique n'est pas populaire auprès des adolescents.

Les pensées, les émotions **toutes** nues sont aussi faibles que les hommes **tout** nus. —*Valéry*

24. **vite** (= rapidement) est un adverbe ; **rapide** est l'adjectif correspondant

Ex. Partez **vite**.
Il n'est pas plus **rapide** que moi.

25. **volontiers** = avec plaisir, de bon gré

Ex. Voulez-vous me rendre service ? — **Volontiers**.

Exercices

Exercice I (oral)

Dites si chacun des mots soulignés est un adverbe, un adjectif, une préposition ou une conjonction.

1. Allez-y <u>avant</u> moi. J'irai <u>après</u>.
2. Si je le savais <u>si bien</u>, je n'aurais pas besoin de le relire.
3. Elle s'est présentée <u>devant</u> la classe ; elle était <u>fort</u> <u>courageuse</u>.
4. Faites-le <u>avant</u> qu'il ne vous le demande.
5. Parlez <u>plus</u> <u>fort</u>. On ne vous entend pas.
6. Ce mur est <u>très</u> <u>haut</u>.

Exercice II (oral)

Pour chaque phrase, dites à quelle catégorie (adjectif, verbe, adverbe, etc.) appartient le mot modifié par l'adverbe souligné.

1. On pensait qu'il était malade parce qu'il était <u>tout</u> pâle.
2. Ces muffins sentent <u>si</u> bon !
3. Il raconte <u>toujours</u> des histoires incroyables.
4. Vous n'êtes <u>même</u> pas allés jusqu'en haut ?
5. Elle est arrivé <u>bien</u> avant moi.
6. J'ai <u>trop</u> peu de temps pour y penser.

Exercice III (oral)

Placez l'adverbe (ou les adverbes) dans la phrase.

1. Vous lui avez donné du travail. (aussi)
2. N'oubliez pas de vérifier vos réponses. (bien)
3. Ils ont affirmé ça. (toujours)
4. Il parle trois langues. (couramment)
5. Tu es revenue de ton voyage. (hier)
6. C'est impossible. (malheureusement)
7. La vie était-elle plus facile? (autrefois)
8. Ils feront un voyage cet été. (probablement)
9. On vient de sortir. (juste)
10. La conférencière a parlé et elle est fatiguée. (beaucoup, très)

Exercice IV (oral)

Placez les adverbes soulignés au début de la phrase et faites les changements nécessaires.

1. Elle va <u>peut-être</u> subir une opération. (deux possibilités)
2. Vous avez <u>sans doute</u> reçu mon message.
3. Tu étais <u>à peine</u> parti <u>qu</u>'il a téléphoné.

Exercice V (oral)

Complétez les phrases avec un synonyme de l'adverbe donné.

1. Dites-moi ...... de quoi il s'agit. (rapidement)
2. Je suis .... inquiète de son état de santé. (très)
3. Ils sont arrivés .... (ensemble)
4. Je l'ai .... rencontré. (souvent)
5. Elle vous le préparera .... (de bon gré)
6. .... tu es méchant ! (Comme)
7. Venez .... à trois heures. (de préférence)
8. J'ai .... marché que j'ai mal aux pieds. (tellement)
9. Il l'avait déjà dit quelques jours .... (avant)
10. Êtes-vous .... plus heureux maintenant? (beaucoup)
11. Nous partirons .... demain matin. (tôt)
12. .... vous comprendrez que c'était pour le mieux. (avec le temps)
13. Il va un peu mieux physiquement; mais c'est .... son attitude mentale qui nous inquiète. (principalement)
14. .... elle est très indécise. (par intervalles)
15. Il faut montrer de la patience, ... ça va aller mal. (sinon)

Exercice VI (oral)

Complétez les phrases en traduisant les mots entre parenthèses.

1. Vous oublierez .... (« in the long run »)
2. Je le rencontrais .... quand il y travaillait. (« many times »)
3. Il est nécessaire d'avoir des loisirs, naturellement, mais il est .... d'avoir de bonnes notes. (« more important »)
4. Il s'ennuyait de sa famille ; il est .... retourné à la maison. (« so »)

Exercice VII (oral)

*Faites une phrase en employant l'adverbe **doucement** dans le sens de **lentement**.*

Exercice VIII (écrit)

Écrivez les adverbes de manière qui correspondent aux adjectifs suivants.

1. long
2. sot
3. patient
4. docile
5. absolu
6. particulier
7. faux
8. gentil
9. sec
10. élégant
11. naïf
12. lent
13. extrême
14. courageux
15. franc
16. net

Exercice IX (écrit)

Faites une phrase avec chacune des locutions adverbiales suivantes.

1. par hasard
2. pas mal de
3. autrement (dans le sens de **sinon**)
4. peut-être
5. beaucoup plus (+ *adjectif*)
6. en même temps
7. tout de suite
8. beaucoup de

Exercice X (écrit)

Pour chaque paire de mots, écrivez une phrase.

1. mauvais, mal
2. rapide, vite
3. bon, bien

Exercice XI (écrit)

Donnez l'adjectif à partir duquel l'adverbe est formé.

1. suffisamment
2. décemment
3. élégamment
4. apparemment
5. bruyamment
6. patiemment

Exercice XII (écrit)

*Substituez à l'adverbe de manière des mots équivalents comme **avec, sans, d'une façon, d'une manière, d'un air** ou **d'un ton**.*

Ex. soigneusement → avec soin

1. méchamment
2. brusquement
3. chaleureusement
4. bizarrement
5. aisément
6. impitoyablement

Exercice XIII (écrit)

Composez une phrase avec chacune des expressions suivantes pour montrer la différence de sens et de construction entre elles.

1. un peu de *(+ nom singulier)*
2. quelques *(+ nom pluriel)*
3. peu de *(+ nom singulier ou pluriel)*

Exercice XIV (écrit)

Faites une phrase en choisissant un des deux adverbes de temps.

1. autrefois, jadis
2. désormais, dorénavant

II. Le comparatif et le superlatif

A. Comparatif

Règles générales

Le comparatif est un groupe de mots *formé à partir d'un adverbe de quantité* (**plus, moins, aussi** ou **autant**) *et d'un adjectif, d'un nom ou d'un verbe.* L'adverbe de quantité marque alors *une intensité supérieure, égale ou inférieure.*

1. Adjectif et adverbe

a. Les comparatifs de l'adjectif et de l'adverbe se forment de la même façon :

supériorité : **plus** + *adjectif / adverbe* + **que** + *complément*
égalité : **aussi** + *adjectif / adverbe* + **que** + *complément*
infériorité : **moins** + *adjectif / adverbe* + **que** + *complément*

Notez que *l'adjectif s'accorde en nombre et en genre* avec le premier terme, alors que *l'adverbe est invariable.*

> **Ex.** Une montagne est **plus haute qu'une colline**.
> Ma voiture est **moins neuve que la tienne**.
> Ma nièce est **aussi grande que moi**.

Application immédiate

Complétez les comparaisons.

1. La confiture est _____ les fruits. (sucré)

2. Un âne est _____ un cheval. (rapide)

3. Une personne de trente ans n'est pas _____ une personne de quarante ans. (âgé)

réponses p. 189

b. Quelques adjectifs ont un comparatif de supériorité irrégulier.

bon → **meilleur**
mauvais → **plus mauvais** (*ou* **pire**)
petit → **plus petit** (*ou* **moindre**)

Les autres comparatifs de ces adjectifs sont réguliers :

infériorité : **moins bon**   **moins mauvais**   **moins petit**
égalité : **aussi bon**   **aussi mauvais**   **aussi petit**

c. Quelques adverbes ont un comparatif irrégulier.

beaucoup → **plus, davantage**
bien → **mieux**
mal → **plus mal, pis**
peu → **pire, moins**

REMARQUES

— **Plus mauvais** et **pire** peuvent s'employer de façon interchangeable, excepté dans le sens de «défectueux» où l'on emploie **plus mauvais**. On doit aussi utiliser **pire** devant un nom évoquant quelque chose de négatif.

> **Ex.** C'est un remède qui est **plus mauvais** (**pire**) que le mal.
> Sa vue est **plus mauvaise** qu'avant.
> Les difficultés sont **pires** qu'hier.

— **Plus petit** s'emploie dans un sens concret, et **moindre** dans un sens abstrait.

> **Ex.** Elle est **plus petite** que son frère.
> De deux maux, il faut choisir le **moindre**. (proverbe)

— **Davantage** = plus (employé surtout à la fin de la phrase.)

> **Ex.** Il est aussi intelligent que son frère, et même **davantage**.

— **Plus mal** est plus courant que **pis**.

— **Pis** est employé en littérature et dans certaines expressions : **de mal en pis** et **tant mieux, tant pis**.

> **Ex.** Ça va **de mal en pis**.
> Si je peux l'obtenir, **tant mieux** ! Sinon, **tant pis** !

2. Nom

supériorité :   **plus de**   +   *nom*   +   **que**   + *complément*
égalité :   **autant de**   +   *nom*   +   **que**   + *complément*
infériorité :   **moins de**   +   *nom*   +   **que**   + *complément*

> **Ex.** J'ai eu **plus de** chance **que** vous.
> Elle a **autant de** travail **que** Régine.
> Robert a **moins d'**amis **que** Marc.

3. Verbe

supériorité :   *verbe* + **plus que**   + *complément*
égalité :   *verbe* + **autant que**   + *complément*
infériorité :   *verbe* + **moins que**   + *complément*

> **Ex.** J'ai parlé **plus que** toi.
> J'ai parlé **autant que** toi.
> J'ai parlé **moins que** toi.

4. Règles particulières

a. Quand la comparaison *n'a pas de complément*, il n'y a pas de **que**.

Ex. Cette route est **plus** rapide.
Il y a **moins de** soleil maintenant.

b. *Après un nombre*, employez **de plus que**, **de moins que**.

Ex. J'ai trois dollars **de plus que** vous.
Je gagne mille dollars **de moins que** lui par an.

c. Quand il y a *une grande différence* entre les personnes ou les choses que l'on compare, on peut ajouter **bien, beaucoup, tellement, de loin, infiniment**. Notez que **beaucoup** ne s'emploie pas avec **meilleur**.

Ex. Odette est **bien plus** travailleuse qu'Hélène.
Vous avez **beaucoup moins d'**ennuis que votre ami.
Vous êtes **bien meilleur** que lui, **de loin**.
Elle est **tellement plus** douée que la gagnante !
Tu as **infiniment plus** de naturel qu'elle.

d. Les *comparatifs* **supérieur, inférieur, antérieur** et **postérieur** sont suivis de **à**.

Ex. Ce travail est infiniment **supérieur à** celui-ci.
Cette période de l'histoire est **antérieure à** celle-là.

REMARQUE

Les adjectifs dont le sens implique une comparaison (par exemple, **pareil, semblable, identique**) sont également suivis de **à**.

Ex. Ce logiciel est **semblable à** celui que j'ai trouvé hier.

Exception : **différent de**

---

e. On doit *répéter le comparatif devant chaque adjectif.*

Ex. Tu es **plus sérieux** et **plus modeste** que Pierre.

f. Quand la deuxième partie d'une comparaison d'inégalité (supériorité ou infériorité) est *une proposition*, il faut employer un **ne** explétif, **le**, ou **ne le** devant le verbe de cette proposition. Avec la comparaison d'égalité, on emploie seulement **le**. Notez qu'en français oral, **ne** et **le** sont souvent omis.

> **Ex.** Il est **plus** méchant que je **ne le** croyais.
>
> *ou* Il est **plus** méchant que je **ne** croyais.
>
> *ou* Il est **plus** méchant que je **le** croyais.
>
> *mais*: Il est **aussi** méchant que je **le** croyais.

g. Les comparatifs en corrélation servent à indiquer un rapport proportionnel ou inversement proportionnel.

> **Ex. Plus** vous mangerez, **plus** vous grossirez. (« The more… the more »)
>
> **Plus** on fait d'exercice, **mieux** on se porte. (« The more… the better »)
>
> **Moins** tu feras cela, **plus** tu seras respecté. (« The less… the more »)

B. Superlatif

Règles générales

Le superlatif sert à comparer plus de deux personnes, choses ou groupes et à marquer les différences extrêmes.

1. Adjectif

a. *supériorité*: **le/la/les plus** + *adjectif* + **de** + *complément*
infériorité: **le/la/les moins** + *adjectif* + **de** + *complément*

> **Ex.** Voilà **la plus** grande **de** la classe.
> Anne-Sophie est **la plus** belle petite fille **du** monde.
> **De** tous les sujets, c'est **le moins** intéressant.

REMARQUE

de **le** se contracte en **du**.

Application immédiate

Complétez avec une construction superlative en employant l'adjectif ou le nom indiqué.

1. S'il pleut ou s'il fait beau, c'est _____ mes soucis. (petit)

2. Les émissions de sport à la télévision sont _____ toutes pour ce jeune homme sportif. (intéressant)

3. Vous êtes la personne _____ groupe, car vous ne vous plaignez jamais. (patient)

4. La Chine est le pays qui a _____ . (habitant)

réponses p. 189

Le, **la** et **les** sont des articles définis qui s'accordent avec le nom modifié par l'adjectif.

b. Les *superlatifs de supériorité irréguliers* sont les *mêmes que les comparatifs irréguliers* correspondants mais *précédés de l'article défini*.

bon	→	**le meilleur**
mauvais	→	**le plus mauvais** (*ou* le **pire**)
petit	→	**le plus petit** (*ou* le **moindre**)

Les superlatifs d'infériorité de ces adjectifs sont réguliers comme pour les comparatifs : **le moins bon, le moins mauvais, le moins petit.**

2. Nom

supériorité : **le plus de*** + *nom* + **de** + *complément*
infériorité : **le moins de*** + *nom* + **de** + *complément*

Ex. C'est lui qui a eu **le plus de** points **de** toute l'équipe.
C'est ce trimestre-ci que j'ai **le moins de** travail.

REMARQUE

Si le superlatif *porte sur un nom et un adjectif,* il *précède* toujours *l'adjectif* (= adjectif *antéposé*). S'il porte sur un nom seulement, il le suit *(= adjectif postposé)*; il y a donc deux articles si l'adjectif est postposé.

Ex. C'est **la** plus belle pelouse du parc. *(adjectif antéposé)*
C'est **l'**étudiant **le** plus intelligent de la classe. *(adjectif postposé)*

---

3. Adverbe

a. *supériorité :* **le plus*** + adverbe + **de** + complément
infériorité : **le moins** + adverbe + **de** + complément

---

* **le** est invariable

> **Ex. Le plus** souvent, je reste chez moi pendant la fin de semaine.
> Il court **le moins** vite **de** tous.

b. Voici quelques adverbes dont le superlatif est irrégulier.

> beaucoup → **le plus**
> bien → **le mieux**
> mal → **le plus mal, le pire, le pis**
> peu → **le moins**

4. Règles particulières

a. Quand la comparaison *n'a pas de deuxième partie*, il n'y a *pas de* **de**.

> **Ex.** C'est toi **la plus** gentille.

b. Quand l'adjectif mis au superlatif est *précédé du déterminant possessif,* il n'y a *pas d'article.*

> **Ex.** J'ai mis **ma plus jolie** robe.

c. On doit répéter le superlatif *devant chaque adjectif.*

> **Ex.** C'est la fleur **la plus** grosse et **la plus** rouge du jardin.

d. Le *superlatif absolu* est exprimé avec **très**, **extrêmement**.

> **Ex.** Vous êtes **très** gentil et **extrêmement** indulgent !

C. Expressions utiles

1. D'autant plus... que exprime une proportion (« all the more ») ou une cause (surtout parce que).

> **Ex.** Je suis **d'autant plus** contente que vous soyez venu **que** j'avais besoin de vous parler.
> Je suis partie parce que j'étais fatiguée. D'autant plus qu'on prévoyait une tempête. (cause)

2. De plus en plus (« more and more ») et de moins en moins indiquent le progrès en bien ou en mal.

> **Ex.** Je suis **de plus en plus** convaincu qu'il fallait le lui dire.
> Elle entend **de moins en moins** bien.

3. De mieux en mieux et de mal en pis signifient que la situation s'améliore ou empire.

> **Ex.** Mes études vont **de mieux en mieux** et je crois même recevoir un prix d'excellence.
> Son état de santé évolue **de mal en pis**.

4. **Encore plus, encore moins, encore mieux** (« even more... less... better »).

> **Ex.** Quand on lui dit de ne pas se salir, il le fait **encore plus**.
> Vous avez peu de chance et j'en ai **encore moins**.

5. **Faire de son mieux** = faire tout son possible.

> **Ex.** Êtes-vous certain que vous **avez fait de votre mieux ?**

6. **Plus... plus..., moins... moins..., plus... mieux..., moins... plus...,** etc. (« The more, the more »).

> **Ex. Plus** vous mangerez, **plus** vous grossirez.

7. **Valoir mieux** = être préférable.

> **Ex.** Il **vaudrait mieux** partir maintenant.

Exercices

Exercice I (oral)

Faites des comparaisons avec les adjectifs entre parenthèses.

1. En juillet, les jours sont ..... les nuits. (long)
2. Le train est .... l'avion. (rapide)
3. Le chat est .... le chien. (gros)
4. La grammaire française est .... la grammaire anglaise. (difficile)
5. Le climat du Canada est .... celui du Mexique. (froid)
6. L'huile est .... l'eau. (inflammable)
7. Une tonne de fer est .... qu'une tonne de plume. (lourd)
8. La note A est .... un F. (bon)

Exercice II (oral)

*Faites des comparaisons avec les noms entre parenthèses en employant les expressions **plus de, moins de, autant de**.*

1. Il y a .... dans un cours de français que dans un cours de biologie. (travail)
2. Il y a .... en Floride qu'en Californie. (soleil)
3. On a .... le matin qu'à minuit. (courage)
4. Le travail donne .... que la télévision. (satisfaction)
5. La Chine a .... que la Belgique. (habitants)

Exercice III (oral)

Faites des comparaisons avec les adverbes entre parenthèses.

1. Une personne impatiente se fâche .... qu'une personne calme. (rapidement)
2. Il pleut ...... en Alberta qu'en Nouvelle-Écosse. (peu)
3. Un coiffeur coiffe ...... que vous. (bien)
4. Il faut travailler .... pour un exercice que pour une composition. (longtemps)
5. On rentre à la maison .... à vingt ans qu'à huit ans. (tard)

Exercice IV (oral)

Complétez les comparaisons suivantes.

1. Si j'ai vingt dollars et que vous en avez vingt-cinq, vous avez cinq dollars .... moi.
2. Si elle pèse cinquante kilos et que vous en pesez soixante-cinq, elle pèse quinze kilos .... vous.

Exercice V (oral)

a) *Dans chaque cas, faites une phrase contenant un superlatif de supériorité.*

Ex. un élève (bon)/la classe. → C'est **le meilleur** élève **de** la classe.

1. une pièce (grand)/la maison
2. des maisons (neuf)/le quartier
3. un vêtement (cher)/le magasin
4. une réunion (intéressant)/l'année

b) *Dans chaque cas, faites une phrase contenant un superlatif d'infériorité.*

1. un enfant (sage)/la famille
2. un film (bon)/la saison
3. des poires (mûr)/le sac
4. un exercice (fatiguant)/l'entraînement

Exercice VI (oral)

*Complétez en employant **que**, **de** ou **à**, avec l'article s'il est nécessaire.*

1. C'est le plus beau parc national .... pays.
2. C'est le moindre .... mes soucis.
3. Les gens sont plus occupés .... avant.
4. Ton travail est meilleur .... le mien.
5. Vos résultats sont supérieurs .... miens?
6. Elle n'a pas autant de talent .... vous.
7. Vous avez les mêmes goûts .... moi.
8. C'est la meilleure plaisanterie .... la soirée.

Exercice VII (oral)

Faites une phrase avec chacun des adjectifs à valeur superlative.

1. magnifique
2. délicieux
3. extraordinaire

Exercice VIII (écrit)

a) *Complétez les phrases avec le comparatif de supériorité de l'adjectif ou du nom et ajoutez* **que** *ou* **à** *quand c'est nécessaire.*

1. J'aime cette soupe-ci, mais je trouve celle-là _____ . (bon)
2. Les cèdres de la Colombie-Britannique sont _____ dans les autres provinces. (haut)
3. Il suit _____ moi ce trimestre. (des cours)
4. Cet enfant est _____ je ne pensais. (mauvais)
5. Vous avez une température _____ la normale. (haut—2 possibilités)

b) *Même exercice avec le comparatif d'infériorité.*

1. Votre examen final était _____ vos résultats habituels. (bon)
2. La dernière partie de votre composition est _____ . (intéressant)
3. Vous avez _____ lui dans ce projet. (intérêt)
4. Je n'ai pas beaucoup de chance ; j'ai _____ vous. (succès)

c) *Même exercice avec le comparatif d'égalité.*

1. Vos problèmes sont _____ les miens. (compliqué)
2. Cette jeune fille a _____ son frère. (charme)
3. À la soirée, Mme Durand portait la _____ Mme Dubois. Quelle mauvaise surprise ! (robe)
4. Je ne suis pas _____ vous. (vulnérable)

Exercice IX (écrit)

Complétez les phrases avec le superlatif qui convient en employant les mots indiqués.

1. Le gagnant est celui qui court _____ . (vite)
2. Le meilleur élève est celui qui a _____ note. (bon)
3. C'est juste avant les examens que les étudiants ont _____ . (travail)

Exercice X (écrit)

Complétez les phrases avec une forme de **plus, moins, bien, mieux, mal** *ou* **pis**.

1. _____ vous parlez, _____ j'ai envie de rester.
2. Sa personnalité est devenue de _____ en _____ obscure.

3. Ça va vraiment mal ; en fait ça va de _____ en _____ .

4. J'ai _____ dormi, car j'ai fait de mauvais rêves.

5. Il a _____ parlé ; tout le monde l'a applaudi.

6. Faites de votre _____ ; c'est tout ce que l'on vous demande.

7. Vous avez oublié mon livre ! Tant _____, je me débrouillerai autrement.

8. Asseyez-vous dans ce fauteuil ; vous serez _____ que dans cette chaise.

9. Le patient va de _____ en _____ ; sa température a baissé.

10. Il vaut _____ que vous partiez tout de suite.

11. De toutes ces voitures, voici celle que j'aime _____ .

12. Ce n'est pas la peine que je vous l'explique. Vous le savez _____ que moi.

13. Je ne comprends pas ! Ma nouvelle montre marche _____ que mon ancienne.

14. Son manque d'action est _____ grave qu'il savait que c'était urgent.

15. Elle a obtenu une note parfaite à son examen. _____ pour elle !

Exercice XI (écrit)

Faites une phrase avec chacune des expressions suivantes.

1. plus... moins...
2. de plus en plus
3. tant mieux
4. d'autant plus que
5. encore moins
6. davantage

Exercice XII (écrit)

Faites deux phrases contenant chacune une comparaison d'inégalité (une avec un adjectif et l'autre avec un nom) et dont la deuxième partie est une proposition.

Ex.   Vous êtes moins vieux que je ne le croyais.

Exercice XIII (écrit)

Comparez deux personnes qui vous semblent très différentes. Employez des adjectifs et des noms dans les comparaisons.

Exercice XIV (écrit)

Expliquez en quelques lignes vos frustrations quand vous ne faites pas de progrès malgré vos efforts. Employez le plus d'expressions possible avec des comparaisons d'adverbes.

Exercice XV (écrit)

Quelle est l'occupation la plus intéressante à votre avis ? Employez le plus de superlatifs possible. (quatre lignes)

Réponses aux applications immédiates

I. L'adverbe

p. 170 1. rarement
2. entièrement
3. fraîchement
4. réellement
5. relativement
6. poliment
7. profondément
8. chaleureusement
9. légèrement
10. mollement

p. 170 1. constamment
2. méchamment
3. évidemment
4. récemment

p. 172 1. Je pars immédiatement.
2. Il lui a répondu insolemment.
3. Vous avez bien compris.
4. Ils sont venus me voir avant-hier.
5. Vous essayez de trop faire.
6. Tu es extrêmement fort.
7. Nous avons souvent parlé de vous.
8. Tu parles français très couramment.

II. Le comparatif et le superlatif

p. 179 1. plus sucrée que
2. moins rapide qu'
3. aussi âgée qu'

p. 182 1. le moindre de
2. les plus intéressantes de
3. la plus patiente du
4. le plus d'habitants

LA NÉGATION

I. Formes

On distingue les mots négatifs suivants : *les adverbes, les adjectifs, les pronoms* et *les conjonctions* (voir le tableau ci-dessous).

Les mots négatifs

adverbes	déterminants	pronoms	conjonctions
⌈ne... pas... ⌊ne... point			
⌈ne... aucunement	⌈aucun... ne (sujet) ⌊ne... aucun (comp.)	⌈aucun... ne (sujet) ⎨ne... en... aucun ⌊ (comp.)	
ne... nullement	⌈nul... ne (sujet) ⌊ne... nul (comp.)	nul... ne (sujet)	
⌊ne... pas du tout	⌈pas un... ne (sujet) ⌊ne... pas un (comp.)	⌈pas un... ne (sujet) ⎨ne... en... pas un ⌊ (comp.)	
⌈ne... pas encore ⌊ne... toujours pas ne... plus ne... jamais ne... guère ne... nulle part ne... pas... non plus ne... que			

(suite p. 191)

Les mots négatifs (suite)

adverbes	*déterminants*	*pronoms*	*conjonctions*
		personne... ne (sujet) **ne... personne** (comp.) **rien... ne** (sujet) **ne... rien** (comp.) **pas grand-chose... ne** (sujet) **ne... pas grand chose** (comp.)	
			ne... pas (de)... ni (de)... (comp.) **ni... ni... ne...** (sujet) **ne... ni... ni...** (comp.)

II. Place de la négation

A. ne... pas

Pour faire une phrase négative, on emploie *l'adverbe négatif* **ne (n')... pas.**

1. *Aux temps simples*, **ne** (**n'** devant une voyelle ou un **h** muet) est placé *devant* le verbe ; **pas** est placé *après* le verbe.

   Ex. Je vais bien. → Je **ne** vais **pas** bien.
   Il arrivera à deux heures. → Il **n'**arrivera **pas** à deux heures.
   Allez le voir. → **N'**allez **pas** le voir.

2. *Aux temps composés*, **ne** est placé *devant* l'auxiliaire ; **pas** est placé *après* l'auxiliaire.

   Ex. Nous sommes allés au cirque. → Nous **ne** sommes **pas** allés au cirque.
   Vous avez vu Maurice. → Vous **n'**avez **pas** vu Maurice.

3. Quand il y a *des pronoms compléments*, **ne** précède ces pronoms ; **ne** est donc placé immédiatement après le sujet (voir aussi leçon 11, p. 272).

> **Ex.** Il la voit. → **Il ne** la voit **pas**.
> Le professeur les leur a rendus. → **Le professeur ne** les leur a **pas** rendus.

4. Avec *l'inversion du verbe et du pronom sujet*, **ne** est placé devant le groupe inséparable [verbe-pronom sujet] ou [auxiliaire-pronom sujet] et devant les pronoms compléments ; **pas** est placé après le groupe [verbe-pronom sujet].

> **Ex.** [Voulez-vous] cette copie ? → **Ne** [voulez-vous] **pas** cette copie ?
> Lui [a-t-il] demandé pourquoi ? → **Ne** lui [a-t-il] **pas** demandé pourquoi ?
> Peut-être le [saviez-vous]. → Peut-être **ne** le [saviez-vous] **pas**.

Application immédiate

Mettez les phrases suivantes à la forme négative.

1. Tu honores sa mémoire. _____ .

2. Elle a vendu sa maison. _____ .

3. Vous les lui avez apportés. _____ .

4. Lui en as-tu parlé ? _____ .

réponses p. 209

---

5. *Quand il n'y a pas de verbe*, on omet **ne** (phrase elliptique) ; on emploie seulement **pas**.

> **Ex.** Qui est fatigué ? — **Pas** moi.
> Il fait beau ; regardez le ciel, **pas** un nuage.
> Faut-il tout faire dans cet exercice ? — Non, **pas** tout.
> Pouvez-vous venir tout de suite ? — Bien sûr, **pas** de problème.

6. *À l'infinitif*, **ne** et **pas** précèdent l'infinitif (voir aussi leçon 11, p. 267).

> **Ex.** Je crois **ne pas** avoir de bière.

7. On peut omettre **pas** avec les verbes suivants :

savoir + *infinitif*

> **Ex.** Je **ne saurais** vous dire pourquoi. (*ou* Je ne saurais pas...)

cesser + *infinitif*

Ex. Elle **ne cesse** de la décourager. (*ou* Elle ne cesse pas...)

oser + *infinitif*

Ex. Il **n'osait** dire ce qu'il pensait. (*ou* Il n'osait pas...)

pouvoir + *infinitif*

Ex. Il craignait de **ne pouvoir** s'y rendre. (*ou* de ne pas pouvoir...)

8. Quand *un adverbe* accompagne le verbe, **pas** précède généralement l'adverbe.

Ex. J'ai **bien** compris le texte. → Je **n'**ai **pas bien** compris le texte.
Je suis **souvent** chez moi. → Je **ne** suis **pas souvent** chez moi.

Mais, si l'adverbe porte sur **pas**, ce dernier le suit. C'est souvent le cas avec les adverbes suivants : **certainement pas, généralement pas, peut-être pas, probablement pas, sans doute pas.**

Ex. Vous êtes **peut-être** intéressé par cela.
→ Vous **n'**êtes **peut-être pas** intéressé par cela.
Je serai **probablement** en classe demain.
→ Je ne serai **probablement pas** en classe demain.

Application immédiate

Oralement, mettez les phrases suivantes à la forme négative. Attention aux changements apportés aux articles par la négation.

1. Il a des amis.
2. C'étaient des blagues.
3. Vous avez acheté une maison.
4. Donnez-moi de l'argent.
5. Tu as bien parlé.
6. Je peux vous apporter du miel.
7. Offrez-vous des cadeaux à Noël ?
8. Je suis une sotte.
9. Nous avons été des spectateurs indifférents.
10. Elle travaille certainement trop.

réponses p. 210

Note

On omet souvent le **ne** à l'oral en situation informelle, c'est-à-dire durant une conversation entre amis ou dans la famille.

B. Autres négations

1. Les règles précédentes s'appliquent aussi aux autres adverbes négatifs (voir tableau, p. 190).

> **Ex.** Elle **ne** vient **jamais** me voir.
> Il **n**'est **pas encore** revenu.
> Nous avons décidé de **ne plus** fumer.

Exceptions

Nulle part et **non plus** *suivent* le participe passé et l'infinitif.

Ex. Nous **ne** sommes allés **nulle part** pendant les vacances.
Je **ne** voulais **pas** vous ennuyer **non plus**.

REMARQUE

Ne... que... = seulement. Le sens restrictif de cet adverbe le place parmi les mots négatifs, *mais ce n'est pas une négation*.

Que précède immédiatement les mots qui subissent la restriction.

Ex. Je **n**'ai **que de la malchance**. (seulement de la malchance)
Elle ne m'a donné **que trois dollars**. (seulement trois dollars)
Il ne m'a donné mon argent **que quand je l'ai réclamé**. (seulement quand)
On **ne** peut réussir **qu'en travaillant dur**. (seulement en travaillant dur)

On ne peut pas employer **ne... que** (on emploie donc **seulement**) :

— quand il n'y a pas de verbe dans la phrase.

Ex. Qui avez-vous vu ? — **Seulement** trois personnes.

— quand le verbe n'a pas de compléments.

Ex. Je ne parlais pas, je pensais **seulement**.

— quand c'est le sujet du verbe qui subit la restriction.

Ex. Seulement (seul) Jean peut le faire.

— quand il y a déjà le mot **que** dans la phrase.

Ex. Il m'a **seulement** dit qu'il fallait y aller.

Note

Ne faire que + *infinitif* = ne pas arrêter de, ne pas cesser de

Ex. Il **ne fait que** se plaindre. (Il ne cesse pas de se plaindre.)
Les enfants **n'ont fait que** pleurer pendant le voyage. (Les enfants n'ont pas arrêté de pleurer...)

Application immédiate

Substituez **ne... que** à **seulement** quand c'est possible.

1. J'y suis resté seulement deux jours.

2. Il parle seulement quand c'est nécessaire.

3. Il plaisante seulement.

4. Nous regrettons seulement qu'il soit trop tard.

réponses p. 210

---

2. *Les adjectifs, pronoms et conjonctions* négatifs (voir tableau, p. 190 et 191) suivent le participe passé ou l'infinitif quand ils sont *compléments* du verbe :

Ex. Nous **n**'avons rencontré **personne**.
Il **n**'a accepté **aucune faveur**.
Vous n'avez **pas** appris **grand-chose**.
On vous a demandé de **ne pas** apporter **grand-chose**.

Exceptions

ne... rien et **ni... ni...** se placent normalement.

Ex. Vous **n**'avez **rien** fait de mal.
Tu **n**'as **ni** mangé **ni** dormi.

III. Emplois

A. Adverbes négatifs (voir tableau, p. 190)

1. **Ne... pas** rend négative une phrase qui contient *un verbe conjugué, un infinitif* ou *un participe* (voir leçon 4, p. 95–96 pour changement des articles dans une négation).

> **Ex.** Vous **n'**êtes **pas** content.
> **N'**achetez pas **de** cigarettes.
> Je voudrais bien **ne pas** aller en classe aujourd'hui.
> **Ne** voulant **pas** l'interrompre, il partit sans bruit.

2. **Ne... point** = **ne... pas**, mais il est *plus littéraire*. Cette formule est archaïque et rarement employée.

> **Ex.** Il **n'**apprécie **point** mes plaisanteries.

3. **Ne... aucunement, ne... nullement, ne... pas du tout** sont des formes *emphatiques* de **ne... pas**.

> **Ex.** Est-ce que je vous dérange ? — Non, **aucunement**.
> Sa réponse **ne** répondait **nullement** à la question.
> C'est curieux, je ne suis **pas du tout** fatigué après cette longue marche.

4. **Ne... pas encore** est l'opposé de **déjà**.

> **Ex.** Vous avez **déjà** fini ? — Non, je **n'**ai **pas encore** fini.
> *ou* : Non, **pas encore**.
> Est-ce que vous lui avez parlé ? — Non, **pas encore**.
> Il est midi et le courrier **n'**est **pas encore** arrivé.
> Je vous demande de **ne pas encore** partir.

REMARQUE

Ne... toujours pas = ne... pas encore (≠ **pas toujours**)

Cette expression évoque *de l'impatience* ou *une crainte*.

> **Ex.** Je **ne** l'ai **toujours pas** vu et je ne sais pas pourquoi.
> Que lui est-il arrivé ? Il **n'**est **toujours pas** rentré.

---

5. Ne... plus est l'opposé de **encore, toujours** (« still ») et indique qu'une état ou une action dans le passé est maintenant terminé.

> **Ex.** Avez-vous **toujours** (encore) froid ? — Non, **plus** maintenant.
> À une heure du matin, je **n'**étudie **plus**, je dors.

6. Ne... jamais est l'opposé de **toujours, quelquefois, parfois, souvent, de temps en temps, de temps à autre.**

> **Ex.** Le voyez-vous quelquefois ? — Non, je **ne** le vois **jamais**.
> Allez-vous aux courses de chevaux **de temps en temps** ? — Non, je **n'**y vais **jamais**.

ATTENTION

Jamais signifie « ever » quand le verbe n'est pas accompagné de **ne**.

Ex. Avez-vous **jamais** vu un individu pareil ?
Si **jamais** vous le rencontrez, dites-lui bonjour de ma part.

---

7. Ne... guère = pas beaucoup, pas très, peu de, presque pas, à peine

> **Ex.** Je **n'**ai **guère** le temps de lui parler. (pas beaucoup)
> Vous **ne** répondez **guère** aux questions. (à peine)

8. Ne... nulle part est l'opposé de **partout, quelque part** (voir « Place de la négation — Exceptions », p. 194).

> **Ex.** J'ai cherché mon livre partout, mais je **ne** l'ai trouvé **nulle part**.
> N'allez **nulle part** avant de m'en parler.

Nulle part s'utilise sans *ne* dans la langue parlée :

> **Ex.** Ils sont **nulle part**.

9. Ne... pas... non plus est l'opposé de **aussi** (voir « Place de la négation— Exceptions », p. 194).

> **Ex.** Je **n'**ai **pas** eu de chance à l'examen. Et toi ?
> — Je **n'**en ai **pas** eu **non plus**. *ou :* Moi **non plus**.

Réponses possibles d'après le cas :

> **Ex.** Je suis fatigué. Et toi ?
> — Moi **aussi**. — Moi **non**. (*ou* **Pas** moi *ou* Moi **pas**.)

Je ne suis pas fatigué. Et toi?
— Moi **non plus**. — Moi oui.

Application immédiate

Répondez aux questions suivantes en employant une expression négative.

1. Allez-vous encore à la campagne le dimanche? — Non, _____ .

2. Faites-vous du sport de temps en temps? — Non, _____ .

3. Voyez-vous mes lunettes quelque part? — Non, _____ .

4. Sommes-nous déjà arrivés? — Non, _____ . (réponse elliptique)

5. Je ne suis pas encore réveillée; et toi? _____ . (réponse elliptique)

réponses p. 210

B. Déterminants négatifs (voir tableau p. 190)

Aucun(e), nul(le), pas un(e) sont l'opposé de **plusieurs, quelques, tous, un.**

Ils *s'accordent* en genre avec le nom qu'ils qualifient et sont employés *au singulier* (excepté avec un nom toujours pluriel).

Aucun, nul, pas un signifient **zéro.**

Nul est moins employé que **aucun**; c'est un peu plus emphatique et plus formel.

Pas un est beaucoup plus emphatique que **nul** et **aucun**; il est quelquefois accompagné de **seul** ou **pas un seul** (voir aussi leçon 11, p. 269).

Ne précède toujours le verbe ou l'auxiliaire.

> **Ex. Aucun** ami **n**'est venu me voir.
> Vous **n**'avez fait **aucune** faute dans votre dictée.
> Est-ce qu'elle va venir? — **Aucune** idée.
> Votre travail a été écrit en vitesse, **sans aucun** respect pour la forme.
> Nous n'aurons **aucunes** vacances cette année. (**Vacances** dans le sens de *séjour, voyage, congé* est toujours pluriel.)
> **Nul** homme **ne** peut l'affirmer.
> Je n'avais **nulle** envie d'y aller.
> **Pas un** étudiant n'a répondu à la question.
> Avez-vous réfléchi à notre problème? — Oui, mais **pas une** seule idée **ne** m'est venue.

C. Pronoms négatifs (voir tableau, p. 190 et 191)

Les pronoms négatifs peuvent être *sujets ou compléments* du verbe, excepté **nul**, qui peut seulement être *sujet.*

1. **Aucun(e), nul(le), pas un(e)** sont l'opposé de **plusieurs, quelques-uns, tous, un.**

Employez-les *au singulier,* excepté à la place d'un nom toujours pluriel. Il faut ajouter **en** quand ils sont *compléments du verbe.*

Ils signifient **zéro.** (Voir « Place de la négation », p. 195, n° 2.)

— **aucun(e)... ne** (sujet)
ne... en... aucun(e) (objet)

Ex. J'ai regardé les quelques livres qui sont sur la table, mais **aucun ne** m'intéresse. (sujet)
Avez-vous des ennemis? — Non, je **n'en** ai **aucun.** (complément)

— **Nul(le)... ne** (sujet seulement) est plus littéraire que **aucun.**

Ex. Nul ne peut le remplacer.
À l'impossible **nul n'**est tenu. (proverbe)
Ô toi que **nul n'**a pu connaître. (Musset)

— **Pas un(e)... ne** (sujet) est plus emphatique que **aucun, nul.**

Ex. Pas un de mes copains **ne** veut aller voir ce film.

— **ne... en... pas un(e)** (complément)

Ex. J'ai vu beaucoup de personnes, mais je **n'**en connaissais **pas une seule.**

2. **Personne... ne** (sujet)   est l'opposé de **quelqu'un, tout le monde.**
Ne... personne (complément) (pour la place de ce pronom, voir p. 195, n° 2)

Ex. Personne ne l'aime. (sujet)
As-tu vu quelqu'un sur la plage? — Non, je n'ai vu **personne.** (complément)
Il a décidé de **ne** voir **personne** aujourd'hui.
As-tu parlé à quelqu'un? — Non, je **n'**ai parlé à **personne.**
Je **n'**ai trouvé **personne** à qui parler.
Il est parti **sans** voir **personne.**

— Quand **personne** est suivi d'un adjectif, il faut ajouter **de** et l'adjectif est invariable (voir aussi leçon 2, p. 49).

Ex. J'ai bien regardé, mais je **n'**ai vu **personne d'**intéressant.

— Quand **personne** est suivi d'un infinitif, ajoutez **à**.

Ex. Nous **n'**avons **personne à voir**.

Note

Ne confondez pas le pronom négatif **personne** avec le nom **une personne,** qui est féminin.

Ex. Je n'ai vu **personne de méchant.**

mais : J'ai vu **une personne méchante.**

3. Rien... ne (sujet) est l'opposé de **quelque chose, tout** (pour la place de ce pronom, voir p. 195, n° 2).

Ne... rien (objet)

Ex. Je m'ennuie et **rien ne** m'intéresse. (sujet)
Qui **ne** risque **rien n'**a **rien**. (objet)(proverbe)
Je te demande de **ne rien** dire à mon père.
Il **n'**a **rien** gagné à Las Vegas.
Je **ne** veux **rien** du tout, merci.

— Quand **rien** est suivi d'un *adjectif,* il faut ajouter **de**; l'adjectif est alors invariable (voir aussi leçon 2, p. 49).

Ex. Il **n'**y a **rien de** drôle dans cette affaire.

— Quand **rien** est suivi d'un *infinitif,* il faut ajouter **à**.

Ex. As-tu quelque chose à dire? — Non, je **n'**ai **rien à** dire.

ATTENTION

Faites bien la distinction entre **rien** et **aucun**.

Ex. Je **n**'ai **rien** vu de plus beau. (« nothing »)
Je n'en ai vu **aucun** de plus beau. (« none, not any »)

---

4. **Ne... pas grand-chose** (« not much ») (pour la place de ce pronom, voir p. 195, n° 2) est construit avec **de** + *adjectif invariable*, **à** + *infinitif* ou *seul*.

Ex. As-tu bien travaillé hier ? — Non, parce que je **n**'avais **pas grand-chose à** faire.
Il **ne** possède **pas grand-chose**.
La conférencière **n**'a **pas** dit **grand-chose d**'intéressant.
Qu'est-ce qu'il y a de nouveau dans le journal ? — Ah, **pas grand-chose**.
Il a décidé de **ne pas** faire **grand-chose**.

Application immédiate

Mettez la phrase à la forme négative.

1. Tout le monde est heureux aujourd'hui. _____

2. J'ai quelque chose d'extraordinaire à te dire. _____

3. Il a beaucoup de choses à vous annoncer. _____

4. Plusieurs prisonniers se sont évadés. _____

5. Elle a lu quelques journaux pendant la fin de semaine. _____

réponses p. 210

D. Conjonctions négatives (voir tableau, p. 191)

Ni est l'opposé de **et**, **ou**, **ou bien**, **soit**. Il peut être sujet ou objet :

ni... ni... ne... (sujet)
ne... ni... ni... (objet)
ne... pas (de)... ni (de)... (objet)

Les deux formes objets sont équivalentes.

Ces conjonctions sont employées :

1. Avec *deux noms* ou *deux pronoms*. Le verbe est *au pluriel* quand les deux noms ou les deux pronoms sont *sujets* :

    Ex. Votre livre **et** votre stylo sont sur la table. (sujets)
        → **Ni** votre livre **ni** votre stylo **ne** sont sur la table.
        Vous **ou** moi pouvons y arriver. (sujets)
        → **Ni** vous **ni** moi **ne** pouvons y arriver.
        Je trouve mon sac **et** mes clés. (objets)
        → Je **ne** trouve **ni** mon sac **ni** mes clés.

    ou : Je **ne** trouve **pas** mon sac **ni** mes clés.

    L'article partitif (**du, de la, de l'**) et *l'article indéfini* (**un, une, des**) *disparaissent* avec **ni... ni...** :

    Ex. Il y a **des** œufs **et du** beurre dans mon réfrigérateur.
        Il **n'**y a **ni** oeufs **ni** beurre dans mon réfrigérateur.

    ou : Il n'y a **plus d'**œufs **ni de** beurre dans mon réfrigérateur. (On garde **de** dans ce cas puisque le premier terme comporte un article.)

2. Avec *deux prépositions*.

    Ex. J'irai **à** Londres **et à** Rome l'été prochain.
        Je **n'**irai **ni** à Londres **ni** à Rome l'été prochain.

    ou : Je **n'**irai **pas** à Londres **ni** à Rome l'été prochain.

3. Avec *deux participes passés*.

    Ex. J'ai **entendu** le concert **et lu** la critique.
        Je **n'**ai **ni** entendu le concert **ni** lu la critique.

    ou : Je **n'**ai **pas** entendu le concert **ni** lu la critique.

4. Avec *deux infinitifs*.

    Ex. Veux-tu **écouter** la radio **ou regarder** la télévision ?
        Je **ne** veux **ni** écouter la radio **ni** regarder la télévision.

    ou : Je **ne** veux **pas** écouter la radio **ni** regarder la télévision.

5. Avec *plusieurs verbes qui ont le même sujet*. On emploie **ne... pas** avec le premier verbe (**pas** est facultatif) et **ni ne** avec les verbes qui suivent. Ne répétez pas le sujet.

    Ex. Il la regarde **et il** l'écoute.
        Il **ne** la regarde (**pas**) **ni ne** l'écoute.

6. Avec *deux propositions subordonnées*.

> **Ex.** Je tolérerai **que** vous soyez impoli **et que** vous partiez avant les autres.
> Je **ne** tolérerai **ni** que vous soyez impoli **ni** que vous partiez avant les autres.

> *ou* : Je **ne** tolérerai **pas** que vous soyez impoli **ni** que vous partiez avant les autres.

Application immédiate

Transformez négativement les phrases en utilisant une forme de **ni**.

1. Mon cahier et mon crayon sont sur le bureau.

2. Vous avez une bougie et des allumettes.

3. Elle a le temps et l'argent pour le faire.

4. J'ai confiance en vous et en vos amis.

5. Il a compris et aimé votre conférence.

6. Il faut soit lui téléphoner soit aller la voir.

7. Elle parle, lit et écrit aussi bien que sa sœur aînée.

8. Vous voulez que je vous appelle ou que je vienne ?

réponses p. 210

IV. Négation multiple

En français, il est possible d'avoir plusieurs négations dans la même proposition, à condition de ne pas avoir de **pas**. Il faut donc enlever le mot **pas** des négations le contenant : **ne... pas encore** devient **ne... encore**. Le tableau ci-dessous indique l'ordre des négations multiples dans une phrase.

Ordre des négations dans une négation multiple

adverbe	adjectifs et pronoms **sujets**	adverbes				adjectifs et pronoms **compléments**	adverbes	
plus	aucun rien personne	plus	guère	encore	jamais	aucun rien personne	nulle part	non plus

---

REMARQUES

— On dit **jamais plus** aussi bien que **plus jamais**.

— Voici quelques exemples de combinaisons :

> Il est très triste et **plus rien ne** le fera **jamais** rire.
> Elle a mauvais caractère, alors je **ne** lui demanderai **plus jamais rien**.
> Elle **ne** va **plus jamais nulle part** seule le soir. C'est trop dangereux.
> Vous **n'**en avez **plus aucun** et moi je **n'**en ai **plus aucun non plus**.
> Il **n'**a **encore rien** répondu à ma lettre et j'attends toujours.
> **Personne ne** veut **plus rien**, alors nous pouvons partir.
> Je **n'**ai **plus guère** de courage.
> Nous **n'**avons **encore jamais** vu **personne** comme ça.
> Il **n'**a **encore jamais rien** vu.
> Il **n'**amène **plus jamais personne** chez moi. (*ou* : **jamais plus personne**)
> Vous **ne** l'avez **encore** trouvé **nulle part non plus** ?

— Avec **ne... que**, on peut employer une négation, y compris celles avec **pas**, car **ne... que** n'est pas une négation.

Ex. Il **ne** parle **pas que** français ; il parle deux autres langues.
Je **n'**ai **plus que** trois dollars.

— **Non plus** s'intercale parfois entre le sujet et le verbe, avant les autres négations, s'il ne porte que sur le sujet.

Ex. Vous **non plus** n'allez **plus nulle part**.

Exercices

Exercice I (oral)

*Mettez les phrases suivantes à la forme négative avec **ne... pas** et faites les changements nécessaires.*

1. Nous marcherons le long de la plage.
2. Nous hésitons à partir.
3. Offre-moi des fleurs.
4. Elle a pu y aller.
5. Lui avez-vous expliqué ?
6. On y en rencontrera.
7. Entendez-vous bien ?
8. Lui avez-vous demandé la permission ?
9. Peut-être faudrait-il l'appeler.
10. On y sert habituellement du café.
11. Ces animaux sont des quadrupèdes.
12. Vous avez sans doute oublié notre rendez-vous.
13. Nous allons généralement au laboratoire le vendredi.
14. Je vous prie de venir à mon bureau. (Mettez l'infinitif au négatif.)
15. Il a été puni pour avoir mangé toute la soupe. (Mettez l'infinitif au négatif.)

Exercice II (oral)

Placez la négation entre parenthèses dans la phrase.

1. Je vais à l'église. (ne... jamais)
2. Vous avez faim. (ne... pas du tout)
3. Sa lettre est arrivée. (ne... pas encore)
4. Appelez-moi. (ne... plus)
5. J'ai envie de lui parler. (ne... guère)
6. Je l'ai vu. (ne... nulle part)
7. Nous avons entendu. (ne... rien)
8. J'ai tout trouvé. (ne... pas... grand-chose)

Exercice III (oral)

*Substituez **ne... que** à **seulement** quand c'est possible.*

1. Il y a seulement trois crayons dans la boîte.
2. Seulement lui peut m'aider.
3. Elle voulait seulement vous expliquer son point de vue.
4. Combien de personnes étaient là ? — Seulement une dizaine.
5. Venez seulement quand vous pourrez.
6. Pour l'instant, nous espérons seulement.

Exercice IV (oral)

*Placez **ne... que** dans la phrase.*

1. Direz-vous la vérité?
2. Elle a un vélo.
3. Nous avons eu des difficultés.

Exercice V (oral)

Mettez le texte suivant à la forme négative.

La ferme est animée. Les vaches sont encore dans les étables; les chevaux sont impatients d'aller travailler dans les champs et les bœufs aussi. Le chien est quelque part; on entend quelques aboiements. Les poulets sont soit dans le poulailler, soit dans la cour. Il y a toujours quelqu'un qui passe avec ses sabots: c'est un va-et-vient continuel parce que tout le monde a quelque chose d'intéressant à faire. Dans le verger, il y a des cerises et des pêches à ramasser. Cette ferme a de la valeur et les terres donnent des revenus appréciables.

Exercice VI (oral)

*Déterminez la nature de **ne** dans les phrases suivantes: a-t-il le sens négatif ou est-il explétif?*

1. À moins que le temps **ne** change, nous **ne** ferons aucun projet.
2. Je **n'**aurais jamais compris l'histoire si tu **ne** m'en avais expliqué que le commencement.
3. Ce film est encore mieux que vous **ne** le croyiez.
4. Il **n'**est pire eau que l'eau qui dort. (proverbe)

Exercice VII (oral)

Ajoutez chaque négation entre parenthèses dans la phrase et placez-la convenablement. Faites les changements ou les substitutions nécessaires.

1. Je vais au cinéma. (ne... pas, ne... point, ne... plus, ne... jamais)
2. Ils sont fatigués. (ne... pas du tout, ne... plus, ne... aucunement)
3. Vous avez fini votre travail. (ne... pas encore, ne... toujours pas)
4. Tu l'as retrouvé. (ne... pas... non plus, ne... nulle part, ne... jamais)
5. Tout le monde connaît le coupable. (personne ne..., nul ne...)
6. Elle a trouvé quelqu'un. (ne... rien, ne... pas grand-chose, ne... personne)
7. Vous aurez un dessert. (ne... pas, ne... aucun, ne... plus)
8. Quelqu'un est arrivé. (personne ne..., aucun ne...)
9. Elle a beaucoup à faire. (ne... pas grand-chose, ne ... rien, ne... guère, ne... plus rien)
10. Il vous en a donné. (ne... pas... non plus, ne... aucun, ne... toujours pas)

Exercice VIII (oral)

Mettez les phrases suivantes à la forme affirmative.

> **Ex.** Vous n'êtes jamais malade. → Vous êtes toujours malade.

1. Je n'ai pas besoin de manteau ni toi non plus.
2. Nous ne voulons pas vous voir ni vous parler.
3. Votre composition n'est pas encore finie ?
4. Aucun invité ne s'est présenté.
5. Je n'ai plus d'argent. Je n'ai plus d'amour. Je n'ai plus rien.

Exercice IX (oral)

*Répondez négativement aux questions suivantes. Attention à **en** dans la réponse. Variez les mots négatifs : plus, pas encore, pas du tout, etc.*

> **Ex.** Avez-vous quelquefois de l'argent sur vous ? — Non, je n'en ai jamais.

1. Avez-vous des idées pour notre projet ?
2. Connaissez-vous une personne qui puisse vous aider ?
3. Avez-vous un crayon ? Et vous ?
4. Avez-vous de la chance généralement ?
5. Avez-vous un dollar sur vous ?

Exercice X (écrit)

Répondez négativement aux questions en remplaçant les mots soulignés par des pronoms et en employant des mots négatifs ; puis, complétez la phrase.

> **Ex.** Le professeur a-t-il donné beaucoup à faire aux étudiants ?
> → Non, il ne leur a pas donné grand-chose parce qu'il y avait un jour de congé.

1. Habitez-vous toujours Toronto ?
   Non, _____ ; maintenant j'habite…
2. Savez-vous déjà quels cours de français vous suivrez l'an prochain ?
   Non, _____ , mais je pense que…
3. Est-ce que des étudiants ont pu finir leur examen ?
   Non, _____ , parce que…
4. Je ne comprends pas ce poème de Nelligan. Et toi ?
   Non, _____ ; il est…
5. Est-ce que tous parlent aussi bien que vous dans la classe de français ?
   Non, _____ , mais…
6. Vous voulez dire quelque chose à vos amis ?
   Non, _____ , parce que…
7. Parles-tu souvent au professeur après le cours ?
   Non, _____ ; pourtant…

Exercice XI (écrit)

Faites deux phrases avec ***ne... que.***

Exercice XII (écrit)

Mettez les phrases suivantes à la forme négative en employant un ou deux ***ni****, comme indiqué.*

> **Ex.** Il va téléphoner et venir me voir. (1) → Il ne va pas téléphoner ni venir me voir.

1. Je veux aller au restaurant et au théâtre. (2)
2. Vous savez programmer l'ordinateur et éditer des textes. (1)
3. Je prends du jus d'orange et des œufs le matin. (2)
4. Il a été intéressé et même amusé par l'histoire. (2)
5. Vous pouvez lui parler ou lui écrire. (2)
6. Je sais où et comment c'est arrivé. (2)
7. Lui et elle sont venus hier soir. (2)
8. Nous pouvons faire du tennis ou du volley-ball. (1)
9. Elle danse et elle peint. (1)

Exercice XIII (écrit)

Finissez les phrases suivantes en employant des mots négatifs variés. Consultez le tableau des mots négatifs, p. 190 et 191.

> **Ex.** Je pars tout de suite parce que je n'ai aucune envie d'être en retard à la conférence ; il n'y aurait plus de place en arrivant.

1. J'ai des difficultés…
2. Il faut que j'aille au marché…
3. Cette leçon n'est pas claire…
4. Il va rester chez lui…
5. On est malheureux quand…
6. Mets de l'ordre dans ta chambre…
7. Je cherche mon livre…
8. Tout marche mal aujourd'hui…

Exercice XIV (écrit)

Réunissez les deux actions simultanées en employant ***sans****. Attention à la forme infinitive des verbes pronominaux.*

> **Ex.** Tu me parles et tu ne me regardes pas. → Tu me parles sans me regarder.

1. Ils ont mangé et ne se sont pas parlé.
2. Je travaille et je n'écoute jamais la radio.
3. Nous avons écouté et nous n'avons rien compris.
4. Elle l'a quitté et elle n'a aucun regret.

5. Vous souffrez et vous ne vous plaignez pas.
6. Tu as commis une erreur et tu ne t'en es pas rendu compte.

Exercice XV (écrit)

Faites une phrase de dix à quinze mots avec chacune des négations suivantes.

1. ne... plus
2. ne... pas... non plus
3. rien... ne
4. rien + *adjectif* + *infinitif*
5. aucun *(pronom objet)*
6. pas encore
7. ne... pas (de)... ni (de)...
8. personne + *adjectif*

Exercice XVI (écrit)

Tout va mal aujourd'hui pour vous. Montrez en quelques lignes à quel point tout est négatif. Employez beaucoup de mots négatifs. (quatre lignes)

Exercice XVII (écrit)

Vous venez d'étudier pendant de nombreuses heures pour un examen que vous allez passer dans quelques minutes. Vous pensez que vous n'êtes pas assez préparé(e). Expliquez vos craintes en employant des mots négatifs. (quatre ou cinq lignes)

Exercice XVIII (écrit)

Répondez aux questions négativement. Attention à l'ordre des négations multiples, et n'employez pas le mot **pas** *!*

1. Est-ce que quelqu'un a déjà fini son examen?
2. Vous aviez l'habitude de sortir le dimanche. Allez-vous encore souvent quelque part?
3. Est-ce que tous ces livres ont toujours intéressé quelqu'un?
4. Avez-vous jamais entendu quelque chose d'aussi bizarre?
5. Avez-vous déjà quelques projets pour les vacances?
6. N'êtes-vous allé(e) quelque part avec quelqu'un l'été dernier?
7. Avez-vous déjà quelquefois vu où que ce soit quelque chose de pareil?

Réponses aux applications immédiates

II. Place de la négation

p. 192 1. Tu n'honores pas sa mémoire.
        2. Elle n'a pas vendu sa maison.

    3. Vous ne les lui avez pas apportés.
    4. Ne lui en as-tu pas parlé?

p. 193   1. Il n'a pas d'amis.
    2. Ce n'étaient pas des blagues.
    3. Vous n'avez pas acheté de maison.
    4. Ne me donnez pas d'argent.
    5. Tu n'as pas bien parlé.
    6. Je ne peux pas vous apporter de miel.
    7. N'offrez-vous pas de cadeaux à Noël?
    8. Je ne suis pas une sotte.
    9. Nous n'avons pas été des spectateurs indifférents.
    10. Elle ne travaille certainement pas trop.

p. 195   1. Je n'y suis resté que deux jours.
    2. Il ne parle que quand c'est nécessaire.
    3. (impossible)
    4. (impossible)

III. Emplois

p. 198   1. je n'y vais plus.
    2. je n'en fais jamais.
    3. je ne les vois nulle part.
    4. pas encore.
    5. Moi non plus.

p. 201   1. Personne n'est heureux aujourd'hui.
    2. Je n'ai rien d'extraordinaire à te dire.
    3. Il n'a pas grand-chose à vous annoncer.
    4. Aucun prisonnier ne s'est évadé.
    5. Elle n'a lu aucun journal pendant la fin de semaine.

IV. Négation multiple

p. 203   1. Ni mon cahier ni mon crayon ne sont sur le bureau.
    2. Vous n'avez pas de bougie ni d'allumettes.
       (*ou*: Vous n'avez ni bougie ni allumettes.)
    3. Il n'a ni le temps ni l'argent pour le faire.
    4. Je n'ai confiance ni en vous ni en vos amis.
    5. Il n'a ni aimé ni compris votre conférence.
    6. Il ne faut ni lui téléphoner ni aller la voir.
    7. Elle ne parle (pas) ni ne lit ni n'écrit aussi bien que sa sœur aînée.
    8. Vous ne voulez pas que je vous appelle ni que je vienne?

• LE PARTICIPE PRÉSENT
• LE PARTICIPE PASSÉ
• LE PASSIF

9

I. Le participe présent

Le participe présent est une forme verbale qui exprime la *simultanéité d'une action avec l'action du verbe principal* de la phrase dans laquelle il figure. On dit qu'il reçoit sa valeur temporelle du verbe principal. Notons que le participe et le verbe principal doivent avoir le même sujet.

> **Ex.** Voyant ses amis s'approcher, il se met à courir.
> (*valeur temporelle = présent*)
> Voyant ses amis s'approcher, il se mit à courir.
> (*valeur temporelle = passé*)
> Voyant ses amis s'approcher, il se mettra à courir.
> (*valeur temporelle = futur*)

A. Formes

Le participe présent se forme avec le radical de la première personne du pluriel (**nous**) *du présent de l'indicatif* + **ant**.

> **Ex.** vendre ; nous vend/ons → vendant
> ouvrir ; nous ouvr/ons → ouvrant
> espérer ; nous espér/ons → espérant

Exceptions

Les trois verbes suivants ont un radical irrégulier :

avoir → ayant

être → étant

savoir → sachant

Application immédiate

Écrivez le participe présent des verbes suivants :

1. comprendre

2. être

3. aller

réponses p. 231

B. Emplois

1. Le participe présent est généralement employé à la *forme verbale*. Il est alors *invariable*. On le trouve avec la préposition **en** *(gérondif)* ou seul, sans préposition.

   a. Le gérondif (**en** + *participe présent*) sert à préciser les circonstances de l'action exprimée par le verbe principal. Il a le même sujet que ce verbe. Il est employé pour exprimer :

      — *la simultanéité de deux actions* (« while »). L'action exprimée par le gérondif est contemporaine de celle du verbe principal.

      Ex. En dînant, nous écoutons les nouvelles à la radio. (présent)
      En se promenant, elle a ramassé des fleurs. (passé)
      En allant en classe, ils parleront de leur projet. (futur)

      On emploie **tout en** pour insister sur la simultanéité ou pour indiquer *une opposition* ou *une restriction* (= **bien que, quoique**) :

      Ex. Tout en étant en colère contre lui, il ne voulait pas le punir.

      Tout en parlant, elle surveillait son enfant.

— *le temps, le moment* (« when »), avec l'idée de simultanéité.

>**Ex. En partant**, il était très triste. (= Quand il est parti…)
>**En arrivant** à Paris, j'irai tout de suite à mon hôtel.
>L'appétit vient **en mangeant**. (proverbe)

— *la manière ou le moyen* (« by, upon, in, on ») avec l'idée de simultanéité.

>**Ex.** Elle a maigri **en faisant** du sport. (répond à la question : *Comment* a-t-elle maigri ?)
>L'enfant le suivait **en sautant** par-dessus les flaques d'eau.
>**En persévérant**, on réussit.

Note

Après **aller** et **s'en aller**, le **en** du gérondif est quelquefois sous-entendu.

>**Ex.** Ils s'en allaient se **tenant** par la main.

Application immédiate

Justifiez l'emploi du gérondif.

1. Il regarde la télévision en travaillant.

2. Il m'a dit bonjour en souriant.

3. Il a pris ma défense en sachant que j'avais tort.

4. En entrant dans la salle, elle a aperçu ses amis.

réponses p. 232

---

b. *Le participe présent seul*, sans préposition, sert à *préciser un nom ou un pronom*. Il n'y a donc *pas de simultanéité* d'actions comme avec le gérondif.

Il est employé pour exprimer :

— *la cause, la raison* (« because »).

>**Ex.** Je suis venu **pensant** que ça vous ferait plaisir. (parce que je pensais)

Ayant fini mon travail, je pouvais faire ce que je voulais.
Les nuages **noircissant** rapidement, nous nous sommes
dépêchés de rentrer.

— une action *immédiatement antérieure à l'action principale*
(« after »). Le sujet du participe présent est identique au sujet du
verbe principal.

Ex. Prenant son imperméable, il est parti rapidement. (Après
qu'il a pris...)

— une *action postérieure* à l'action principale et qui *indique le résultat*
de cette action. Le sujet du participe présent est identique au sujet
du verbe principal.

Ex. Il m'a quitté, me **laissant** perplexe. (Il m'a quitté, ce qui m'a
laissé perplexe.)
Un feu a eu lieu au dix-huitième étage d'un gratte-ciel,
causant beaucoup de dégâts.

— une *action simultanée* à une action principale, seulement *quand
son sujet est le complément direct du verbe principal.* (Avec le même
sujet, on emploie le gérondif ; voir **a**, ci-dessus.)

Ex. Je l'ai vu sortir **entraînant** une autre personne avec lui.

— *une circonstance* qui accompagne une action. Les sujets sont
identiques.

Ex. Il est parti à la plage, **oubliant** sa serviette de bain.

— *une condition* (= **si, au cas où**).

Ex. Le temps **permettant**, nous irons nous promener. (Si le temps
le permet...)

Il est aussi employé pour remplacer **une proposition relative**
(= **qui...**).

Ex. Des gens **chantant** l'hymne national défilaient dans la rue.
(Des gens qui chantaient...)

Application immédiate

Justifiez l'emploi du participe présent dans les phrases suivantes.

1. Une vieille dame portant un grand chapeau m'a fait un signe de bonjour.

2. Prenant un air mécontent, j'ai dit que j'allais me venger.

3. Les vacances de Noël étant courtes cette année, je ne pourrai pas voyager.

4. L'horloge a sonné trois heures, indiquant qu'il fallait que nous partions.

5. La chance aidant, nous arriverons à le faire.

6. Il est allé au cinéma, s'imaginant que le film serait bon.

réponses p. 232

REMARQUES

Notons les cas suivants, où le participe présent et le participe passé composé ne sont pas employés.

— Beaucoup de formes anglaises en « ing » ne se traduisent pas par le participe présent mais :

- par un infinitif

  – avec un verbe de perception

  Ex. Je les vois **courir** dans les champs.
  (« I see them running... »)

  – après toutes les prépositions, *excepté* **en** (voir aussi leçon 17, p. 381)

  Ex. Au lieu **d'attendre**, vous feriez mieux de l'appeler.
  (« Instead of waiting... »)

  – avec un *infinitif* seul

  Ex. Voir c'est **croire**. (« Seeing is believing. »)

- par un nom :

  Ex. J'aime **le ski** et **la pêche**. (« ... skiing and fishing. »)

- par certains temps et l'expression **être en train de** pour la forme progressive anglaise :

  Ex. Je me reposais quand tu es arrivé. (« I was resting... »)
  Il est **en train de** travailler. (« He is working. »)

Application immédiate

Traduisez les mots entre guillemets pour compléter ces phrases.

1. Vous les avez entendus _____ . « laughing »

2. _____ quand vous êtes arrivé. « I was working »

3. Nous étions assis devant vous _____ . « without knowing it »

4. _____ est un de ses sports favoris. « Swimming »

5. _____ à la maison au lieu d'aller à une danse n'est pas amusant.
   « Staying »

réponses p. 232

---

2. Certains *noms* sont dérivés de participes présents.

Ex. un participant   une assistante (sociale)
     les passants   le gagnant et le perdant
     un débutant   un revenant
     un commerçant   un fabricant

Certains de ces noms n'ont pas la même orthographe que le participe présent.

Ex.

		Participe présent	*Nom*
gu	changé en **g** :	extravaguant	extravagant(e)
		fatiguant	fatigant(e)
qu	changé en **c** :	fabriquant	fabricant(e)
ant	changé en **ent** :	différant	différend
		équivalant	équivalent
		affluant	affluent
		excédant	excédent
		présidant	président

3. Certains *adjectifs* sont dérivés de participes présents. Ils sont alors variables et *s'accordent en genre et en nombre* avec le nom ou le pronom qu'il qualifie. Ils *suivent généralement le nom.*

Ex. C'est une jeune femme **charmante**.
     Quelle musique **entraînante** !
     Je suis en train de lire un livre **passionnant**.
     Votre histoire est très **intéressante**, mais **surprenante**.
     Comme il est **énervant** !

Certains de ces adjectifs n'ont pas la même orthographe que le participe présent.

Ex.		Participe présent	Adjectif
gu	*changé en* **g** :	fatiguant	fatigant(e)
	intriguer	intriguant	intrigant(e)
qu	*changé en* **c** :	provoquant	provocant(e)
		vaquant	vacant(e)
ant	*changé en* **ent** :	précédant	précédent(e)
		différant	différent(e)

Application immédiate

Complétez le phrases avec le participe présent des verbes employé comme adjectif. Attention aux changements orthographiques.

1. Le passage _____ (suivre) n'est pas difficile à comprendre.

2. Y a-t-il de l'eau _____ (courir) dans cette maison de campagne ?

3. Voilà des enfants _____ (obéir).

4. C'est une _____ (exceller) composition écrite.

5. Il a lancé un regard _____ (provoquer) à son adversaire.

réponses p. 232

---

4. Il est quelquefois utilisé comme *préposition*.

    Ex. Vous coupez **suivant** la ligne.
        Elle était malade **durant** la conférence.

Exercices

Exercice I (oral)

Donnez le participe présent des verbes suivants.

1. pâlir	6. avoir	10. sourire
2. appeler	7. partir	11. venir
3. être	8. craindre	12. faire
4. voir	9. savoir	13. se regarder
5. répondre		

Exercice II (oral)

Remplacez les mots soulignés par un gérondif ou un participe présent puis expliquez le cas.

1. Il a parlé à des enfants <u>qui jetaient des déchets par terre</u>.
2. <u>Quand je me suis réveillé ce matin</u>, j'avais mal à la tête.
3. Il a ri <u>et en même temps a haussé les épaules</u>.
4. <u>Après qu'elle a quitté son amie</u>, elle s'est mise à courir.
5. <u>Si vous m'aidiez</u>, peut-être trouverais-je le courage qu'il me faut.
6. On a de bonnes notes <u>grâce à un travail assidu</u>.
7. <u>Puisque la pluie ne cesse pas de tomber</u>, nous ne pourrons pas sortir.
8. Le professeur a fait un mauvais cours <u>et a ainsi diminué mon intérêt pour le sujet</u>.
9. Nous avons vu notre voisin revenir <u>et il zigzaguait sur le trottoir</u>.
10. Elle a mis les légumes à cuire sur le feu et <u>elle a oublié de mettre de l'eau</u>.

Exercice III (oral)

Expliquez la présence d'un participe présent ou d'un gérondif dans ces phrases.

La jeune fille, souriant calmement, s'est dirigée vers sa mère.
La jeune fille s'est dirigée vers sa mère en souriant calmement.

Créez deux autres phrases semblables.

Exercice IV (oral)

Déterminez si les phrases suivantes comportent un adjectif ou un participe présent.

1. Lisez l'explication **suivant** le texte.
2. Écoutez le rythme très **prenant** de cette musique.
3. C'est un site Web **fascinant** pour tout le monde.
4. S'**étant levé** du mauvais pied, il a passé la journée à maugréer.
5. Le jour **précédant** son arrivée, il se sentait bien.

Exercice V (oral)

Parmi les mots soulignés dans les extraits suivants, distinguez les noms, les adjectifs et les participes présents. Analysez leur fonction.

1. Un soir, une courte panne d'électricité <u>l'ayant</u> surpris dans le vestibule de son petit appartement de célibataire, il tâtonna un moment dans les ténèbre et, le <u>courant</u> revenu, se trouva sur le palier du troisième étage... Il se décida à rentrer chez lui comme il en était sorti, <u>en passant</u> à travers la muraille.

Marcel Aymé, *Le Passe-muraille*

2. Mais, à d'autres moments, il faut s'arrêter et marquer le pas parce que deux familles, <u>appartenant</u>, l'une à la colonne <u>montante</u> et l'autre à la colonne <u>descendante</u>, se sont rencontrées et solidement agrippées par les mains... Pendant qu'il soulève doucement son chapeau, <u>en baissant</u> un peu la tête pour aider à l'extraction, sa femme fait un petit saut <u>en inscrivant</u> sur son visage un sourire jeune. Une ombre les dépasse <u>en s'inclinant</u>...

Jean-Paul Sartre, La Nausée

3. <u>En descendant</u>, moteur au ralenti, sur San Julian, Fabien se sentit las... Il était semblable à un <u>conquérant</u>, le soir de ses conquêtes... Et le village déjà au ras des ailes, <u>étalant</u> le mystère de ses jardins fermés que leurs murs ne protégeaient plus. Mais Fabien, ayant atterri, sut qu'il n'avait rien vu...

Antoine de Saint-Exupéry, Vol de nuit

4. Trois enfants marchent le long d'une grève. Ils s'avancent, côte à côte, se <u>tenant</u> par la main... L'eau est bleue, calme, sans la moindre ondulation <u>venant</u> du large... Ils marchent côte à côte, se <u>tenant</u> par la main...

Alain Robbe-Grillet, Instantanés

Exercice VI (oral)

Traduisez les phrases suivantes.

1. « He learned English by going to evening classes. »
2. « Upon seeing his reaction, I became scared. »
3. « I watch them playing games. »
4. « I talk to my friends while going home. »
5. « By attacking too soon, they lost the battle. »

Exercice VII (écrit)

Choisissez un participe présent employé aussi comme adjectif. Écrivez une phrase où il est adjectif et une autre où il est participe.

Ex. intéressant
→ Racontez-moi une histoire **intéressante**.
→ Je voudrais trouver une histoire **intéressant** tous les invités.

Exercice VIII (écrit)

Remplacez les verbes entre parenthèses par le participe présent.

1. Mes parents _____ (être) très pauvres, je dois travailler dur.
2. Cette athlète, _____ (avoir) l'air de rien, a battu toutes les autres à la course.
3. Un serpent se déplace _____ (ramper).

4. Le cyclone est passé rapidement, _____ (détruire) tout sur son passage.
5. L'eau _____ (être) peu profonde, ils ont pu traverser la rivière à pied.
6. _____ (attraper) son sac, il le met sous son bras et sort rapidement.
7. _____ (étudier) tout le temps, il oubliait souvent de manger.
8. Quand je suis entré, il m'a salué _____ (jeter) un coup d'œil de mon côté.
9. _____ (vouloir) attraper la balle, je suis tombé dans l'eau.
10. Il était assis, _____ (fumer) sa pipe.
11. Ils l'ont trouvé _____ (respirer) à peine dans le coin d'une pièce.
12. _____ (le voir) arriver, elle a été immédiatement soulagée.
13. Il est parti rapidement, _____ (jurer) de ne plus jamais revenir.
14. Il s'est blessé _____ (nettoyer) un fusil.

Exercice IX (écrit)

*Complétez les phrases en employant des participes présents seuls ou avec **en** d'après le sens.*

1. Je me suis blessé _____ .
2. De temps en temps, _____ , il me parlait gentiment.
3. Son ami le soignait bien, _____ .
4. _____ , je me suis arrêtée de travailler.
5. Elle a répondu _____ .

Exercice X (écrit)

Faites trois phrases (une au présent, une au passé et la dernière au futur) qui s'appliquent à vos activités, en employant des gérondifs. Rappelez-vous que le gérondif modifie un verbe.

Ex. Elle mange **en marchant**.
En allant au laboratoire, nous avons rencontré Robert.
Je répondrai aux questions **en faisant** bien attention.

Exercice XI (écrit)

Complétez les phrases suivantes avec le participe présent du verbe entre parenthèses employé comme nom, adjectif ou participe présent, selon le cas.

1. Je me suis rendu compte qu'elle était fiévreuse quand j'ai touché ses joues _____ (brûler).
2. Les jours _____ (précéder) son arrivée, nous avons été très occupés.
3. Chaque année, les _____ (résider) de ce pays doivent remplir un formulaire _____ (indiquer) leur adresse.
4. J'essaie de travailler malgré la musique _____ (agacer) de mon frère.
5. _____ (aimer) la biologie, elle espère devenir biologiste.
6. C'est une personne très _____ (vivre).

II. Le participe passé

Le participe passé est la forme verbale qui constitue le deuxième élément des temps composés.

A. Formes

1. Le participe passé des *verbes réguliers* est formé sur l'infinitif pour les deux groupes verbaux réguliers.

   Au radical de l'infinitif des verbes en **er**, ajoutez **é** :

   Ex. aim/er → aimé

   Au radical de l'infinitif des verbes en **ir**, ajoutez **i** :

   Ex. fin/ir → fini

   ### REMARQUE

   Pour les verbes en **er** qui ont des changements orthographiques au présent, il est particulièrement important de se rappeler qu'on obtient le participe passé à partir de l'infinitif.

	infinitif	**participe passé**
Ex. j'appelle	appeler	appelé
elle achète	acheter	acheté
il crée	créer	créé

2. Le participe passé composé est formé du *participe présent de l'auxiliaire* **avoir** ou **être** + *participe passé du verbe* en question.

   Ex. ayant fini   étant allé   s'étant promené

   Il exprime une action passée par rapport à celle du verbe principal.

   — Le participe passé composé peut être employé sans son auxiliaire, en particulier avec les mots **sitôt, dès, une fois.**

      Ex. Le beau temps **revenu** (**étant revenu**), nous sommes repartis.
      Le chat **parti**, les souris dansent. (proverbe)
      Sitôt le jour **apparu**, l'oiseau se met à chanter.
      Une fois les examens **passés**, les étudiants retournent chez eux.

Application immédiate

Écrivez l'infinitif et le participe passé des verbes suivants.

1. tu lèves   2. ils jettent   3. je répète

réponses p. 232

---

3. Le participe passé des *verbes du 3ᵉ groupe* est irrégulier et doit donc être appris par cœur. Dans la liste suivante, *les verbes qui forment leur participe passé de la même façon* sont groupés ensemble.

Infinitif	Participe passé	Verbes de formation identique
acquérir	acquis	conquérir → conquis
asseoir	assis	
avoir	eu	
boire	bu	croire → cru
conclure	conclu	
conduire	conduit	construire → construit ; cuire → cuit ; déduire → déduit ; détruire → détruit ; produire → produit ; traduire → traduit (*Exceptions :* luire, nuire. *Voir ci-dessous.*)
connaître	connu	apparaître → apparu ; disparaître → disparu ; paraître → paru
coudre	cousu	
courir	couru	convenir → convenu ; devenir → devenu ; secourir → secouru ; tenir → tenu ; venir → venu ; vêtir → vêtu
craindre	craint	atteindre → atteint ; éteindre → éteint ; feindre → feint ; joindre → joint ; peindre → peint ; plaindre → plaint
croître	crû	
cueillir	cueilli	accueillir → accueilli ; dormir → dormi ; faillir → failli ; mentir → menti ; partir → parti ; recueillir → recueilli ; sentir → senti ; servir → servi ; sortir → sorti
décevoir	déçu	apercevoir → aperçu ; concevoir → conçu ; recevoir → reçu

Infinitif	Participe passé	Verbes de formation identique
devoir	dû*, due	*(avec un accent circonflexe au *masculin singulier seulement* pour le distinguer de **du = de le**); *féminin:* due
devenir	(*voir* courir)	
dire	dit	décrire → décrit; écrire → écrit; inscrire → inscrit; interdire → interdit
dormir	(*voir* cueillir)	
être	été (*invariable*)	
faillir	(*voir* cueillir)	
faire	fait	distraire → distrait; satisfaire → satisfait
falloir	fallu	valoir → valu; voir → vu; vouloir → voulu
fuir	fui	s'enfuir → enfui
lire	lu	relire → relu; élire → élu; réélire → réélu
luire	lui	nuire → nui
mettre	mis	admettre → admis; permettre → permis; promettre → promis; remettre → remis
mourir	mort	
naître	né	
nuire	(*voir* luire)	
ouvrir	ouvert	couvrir → couvert; découvrir → découvert; offrir → offert; souffrir → souffert
partir	(*voir* cueillir)	
plaire	plu	
pleuvoir	plu	
pouvoir	pu	émouvoir → ému
prendre	pris	apprendre → appris; comprendre → compris; entreprendre → entrepris; reprendre → repris; surprendre → surpris
résoudre	résolu	
rire	ri	sourire → souri; suffire → suffi
savoir	su	
sortir	(*voir* cueillir)	

Infinitif	Participe passé	Verbes de formation identique
suivre	suivi	poursuivre → poursuivi
taire (se)	tu, tue*	*(ne confondez pas avec **tué** de **tuer**)
tenir	(voir courir)	
vaincre	vaincu	
vivre	vécu (prononcez [veky])	survivre → survécu

Ces participes passés sont aussi dans la liste des verbes irréguliers de l'appendice (p. 432–445).

B. Emplois

1. Le participe passé *s'emploie dans les formes composées* des verbes. Un temps composé est formé de *deux mots* : auxiliaire **avoir** ou **être** + *participe passé du verbe* en question.

   a. Le participe passé est *une forme verbale ; ce n'est pas un temps.*
   Il constitue le deuxième mot des formes composées.

   Ex. ai **regardé**   être **entré**   étiez **venus**

   Il constitue aussi les deuxième et troisième mots des formes surcomposées, rarement utilisées à l'écrit.

   Ex. ai **eu fait**

   Il indique le verbe dont il s'agit. Regardez le participe passé pour trouver l'infinitif du verbe en question.

Application immédiate

Donnez l'infinitif des verbes dans les phrases suivantes.

1. Ils ont été.

2. Elle ne l'avait pas encore ouverte.

3. Nous les aurions eus.

4. Ne l'avez-vous pas vendue ?

5. Vous les aurez mises.

6. Je l'ai vu.

réponses p. 232

---

b. C'est *le temps de l'auxiliaire* qui, généralement, donne au temps composé son nom (voir aussi le tableau des modes et des temps, p. 428).

Les temps composés

présent de l'auxiliaire	+	participe passé du verbe en question	= passé composé
imparfait de l'auxiliaire	+	″	= plus-que-parfait
futur de l'auxiliaire	+	″	= futur antérieur
conditionnel présent de l'auxiliaire	+	″	= conditionnel passé
passé composé de l'auxiliaire	+	″	= passé surcomposé
infinitif de l'auxiliaire	+	″	= infinitif passé
passé simple de l'auxiliaire	+	″	= passé antérieur
participe présent de l'auxiliaire	+	″	= participe passé composé

c. Revoir les *règles d'accord du participe passé* pour les verbes transitifs et intransitifs dans la leçon 3, p. 65 et 67, et pour les verbes pronominaux dans la leçon 14, p. 327.

2. Plusieurs noms sont dérivés de participes passés. Certains sont masculins, d'autres sont féminins.

Ex. Avez-vous **un permis** de conduire? (permettre) (*masc.*)
Les produits de beauté sont chers. (produire) (*masc.*)
D'ici vous aurez **un aperçu** de la région. (apercevoir) (*masc.*)
L'étendue des dégâts est considérable. (étendre) (*fém.*)
Si vous allez en Suisse, mangez **une fondue**. (fondre) (*fém.*)
La prise de la Bastille a eu lieu en 1789. (prendre) (*fém.*)

Notez bien: Le nom **mort** est féminin bien que le participe passé soit employé au masculin; **la mort ≠ la vie, la naissance.**

Mais on dit **un mort**, **une morte** pour parler d'un homme mort ou d'une femme morte respectivement.

Ex. La morte a été transportée à la morgue. (la femme morte)
Dans cette guerre il y a eu beaucoup de **morts** et de blessés. (gens tués)
mais: Sa vie s'est terminée par **une mort** tragique. (la fin de la vie)

3. Certains *adjectifs* sont dérivés de participes passés. Quand le participe passé accompagne un nom, il suit toujours ce nom. Il s'accorde comme un adjectif (voir aussi leçon 2, p. 50).

> **Ex.** Je suis **satisfait** de vos progrès en général, mais je suis **déçu** de votre dernière composition.
>
> C'est une personne bien **élevée**.
>
> Les étudiants **inscrits** à cette université sont très sympathiques.
>
> Le bureau est **couvert** de papiers.
>
> Les jeunes gens **assis** là-bas sont mes amis.

4. Certaines *préposition* sont dérivés de participes passés (**vu, passé, à l'insu de, excepté, y compris**). Le participe passé est alors *invariable* et est placé devant le nom ou le pronom. **À l'insu de** = sans qu'on le sache ; est une locution prépositive formée de **su**, participe passé masculin de **savoir**, et de **in**, qui indique l'opposition.

> **Ex. Vu** la longueur de la thèse, il n'a pas eu le temps de finir de la lire.
>
> **Passé** neuf heures du soir, tu as toujours envie de dormir.
>
> J'ai tout compris, **excepté** la dernière partie.
>
> Nous aimons tous les champignons, y **compris** cette variété.
>
> Il est entré à mon **insu**.

5. Le participe passé constitue le deuxième mot des verbes à la voix *passive* (voir partie III de ce chapitre).

Exercices

Exercice I (oral)

Donnez le participe passé des verbes suivants, après avoir reconnu s'ils sont réguliers ou irréguliers.

1. interrompre	15. vaincre	29. soutenir
2. instruire	16. lire	30. médire
3. nettoyer	17. défaire	31. apprendre
4. démolir	18. se souvenir	32. étendre
5. découdre	19. pleurer	33. reluire
6. consentir	20. percevoir	34. agir
7. déplaire	21. repartir	35. faillir
8. endormir	22. suffire	36. teindre
9. haïr	23. repeindre	37. parcourir
10. crier	24. vivre	38. découvrir
11. écrire	25. créer	39. maudire
12. démettre	26. cueillir	40. ressentir
13. fondre	27. ouvrir	41. reconnaître
14. prévoir	28. appartenir	42. jeter

Exercice II (oral)

Cherchez les noms formés sur le participe passé des verbes suivants. Indiquez le genre (masculin ou féminin) avec un article.

1. sortir
2. aller
3. mettre
4. voir

5. devoir
6. craindre
7. conduire

8. penser
9. passer
10. recevoir

Exercice III (oral)

Choisissez deux des noms de l'exercice précédent (un masculin et un féminin) et faites une phrase avec chacun d'eux.

Exercice IV (écrit)

Écrivez le passé composé des verbes suivants à la personne indiquée. Attention aux accents.

1. ils infèrent
2. elle promène

3. nous prospérons
4. vous appelez

Exercice V (écrit)

Employez le participe passé des verbes suivants comme adjectifs dans une phrase simple.

Ex. gâter → Voilà un enfant **gâté**; il se conduit mal.

1. détruire
2. vêtir
3. élire

4. peindre
5. entourer
6. distraire

Exercice VI (écrit)

Choisissez trois des participes passés suivants, employés comme prépositions, et faites une phrase avec chacun d'eux.

vu   *passé*   *excepté*   *y compris*   *à l'insu de*

III. Le passif

A. Voix passive

La voix d'un verbe correspond au *rapport entre l'action et le sujet*. À la voix *active*, l'action est *accomplie par le sujet;* à la voix *passive*, l'action est *subie par le sujet*. Considérez les phrases suivantes, qui transmettent le même message à des voix différentes:

Ex. A – Le chat mange la souris.
B – La souris est mangée par le chat.

Dans la phrase A, l'accent est mis sur le chat (puisqu'il se trouve au début de la phrase). Dans la phrase B, l'accent porte sur la souris. Le message est le même, mais l'importance qu'on donne au sujet et au complément est différente.

La voix passive se construit :

— en *inversant le complément direct et le sujet* (qui est alors précédé de **par** ou parfois de **de**) ;

— en *insérant l'auxiliaire* **être** ; puis

— en *transformant le verbe principal au participe passé.*

Le sujet devient alors complément d'agent et le complément direct devient sujet du verbe à la voix passive. *Seul les verbes transitifs directs peuvent être conjugués à la voix passive.* Les verbes transitifs indirects, intransitifs et pronominaux ne peuvent pas être conjugués à la voix passive (exception faite des verbes transitifs indirects **désobéir**, **obéir** et **pardonner**, qui ont déjà été transitifs directs).

Ex. Le policier **arrête** le voleur. → Le voleur **est arrêté** par le policier.
La couturière **a fait** cette robe. → Cette robe **a été faite** par la couturière.

Application immédiate

Mettez les phrases suivantes à la voix passive.

1. L'étudiant écrira une composition.

2. La kayakiste a réussi son esquimautage.

3. L'oiseau mange le ver.

réponses p. 232

REMARQUES

— Quand **on** est le sujet du verbe actif, le verbe passif *n'a pas d'agent exprimé* :

Ex. *Voix active :* On a construit un pont.
Voix passive : Un pont a été construit.

— L'agent peut être introduit par **de** (au lieu de **par**) quand le verbe exprime *une situation statique, un état* :

Ex. Il est aimé de tous ses amis.

— Ne confondez pas *une action* exprimée par un verbe au passif (qui comporte un complément d'agent) et *un état* exprimé par le verbe **être** + *adjectif.*

Ex. La porte est ouverte par le professeur. (*action* prise par le professeur)
≠ La porte est ouverte. (*état* de la porte, qui n'est pas fermée)

Application immédiate

Mettez les phrases suivantes à la forme passive.

1. Le chef de gare donnera le signal de départ du train.

2. On conduit les visiteurs à travers le campus.

3. Samuel a gagné la course.

4. Ces enfants aiment leurs grand-parents.

5. La classe salue le nouvel enseignant.

réponses p. 232

B. Éviter le passif

Le passif est employé plus souvent en anglais qu'en français. En français on l'évite autant que possible, notamment dans les situations suivantes :

1. *Quand l'agent est exprimé ;* on emploie la voix active à la place de la voix passive sauf s'il y a emphase sur le complément direct.

Ex. Tout l'argent a été dépensé par les gestionnaires.
→ Les gestionnaires ont dépensé tout l'argent.
(*Sauf si on veut attirer l'attention sur* **tout l'argent**.)

2. *Quand l'agent n'est pas exprimé;* si l'agent non exprimé est une personne, on remplace la voix passive par la voix active avec le sujet **on**. Mais si l'agent non exprimé est une chose, on garde le passif:

Ex. Ma maison peut être aperçue du haut de la côte. (par des gens)
→ **On peut** apercevoir ma maison du haut de la côte. (voix active préférable)

mais: En chassant, j'ai été blessé au bras. (par un fusil; on garde la voix passive)

REMARQUE

Certains verbes transitifs directs en anglais, mais transitifs indirects en français; on ne peut alors pas employer le passif en français et on emploie la forme **on** + *verbe actif.*

Ex. On a répondu à la question. (« The question was answered. »)

3. *Quand une action habituelle, commune ou connue est exprimée et que le sujet du verbe est une chose;* on emploie alors la forme pronominale du verbe (verbe pronominal à sens passif, voir aussi leçon 14, p. 324) à la place du passif.

Ex. Le raisin **se cueille** en septembre. (plutôt que « Le raisin est cueilli en septembre. »)
Le vin rouge **se boit** chambré. (plutôt que « Le vin rouge est bu chambré »)
Ça *ne se dit pas.* (plutôt que « Ça n'est pas dit »)
Le français **se parle** dans plus de 100 pays. (plutôt que « Le français est parlé dans plus de 100 pays. »)

Application immédiate

Évitez le passif dans les phrases suivantes lorsque c'est possible.

1. Vous êtes connu de tout le monde.

2. Ce poisson est mangé cru.

3. Son auto a été volée.

4. La ville a été inondée.

5. Nous sommes dérangés par le bruit.

réponses p. 232

Exercices

Exercice I (oral)

Mettez les phrases suivantes à la forme passive.

1. Mon cheval a mangé toutes les pommes.
2. Les pompiers ont éteint le feu.
3. Des bombes ont détruit la ville.
4. Son amie l'accompagnait.
5. Je crois qu'on mettra des livres en solde demain.
6. Votre travail vous absorbe.

Exercice II (oral)

*Complétez avec **par** ou **de**.*

1. Cette patineuse est admirée .... son public.
2. Les enfants perdus ont été retrouvés ...... un garde-forestier.
3. Vous êtes appréciée .... vos auditeurs.
4. Notre maison a été construite .... mes grands-parents.
5. Tu es respecté .... tout le monde.

Exercice III (écrit)

Dans les phrases suivantes, évitez le passif quand c'est possible.

1. Je suis gêné par votre manque de charité.
2. Il faut que les chevaux soient brossés par l'écuyer.
3. Le dessert va être servi.
4. Le gigot d'agneau est mangé saignant en France.
5. Pendant la tempête, des arbres ont été déracinés.
6. Il est aimé de tous.
7. Le pays a été envahi par l'ennemi.
8. La gravitation a été découverte par Newton.

Réponses aux applications immédiates

I. Le participe présent

p. 212   1. comprenant
2. étant
3. allant

p. 213   1. simultanéité (pendant que)
         2. manière (comment)
         3. opposition (bien que)
         4. temps (quand)

p. 215   1. remplace la proposition relative (= qui portait)
         2. action postérieure (après que)
         3. cause (parce que)
         4. action postérieure et résultat
         5. condition (= si la chance aide)
         6. circonstance qui accompagne l'action

p. 216   1. rire
         2. Je travaillais
         3. sans le savoir
         4. La natation
         5. Rester

p. 217   1. suivant
         2. courante
         3. obéissants
         4. excellente
         5. provocant

II. Le participe passé

p. 222   1. lever ; levé
         2. jeter ; jeté
         3. répéter ; répété

p. 224   1. être
         2. ouvrir
         3. avoir
         4. vendre
         5. mettre
         6. voir

III. Le passif

p. 228   1. Une composition sera écrite par l'étudiant.
         2. L'esquimautage a été réussi par la kayakiste.
         3. Le ver est mangé par l'oiseau.

p. 229   1. Le signal de départ du train sera donné par le chef de gare.
         2. Les visiteurs sont conduits à travers le campus.
         3. La course a été gagnée par Samuel.
         4. Ces grand-parents sont aimés de leurs petits-enfants.
         5. Le nouvel enseignant est salué par la classe.

p. 231   1. Tout le monde vous connaît
         2. Ce poisson se mange cru.
         3. On a volé son auto.
         4. La ville a subi une inondation.
         5. Le bruit nous dérange.

• L'INTERRO-GATION

• LE DISCOURS INDIRECT

I. L'interrogation

On distingue deux sortes de phrases interrogatives : celles qui demandent *une réponse affirmative ou négative* (interrogation totale) et celles qui demandent *des renseignements spécifiques* (interrogation partielle).

Il y a toujours un point d'interrogation à la fin d'une phrase interrogative.

A. Phrases interrogatives qui demandent une réponse affirmative ou négative (oui, non, si)

On peut rendre une phrase interrogative de quatre façons :

1. En plaçant **est-ce que** (ou **est-ce qu'**) devant la phrase sans changer l'ordre des mots.

   > **Ex.** Le livre est sur la table.
   > → **Est-ce que** le livre est sur la table ?
   > Il est arrivé.
   > → **Est-ce qu'** il est arrivé ?

2. En utilisant *l'inversion.*

   a. Quand le sujet du verbe est un pronom, on fait l'inversion du verbe et du pronom sujet. Il y a un trait d'union entre le verbe et le pronom (voir aussi leçon 11, p. 259).

   > **Ex.** Il est content. → Est-il content ?
   > Elle a un chien. → A-t-elle un chien ?

REMARQUES

— Quand le sujet d'un verbe est **je**, on peut faire l'inversion *verbe-je* avec certains verbes seulement :

Ex. être   →   suis-je
      devoir   →   dois-je
      aller   →   vais-je
      avoir   →   ai-je
      pouvoir   →   puis-je (*mais* est-ce que je peux)

Autrement, on utilise la formule **est-ce que** (voir **1**, ci-dessus). Il faut noter qu'on évite généralement l'inversion avec le pronom **je** dans la langue courante.

— Avec un verbe *négatif*, **pas** est placé après le groupe [verbe + pronom sujet] (voir aussi leçon 8, p. 192).

     Ex. Il n'est pas content. → N'est-il **pas** content ?

— Quand le verbe est à *un temps composé*, on fait l'inversion de l'auxiliaire et du pronom sujet.

     Ex. Ils ont vu ce film. → **Ont-ils** vu ce film ?
          Vous ne les avez pas rencontrés. → Ne les **avez-vous** pas rencontrés ?

b. Quand le sujet du verbe est un nom, on fait l'inversion du verbe et du pronom qui remplace le nom. Le nom reste à sa place.

     Ex. Le livre est sur la table. → Le livre **est-il** sur la table ?
          Les enfants sont sages. → Les enfants **sont-ils** sages ?

3. En ajoutant **n'est-ce pas** à la fin de la phrase déclarative. (Cette expression est invariable.)

     Ex. Le livre est sur la table.
          Le livre est sur la table, **n'est-ce pas** ?
          Vous n'avez pas écrit l'exercice.
          Vous n'avez pas écrit l'exercice, **n'est-ce pas** ?

4. En utilisant un ton de voix interrogatif, façon employée très couramment dans la langue parlée.

     Ex. Vous n'avez pas fait votre travail ?

Application immédiate

Mettez les phrases suivantes à la forme interrogative avec inversion, quand c'est possible.

1. Vous suivez beaucoup de cours.

2. L'homme ouvre la porte.

3. Tu n'as pas compris l'explication.

4. Il me le répétera.

5. Je peux vous l'indiquer.

6. Je travaille très dur.

réponses p. 255

REMARQUE

On emploie habituellement **oui** pour répondre affirmativement à une phrase interrogative positive au Canada et en Europe. En Europe, on emploie généralement **si** au lieu de **oui** pour donner *une réponse affirmative à une question négative*. On emploie généralement **non** pour donner une réponse négative, tant au Canada qu'en Europe.

Ex. Tu as faim ?   → Oui, j'ai faim.
                         → Non, je n'ai pas faim.

Tu n'as pas faim ? → Si, j'ai faim. (Europe)
                         → Oui, j'ai faim. (Canada)

B. Phrases interrogatives qui demandent une réponse spécifique

Ces questions commencent par des *mots interrogatifs* (quand, comment, pourquoi, quel, etc.).

ATTENTION

Après tous les mots interrogatifs, la phrase doit être à la forme interrogative, soit avec l'inversion du verbe et du pronom sujet, soit avec **est-ce que** sans changer l'ordre des mots. (Notez que **est-ce** est une inversion de **c'est**.)

Ex. Vous êtes en colère. → Pourquoi **êtes-vous** en colère?
→ Pourquoi **est-ce que** vous êtes en colère?

Application immédiate

Écrivez les deux formes interrogatives de la phrase suivante:

Votre ami va venir?

1. Quand _____?

2. Quand _____?

réponses p. 255

---

1. Combien, comment, où, pourquoi et **quand** sont les *adverbes interrogatifs.*

Ex. Combien avez-vous payé ce manteau?
ou : **Combien** est-ce que vous avez payé ce manteau?

Comment voulez-vous y aller?
ou : **Comment** est-ce que vous voulez y aller?

Où sommes-nous?
ou : **Où** est-ce que nous sommes?

Pourquoi le livre est-il ouvert?
ou : **Pourquoi** est-ce que le livre est ouvert?

Quand viendrez-vous me voir?
ou : **Quand** est-ce que vous viendrez me voir?

Dans une *phrase courte* (qui ne contient qu'un verbe à temps simple et un nom sujet), on fait *l'inversion verbe-nom sujet,* excepté avec **pourquoi**.

> **Ex.** Combien coûte ce tricot?
> Comment va votre mère?
> Où est le professeur?
> Quand arrivent vos parents?
>
> *mais :* Pourquoi votre chien aboie-t-il?

Application immédiate

À l'aide d'un adverbe interrogatif, écrivez les questions pour les réponses suivantes.

> **Ex.** Julie vient demain. → Quand vient Julie?

1. Les invités partiront bientôt.

2. Robert est à la bibliothèque.

3. Mon frère gagne deux mille dollars par mois.

4. La dame s'énerve parce que sa voiture est en panne.

5. Samuel travaille très bien.

réponses p. 255

---

2. Un mot interrogatif peut aussi être *déterminant, adjectif ou pronom :* **quel** et **lequel.**

    a. Le déterminant interrogatif **quel (quelle, quels, quelles)** s'accorde en genre et en nombre avec le nom qu'il qualifie. Il est placé *directement avant le nom qu'il qualifie*, au *commencement* de la question.

> **Ex. Quelle** heure est-il?
> **Quel avion** vient d'arriver? (sujet)
> **Quels exercices** avez-vous préparés? (complément direct)
> De **quel film** est-ce que vous parlez? (complément d'une préposition)
> À **quelles filles** a-t-il souri? (complément d'une préposition)
> Pour **quelles raisons** est-ce que vous êtes ici? (complément d'une préposition)

    b. **Quel** peut aussi être *adjectif interrogatif variable* (**quelle, quels, quelles).** Contrairement au déterminant interrogatif, il est *suivi du verbe* **être**, qui le sépare du nom qualifié. Ce dernier est alors *en position d'attribut.*

> **Ex. Quelle** est **la différence** entre un désert et un dessert?
> **Quel** sera **le but** du club?

Application immédiate

Complétez avec l'adjectif interrogatif à la forme correcte.

1. _____ réaction avez-vous eue?

2. _____ sont leurs intentions?

3. _____ sera le résultat de tout cela?

réponses p. 256

Note

Le déterminant interrogatif variable est aussi employé dans des *exclamations*.

> **Ex. Quelle** vie!
> **Quel** beau temps!
> **Quelle** chance! Je pars demain.
> **Quelle** honte de faire une chose pareille!

c. **Lequel (laquelle, lesquels, lesquelles)** est un *pronom interrogatif variable*. C'est une forme composée: **le, la, les** + **quel**. L'article se contracte avec:

> **à** → **auquel, auxquels, auxquelles**

> et **de** → **duquel, desquels, desquelles**

Notez que **la** ne se contracte pas: **à laquelle, de laquelle**. (Ne pas confondre avec le *pronom relatif* **lequel**.)

— **Lequel** remplace **quel** + *nom* et s'accorde en genre et en nombre avec ce nom. Il est placé *au commencement de la question*. Il indique *un choix*.

> **Ex.** Voilà deux pommes. **Laquelle** veux-tu? (Quelle pomme?)

ou : **Laquelle** de ces deux pommes veux-tu ?
Lequel de ces exercices est oral ?
Auxquels as-tu parlé ?
Il y avait trois candidats. Pour **lequel** as-tu voté ?
Desquelles avez-vous besoin, des grandes ou des petites ?
Lesquels avez-vous lus ?

Application immédiate

Complétez avec une forme de **quel** ou de **lequel**.

1. _____ des trois sujets avez-vous choisi ?

2. _____ questions as-tu posées ?

3. _____ de ces livres as-tu besoin ?

4. De ces deux roses, _____ vous plaît le plus ?

5. Vous allez bien maintenant ? _____ bonne nouvelle !

réponses p. 256

---

3. Il y a aussi des *pronoms interrogatifs* qui sont invariables.
On distingue les pronoms à *forme courte* et à *forme longue* (voir le tableau ci-dessous).

Les pronoms interrogatifs invariables

	PERSONNES		CHOSES	
	formes courtes	formes longues	formes courtes	formes longues
Sujet	**qui**	**qui est-ce qui**		**qu'est-ce qui**
Complément direct	**qui** (*+ inversion*)	**qui est-ce que**	**que (qu')** (*+ inversion*)	**qu'est-ce que**
Complément indirect (introduit par *à, pour, chez, de, sur,* etc.)	*préposition +* **qui** (*+ inversion*)	*préposition +* **qui est-ce que**	*préposition +* **quoi** (*+ inversion*)	*préposition +* **quoi est-ce que**

Note

Ne pas confondre les formes courtes du tableau avec les pronoms relatifs **qui, que, quoi.**

a. Pronoms à formes courtes (voir tableau ci-dessus)

Pour *une personne*, on emploie toujours **qui,** suivi d'une inversion, excepté après **qui** *sujet.*

Pour *une chose*, on emploie **que** (*complément direct*) et **quoi** (*complément d'une préposition*), suivis d'une inversion. Il n'y a pas de forme courte sujet.

Ex. **Qui** est à la porte? (personne: *sujet*)
Qui avez-vous vu? (personne: *complément direct*)
À qui as-tu parlé? (personne: *complément d'une préposition*)
Que veux-tu? (chose: *complément direct*)
Avec quoi écrivez-vous? (chose: *complément d'une préposition*)

REMARQUES

— **Que** devient **qu'** devant une voyelle ou un **h** muet; **qui** ne change jamais.

Ex. **Qu'**arrive-t-il?

— Dans une phrase courte (qui ne contient qu'un verbe et un nom sujet), on fait l'inversion verbe-nom sujet après **que.**

Ex. **Que** veut cet enfant?

— **Quoi** est quelquefois employé seul.

Ex. **Quoi?**
Quoi de neuf? (verbe sous-entendu)

b. Pronoms à formes longues (voir tableau ci-dessus)

On les obtient en ajoutant **est-ce qui** à la forme courte sujet, **est-ce que** à la forme courte complément direct, et une préposition + **quoi est-ce que** à la forme courte complément indirect.

Ex.   **qui** est-ce **que**   **qu'**est-ce **que**   **qu'**est-ce **qui**

(personne)   (comp. du verbe)   (chose)   (comp. du verbe)   (chose)   (comp. du verbe)

Ex. **Qui est-ce qui** est à la porte? (personne: *sujet*)
Qui est-ce que vous avez-vu? (personne: *complément direct*)
À **qui est-ce que** tu as parlé? (personne: *complément d'une préposition*)

Qu'est-ce qui te dérange? (chose: *sujet*)
Qu'est-ce que tu veux? (chose: *complément direct*)
Avec **quoi est-ce que** vous écrivez? (chose: *complément d'une préposition*)

REMARQUES

— Les pronoms sujets **qui** et **qui est-ce qui** sont interchangeables, car il n'y a pas d'inversion après l'une ou l'autre de ces formes.

Ex. Qui veut venir avec moi?

ou: **Qui est-ce qui** veut venir avec moi?

— Pour demander une définition, on pose la question:

Qu'est-ce que c'est que...?
ou: **Qu'est-ce que...?**

Ex. Qu'est-ce que c'est que ça?
Qu'est-ce que c'est que le Tour du Grand Montréal?
Qu'est-ce que le Tour du Grand Montréal?

Application immédiate

Complétez les phrases avec le pronom interrogatif, à la forme courte ou longue qui convient, et une préposition quand elle est nécessaire.

1. _____ riez-vous? — D'une bonne blague.

2. _____ a-t-il parlé si longtemps au téléphone? — À ses parents.

3. _____ est venu vous parler?

4. _____ as-tu aidé?

5. _____ nous commencerons? — Par une dictée.

6. _____ vous avez dit?

7. _____ se passe?

8. _____ vaut cette composition?

réponses p. 256

Exercices

Exercice I (oral)

Mettez chaque phrase à la forme interrogative en employant les quatre façons possibles (voir p. 233–234).

1. Elles sont parties.
2. Mon chat mange trop.
3. Nous ne les lui avons pas apportés.

Exercice II (oral)

À l'aide d'un adverbe interrogatif, trouvez une question pour chacune des réponses suivantes.

Ex. Je vais au laboratoire. → Où allez-vous (vas-tu)?

1. Ma voiture fonctionne bien.
2. J'ai dépensé dix dollars dans ce magasin.
3. Le parc des Champs de bataille se trouve à Québec.
4. Mon frère travaille parce qu'il a besoin d'argent.
5. Il a laissé tomber le cours juste avant l'examen final.

Exercice III (oral)

Changez la question de façon à ne pas avoir d'inversion.

Ex. Quand as-tu rencontré Robert?
  → Quand est-ce que tu as rencontré Robert?

1. Combien de temps es-tu resté à la bibliothèque?
2. Pourquoi êtes-vous tellement en retard?
3. Où est-il passé?
4. Quand le professeur va-t-il rendre les examens?
5. À quelle heure faut-il arriver chez nos amis?
6. Depuis quand n'avons nous plus d'électricité?
7. Comment allez-vous vous rendre à Toronto?
8. Comment dit-on «faire des courses» en français canadien?

Exercice IV (oral)

*Complétez avec une forme de **quel** ou de **lequel**.*

1. Nous avons des olives noires et vertes; .... préférez-vous?
2. Il y a plusieurs concerts en fin de semaine; .... iras-tu?
3. .... est le sens du mot canadien «enfirouaper»?
4. .... de ces deux tableaux préférez-vous?
5. J'ai trop de vêtements; .... est-ce que je vais me débarrasser?
6. Dans .... état vais-je trouver ma maison?

Exercice V (oral)

*Remplacez **qui** par **qui est-ce qui**, ou inversement.*

1. Qui vient d'entrer ?
2. Qui est allé à la conférence hier soir ?
3. Qui est-ce qui l'aidera ?
4. Qui viendra avec nous ?

Exercice VI (oral)

*Remplacez **que** par **qu'est-ce que** et faites les changements nécessaires.*

1. Que m'apportez-vous ?
2. Que direz-vous à vos parents ?
3. Qu'êtes-vous en train de faire ?
4. Que lui as-tu proposé ?
5. Que voulez-vous que j'apporte demain ?

Exercice VII (oral)

a) *Remplacez la forme courte du pronom interrogatif par la forme longue et faites les changements nécessaires.*

1. Qui n'a pas encore été évalué ?
2. De quoi parlais-tu ?
3. À qui voulez-vous faire ce cadeau ?
4. Qui le professeur a-t-il questionné ?
5. Qui vient d'arriver ?
6. De quoi vous plaignez-vous ?

b) *Remplacez la forme longue du pronom interrogatif par la forme courte quand c'est possible, et faites les changements nécessaires.*

1. Pour qui est-ce qu'elle prépare ces exercices ?
2. Qui est-ce qui va me dire la vérité ?
3. À quoi est-ce qu'il pensait ?
4. Qu'est-ce qui reste à faire maintenant ?
5. Qui est-ce que tu aimerais voir ?
6. Qu'est-ce que vous cherchez ?

Exercice VIII (oral)

Posez toutes les questions possibles sur cet extrait.

La dernière maison à la sortie du bourg, sur la route du phare, est une maison ordinaire : un simple rez-de-chaussée, avec seulement deux petites fenêtres carrées encadrant une porte basse. Mathias, en passant, frappe au carreau de la première fenêtre et, sans s'arrêter, continue jusqu'à la porte. Juste à la seconde où il atteint celle-ci, il la voit s'ouvrir devant lui; il n'a même pas besoin de ralentir pour pénétrer dans le corridor, puis, après un quart de tour à droite, dans la cuisine où il pose aussitôt sa mallette à plat sur la table... La maîtresse de maison est debout près de lui, entourée de ses deux filles aînées — une de chaque côté (un peu moins grandes que leur mère) — immobiles et attentives toutes les trois.

Alain Robbe-Grillet, Le Voyeur

Exercice IX (oral)

Étudiez la forme des interrogations contenues dans ce passage.

Jean Valjean se mit à songer dans les ténèbres. «Où en suis-je? — Est-ce que je ne rêve pas? — Que m'a-t-on dit? Est-il bien vrai que j'aie vu ce policier et qu'il m'ait parlé ainsi? — Que peut être ce Champmathieu? Il me ressemble donc? — Est-ce possible? — Quand je pense qu'hier j'étais si tranquille à pareille heure! Qu'y a-t-il dans cet incident? Comment cela se dénouera-t-il? Que faire?»

Victor Hugo, Les Misérables

Exercice X (écrit)

*Rédigez deux questions sans inversion avec deux des adverbes interrogatifs suivants : **combien, comment, où, pourquoi** ou **quand**.*

Exercice XI (écrit)

Complétez les phrases suivantes avec les mots interrogatifs qui traduisent les mots anglais interrogatifs « what », « what is » ou « what a », selon le cas.

    1. _____ vous voulez?
    2. _____ est arrivé?
    3. À _____ pensez-vous?
    4. _____ dites-vous?
    5. _____ sont les raisons de son départ?
    6. _____ la Sorbonne?
    7. _____ plaisir de vous voir!

Exercice XII (écrit)

Trouvez une question à la réponse donnée. Quand il y a deux formes possibles, donnez-les toutes les deux.

    Ex. J'ai joué au soccer.
        → À quoi as-tu joué?
        → À quoi est-ce que tu as joué?

  1. Mes amis sont arrivés.
  2. Nous avons discuté avec la conférencière.
  3. L'étudiant travaille avec un dictionnaire.

4. Elle écrivait un poème pendant le cours.
5. C'est un jeu intéressant.
6. Le feu a détruit sa maison.

Exercice XIII (écrit)

Trouvez le mot (ou expression) interrogatif qui complète les questions suivantes.
Quand il y a deux réponses possibles, donnez-les toutes les deux.

1. _____ tu veux venir avec nous? — Oui, je veux bien.
2. _____ t'a raconté cela?
3. _____ êtes-vous arrivé? — Ce matin.
4. _____ arrives-tu?
5. _____ Robert a posé son manteau?
6. _____ était la question?
7. Il fait très beau aujourd'hui, _____?
8. De _____ as-tu envie pour ton déjeuner?
9. _____ faut-il apprendre pour demain?
10. Je peux vous donner une de ces photos; _____ voulez-vous?

Exercice XIV (écrit)

Complétez les questions suivantes.

1. Avec quoi est-ce que _____?
2. À qui _____?
3. Où _____?
4. Qu'est-ce que _____?
5. Qu'est-ce qui _____?

Exercice XV (écrit)

Trouvez une question qui convienne à chaque situation.

Ex. Vous m'avez trompé en me disant cela.
→ En qui peut-on avoir confiance aujourd'hui?

1. Oh! mon ordinateur est encore en panne.
2. Il n'y a rien à manger pour ce soir.
3. Elle est partie sans ses clés.
4. Jean m'a dit que j'étais fou de faire ce pari.

Exercice XVI (écrit)

Vous êtes un reporter et vous interviewez la personne de votre choix. Posez beaucoup de questions intéressantes en variant les mots interrogatifs. (5 ou 6 lignes)

II. Le discours indirect

Les paroles d'une personne peuvent être rapportées sous *la forme d'une citation entre guillemets ;* c'est *le discours direct* (ou style direct).

> **Ex.** Il m'a dit : « Vous avez l'air fatigué. »

Elles peuvent aussi être rapportées sous *la forme d'une proposition subordonnée ;* c'est *le discours indirect* (ou style indirect).

> **Ex.** Il m'a dit que vous aviez l'air fatigué.

Dans le changement du discours direct en discours indirect, trois cas se présentent d'après la forme de la citation du discours direct :

> — c'est une phrase déclarative ;

> — c'est un ordre (à l'impératif) ;

> — c'est une interrogation.

On distingue le discours indirect *au présent* et le discours indirect *au passé.*

A. Phrase déclarative

Au discours indirect, la phrase déclarative est introduite par **que**.

1. Discours indirect au présent

Quand le verbe de la proposition principale est *au présent, les temps des verbes de la citation ne changent pas* au discours indirect. *Répétez* **que** avec chaque proposition subordonnée.

Ex. Elle dit : « Il fera beau demain et nous pourrons sortir. »
Elle dit **qu'**il fera beau demain et **que** nous pourrons sortir.

Les pronoms et les déterminants possessifs peuvent changer de personne.

Ex. Elle me dit : « Tu as eu tort de me raconter ton histoire. »
Elle me dit que **j'**ai eu tort de **lui** raconter **mon** histoire.

2. Discours indirect au passé

a. Quand le verbe de la proposition principale est *au passé, le temps des verbes de la citation change* au discours indirect. Les expressions de temps changent aussi. Les pronoms et les déterminants possessifs peuvent changer, comme au présent.

Le rapport entre le temps du verbe de la proposition subordonnée et le temps du verbe de la proposition principale dont il dépend s'appelle *la concordance des temps*. Il faut parfois modifier la concordance des temps dans le discours indirect. Les temps qui ont déjà les terminaisons **ais, ais, ait, ions, iez** et **aient** (*l'imparfait, le plus-que-parfait, les conditionnels* présent et passé) ne changent pas, mais les autres temps de l'indicatif changent.

Concordance des temps

présent	devient	*imparfait*
passé composé	devient	*plus-que-parfait*
futur	devient	*conditionnel présent*
futur antérieur	devient	*conditionnel passé*

Ex. Je lui ai dit : « Vous **aurez** peut-être de la chance. »
→ Je lui ai dit qu'il **aurait** peut-être de la chance.
Il pensait : « Ils **ont gagné** et ils le **méritaient**. »
→ Il pensait qu'ils **avaient gagné** et qu'ils le **méritaient**.

Le subjonctif ne change pas, puisqu'il dépend du même verbe dans les deux types de discours.

b. *Les expressions de temps* dans le discours indirect sont maintenant *relatives au passé* (voir la liste ci-dessous).

Les expressions de temps dans le présent et dans le passé

Expressions relatives au présent	*Expressions relatives au passé*
maintenant, en ce moment	à ce moment-là, alors
aujourd'hui	ce jour-là (pour un jour du passé)
hier (le jour avant aujourd'hui)	la veille (le jour avant ce jour-là)
demain (le jour après aujourd'hui)	le lendemain (le jour après ce jour-là)
ce matin, ce soir, cette semaine, cette année	ce matin-là, ce soir-là, cette semaine-là, cette année-là
la semaine prochaine (la semaine après cette semaine)	la semaine suivante (la semaine après cette semaine-là)
la semaine dernière ou passée (la semaine avant cette semaine)	la semaine précédente (la semaine avant cette semaine-là)

Ex. La semaine dernière vous m'avez dit : « **Hier** il est resté en ville très tard et **aujourd'hui** il a sommeil. »

La semaine dernière vous m'avez dit que **la veille** il était resté en ville très tard et que **ce jour-là** il avait sommeil.

Il m'avait prévenu : « **Le mois prochain** je ne gagnerai pas beaucoup d'argent. »

Il m'avait prévenu que **le mois suivant** il ne gagnerait pas beaucoup d'argent.

Application immédiate

Mettez les phrases suivantes au discours indirect.

(au présent) 1. Je lui répète : « Tu devras bientôt choisir un métier. »

(au passé) 2. Il lui avait dit : « Maintenant je ne peux pas vous répondre ; demain ce sera peut-être possible. »

réponses p. 256

B. Ordre à l'impératif

Au discours indirect, *l'impératif devient un infinitif* introduit par **de**.

> **Ex.** *(au présent)*
> Le professeur dit : « **Préparez** l'exercice numéro 3. »
> → Le professeur dit **de préparer** l'exercice numéro 3.

> *(au passé)*
> Elle a suggéré : « **Écrivez** quelques lignes sur votre sujet favori. »
> → Elle a suggéré **d'écrire** quelques lignes sur notre sujet favori.

L'impératif peut aussi devenir un subjonctif introduit par **que**. Cette structure dénote un doute quant à la réalisation de l'ordre.

> **Ex.** Il dit : « **Partez** les premiers. »
> → Il dit **que** nous **partions** les premiers.

Application immédiate

Mettez les phrases suivantes au discours indirect.

1. Mes parents me demandent : « Écris-nous plus souvent. »

2. Vous nous aviez dit : « Tapez votre travail à l'ordinateur et utilisez un correcteur automatique. »

réponses p. 256

C. Interrogation dans le discours indirect

Au discours indirect, *une interrogation directe devient une interrogation indirecte.* Il n'y a pas de point d'interrogation à la fin d'une phrase interrogative indirecte. La forme interrogative de la citation (avec **est-ce que** ou l'inversion) disparaît; *l'ordre des mots est donc celui d'une phrase déclarative.*

> **Ex.** Je vous demande : « Comment allez-vous ? » (*ou* « Comment est-ce que vous allez ? »)
> Je vous demande **comment vous allez**.

Les changements de pronoms, de déterminants possessifs, de temps de verbes et d'expressions de temps sont les mêmes que pour la phrase déclarative.

> **Ex.** (*au présent*)
> Je lui demande : « Pourquoi prendras-tu ta décision demain ? »
> → Je lui demande pourquoi il prendra sa décision demain.
>
> (*au passé*)
> Je lui ai demandé : « Pourquoi prendras-tu ta décision demain ? »
> → Je lui ai demandé pourquoi il prendrait sa décision le lendemain.

Rappelons qu'il y a deux sortes de phrases interrogatives directes : celles que demandent une réponse affirmative ou négative et celles qui demandent des renseignements spécifiques (partie I, p. 233).

1. Pour les *phrases interrogatives qui demandent une réponse affirmative ou négative,* la question indirecte est introduite par **si** avec **(se) demander**.

> **Ex.** (*au présent*)
> Tu me demandes : « As-tu fait un bon voyage ? »
> → Tu me demandes **si** j'ai fait un bon voyage.
>
> (*au passé*)
> Il lui a demandé « Est-ce que je vous ai rendu votre copie ? »
> → Il lui a demandé **s'**il lui avait rendu sa copie.

ATTENTION

Ce **si** (« whether ») est le **si** *d'interrogation indirecte*, à ne pas confondre avec le **si** *de condition* d'une phrase conditionnelle.

---

2. Pour les *phrases interrogatives qui demandent des renseignements spécifiques*:

— *La question indirecte commence par un adverbe interrogatif* (**combien, comment, où, pourquoi, quand**), comme dans la question directe.

Ex. Il m'a demandé: «**Où** allez-vous?»
→ Il m'a demandé **où** j'allais.

— *La question indirecte commence par* **quel** *ou* **lequel** comme dans la question directe.

Ex. J'ai demandé: «**Quelle** heure est-il et **à quelle** heure faudra-t-il partir?»
→ J'ai demandé **quelle** heure il était et **à quelle** heure il faudrait partir.
Il a demandé: «**Lequel** veut répondre?»
→ Il a demandé **lequel** voulait répondre.

— *La question indirecte commence par un pronom interrogatif invariable.* Les pronoms interrogatifs invariables du discours direct (revoir tableau, p. 239) *changent au discours indirect* de la façon suivante:

Les pronoms interrogatifs invariables au discours indirect

Personnes		Choses	
Discours direct	Discours indirect	Discours direct	Discours indirect
qui *qui est-ce qui*	*qui* (sujet)	*qu'est-ce qui* *que*	*ce qui* (sujet)
qui *qui est-ce que*	*qui* (objet direct)	*qu'est-ce que* *quoi*	*ce que* (objet direct)
qui *qui est-ce que*	*qui* (objet d'une préposition)	*quoi est-ce que*	*quoi* (objet d'une préposition)

Ex. Elle m'a demandé: «**Qui est-ce qui est là**?»
→ Elle m'a demandé **qui** était là. *(personne: sujet)*
Je voudrais bien savoir: «**Qui** connaît-elle et **à qui** pense-t-elle?»
→ Je voudrais bien savoir **qui** elle connaît et **à qui** elle pense.
(personne: objet direct et objet d'une préposition)
Je ne sais pas: «**Qu'est-ce qui** se passe?»
→ Je ne sais pas **ce qui** se passe. *(chose: sujet)*
Je t'ai demandé: «**Que** veux-tu?» *ou* «**Qu'est-ce que** tu veux?»

→ Je t'ai demandé **ce que** tu voulais. *(chose : objet direct)*

Je lui ai demandé : « Contre **quoi est-ce que** ces gens protestent ? »

→ Je lui ai demandé contre **quoi** ces gens protestaient. *(chose : objet d'une préposition)*

ATTENTION

N'employez jamais **qu'est-ce qui** ou **qu'est-ce que** dans une interrogation indirecte, seulement dans une interrogation directe.

Ex. Qu'est-ce qu'il veut ? (interrogation directe)

Je ne sais pas **ce qu'il** veut. (interrogation indirecte)

Application immédiate

Mettez les questions suivantes au style indirect, oralement.

1. Je te demande : « As-tu fini ta composition écrite ? »

2. Il se demandait : « Pourquoi est-ce qu'elle est si impatiente ? »

3. Je me demandais : « Lesquels faut-il choisir ? »

4. Je vous avais demandé : « De quoi avez-vous parlé aujourd'hui ? »

5. Je voudrais savoir : « Qu'est-ce qu'elle t'a dit ? »

réponses p. 256

D. Passer du discours direct au discours indirect

Pour mettre un paragraphe entier au discours indirect, il faut ajouter des verbes variés comme **dire, déclarer, ajouter, suggérer, demander, insister, répondre, répéter, expliquer, remarquer**, etc. Certains mots spéciaux du style direct disparaissent : **hein, à propos, eh bien**, etc.

Ex. *Discours direct*

Antigone (à Ismène) : Tu m'as toujours dit que j'étais folle, pour tout, depuis toujours. Va te recoucher, Ismène… Il fait jour maintenant, tu vois, et, de toute façon, je ne pourrais rien faire. Mon frère mort est maintenant entouré d'une garde exactement comme s'il avait réussi à se faire roi. Va te recoucher. Tu es toute pâle de fatigue.

Jean Anouilh, Antigone

Ex. *Discours indirect au passé*

Antigone a dit à Ismène que celle-ci lui avait toujours dit qu'elle était folle, pour tout, depuis toujours. Elle lui a suggéré d'aller se recoucher... Elle a ajouté qu'il faisait alors jour, comme elle le voyait, et que, de toute façon, elle ne pourrait rien faire. Elle a expliqué que son frère mort était maintenant entouré d'une garde exactement comme s'il avait réussi à se faire roi. Elle lui a répété d'aller se recoucher, car elle était toute pâle de fatigue.

Exercices

Exercice I (oral)

Mettez les phrases déclaratives suivantes au discours indirect et faites les changements nécessaires. Remarquez si le discours est au présent ou au passé.

Ex. Il a dit : « Je serai là à deux heures. »
   → Il a dit qu'il serait là à deux heures.

1. Il pense : « Il va faire beau demain. »
2. Le père dit à son fils : « Tu n'iras pas en classe aujourd'hui parce que tu as de la fièvre. »
3. Mon ami me dit : « Vous aviez raison et vous auriez dû parler plus fort. »
4. Le professeur disait aux étudiants : « Je veux vos travaux demain à la première heure. »
5. Elle a déclaré aux journalistes : « Je retire ma candidature et je n'appuie aucun autre candidat. »
6. Il m'a dit : « Je pars demain, mais je ne sais pas à quelle heure. »
7. Elle pensait : « Mon tour viendra et j'en profiterai bien. »
8. Tu m'avais dit : « En ce moment je suis découragé parce que tout ce que j'entreprends échoue. »
9. J'ai dit à Lucie : « Votre amie voudrait vous voir. »
10. Mon professeur a annoncé : « Il y aura un autre examen la semaine prochaine, car la moyenne au dernier était très basse. »

Exercice II (oral)

Mettez les ordres suivants au discours indirect et faites les changements nécessaires.

1. Les parents disent à leurs enfants : « Soyez gentils : conduisez-vous bien. »
2. Je vous ai rappelé : « N'oubliez pas d'apporter les photos. »
3. Il nous a écrit : « Envoyez-moi de l'argent demain parce que je n'en ai plus. »

4. Elle a suggéré : « Allez à la cafétéria et prenez un bon café corsé. »
5. Le directeur répond : « Venez à mon bureau si vous avez des questions. »

Exercice III (oral)

Transformez les interrogations directes suivantes en discours indirect et faites les changements nécessaires.

1. Il a demandé à Robert : « As-tu une voiture ? »
2. Je voudrais savoir : « Es-tu heureux sur le campus ? »
3. Elle se pose la question : « Est-ce qu'il m'a vue ? »
4. Il vous a demandé : « Combien de frères et sœurs avez-vous ? »
5. Elle voulait savoir : « Où est-ce qu'il y a une fontaine ? »
6. On se questionne : « Quelle impression avez-vous d'eux ? »
7. On m'a demandé : « Lequel est-ce que vous aimeriez avoir ? »
8. Le professeur a demandé : « Qui est-ce qui est absent aujourd'hui ? »
9. Il s'interrogeait : « Qu'est-ce que vous avez répondu ? »
10. Je voudrais savoir : « Qu'est-ce qui se passe ? »
11. Ils t'ont posé la question : « À qui est-ce que tu as dit ça ? »
12. Tu voulais savoir : « À quoi ou à qui penses-tu en ce moment ? »

Exercice IV (oral)

Mettez les phrases suivantes au discours direct et faites les changements nécessaires.

Ex. J'ai dit qu'il fallait s'en occuper à ce moment-là.
→ J'ai dit : « Il faut s'en occuper maintenant. »

1. Vous m'avez demandé à qui j'avais parlé.
2. Il a dit de lui envoyer des cartes.
3. Elle me dit que j'aurais dû la prévenir immédiatement.
4. Elle a déclaré que la question ne l'intéressait pas ce jour-là.
5. Jeanne a demandé à Sylvie si elle s'était remise de son voyage.
6. Il lui demande ce que veut dire « souffleuse ».

Exercice V (oral)

*Mettez le passage suivant au discours indirect. Ajoutez les verbes **expliquer, déclarer,** etc.*

... Pangloss disait quelquefois à Candide : « Tous les événements sont enchaînés dans le meilleur des mondes possibles ; car enfin, si vous n'aviez pas été chassé d'un beau château à grands coups de pied dans le derrière pour l'amour de Mlle Cunégonde, si vous n'aviez pas été mis à l'Inquisition, si vous n'aviez pas couru l'Amérique à pied..., si vous n'aviez pas perdu tous vos moutons du bon pays d'Eldorado, vous ne mangeriez pas ici des cédrats confits et des pistaches. — Cela est bien dit, répondit Candide, mais il faut cultiver notre jardin. »

Voltaire, *Candide*

Exercice VI (oral)

*Mettez le passage suivant au discours indirect au passé. Employez les verbes **dire,**
expliquer, ajouter, déclarer, remarquer, demander, etc.*

> *Roland (à Pierre, puis à Louise, au sujet d'un portrait)*:
>
> — ... Je m'en souviens parfaitement ; je l'ai même encore vu à la fin de l'autre
> semaine. Ta mère l'avait tiré de son secrétaire en rangeant ses papiers. C'était jeudi
> ou vendredi. Tu te rappelles bien, Louise ? J'étais en train de me raser quand tu l'as
> pris dans un tiroir et posé sur une chaise à côté de toi, avec un tas de lettres dont tu
> as brûlé la moitié. Hein ? est-ce drôle que tu aies touché à ce portrait deux ou trois
> jours à peine avant l'héritage de Jean ? Si je croyais aux pressentiments, je dirais que
> c'en est un !
>
> Guy de Maupassant, *Pierre et Jean*

Exercice VII (écrit)

*Complétez les interrogations indirectes suivantes avec un pronom interrogatif (et
une préposition si elle est nécessaire).*

1. Je voudrais savoir _____ vous votez.
2. Il ne sait pas _____ sert cet instrument ; il pense qu'il sert à ouvrir des
   boîtes.
3. Je me demande _____ il pensait quand il a écrit ça. *(chose)*
4. Il n'a pas dit pour _____ il avait écrit ce poème. *(personne)*
5. Nous n'avons pas compris _____ il parlait. *(chose)*
6. Savez-vous _____ il faisait allusion ? — Oui, il faisait allusion à l'effet de
   serre.
7. Devinez chez _____ je suis allée.
8. Dites-moi _____ vous avez vu et _____ vous avez parlé.
   (personnes)
9. Je sais avec _____ je devrais coller ces morceaux de bois. *(chose)*
10. Je ne sais pas _____ de vous deux ment.

Exercice VIII (écrit)

*Finissez les phrases interrogatives indirectes suivantes en employant un pronom
invariable : **qui, ce qui, ce que, quoi.***

1. Il ne savait pas...
2. Elle se demande...
3. Nous voudrions bien savoir...
4. Je n'ai pas compris...
5. J'ignore...

Exercice IX (écrit)

Écrivez une phrase au discours indirect au passé avec chacun des mots interrogatifs suivants.

1. lequel (*ou* laquelle, etc.)
2. pourquoi
3. quel (*ou* quelle, etc.)
4. quand
5. combien

Exercice X (écrit)

Vous êtes allé(e) au bureau d'un de vos professeurs parce que vous aviez quelques questions à lui poser. Racontez la conversation animée qui a eu lieu entre vous, au discours indirect au passé. Employez des verbes comme **demander, expliquer, répondre, ajouter, dire, suggérer**, *etc.*

Exercice XI (écrit)

Mettez le passage suivant au discours indirect au passé. Employez les verbes **dire, déclarer, penser, conseiller**, *etc.*

L'homme n'est qu'un roseau, le plus faible de la nature ; mais c'est un roseau pensant. Il ne faut pas que l'univers entier s'arme pour l'écraser : une vapeur, une goutte d'eau, suffit pour le tuer... Toute notre dignité consiste donc en la pensée. C'est de là qu'il faut nous relever et non de l'espace et de la durée, que nous ne saurions remplir. Travaillons donc à bien penser ; voilà le principe de la morale.

Blaise Pascal, *Pensées*

Réponses aux applications immédiates

I. L'interrogation

p. 235
1. Suivez-vous beaucoup de cours ?
2. L'homme ouvre-t-il la porte ?
3. N'as-tu pas compris l'explication ?
4. Me le répétera-t-il ?
5. Puis-je vous l'indiquer ?
6. (*impossible – il faut utiliser* **est-ce que**)

p. 236
1. Quand votre ami va-t-il venir ?
2. Quand est-ce que votre ami va venir ?

p. 237
1. Quand partiront les invités ?
2. Où est Robert ?
3. Combien gagne votre frère ?

      4. Pourquoi la dame s'énerve-t-elle?
      5. Comment travaille Samuel?

p. 238   1. Quelle
           2. Quelles
           3. Quel

p. 239   1. Lequel
           2. Quelles
           3. Duquel
           4. laquelle
           5. Quelle

p. 241   1. De quoi
           2. À qui
           3. Qui (Qui est-ce qui)
           4. Qui
           5. Par quoi est-ce que
           6. Qu'est-ce que
           7. Qu'est-ce qui
           8. Que

II. Le discours indirect

p. 248   1. Je lui répète qu'il (elle) devra bientôt choisir un métier.
           2. Il lui avait dit qu'à ce moment-là il ne pouvait pas lui répondre, mais que le lendemain ce serait peut-être possible.

p. 248   1. Mes parents me demandent de leur écrire plus souvent.
            ou: Mes parents demandent que je leur écrive plus souvent.
           2. Vous nous aviez dit de taper notre travail à l'ordinateur et d'utiliser un correcteur automatique.

p. 251   1. Je te demande si tu as fini ta composition écrite.
           2. Il se demandait pourquoi elle était si impatiente.
           3. Je me demandais lesquels il fallait choisir.
           4. Je vous avais demandé de quoi vous aviez parlé ce jour-là.
           5. Je voudrais savoir ce qu'elle t'a dit.

LES PRONOMS PERSONNELS

11

Un pronom est un mot qui peut *remplacer un nom, un autre pronom, un adjectif ou une proposition*. Quelquefois, un pronom ne remplace pas de mots ou de référents précis, mais il occupe la fonction de sujet.

On distingue *plusieurs sortes de pronoms*, d'après leur fonction :

personnels	*démonstratifs*
possessifs	*relatifs*
interrogatifs	*indéfinis*

Le présent chapitre porte sur les *pronoms personnels*. Il y a deux sortes de pronoms personnels :

— les *pronoms personnels sujets* ou *compléments du verbe*. Ils sont *près du verbe* et ne sont pas mis en relief ; c'est pourquoi on les appelle *atones* (atone = sans accent).

Ex. J'y vais.
Vous me les rendez.

— les *pronoms disjoints*. Ils sont *séparés du verbe,* comme leur nom l'indique. Leur position et leur fonction les mettent en relief ; c'est pourquoi on les appelle aussi *toniques* (tonique = avec accent).

Ex. C'est **vous** qui avez mon livre.
Lui il viendra, mais **toi** tu resteras.
Je ne veux voir ni **eux** ni **elles**.

> **Note**
>
> La *1ʳᵉ personne* indique *qui parle.*
> La *2ᵉ personne* indique *à qui l'on parle.*
> La *3ᵉ personne* indique *de qui l'on parle* (personnes ne participant pas directement à la conversation).

Tableau complet des pronoms personnels

		atones			toniques
	SUJETS	COMPLÉMENTS		RÉFLÉCHIS	DISJOINTS
		directs	*indirects*	*dir.* ou *indir.*	
personnes					
1ʳᵉ sing.	je (j')	me (m')	me (m')	me (m')	moi
2ᵉ sing.	tu	te (t')	te (t')	te (t')	toi
3ᵉ sing.	il, elle, on	le, la (l')	lui	se (s')	lui, elle, soi
1ʳᵉ plur.	nous	nous	nous	nous	nous
2ᵉ plur.	vous	vous	vous	vous	vous
3ᵉ plur.	ils, elles	les	leur	se (s')	eux, elles
	en, y				

I. Les pronoms personnels atones

A. Pronoms sujets

1. **Formes** (voir tableau ci-dessus)

a. **Je** se change en **j'** devant une voyelle ou un **h** muet.

Ex. **j'**aime, **j'**hésite

b. **Il** et **ils** remplacent un nom masculin ; **elle** et **elles** remplacent un nom féminin.

Ex. M. Jourdain est là et **il** est occupé.
C'est une grande table. **Elle** est jolie.

Ils peut aussi remplacer des groupes sujets faits de noms masculins et féminins.

Ex. Les jeunes sont là. **Ils** sont tous arrivés.
Dix chiennes et un chien sont venus. **Ils** semblaient enragés.

c. **On** est un pronom indéfini, employé *seulement pour les personnes* comme *sujet* du verbe. **L'** est quelquefois ajouté devant **on** pour faciliter la prononciation dans des expressions telles **si l'on**, **où l'on**, et **mais l'on** ; dans ces cas, **l'** n'a pas de signification.

Ex. On peut y aller si l'on veut.

d. **Vous** n'est pas toujours pluriel ; il est singulier quand il est *la forme polie* de la deuxième personne du singulier ; **tu** est *la forme familière*. On emploie **tu** dans la famille, entre les enfants et leurs parents (père et mère) et les membres de la parenté (tantes, oncles, etc.). On emploie aussi **tu** avec certains amis et certains collègues. Mais dans l'incertitude, employez **vous**.

2. Place

a. Le pronom sujet est généralement placé *devant le verbe*.

Ex. **Je** parle français.
Nous buvons du thé.
On se trompe quelquefois.

b. Il est placé *après le verbe* (inversion : verbe-pronom sujet) ou *après l'auxiliaire* dans les temps composés (inversion : auxiliaire-pronom sujet) :

— dans *une interrogation* ;

Ex. Aimez-**vous** le français ? As-**tu** vu Marie ?

Ajoutez **t** entre deux voyelles à la troisième personne du singulier.

Ex. Arrivera-**t-elle** à trois heures ? A-**t-il** fini ?

— après *une citation* ou entre deux citations (proposition incise) ;

Ex. « J'aime le français », dit-**il**.
« Votre père », remarqua-t-**il**, « est très patient. »

Mais il n'y a *pas d'inversion* si le verbe vient *devant la citation* :

Ex. Il dit : « J'aime le français. »
Il remarque : « Votre père est très patient. »

— après **peut-être, à peine... que..., aussi, sans doute, encore,** placés au début de la phrase et portant sur le verbe.

Ex. Peut-être voulez-vous partir.
À peine la cloche avait-elle sonné **qu**'ils se précipitèrent dehors.
Le temps devenait mauvais : **aussi** avons-**nous** décidé de rentrer. (**aussi** = en conclusion, en conséquence)
Sans doute comprenez-**vous** maintenant...
Je veux bien lui parler ; **encore** faut-**il** que je le voie.

REMARQUE

Dans une conversation, employez **peut-être que**, sans inversion.

Ex. Peut-être que nous irons au cinéma ce soir mais ce n'est pas sûr.

L'inversion est plus élégante que la forme *sans inversion* avec **que**, qui est plus lourde. Mais dans le langage parlé, **que** est plus employé parce que c'est plus simple et plus rapide.

Application immédiate

Placez le verbe et le sujet dans la phrase.

1. « J'ai très faim », _____ . (il, a ajouté)

2. Peut-être que _____ le voir tout à l'heure. (vous, pourrez)

3. Elle est partie ; peut-être _____ vous prévenir. (elle, aurait dû)

4. _____ ta décision ? (tu, as pris)

5. À peine _____ qu'il arrivera. (vous, serez couchés)

6. « Votre mère », _____ « est très gentille ». (il, m'a dit)

réponses p. 284

B. Pronoms compléments directs ou indirects

ATTENTION

Pour employer le pronom convenable, direct ou indirect, il faut :

— *savoir distinguer les compléments directs et indirects*. S'il n'y a *pas de préposition* entre le verbe et le nom complément, le nom est un *complément direct* (on parle alors d'un verbe *transitif direct*). S'il y a *une préposition* entre le verbe et le nom complément, le nom est un *complément indirect* (on parle alors d'un verbe *transitif indirect*). Les prépositions les plus fréquentes dans cette situation sont **à** et **de**. La préposition est presque toujours exprimée en français, ce qui n'est pas le cas en anglais.

— *raisonner avec le verbe français* et oublier le verbe anglais. Les constructions des verbes sont souvent différentes dans les deux langues et beaucoup d'erreurs viennent de la traduction littérale de l'anglais au français.

Ex. Je cherche **mon sac**. Je **le** cherche
Elle appelle **ses parents**. Elle **les** appelle.
Il obéit **à ses parents**. Il **leur** obéit.

Voici des *verbes très utilisés* :

Avec complément direct	Avec complément indirect
aider	demander de
attendre	dire à
chercher	écrire à
diriger	obéir à
écouter	parler de
entendre	plaire à
regarder	répondre à
trouver	ressembler à
voir	téléphoner à

1. Formes et emplois

Regroupement des pronoms compléments devant le verbe

Groupe A (dir. ou indir.)		Groupe B (dir.)		Groupe C (indir.)		Groupe D (indir. ou circons-tanciel*)		Groupe E (dir., indir., ou circons-tanciel)
me (m') te (t') nous vous se (s')	*devant*	le (l') la (l') les	*devant*	lui leur	*devant*	y	*devant*	en

a. Groupe A : **me, te, nous, vous, se**

Les pronoms du groupe **A** (voir tableau ci-dessus) sont compléments *directs ou indirects* et placés *en première position* quand il y a plusieurs pronoms compléments.

— **Me, te, se,** se changent en **m', t', s'** devant une voyelle ou un **h** muet.

Ex. Vous **m'**honorez. Nous **t'**aimons. On **s'**ennuie.

— **Me, te, nous, vous** sont employés pour *des personnes seulement.*

Ex. Elle **t'**a trouvé. Il **me** dira bonjour.

— **Se** est employé pour *des personnes* ou pour *des choses.*

Ex. Robert et Henri **se** détestent. (personnes)
Les problèmes **se** multiplient. (choses)

— **Me, te, nous, vous, se,** sont les *pronoms réfléchis* des verbes pronominaux.

Ex. Nous **nous** regardons.
Vous **vous** parlez.

---

*Complément circonstanciel : mot qui complète le sens du verbe en y ajoutant une circonstance de lieu, de manière, de temps, de cause, etc.

Ex. Je vais **à Paris**.
Je travaille **avec soin**.
Nous partons **la semaine prochaine**.

Application immédiate

Indiquez si les pronoms soulignés sont directs ou indirects dans les phrases suivantes.

1. C'est votre oncle qui <u>nous</u> conduira à la gare.

2. <u>Vous</u> a-t-il dit pourquoi il n'est pas venu?

3. Il ne <u>m</u>'a pas répondu.

4. Je ne vois pas ce qui <u>te</u> dérange.

5. Les atomes <u>se</u> divisent.

réponses p. 284

ATTENTION

Nous et **vous**. Quand un de ces pronoms se trouve immédiatement devant un verbe, *il n'est pas nécessairement le sujet* de ce verbe.

Ex. Voilà un livre qui **nous** plaît.

(**qui** est le sujet ; **nous** est complément indirect)

---

b. Groupe B : **le, la, les**

Les pronoms du groupe **B** (voir tableau, page 262) sont des pronoms *compléments directs*, placés *après* **me, te, nous, vous, se** et employés pour *des personnes* ou pour *des choses*. Ils remplacent *un article défini, un déterminant possessif* ou *démonstratif + nom*.

Ex. Regardes-tu **les enfants** ? (article défini)
　　— Oui, je **les** regarde.
　　Mettez-vous **votre manteau** ? (adjectif possessif)
　　— Oui, je **le** mets.
　　Connaissez-vous **cette personne** ? (démonstratif + nom)
　　— Non, je ne **la** connais pas.

— **Le** et **la** se changent en **l'** devant une voyelle ou un **h** muet.

Ex. Il faut **l'**inviter à la maison pour **l'**honorer.

— Les pronoms **le** et **les** ne se contractent pas avec les prépositions **à** et **de** (seuls les articles définis se contractent).

Ex. J'ai besoin **de le** voir. Je commence **à les** comprendre.

— Le pronom **le** ne remplace pas seulement un nom masculin complément direct. Il peut aussi :

– *remplacer un adjectif ;*

Ex. Je suis **fatigué**, mais vous, vous ne **l'**êtes pas.
Je ne suis pas si **riche** que vos parents **le** sont.

– *remplacer une proposition* (il correspond alors aux mots anglais « it, so, to ») ;

Ex. Le matin, **je n'arrive pas à me lever** ; tu **le** sais. (« you know **it** »)
Est-ce qu'**il viendra** ? — Je **le** pense. (« I think **so** »)
Je veux **aller au cinéma** ; je **le** veux. (« I want **to** »)

– *annoncer une proposition.*

Ex. Comme vous **le** dites, **c'est une affaire sérieuse.**

Application immédiate

Remplacez les mots soulignés par des pronoms et placez-les dans les phrases.

1. Je vois ton fils dans le parc.
2. Je crois que tu n'as pas encore écrit ta composition.
3. Voulez-vous rencontrer Lucie ?
4. Il est méchant, mais nous l'aimons bien quand même.
5. Vous avez eu raison de poser ces questions.

réponses p. 284

---

c. Groupe C : **lui, leur**

Les pronoms du groupe C (voir tableau, p. 262) sont des pronoms *compléments indirects*. Ils remplacent **à** + *nom de personne* et renvoient à une personne ne participant pas à la conversation.

Ex. Avez-vous parlé **à Sylvie** ?
— Oui, je **lui** ai parlé.

Et à **Robert**?
— Oui, je **lui** ai aussi parlé.
Je **leur** ai parlé à tous les deux.
N'oublie pas de **leur** téléphoner.
Je **le lui** ai dit.

d. Groupe D : **y**

Le pronom **y** est un pronom *complément indirect,* habituellement employé *pour les choses et les animaux.* Pour les personnes, on utilise plutôt les pronoms disjoints en conservant la préposition **à** (voir p. 278).

Il est placé avant **en** (voir tableau, p. 262).

Ex. Des pommes, il y **en** avait partout.

— **Y** remplace **à** + *nom de chose.*

Ex. Jouez-vous **au bridge**?
— Oui, j'**y** joue.
Avez-vous pensé **à votre cheval**?
— Oui, j'**y** ai pensé.

mais : Avez-vous pensé **à vos parents**?
— Oui, j'ai pensé **à eux**.

— **Y** remplace *un adverbe de lieu* ou *une préposition* (autre que **de**) + *nom de lieu.*

Ex. Mon livre est-il **sur l'étagère**?
— Oui, il **y** est.
Travaillez-vous **dans votre bureau**?
— Oui, j'**y** travaille souvent.
Était-il **là-bas**?
— Oui, il **y** était.

— **Y** remplace **à** + *proposition* si le verbe a aussi la construction **à** + *nom.*

Ex. Vous attendez-vous **à obtenir un A en français**?
(Vous attendez-vous **à un A**?)
— Oui, je m'**y** attends.
Tenez-vous **à ce qu'il vous dise ce qui est arrivé**?
(Tenez-vous **à cela**?)
— Oui, j'**y** tiens absolument.

mais : Apprenez-vous **à jouer au bridge** ?
— Oui, j'apprends **à y** jouer.
(On dit : **j'apprends cela** ; on ne peut donc pas remplacer par **y**.)

REMARQUE

Avec le futur et le conditionnel du verbe **aller**, on omet **y** pour éviter la répétition du son [**i**].

Ex. Irez-vous **en classe** aujourd'hui ? — Oui, j'irai.

Note

À la place de **y** on emploie quelquefois **dessus, dessous, dedans** pour remplacer **sur, sous** ou **dans** + *nom de chose.*

Ex. Je ne vois pas le papier **sur ton bureau**. Je l'ai mis **dessus**, pourtant.
Est-ce que le chat est **sous le lit** ? — Oui, il est **dessous**.
As-tu mis les sandwichs **dans le panier** ? — Oui, je les ai mis **dedans**.

Les mots **dessus, dessous, dedans** sont aussi employés comme noms.

Ex. **le dessus** d'un meuble, **le dessous** d'une boîte, **le dedans** d'un panier, etc.

Application immédiate

Remplacez les mots soulignés par **y** ou par **dessus, dessous, dedans**, quand c'est possible.

1. Vous pensez trop <u>à vos notes</u>.

2. Il ira <u>à Paris</u> l'été prochain.

3. Vous vous attendez <u>à le voir</u>.

4. Il faut répondre <u>à cette lettre</u>.

5. Je l'ai trouvé <u>dans la cave</u>.

6. Jean est assis <u>à son bureau</u>.

réponses p. 284

EXPRESSIONS IDIOMATIQUES CONTENANT **Y**

— **allez-y, vas-y** (langage parlé) = en avant, commence(z)
(« go ahead »)

Ex. Nous vous écoutons, **allez-y** !

— **ça y est** (langage parlé) = c'est fait ou accompli

Ex. **Ça y est**, j'ai fini.

— **s'y connaître en** (sans article) = être un expert en quelque chose

Ex. Je **m'y connais en** art.

Employez **être bon en** pour un sens moins fort.

Ex. Êtes-vous bon en français ? — Hum, mes notes ne sont pas
formidables.

— **y tenir** = être attaché à quelqu'un ou à quelque chose, vouloir
fortement

Ex. Il a une bonne réputation et il **y tient**.
Je veux lui parler. **J'y tiens**.

— **s'y faire** = s'habituer à, s'accoutumer à une situation

Ex. Les changements ne le dérangent pas : il **s'y fait** rapidement.

— **s'y prendre bien (mal)** = savoir (ne pas savoir) comment
s'organiser pour faire un travail, être adroit (maladroit)

Ex. Tu **t'y prends mal** ; il ne faut pas commencer comme ça.
Il peut peindre votre maison ; il sait **s'y prendre**.

— **y compris** (invariable) = inclusivement, ≠ excepté

Ex. Il a tout vendu, **y compris** sa maison.

— **y être** = être prêt, avoir compris

Ex. Vous **y êtes** ? Si oui, nous pouvons commencer.
Vous n'**y êtes** pas du tout ; vous n'avez pas suivi notre
discussion.

Application immédiate

Remplacez les mots soulignés par une expression idiomatique contenant **y**.

1. Nous aimons toutes les variétés de champignons, <u>et</u> celle-ci <u>aussi</u>. _____

2. Il <u>est un expert en</u> musique. _____

3. Le climat est dur dans ce pays-là, mais on <u>s'y habitue</u>. _____

4. Commençons avec l'exercice numéro 2. Vous <u>êtes prêts</u>? _____

5. Comment allez-vous <u>faire</u> pour lui annoncer la nouvelle? _____

réponses p. 284

---

e. Groupe E : **en**

Le pronom **en** est un pronom *complément* habituellement employé pour les choses ou les animaux. Pour les personnes, on utilise plutôt les pronoms disjoints en conservant la préposition **de**. Il est toujours en *dernière position* s'il y a plusieurs pronoms de suite (voir tableau p. 262).

— **En** remplace **de, d', du, de la, de l', des** + *nom de chose*.

    Ex. Avez-vous besoin **de votre bicyclette**?
        Oui, j'**en** ai besoin.
        Te sers-tu **du dictionnaire** en ce moment?
        Non, je ne m'**en** sers pas.

— **En** est *un pronom partitif* (« some, any ») quand il remplace *l'article partitif* + *nom*.

    Ex. J'ai **de la chance**. Et vous, **en** avez-vous?
        Je n'ai pas **d'œufs**; il faut que j'**en** emprunte.

— **En** remplace **de** + *nom de personne* seulement quand le nom de personne a *un sens collectif* ou *indéfini*.

    Ex. Regardez les gens dans la rue: il y **en** a qui marchent vite et d'autres qui ne sont pas pressés. (Il y a **des gens** qui...)

— **En** est employé avec *les expressions de quantité* qui contiennent **de**: beaucoup de, assez de, peu de, etc.

    Ex. Les étudiants ont-ils trop **de travail**?
        — Oui, ils **en** ont trop au moment des examens.
        Y a-t-il assez **d'étudiants** pour former une classe?
        — Oui, il y **en** a assez.

— **En** est aussi utilisé avec les nombres **un***, **deux, mille,** etc. et des mots de quantité comme **plusieurs, quelques-uns, aucun,** etc.

Ex. Avez-vous un crayon? — Oui, j'**en** ai **un.**

mais: Non, je n'**en** ai pas. (le mot **un** disparaît)
ou: Non, je n'**en** ai pas **un seul.** (pour insister)
        Il a trois dollars; moi j'**en** ai **quatre.**
        Votre devoir a quelques fautes et il y **en** a **plusieurs** qui sont graves.

— **En** remplace **de** + *nom de lieu.*

Ex. Arrivez-vous **de New York**?
        — J'**en** arrive à la minute même.

        Il faudrait que tu passes chez Jean.
        — Mais, j'**en** viens!

— **En** est employé à la place d'un *possessif* quand *le possesseur est un objet inanimé ou une abstraction* (voir leçon 4, p. 110).

Ex. C'est un objet d'art mais la valeur n'**en** est pas évidente.

— **En** remplace aussi **de** + *proposition* si le verbe a la même construction **de** + *nom.*

Ex. Vous rendez-vous compte **de ce que vous faites**? (Vous rendez-vous compte **de ce fait**?)
        — Oui, je m'**en** rends compte.

        mais: Oubliez-vous quelquefois **de fermer votre porte**?
        — Oui, j'oublie de **le** faire.
        (On dit: **j'oublie cela**; on ne peut pas employer **en.**)

---

*Quand il y a un adjectif dans la réponse, on garde **un, de** ou **des.**

Ex. Avez-vous trouvé un tableau dans cette galerie?
        — Oui, j'**en** ai trouvé **un beau.**
        Je voulais des fleurs et j'**en** ai acheté **des rouges** à ce supermarché.
        Ce livre est plein d'histoires courtes et il y **en** a **de très intéressantes.**

Note

La difficulté avec le pronom **en** est qu'*on oublie de l'employer* parce que, bien souvent, il n'y a pas de mot correspondant dans les expressions de quantité en anglais.

Ex. Combien de cours suivez-vous ?
— J'**en** suis quatre. (« I am taking four. »)

Application immédiate

Remplacez les mots soulignés par **en**, quand c'est possible.

1. Elle a de la famille à la Nouvelle-Orléans.

2. J'accepte de vous accompagner.

3. La classe est pleine d'étudiants ; il y _____ a 25.

4. J'ai envie de faire un grand voyage.

5. Je suis revenu de Tahiti hier.

6. Tu as besoin de ta voiture.

7. Il y a de la confiture sur la table.

réponses p. 284

EXPRESSIONS IDIOMATIQUES CONTENANT **EN**

— **en avoir assez (de)** = être fatigué de quelque chose ou de quelqu'un

Ex. J'**en ai assez de** faire ce voyage tous les jours.

— **en être** = être arrivé à un certain point d'un travail, d'une étude, d'une occupation

Ex. Où **en sommes**-nous ? — Nous **en sommes** à l'exercice numéro 6.

— **en vouloir à** = avoir de mauvais sentiments, avoir de la rancune contre quelqu'un

Ex. Pourquoi **m'en voulez-vous** ? Qu'est-ce que je vous ai fait ?
— Je **vous en veux** de lui avoir dit mon secret.

— **ne plus en pouvoir** = être à bout de force ou de patience

> **Ex.** J'ai conduit par une grande chaleur pendant quatre heures ; en arrivant je **n'en pouvais plus**.

— **s'en faire** = se faire du souci, s'inquiéter

> **Ex.** Elle **s'en fait** tellement pour lui qu'un jour c'est elle qui sera malade.
> **Ne t'en fais pas** (*ou* : **Ne vous en faites pas**), ça ira mieux demain. (expression courante)

— **s'en ficher** (langage parlé) = ne pas prendre au sérieux, ne pas s'inquiéter ; ≠ **s'en faire**

> **Ex.** Si je ne peux pas y aller, je **m'en fiche** ; ça m'est égal.

— **s'en tirer** = se tirer d'une affaire difficile, rester en vie (après un accident)

> **Ex.** Vous êtes tellement débrouillard que vous **vous en tirerez** très bien.
> L'accident a été si grave qu'il est douteux qu'elle **s'en tire**.

Application immédiate

Remplacez les mots soulignés par une expression idiomatique contenant **en**.

1. Je suis perdu ; je ne sais plus <u>à quelle page je suis</u>.

2. Vous <u>vous inquiétez</u> trop à son sujet.

3. Depuis que je lui ai dit la vérité, elle <u>a de mauvais sentiments envers moi</u>.

4. Comment va-t-il <u>se sortir de cette situation</u> ? Il doit de l'argent à tout le monde.

5. Elle <u>ne s'en fait pas du tout</u> ; ça lui est égal.

6. Je <u>suis fatiguée</u> de toutes ces discussions.

réponses p. 284

---

2. Place

Le pronom complément est placé :

a. Devant un verbe conjugué et devant **voici**, **voilà** ;

> **Ex.** Je **vous** comprends.   Il **lui** donne sa clé.
> Il **les** enverra demain.   Nous **en** avons.
> Ah ! **Vous** voilà !   Vous voulez un crayon ? **En** voici un.

b. Devant l'auxiliaire aux temps composés;

> **Ex.** Il **l'**a vu.   **Vous** avait-il invités?   Elle **y** est arrivée.

c. Immédiatement devant le verbe (ou l'auxiliaire) à la forme négative et à la forme interrogative;

> **Ex.** Il ne **me** demandera pas pourquoi.
> **L'**interrogera-t-elle?

d. Après le verbe, avec un trait d'union, à l'impératif affirmatif;

> **Ex.** Donne-**lui** son jouet. (voir leçon 1, p. 25)

e. Devant un infinitif dont il est le complément.

> **Ex.** Je suis content de **vous** voir.
> Il acceptera de **la** recevoir.
> Il m'a dit de ne pas **te** déranger.

Application immédiate

Placez les pronoms entre parenthèses dans les phrases suivantes.

1. (le) Je veux.

2. (lui) As-tu parlé?

3. (leur) Il va dire.

4. (en) Mettez.

5. (les) Je ne prends pas.

6. (leur) Ne répondez pas.

7. (y) Ils n'ont pas déjeuné.

8. (nous) Elle ennuie.

réponses p. 284

REMARQUE

Quand un infinitif dépend d'un des verbes suivants: **regarder, voir, écouter, entendre, sentir** (verbes de perception), **faire, laisser,** voir leçon 18, p. 405–408 pour la place des pronoms.

> **Note**
>
> Dans une *série de verbes* qui ont le même pronom complément direct ou indirect, on répète ce pronom aux temps simples.
>
> **Ex.** Je **les** vois et (je) **les** entends.
>
> On le répète aussi aux *temps composés* si l'auxiliaire est répété.
>
> **Ex.** Je **vous** ai vu et **vous** ai appelé.
>
> Si l'auxiliaire n'est pas répété, on ne répète pas le pronom s'il a la même fonction avec les deux verbes.
>
> **Ex.** Je **vous** ai vu et appelé.

3. Ordre de plusieurs pronoms compléments devant le verbe
Pour placer deux ou trois pronoms compléments devant le verbe, consultez le tableau à la page 262.

Ex. Tu **nous les** as rendus.   **Les leur** avez-vous donnés?
　　 Vous ne **lui en** avez pas parlé.   Je **vous le** dis.

Application immédiate

Placez les pronoms dans les phrases.
1. (lui, les) Avez-vous pris?
2. (la, vous) Je ne demande pas.
3. (me, y) Tu forces toujours.
4. (te, la) Je vais allumer.

réponses p. 284

Exercices

Exercice I (oral)

Placez la proposition soulignée après la citation.

Ex. <u>Il a remarqué</u> : « Vous êtes bonne. »
　　 → « Vous êtes bonne » a-t-il remarqué.

1. <u>Il a dit</u> : « Venez m'aider. »
2. <u>Elle a crié</u> : « C'est l'heure d'aller au lit ! »

3. <u>Il a répondu</u> : « Fais ce que tu voudras. »
4. <u>Tu me diras bientôt</u> : « Tu avais raison. »
5. <u>Nous lui répétons</u> : « Ce n'est pas vrai. »

Exercice II (oral)

Placez dans les phrases les pronoms entre parenthèses.

1. (le, vous) Je .... apporterai.
2. (en, lui) Il faut .... donner.
3. (en, y) Il .... a beaucoup là-bas.
4. (me, les) Pourquoi ne .... avez-vous pas apportés ?
5. (la, te) Je ne vais pas .... prendre.

Exercice III (oral)

Remplacez les mots soulignés par des pronoms.

1. Vous cherchez <u>vos lunettes</u>.
2. <u>Les enfants</u> obéissent <u>à leurs parents</u>.
3. Je réponds <u>à ta question</u>.
4. Est-ce que le film a plu <u>à Suzanne</u> ?
5. <u>Monique</u> aime <u>cette plante</u>.
6. On doit d'abord sauver <u>les femmes et les enfants</u>.
7. Nous habitons <u>à la ville</u>.
8. Passe-moi <u>les légumes</u>.
9. Va <u>au spectacle</u>.
10. Ne parlez pas <u>de cette histoire extraordinaire</u> à M. Dupont.
11. Aimez-vous <u>les fraises</u> ?
12. Jouez-vous <u>au polo</u> ?
13. Faites-vous <u>du sport</u> ?
14. Jouez-vous <u>du violon</u> ?
15. Voilà <u>une lettre</u>.
16. Tu regardes <u>l'enfant</u> jouer.
17. Il envie <u>son ami</u> parce qu'il a de bonnes <u>cartes</u>.
18. Il ne s'est pas aperçu <u>de son erreur</u>.
19. Dites bonjour <u>à votre ami</u>.
20. Il y a des gens qui sont <u>gentils</u> et d'autres qui ne sont pas <u>gentils</u>.

Exercice IV (oral)

Trouvez tous les pronoms personnels dans le passage suivant et expliquez leur fonction.

L'enfant

C'est qu'il m'est égal de regarder des jouets, si je n'ai pas le droit de les prendre et d'en faire ce que je veux ; de les découdre et de les casser ; de souffler dedans et de marcher dessus si ça m'amuse… Je ne les aime que s'ils sont à moi, et je ne les aime pas s'ils sont à ma mère. C'est parce qu'ils font du bruit et qu'ils agacent les oreilles qu'ils me plaisent; si on les pose sur la table, comme des têtes de mort, je n'en veux pas. Les bonbons, je m'en moque, si on m'en donne un par an comme une exception, quand j'aurai été sage. Je les aime quand j'en ai de trop. «Tu as un coup de marteau, mon garçon!», m'a dit ma mère un jour que je lui contais cela, et elle m'a cependant donné une praline. «Tiens, mange-la avec du pain.»

Jules Vallès (1832–1885)

Exercice V (oral)

Complétez avec un pronom complément direct ou indirect.

1. Ce petit enfant est très gentil avec sa mère; il _____ obéit toujours.
2. Je vais parler à mon épouse et je vais _____ demander pourquoi elle est en colère contre moi.
3. Voilà un homme en difficulté; il faut _____ aider.
4. J'ai un téléviseur, mais je ne _____ regarde jamais.
5. Elle va venir; vous _____ attendez.
6. Il est aussi grand que son père et il _____ ressemble beaucoup.

Exercice VI (oral)

Complétez le paragraphe suivant avec les pronoms personnels compléments qui conviennent.

Robert et Jean sont deux bons amis. Robert parle souvent avec Jean. Il ……. téléphone le soir pour ……. parler de ses devoirs. Les deux amis ……. font d'ailleurs quelquefois ensemble; ils ……. aident pour arriver à mieux ……. comprendre. Les réponses sont difficiles à trouver; ils ……. cherchent.

   Ils vont voir les films qui ……. plaisent. Comme il y a un petit café près du cinéma, ils ……. vont après le film. Une salle contient un billard; ……. jouent pendant quelque temps. Robert a des disques compacts et il veut toujours ……. acheter d'autres. Il adore ……. écouter. Jean, lui, aime regarder la télévision; Robert ……. regarde avec lui seulement pour ……. faire plaisir, seulement parce qu'il ……. veut.

   Ce soir Arlette sort avec Jean et elle ……. attend. Il ……. a téléphoné pour ……. dire qu'il serait un peu en retard. Elle ……. a répondu que ça n'avait pas d'importance. Arlette a de la patience; elle ……. a souvent besoin.

Exercice VII (oral)

Répondez à la question en remplaçant les propositions soulignées par **y** *ou* **en**, *lorsque c'est possible.*

1. As-tu envie de boire <u>un cola</u>?
2. Avez-vous pensé <u>à fermer votre porte à clé</u>?
3. A-t-il décidé d'aller <u>au bord de la mer</u>?
4. Ont-ils oublié de mettre les accents <u>sur les **e**</u>?

5. Tenez-vous <u>à ce qu'il reste avec vous</u>?
6. Vous attendez-vous <u>à ce qu'il échoue au baccalauréat</u>?
7. As-tu choisi <u>d'ignorer la vérité</u>?
8. Vous souvenez-vous <u>de ce qu'il vous a dit</u>?

Exercice VIII (écrit)

Complétez les phrases avec le pronom personnel qui manque. Considérez bien les constructions des différents verbes français.

1. Elles sont célèbres; c'est pourquoi tout le monde _____ regarde.
2. Il devait écrire à son frère et je crois qu'il _____ a écrit hier.
3. Si tu as envie de ces souliers, achète-_____ .
4. Tu _____ aimes; mais est-ce qu'elle _____ aime aussi?
5. Il faut que j'aille à la banque; voulez-vous _____ aller avec moi?
6. Où est votre composition? Je voudrais _____ lire.
7. Dites à Robert et à Marc de venir me voir; il faut que je _____ parle.
8. J'espère trouver un cours intéressant ce trimestre. J'_____ ai suivi un le trimestre dernier que je n'ai pas du tout aimé.
9. Quand le professeur parle, les étudiants doivent _____ écouter.
10. Je dois l'appeler aujourd'hui; il faut que j'_____ pense.
11. Anne va arriver; je _____ attends.
12. Ce soir, il y a une émission spéciale à la télévision; je vais _____ regarder.
13. Pourrais-tu m'apporter ton livre de philosophie; s'il _____ plaît?
14. Ah! _____ voilà! Vous en avez mis du temps!
15. J'ai une grande quantité de CD; je peux t'_____ prêter quelques-uns, si tu veux.

Exercice IX (écrit)

Voici les réponses à des questions. Posez les questions en utilisant des noms à la place des pronoms soulignés. Le verbe peut être différent dans la question.

Ex. Oui, je vous **en** parlerai bientôt.
   → Allez-vous nous parler de votre projet?
   (*ou*: Avez-vous fait un bon voyage?)

1. Non, je **l'**ai oubliée.
2. Oui, il **y** pensera.
3. Oui, nous **en** avons quelques-uns.
4. Vous **le leur** avez donné.

Exercice X (écrit)

*Remplacez les mots soulignés par une expression idiomatique contenant **y** ou **en**, au temps convenable.*

1. Il <u>a eu un sentiment de rancune contre moi</u> pendant trois mois parce que je lui avais pris sa bicyclette un jour qu'il en avait besoin.

2. Nous allons perdre de l'argent; mais <u>ça m'est égal</u>.
3. Avez-vous fini l'exercice? Non? <u>À quelle phrase êtes-vous</u> maintenant?
4. Il <u>s'inquiète</u> constamment pour ses enfants; c'est une maladie chez lui!
5. <u>C'est fait</u>! J'ai fini mon projet! Quel soulagement!
6. Après une semaine d'examens où elle a dû travailler jour et nuit, elle <u>est à bout de force</u>.
7. Elle aime la vie universitaire; elle <u>s'y est habituée</u> rapidement.
8. Regardez, vous prenez d'abord cet outil; vous faites un trou; puis vous... Voilà comment il faut <u>que vous procédiez</u>.
9. Nous sommes au milieu du désert; nous n'avons ni eau ni nourriture; comment <u>allons-nous nous sortir</u> de cette situation difficile?
10. Vous pouvez avoir confiance en son jugement; <u>c'est un expert</u> en sculpture.

Exercice XI (écrit)

*Vous venez de trouver un travail pour l'été. Il vous permettra de gagner un peu d'argent mais il n'est pas facile ni agréable. Expliquez en quelques lignes de quoi il s'agit. Employez des expressions idiomatiques avec **y** et **en**: **s'y prendre, s'y faire, s'en tirer, ne plus en pouvoir, s'y connaître en, en avoir assez**, etc.*

Exercice XII (écrit)

Mettez le verbe indiqué au temps demandé et à la personne correcte. Quel est le sujet du verbe?

1. Le chien nous _____ . (voir, *présent de l'indicatif*)
2. Je lui _____ une question. (poser, *passé composé*)
3. Il vous _____ demain. (parler, *futur*)
4. Voilà les explications que vous nous _____ . (demander, *passé composé*)
5. C'est le bleu qui vous _____ le mieux. (aller, *présent*)
6. Peut-être nous _____-vous un jour. (comprendre, *futur*)

Exercice XIII (écrit)

Complétez les phrases suivantes, selon votre imagination.

1. À peine...
2. Peut-être...
3. Je suis très content que vous soyez venue...
4. Voilà un cadeau qui vous...
5. Cette personne est impossible, car...
6. Ça y est!...
7. Allez-y!...
8. Je t'en veux...

II. Les pronoms disjoints (toniques)

A. Formes

Les pronoms disjoints sont **moi, toi, lui, elle, soi, nous, vous, eux, elles** (voir aussi tableau p. 258). On remarque que **lui, elle, nous, vous, elles**, sont des formes *atones* et *toniques*. **Soi** correspond à un mot indéfini : **on, chacun**, etc. («oneself, himself, herself»).

> **Ex.** C'est **moi** qui ai pris cet argent.
> **On** pense trop à **soi**.

B. Emplois

La fonction générale des pronoms disjoints est de mettre l'accent sur la personne dont on parle. Ils sont surtout employés *pour des personnes* :

1. Avec *les prépositions*

— de + *nom de personne*. On peut aussi utiliser **en** quand il s'agit de la 3ᵉ personne du singulier ou du pluriel, mais on dépersonnalise alors la personne.

> **Ex.** Avez-vous parlé **de Robert** ?
> — Oui, nous avons beaucoup parlé **de lui**.
> Elle s'est moquée **de moi**.

— à + *nom de personne*

> **Ex.** Les enfants courent **à lui** quand il arrive à la maison.
> Il pense **à elle**.
> Ce livre est **à moi**.
> Je tiens beaucoup **à vous**.
> Faites attention **à eux**.
> Il s'est adressé **à toi**.

REMARQUE : PRONOMS INCOMPATIBLES

Quand le pronom complément direct du verbe est un des pronoms du groupe **A** (**me, te, nous, vous, se,** voir tableau p. 262), on ne peut pas employer un des pronoms des groupes **A** et **C** (**me, te, nous, vous, se, lui. leur**) comme complément indirect. Il faut employer *à* + *pronom disjoint*.

Ex. Il va **vous** présenter à **eux**.

direct   indirect

(On ne peut pas employer leur comme complément indirect.)

C'est un cas fréquent avec *les verbes pronominaux* qui sont toujours accompagnés de **me, te, se, nous** ou **vous**.

Ex. Nous **nous** intéressons **à lui**. Il s'est adressé à **toi.**

Application immédiate

Remplacez les mots soulignés par le pronom nécessaire.

1. Vous me recommanderez à M. Lenoir. _____

2. Adressez-vous à votre femme. _____

3. Nous nous sommes confiés à nos amis. _____

4. On va s'intéresser à cette famille. _____

5. Faites attention aux gendarmes. _____

réponses p. 284

— *avec les autres prépositions + nom de personne*

Ex. J'irai au cinéma **avec lui**.
Il ne peut pas faire ce travail **sans moi**.
Il a écrit ces vers **pour vous**.
Nous étions assis **en face d'elles**.
Vous passerez **chez moi** à trois heures, n'est-ce pas?

2. Après **c'est, ce sont** pour *mettre le pronom en relief.* Il y a souvent un pronom relatif après le pronom disjoint (voir leçon 12, p. 289).

Ex. Qui a fait ça? **C'est lui** qui a fait ça.
(**lui** est sujet de **a fait**; on emploie donc le pronom relatif **qui**)
Ce sont eux que je veux voir, pas vous.
(**eux** est complément de **veux voir**; on emploie donc le pronom relatif **que**)

3. *Seul dans une réponse*, sans verbe.

Ex. Qui lui a répondu? — **Moi**.
Qui veut y aller? — Pas **moi, lui** peut-être.
Il a soif, et **toi** aussi. Vous n'avez pas faim et **lui** non plus.

4. Pour *accentuer* un pronom personnel atone sujet ou complément du verbe.

   Ex. Vous, vous irez, mais **eux**, ils resteront. (sujets)
   Vas-tu te taire, **toi**? (complément)

5. Avec le mot **seul**.

   Ex. Lui seul peut le faire.

6. Dans le cas de *pronoms sujets (ou compléments) multiples*.

   Ex. Lui, vous et **moi** (nous)* serons chargés de ce projet.
   (le pronom atone sujet **nous** est facultatif)
   Vous et **lui** (vous) irez le voir.
   (le pronom atone sujet **vous** est facultatif)
   Elle et **lui** (ils) ont eu une longue discussion.
   (le pronom atone sujet **ils** est facultatif)

   — ou dans le cas de *noms + pronoms multiples*.

   Ex. Le président et **vous** (vous) avez pris une décision (sujets)
   J'ai vu Robert et **toi** au match de football. (compléments)

7. Avec **ni... ni....**

   Ex. Ni vous ni moi ne serons chargés de ce projet.
   Nous n'avons recommandé **ni toi ni lui** pour ce projet.

8. Après **que** dans *une comparaison* et **que** dans **ne... que**.

   Ex. Il est **plus** grand **qu'elle**.
   Vous êtes **plus** jeune **qu'eux**.
   Il **n**'a **que moi** sur qui compter.

9. On peut ajouter **-même** pour *renforcer* le pronom personnel.

moi-même	nous-mêmes
toi-même	vous-même(s)
lui-même, elle-même, soi-même	eux-mêmes, elles-mêmes

   Ex. Pourriez-vous lui dire cela **vous-même**?

---

* pronoms de 1re + 2^e + 3^e personnes = **nous**. (la 1re personne l'emporte)
  pronoms de 2e + 3^e personnes = **vous**. (la 2e personne l'emporte)
  pronoms de 3e personne = **ils, elles**.

ATTENTION

Lui-même correspond à **il** *pronom personnel* seulement. Employez **soi-même** avec : **il** *pronom impersonnel*, **on, chacun, tout le monde**.

Ex. On fait ça **soi-même**. (**on**, indéfini)
    Il est possible de faire ça **soi-même**. (**il**, impersonnel)

mais : Paul est adroit ; **il** peut faire ça **lui-même**. (**il,** personnel)

---

10. Avec un *impératif affirmatif.* Si celui-ci est accompagné d'un pronom objet, le prenom objet se place habituellement avant le pronom disjoint.

> **Ex.** Donne-moi ce jouet. (Tu me donnes ce jouet.)
> Donne-le-moi.

Exercices

Exercice I (oral)

Remplacez les mots soulignés par les pronoms personnels atones ou toniques qui conviennent.

1. Jean est plus grand que Robert.
2. J'ai un rendez-vous avec le dentiste.
3. C'est Marc qui a l'argent.
4. Marie pense à ses amis.
5. J'ai entendu parler de votre professeur.
6. Il a de la famille dans cette ville.
7. J'ai raté mon examen à cause de la tempête.
8. Mes amis et moi nous assistons à ce spectacle.
9. Ni toi ni tes parents n'avez tort.
10. Seule Hélène est venue.
11. Jeanne, elle veut ceci et Jean veut cela.
12. Il n'y a que M. Durand qui crie tout le temps.

Exercice II (oral)

*Renforcez le pronom souligné avec **c'est... qui...** ou **c'est... que...***

> **Ex.** Je vous ai vue. → C'est moi qui vous ai vue.
> Je veux vous voir. → C'est vous que je veux voir.

1. <u>Vous</u> y êtes allé, n'est-ce pas?
2. <u>Elle</u> a répondu.
3. Il va <u>nous</u> choisir.
4. <u>Elles</u> nous l'ont demandé.
5. <u>Ils</u> seront responsables.
6. Je <u>le</u> vois là-bas.

Exercice III (oral)

Répondez rapidement aux questions suivantes, affirmativement ou négativement, en remplaçant les mots soulignés par des pronoms personnels.

1. Est-ce que <u>votre ami</u> est <u>à l'appartement</u>?
2. Savez-vous jouer <u>à la pétanque</u>?
3. Aimes-tu <u>la tourtière</u>?
4. As-tu vu <u>ces tableaux</u>?
5. Crois-tu <u>son histoire</u>?
6. Sont-ils <u>aimables</u> avec tout le monde?
7. Êtes-vous <u>trop paresseux pour écrire</u>?
8. Iras-tu <u>en ville</u> avec <u>tes amis</u>?
9. Vois-tu souvent <u>ta cousine</u>?
10. Écrit-elle de temps en temps <u>à ses parents</u>?
11. Combien <u>d'argent</u> avez-vous sur <u>vous</u>?
12. Donnez-vous <u>de l'argent</u> <u>aux pauvres</u>?
13. As-tu besoin de <u>Robert</u> pour t'aider?
14. Êtes-vous sûr(e) <u>que vous avez les billets</u>?
15. Est-ce que <u>ton vêtement</u> est <u>usé</u>?
16. Combien de <u>cousins</u> <u>et de cousines</u> as-tu?
17. Est-ce que Jean est <u>prudent quand il conduit</u>?
18. Voulez-vous <u>un bonbon au miel</u>?
19. Est-ce que tu nous présenteras <u>ton ami</u>?
20. Est-ce que tu te présenteras <u>au directeur</u>?
21. Vous attendiez-vous <u>à ce qui allait arriver</u>?
22. Saviez-vous <u>que le parc était fermé aujourd'hui</u>?
23. Pensez-vous <u>aux vacances</u>?
24. Tenez-vous <u>à partir tout de suite</u>?
25. Est-ce qu'il y a <u>du courrier</u> dans ma boîte?
26. As-tu parlé <u>de ton projet</u> <u>à ton ami(e)</u>?
27. Auriez-vous <u>un timbre</u>, s'il vous plaît?
28. Allez-vous parler <u>à votre directrice</u>?
29. Y a-t-il <u>quelques étudiants d'arrivés dans la classe</u>?
30. Êtes-vous <u>fatigué(e)</u> maintenant?

Exercice IV (écrit)

Complétez les phrases avec le pronom disjoint qui convient.

1. Nous avons décidé ceci: _____ ; tu partiras à deux heures mais _____ , nous partirons un peu plus tard.

2. Pas _____ , j'ai déjà répondu ; mais maintenant c'est à _____ , Robert.

3. Quand on est satisfait de _____ , on se sent heureux.

4. Il n'y a que _____ qui puisse vous aider parce qu'il connaît beaucoup de monde.

5. Partez, _____ deux ; mais _____ , je reste.

6. Le professeur est en colère ; il était important que tous ses étudiants viennent en classe aujourd'hui et pourtant quatre d'entre _____ sont absents.

7. Il y a des personnes qui flattent toujours les autres ; prenez garde à _____ .

8. Lui et _____ irons au cinéma ce soir.

9. Chacun pour _____ et Dieu pour tous.

10. N'oublie pas la générosité de ton amie ; c'est grâce à _____ que tu as pu t'en tirer.

11. Je sais que c'est _____ qui l'ai voulu.

12. Le professeur demande à ses étudiants : « Quand vous vous adressez à _____ , employez le pronom **vous**. Avec vos camarades, c'est différent ; employez le pronom **tu** quand vous parlez avec _____ . »

Exercice V (écrit)

Choisissez dix questions de la liste ci-dessous. Répondez-y en remplaçant les mots soulignés par des pronoms, puis en complétant chaque phrase de façon à rendre la réponse intéressante et naturelle. Employez beaucoup de pronoms.

Ex. Quand tu as rencontré <u>Anne</u>, lui as-tu dit que je voudrais avoir <u>son numéro de téléphone</u> ?
→ Oui, quand je l'ai rencontrée, je lui ai dit que tu voudrais l'avoir, mais j'ai bien l'impression qu'elle ne veut pas te le donner.

1. Dans votre dictée, avez-vous fait attention <u>aux accents</u> ?
2. Iras-tu <u>en France</u> l'été prochain ?
3. Vous intéressez-vous <u>à la « libération des femmes »</u> ?
4. Tu vas parler <u>de mon projet à ton copain</u>, n'est-ce pas ?
5. Est-ce que tu te <u>souviens de ce voyage formidable que nous avons fait ensemble</u> ?
6. Vas-tu dire <u>la vérité</u> ?
7. Avez-vous confiance en <u>vos amis</u> ?
8. Est-ce que je t'ai fait voir <u>cette photo</u> ?
9. Pourquoi veux-tu <u>qu'il s'excuse auprès de toi</u> ?
10. As-tu pensé <u>à apporter de l'argent</u> ?
11. Est-ce à cause de <u>Mme Léonard</u> que tu es si triste ?
12. As-tu rendu à Robert <u>le livre que tu lui avais emprunté</u> ?
13. Avez-vous eu affaire <u>à ce terrible M. Dupont</u> quand vous avez été interviewé à l'université ? Était-il vraiment <u>terrible</u> ?
14. Ne sentez-vous pas <u>la fraîcheur</u> arriver ?
15. Allez-vous acheter une <u>voiture</u> neuve ou d'occasion ?

Réponses aux applications immédiates

I. Les pronoms personnels atones

p. 260
1. a-t-il ajouté
2. vous pourrez
3. aurait-elle dû
4. As-tu pris
5. serez-vous couchés
6. m'a-t-il dit

p. 263
1. direct
2. indirect
3. indirect
4. direct
5. direct

p. 264
1. Je le vois...
2. Je le crois.
3. Voulez-vous la rencontrer?
4. Il l'est...
5. ... de les poser.

p. 266
1. Vous y pensez trop.
2. (*pas possible*)
3. Vous vous y attendez.
4. Il faut y répondre.
5. Je l'y ai trouvé.
   ou : Je l'ai trouvé dedans.
6. Jean y est assis.

p. 268
1. ... y compris celle-ci.
2. Il s'y connaît en musique.
3. ... on s'y fait.
4. Vous y êtes?
5. Comment allez-vous vous y prendre pour... ?

p. 270
1. Elle en a à la Nouvelle-Orléans.
2. (*impossible*)
3. ... il y en a 25.
4. J'en ai envie.
5. J'en suis revenu hier.
6. Tu en as besoin.
7. Il y en a sur la table.

p. 271
1. ... où j'en suis.
2. Vous vous en faites trop...
3. ... elle m'en veut.
4. Comment va-t-il s'en tirer?
5. Elle s'en fiche...
6. J'en ai assez de...

p. 272
1. Je le veux.
2. Lui as-tu parlé?
3. Il va leur dire.
4. Mettez-en.
5. Je ne les prends pas.
6. Ne leur répondez pas.
7. Ils n'y ont pas déjeuné.
8. Elle nous ennuie.

p. 273
1. Les lui avez-vous pris?
2. Je ne vous la demande pas.
3. Tu m'y forces toujours.
4. Je vais te l'allumer.

II. Les pronoms disjoints (toniques)

p. 279
1. à lui.
2. à elle.
3. à eux.
4. à elle.
5. à eux.

LES PRONOMS RELATIFS

Un pronom relatif *établit un lien entre le nom ou le pronom* qu'il représente *et la proposition relative* qui explique ou détermine ce nom ou ce pronom.

I. Fonction

A. Analyser la phrase

« J'ai besoin du livre **qui** est sur le bureau. »

1. Cette phrase contient deux propositions : *la proposition principale* **J'ai besoin du livre** et *la proposition relative* **qui est sur le bureau**, ainsi appelée parce qu'elle est introduite par un pronom relatif. Notons que **qui** remplace **livre** ; **livre** est donc *l'antécédent* de **qui**.

2. Le pronom relatif **qui** sert à relier les deux phrases indépendantes **J'ai besoin d'un livre** et **Il est sur le bureau** pour en former une seule.

3. **Qui** est *le sujet du verbe* **est** dans *la proposition relative*. (Le verbe de cette proposition se trouve toujours *après* le pronom relatif puisque celui-ci introduit la proposition relative.)

4. **Qui** représente le mot **livre**, son *antécédent*.

Application immédiate

Faites le même raisonnement (étapes 1 à 4) avec la phrase suivante :
Il connaît le chien qui court dans la rue.

réponses p. 302

B. Trouver le pronom relatif

Pour trouver le pronom relatif qui convient, il faut donc savoir :

— quelle est *sa fonction* dans la proposition relative qu'il introduit (sujet du verbe, objet direct du verbe ou objet d'une préposition) ;

— quel est *son antécédent* : un nom de personne, un nom de chose, un pronom ou une proposition ; quelquefois il n'y a pas d'antécédent (voir B, p. 293).

C. Placer la proposition

Elle peut se placer :

— *après* la proposition principale ;

Ex. Apportez-moi la feuille **que vous avez devant vous**.

— *à l'intérieur* de la proposition principale ;

Ex. L'histoire **que vous me racontez** est très intéressante.

— *au commencement* de la phrase.

Ex. Ce que vous voulez n'est pas raisonnable.

II. Formes

On distingue deux groupes de pronoms relatifs (voir tableau ci-dessous) :

— le groupe A avec *antécédent nom de personne, nom de chose* ou *pronom* ;

— le groupe B avec *antécédent proposition* ou *sans antécédent*.

Les pronoms relatifs

	A. *Avec antécédent* nom de PERSONNE *ou pronom*		nom de CHOSE *ou pronom*		B. *Avec antécédent* PROPOSITION *ou sans antécédent*
sujet du verbe	**qui**	①	**qui**	⑤	**ce qui**
objet direct du verbe	**que (qu')**	②	**que (qu')**	⑥	**ce que (ce qu')**
introduit par la préposition **de**	**dont**	③	**dont**	⑦	**ce dont**
introduit par une préposition (autre que **de**)	**qui** (ou **lequel**, etc.)	④	**lequel**, etc. (**où**)	⑧	**ce** + *préposition* + **quoi**

Exemples :

(Les numéros renvoient à ceux du tableau. Le pronom relatif et l'antécédent sont soulignés.)

		Fonction du pronom relatif	*Antécédent*
A. 1.	Je connais le monsieur qui est debout.	sujet du verbe	personne
	J'entends le téléphone qui sonne.	sujet du verbe	chose
2.	J'aime les amis que je viens de voir.	objet direct du verbe	personne
	Gardez la boîte que vous voulez.	objet direct du verbe	chose
3.	Appelez la personne dont voici le numéro.	objet de **de**	personne
	Regardez le stylo dont je me sers.	objet de **de**	chose
4.	Les gens pour qui (lesquels) il travaille sont gentils.	objet d'une préposition (autre que **de**)	personne
	Le crayon avec lequel je dessine n'est pas assez pointu.	objet d'une préposition (autre que **de**)	chose

	Fonction du pronom relatif	Antécédent
B. 5. J'ai froid, <u>ce qui</u> est désagréable.	sujet du verbe	proposition
Je ne sais pas <u>ce qui</u> m'arrive.	sujet du verbe	—
6. <u>Ce que</u> je n'admets pas, <u>c'est que tu sois paresseux</u>.	objet direct du verbe	proposition
Il se demande <u>ce que</u> vous voulez.	objet direct du verbe	—
7. <u>Il a eu une bonne note</u>, <u>ce dont</u> il est très heureux.	objet de **de**	proposition
Tu comprends <u>ce dont</u> ils ont besoin.	objet de **de**	—
8. <u>Ils m'ont insulté</u>, <u>ce à quoi</u> je ne m'attendais pas.	objet d'une préposition (autre que **de**)	proposition
Je vois à <u>quoi</u> il s'oppose.	objet d'une préposition (autre que **de**)	—

III. Emplois (les numéros renvoient à ceux du tableau, p. 287)

A. Avec antécédent *nom de personne, nom de chose* ou *pronom*

1. Qui

	avec antécédent	
	nom de PERSONNE ou pronom	nom de CHOSE ou pronom
sujet du verbe	**qui**	**qui**

a. Qui est sujet du verbe qui suit.

Ex. Parlez à la personne **qui est** debout.
On m'a donné celui **qui se trouvait** sur l'étagère.

b. Qui est employé pour une personne ou pour une chose.

Ex. La jeune fille qui est là-bas est très jolie. (personne)
Le livre qui est sur la table est à elle. (chose)

c. Qui ne change pas devant une voyelle ou un **h** muet.

> **Ex.** Je vois le livre **qui** est là.
> J'ai lu l'ouvrage **qui** honore cet homme.

d. C'est **moi** qui **suis** là. C'est **toi** qui **es** là.

> *Continuons*: C'est **lui** qui **est** là.
> C'est **nous** qui **sommes** là.
> C'est **vous** qui **êtes** là.
> C'est (Ce sont) **eux** qui **sont** là.

Le verbe de la proposition relative *reprend la personne de l'antécédent de* **qui**.

ATTENTION

Pour éviter une confusion entre deux antécédents de genres différents, on doit quelquefois employer une forme de **lequel** à la place de **qui** sujet.

Ex. Elle était avec son mari et sa fille, **laquelle** semblait s'ennuyer. (sa fille)

---

2. Que

	avec antécédent	
	nom de PERSONNE *ou pronom*	*nom de* CHOSE *ou pronom*
objet direct du verbe	**que (qu')**	**que (qu')**

a. Que est objet direct du verbe qui suit.

> **Ex.** C'est le sujet **que** nous **discutons**. Ce sont ceux **que** je **connais**.

b. Que est employé pour une personne ou pour une chose.

> **Ex.** Comment s'appelle **la personne que** vous avez rencontrée? (personne)
> J'aime **la maison que** vous avez construite. (chose)

c. Que devient **qu'** devant une voyelle ou un **h** muet.

> **Ex.** J'ai lu le roman **qu'**il est en train de lire.
> Je connais la maison **qu'h**abite votre mère.

Application immédiate

Complétez avec **qui** ou **que (qu')**. Le verbe de la proposition relative a-t-il déjà un sujet?

1. Voilà une question _____ intéresse tout le monde.

2. L'exercice _____ il fait est difficile.

3. Vous avez acheté une robe _____ vous va bien.

4. La dictée _____ le professeur vous a donnée est courte.

5. Je connais la personne _____ se regarde dans la glace.

réponses p. 302

---

   d. Que est toujours exprimé. (En anglais, il est souvent omis.)

     Ex. le cours que tu aimes (« the class [that] you like »)

   e. Le participe passé d'un verbe à un temps composé s'accorde avec **que**, objet direct qui précède toujours le verbe (voir leçon 3, p. 65).

     Ex. J'ai raconté une histoire **qu'**il a aimée.

REMARQUES

   — **Que** n'est pas toujours un pronom relatif.

     Ex. Je sais **que** vous êtes gentil. *(conjonction)*
        Que faites-vous? *(pronom interrogatif)*
        Que vous êtes beau! *(adverbe = comme)*

   Dans ces cas, que n'a pas d'antécédent.

   — Ne confondez pas les *pronoms relatifs* **qui, que** avec les *pronoms interrogatifs* **qui, que** (voir leçon 10, p. 239).

     Ex. Qui est là? **Que** voulez-vous?

3. Dont

	avec antécédent	
	nom de PERSONNE *ou pronom*	*nom de* CHOSE *ou pronom*
introduit par la préposition **de**	**dont**	**dont**

Dont remplace **que** quand le pronom relatif est relié à un verbe, à un adjectif ou à un nom par la préposition **de**.

Dont est invariable. Il s'emploie pour une personne ou pour une chose.

Ex. Je vous ai parlé d'un homme. → Voilà l'homme **dont** je vous ai parlé.
Je me sers d'un livre. → Voilà le livre **dont** je me sers.
J'ai peur de certains animaux. → Il y a certains animaux **dont** j'ai peur.

REMARQUE

Dont n'est pas employé avec *les prépositions composées* de **de** : **au sujet de, en face de, près de, à côté de, au cours de, à l'ombre de, au-dessus de, le long de,** etc.

Application immédiate

a) Complétez les phrases avec le pronom relatif qui convient.

1. C'est une blouse _____ elle avait envie depuis longtemps.

2. Le lac près _____ ils se trouvent est calme.

3. Ce monsieur dans le jardin dans _____ je me trouvais est mon ancien voisin.

4. Présentez-moi à la personne _____ vous m'avez parlé.

b) Complétez la phrase en traduisant l'expression entre parenthèses.

5. Votre essai _____ sera publié. (« whose quality everyone admires »)

réponses p. 302

---

4. Qui, lequel, auquel, duquel, où

	avec antécédent	
	nom de PERSONNE *ou pronom*	*nom de* CHOSE *ou pronom*
introduit par une préposition (autre que **de**)	**qui** (ou **lequel**, etc.)	**lequel**, etc. (**où**)

a. Qui est employé après toutes les prépositions (excepté **de**) quand son antécédent est *une personne*. On peut aussi employer **lequel**, mais **qui** est préférable.

> **Ex.** Je connais l'homme **à qui (auquel)** vous avez parlé.
> Voilà la professeure **avec qui (avec laquelle)** j'ai discuté ma thèse.

b. On emploie une forme de **lequel** :

— après toutes les prépositions (excepté **de**) quand l'antécédent est *une chose* ;

> **Ex.** C'est l'exemple **auquel** je pensais. (penser à)
> Voici la raison **pour laquelle** je suis venu. (« the reason why »)
> (N'employez pas **pourquoi**.)

— avec **entre, parmi**. Employez toujours une forme de **lequel** avec ces prépositions.

> **Ex.** Je regardais les deux gendarmes **entre lesquels** il marchait, l'air peu fier.
> Ce sont des écrivains **parmi lesquels** il était à l'aise.

c. Où : quand l'antécédent du pronom relatif est *un lieu* ou *un temps*, il faut généralement employer **où** à la place de *la préposition* + **lequel.**

> **Ex.** Le parc **où (dans lequel)** je vous ai vu. ⎫
> Le pays **d'où (duquel)** je viens. ⎬ **indication de lieu**
> L'endroit **par où (par lequel)** je suis passé. ⎪
> Le banc **où (sur lequel)** je suis assis. ⎭

> Le jour **où (auquel)** il est arrivé. ⎫
> La semaine **où (pendant laquelle)** il ⎬ **indication de temps**
> était si fatigué. ⎪
> Il est sorti **au moment** où j'entrais. ⎭

Note

Où à la place de **quand**. Pour représenter un mot, il faut un pronom. **Quand** est employé comme *conjonction* ou *adverbe, jamais comme pronom*. Il ne peut donc pas avoir d'antécédent.

Où est employé comme *adverbe* ou *pronom*. C'est pourquoi on l'emploie à la place de **quand** pour faire référence à une indication de temps.

Application immédiate

Complétez les phrases avec le pronom relatif qui convient.

1. La jeune fille avec _____ j'ai parlé était charmante.

2. L'année _____ j'ai été malade m'a semblé longue.

3. La réponse numéro 3 est celle pour _____ j'ai des doutes.

4. Il y a quatre personnes entre _____ il faut partager la somme d'argent.

5. Quelle est la raison pour _____ vous êtes partis?

réponses p. 302

B. Avec antécédent proposition *ou* sans antécédent

1. Ce qui

	avec antécédent PROPOSITION	sans antécédent
sujet du verbe	ce qui	

a. Avec antécédent proposition

Le pronom neutre **ce**, placé devant le pronom relatif **qui**, représente la proposition antécédente. **Qui** est le sujet du verbe qui suit.

Ex. Il a raté son examen, **ce qui** est très surprenant.
Ce qui l'étonne est que vous n'ayez pas appelé.

b. Sans antécédent

Quand le pronom relatif n'a pas d'antécédent, on ajoute aussi **ce**. (**Ce** joue le rôle d'antécédent.)

Ex. Je n'aime pas faire **ce qui** est désagréable.

2. Ce que

	avec antécédent PROPOSITION	sans antécédent
objet direct du verbe	ce que (ce qu')	

a. Avec antécédent proposition

Ce représente la proposition antécédente ; **que (qu')** est l'objet direct du verbe qui suit.

Ex. J'ai mal à la tête, **ce que** je redoute toujours.
Ce que je comprends, c'est que notre discussion n'a servi à rien.

b. Sans antécédent

Ex. Ce que vous voulez n'est pas raisonnable.

3. Ce dont

	avec antécédent PROPOSITION	*sans antécédent*
introduit par la *préposition* **de**	ce dont	

a. Avec antécédent proposition

Dont remplace **que** dans **ce que**, quand le pronom relatif est relié au verbe par la préposition **de**.

Ex. Il est passé la voir, **ce dont** je m'étonne. (s'étonner de)
Il fallait qu'il fasse un kilomètre de course, **ce dont** il n'était pas capable. (être capable de)

b. Sans antécédent

Ex. J'ai oublié **ce dont** vous m'avez parlé. (parler de)

REMARQUES

— Avec **tout ce qui, tout ce que, tout ce dont,** n'oubliez pas **ce** entre **tout** et le pronom relatif.

Ex. Tout ce qui brille n'est pas or. (proverbe) (« All that »)
J'ai oublié **tout ce qu'**il m'a dit.
Il a déjà vu **tout ce dont** tu parles.

— Ne confondez pas **tout ce qui (que, dont)** à employer pour les choses et **tout ceux qui (que, dont)** à employer pour les personnes.

Ex. Tout ce qui est là doit être emporté.
Tous ceux qui seront en retard ne seront pas admis.

4. Ce + préposition + quoi

	avec antécédent PROPOSITION	sans antécédent
introduit par une préposition (autre que **de**)	**ce** + préposition + **quoi**	

a. Avec antécédent proposition

Dans ce cas, le pronom neutre **ce**, qui représente la proposition antécédente, est toujours exprimé au commencement d'une phrase et devant **à quoi**, mais pas ailleurs dans la phrase. Devant les autres prépositions, à l'intérieur de la phrase, le pronom **ce** n'est pas exprimé.

Ex. Vous avez apporté une caméra, **ce à quoi** je n'avais pas pensé. (penser à)

mais : Il m'a fait ses excuses, **sans quoi** je n'aurais pas pu lui pardonner.
Je vais finir mon travail, **après quoi** j'irai au cinéma.

b. Sans antécédent

Ex. Ce à quoi elle voulait arriver était très clair.
Ce contre quoi il proteste ne le concerne même pas.

Application immédiate

Complétez avec **ce qui, ce que (qu'), ce dont** ou **(ce)** + **à** + **quoi**.

1. _____ je vois, c'est que vous n'avez pas compris cette leçon.

2. Il faut que j'aille au marché, _____ je n'ai pas du tout envie.

3. Il est arrivé seul, _____ est bizarre.

4. _____ vous devez penser, c'est qu'il a besoin de tranquillité d'esprit.

5. J'apporterai tout _____ vous voulez.

réponses p. 302

REMARQUE

L'antécédent du pronom relatif est quelquefois sous-entendu dans des phrases spéciales (proverbes, expressions idiomatiques, etc.).

Ex. Qui dort dîne. (Celui qui)
Qui vivra verra.
Qui s'y frotte s'y pique.
Il parlera **à qui** sera le plus aimable. (à celui qui)
Voilà **qui** est gênant. (quelque chose qui)
J'ai **de quoi** vivre. (assez pour)

Exercices

Exercice I (oral)

Divisez les phrases suivantes en propositions, puis indiquez le pronom relatif et son antécédent.

Ex. C'est une personne que j'aime beaucoup.
→ C'est une personne/que j'aime beaucoup.
pronom relatif: que   *antécédent*: une personne

1. L'étudiant qui est absent est malade.
2. Je l'ai vu hier, ce qui m'a permis de lui parler longuement.
3. Aimez-vous le vêtement que je porte?
4. Voilà une réponse dont elle n'est pas certaine.

Exercice II (oral)

*Identifiez la nature de **que** dans les phrases suivantes (pronom relatif, conjonction, adverbe ou pronom interrogatif).*

1. Que c'est donc compliqué!
2. Je me suis rendu compte que c'était la fin du film.
3. Avez-vous la feuille que je cherche?
4. Que désirez-vous?

Exercice III (oral)

Remplacez les mots soulignés de la proposition relative par les mots donnés et changez le pronom relatif d'après la construction.

Ex. Voilà un tableau qui <u>est cher</u>.   a. j'ai peint.
  → Voilà un tableau que j'ai peint.

1. Voilà le livre que <u>je veux</u>.
   a. j'ai envie.
   b. j'ai besoin.
   c. je suis en train de lire.
   d. me plaît.
   e. je pensais.
   f. il a écrit.

2. Je fais un devoir qui <u>est difficile</u>.
   a. je déteste.
   b. est trop long.
   c. je suis satisfait.
   d. est pour demain.
   e. le professeur a donné hier.
   f. m'intéresse.

3. C'est une recherche qui <u>est sérieuse</u>.
   a. j'ai honte.
   b. je ne peux pas expliquer les résultats.
   c. est intéressante.
   d. je suis fier.
   e. je ne referais pas.
   f. les résultats m'étonnent.

4. C'est l'endroit que je <u>préfère</u>.
   a. nous fait peur.
   b. je suis né(e).
   c. vous avez parlé.
   d. je dois aller.
   e. j'aime l'atmosphère.
   f. elle l'a rencontré.

5. Vous avez fait une erreur qui <u>n'est pas grave</u>.
   a. me dérange.
   b. je n'avais pas vue.
   c. je n'avais pas fait attention.
   d. je ne m'inquiète pas.
   e. vous vouliez absolument éviter.
   f. lui cause du chagrin.

6. Je suis parti, ce qui <u>était normal</u>.
   a. tout le monde a été étonné.
   b. d'autres ont fait aussi.
   c. je pouvais faire si je voulais.
   d. lui a semblé bizarre.
   e. il comptait (compter sur).
   f. a fait parler les gens.

7. Je voudrais bien savoir ce qui <u>se passe</u>.
   a. il lui a dit.
   b. ils se souviendront.
   c. vous voulez.
   d. tu as fait allusion.
   e. il s'agit.
   f. il faut pour le dîner.

Exercice IV (oral)

Étudiez les pronoms relatifs et les participes passés du poème suivant.

Le message

La porte que quelqu'un a ouverte
La porte que quelqu'un a refermée
La chaise où quelqu'un s'est assis
Le chat que quelqu'un a caressé
Le fruit que quelqu'un a mordu
La lettre que quelqu'un a lue
La chaise que quelqu'un a renversée
La porte que quelqu'un a ouverte
La route où quelqu'un court encore
Le bois que quelqu'un traverse
La rivière où quelqu'un se jette
L'hôpital où quelqu'un est mort.

Jacques Prévert, *Paroles,* © Éditions Gallimard

Exercice V (oral)

Complétez avec le pronom relatif qui convient. L'antécédent est un nom de personne ou de chose.

1. J'ai hâte de recevoir le disque compact .... j'ai commandé.
2. Voilà la ligne au-dessus de .... il faut écrire.
3. Il vit avec des gens parmi .... il se sent heureux.
4. C'est une chose .... je ne pensais plus. Heureusement que vous me l'avez rappelée !
5. J'ai eu une nouvelle .... je suis très content.
6. Vous m'avez envoyé un fichier, mais ce n'est pas celui .... je voulais.
7. J'ai oublié le nom du site .... je dois aller cet après-midi.
8. La tour en face de .... je me trouve est impressionnante.
9. La raison pour .... ils se sont disputés n'est pas claire.
10. Le professeur .... vous parlez est ennuyeux.
11. La dame avec la sœur de .... il se promène est ma voisine.
12. Pierre .... roule n'amasse pas mousse. (proverbe)
13. Voilà une jeune femme .... j'envie ; elle va passer quatre semaines en Asie pendant .... elle voyagera beaucoup. Elle a des parents chez .... elle s'arrêtera pendant quelques jours.
14. Il a des lunettes .... il ne s'habitue pas.
15. Malheur à ceux .... n'obéiront pas !

Exercice VI (oral)

Complétez avec le pronom relatif qui convient. L'antécédent est une proposition.

1. Ils vont aller faire du ski, ... j'ai aussi envie.
2. L'ambulance est arrivée rapidement, sans .... il serait mort.
3. .... il faudrait, c'est que vous soyez un peu plus patiente avec elle.
4. Elle était en colère, ... je m'attendais.
5. .... me surprend, c'est votre incrédulité excessive.
6. Il a plu toute la journée hier, ... a empêché le match d'avoir lieu.
7. Ils sont allés en ville, après .... ils sont revenus regarder une émission de télévision.

Exercice VII (oral)

Complétez avec un pronom relatif; il n'y a pas d'antécédent.

1. Devinez .... j'ai fait hier.
2. Il ne comprend pas .... vous soyez inquiet.
3. Vous déciderez .... vous voulez; moi, je sais .... je vais faire.
4. Je vais vous expliquer .... est arrivé.
5. Pensez à .... elle vous a dit.
6. Qui sait....... ils passent leur temps.

Exercice VIII (oral)

Trouvez les propositions relatives contenues dans ce texte et identifiez la fonction et l'antécédent des pronoms relatifs.

Bercé dans ma civière, je pense à cette aventure qui se termine, à cette victoire, inespérée. On parle toujours de l'idéal comme d'un but vers lequel on tend sans jamais l'atteindre. L'Annapurna, pour chacun de nous, est un idéal accompli : dans notre jeunesse, nous n'étions pas égarés dans des récits imaginaires ou dans les sanglants combats que les guerres modernes offrent en pâture à l'imagination des enfants. La montagne a été pour nous une arène naturelle, où, jouant aux frontières de la vie et de la mort, nous avons trouvé notre liberté qu'obscurément nous recherchions et dont nous avions besoin comme de pain. La montagne nous a dispensé ses beautés que nous admirons comme des enfants naïfs et que nous respectons comme un moine l'idée divine. L'Annapurna, vers laquelle nous serions tous allés sans un sou vaillant, est un trésor sur lequel nous vivrons. Avec cette réalisation c'est une page qui tourne... C'est une nouvelle vie qui commence. Il y a d'autres Annapurna dans la vie des hommes.

Maurice Herzog, *Annapurna*

Exercice IX (écrit)

Mettez le verbe au temps indiqué et à la bonne personne d'après l'antécédent du pronom relatif **qui**.

1. C'est toi qui _____ ce travail. (faire, *futur*)
2. C'est Robert et toi qui _____ cela. (dire, *passé composé*)
3. Ce n'est pas moi qui _____ tort. (avoir, *présent*)
4. C'est toi et moi qui _____ les deux seuls en retard. (être, *imparfait*)

Exercice X (écrit)

Donnez le participe passé du verbe entre parenthèses à la forme correcte.

1. Voulez-vous la composition que j'ai _____ (écrire)?
2. Vous n'avez pas répondu à la question qu'il vous a _____ (poser).
3. Je n'ai pas parlé à celles que vous avez _____ (choisir).
4. Regarde les vêtements qu'elle a _____ (acheter) aujourd'hui.

Exercice XI (écrit)

Complétez les phrases avec **où**, **d'où** *ou* **par où**.

1. C'est le village _____ je viens.
2. Je serai très étonné le jour _____ vous ne serez pas en retard.
3. Voilà le restaurant _____ nous allons dîner.
4. Je me réveille à l'heure _____ tu sors du travail.
5. Je reconnais la rue _____ nous sommes passés hier.

Exercice XII (écrit)

Reliez les deux phrases par un pronom relatif. Le mot souligné dans la deuxième phrase sera remplacé par le pronom relatif. Il faudra changer certains mots ou leur emplacement.

Ex.   C'est mon frère./Il vous dit bonjour.
→ C'est mon frère qui vous dit bonjour.

1. Je reçois un magazine./Il est hebdomadaire.
2. Vous lui avez prêté les 10 dollars./Il en avait besoin.
3. Vous aimerez ces gens./Nous allons chez eux cet après-midi.
4. Il y avait un trait de crayon./Il l'a effacé.
5. J'ai pris un abonnement à une revue./Cet abonnement coûte cher. (attention à l'ambiguïté)
6. Le crayon n'est pas pointu./Vous écrivez avec ce crayon.
7. Vous vous souvenez certainement de l'endroit./Nous nous y sommes arrêtés.
8. Nous avons été pris de vertige en haut de la falaise./C'était très désagréable.
9. Il faut que j'aille chez le coiffeur./Je déteste le faire.
10. Je jouerai au tennis./Après ça, je sortirai avec des camarades.

Exercice XIII (écrit)

Rédigez une phrase avec chacun des pronoms relatifs suivants.

1. qui (sujet)
2. que
3. dont
4. auxquelles

5. où
6. ce à quoi
7. avec qui

Exercice XIV (écrit)

Complétez les phrases suivantes en employant des propositions relatives.

1. Avez-vous vu le costume _____?
2. Je vois une personne là-bas _____ .
3. Soyez gentils envers ceux _____ .
4. Méfiez-vous de ce _____ .
5. C'est encore nous _____ .
6. _____ , c'est que vous ayez pris froid chez moi.
7. Voilà une question difficile _____ .
8. _____ vient d'entrer dans la salle.
9. Ce qui m'étonne, _____ .
10. J'ai parlé à un de mes amis _____ .
11. Je voudrais savoir tout _____ .
12. Nous avons bu un vin excellent _____ .
13. Ces roses, _____ , sont déjà fanées.
14. Je me demande quelquefois _____ .
15. Au moment _____ , le mur s'est écroulé.
16. Elle est toujours d'accord sur _____ .
17. Il faudra penser à tout _____ .
18. Ce qu'il faut surtout, _____ .
19. Nous avons traversé une rue _____ .
20. Il ne comprend pas _____ .

Exercice XV (écrit)

Composez une phrase avec chacune des expressions données en utilisant après la préposition un pronom relatif qui s'applique à une personne.

Ex. téléphoner (à)
→ La personne **à qui** j'ai téléphoné n'était pas chez elle.

1. aller (chez)
2. se disputer (avec)
3. parler (à, avec)

4. dire (à)
5. se marier (à, avec)

Exercice XVI (écrit)

Décrivez l'endroit où vous habitez: la rue où se trouve votre maison, ou un lieu spécial de votre ville. (Écrivez 5 lignes environ en employant des pronoms relatifs variés.)

Réponses aux applications immédiates

I. Fonction

p. 285   1. *propos. principale*: **Il connaît le chien**
             propos. relative: **qui court dans la rue**
      2. **qui** est le sujet de **court**
      3. **chien** est l'antécédent de **qui**
      4. **qui** relie les deux propositions:
         Il connaît un chien. Ce chien court dans la rue.

III. Emplois

p. 290   1. qui
      2. qu'
      3. qui
      4. que
      5. qui

p. 291   1. dont
      2. duquel
      3. lequel
      4. dont
      5. dont tout le monde admire la qualité

p. 293   1. qui (laquelle)
      2. où
      3. laquelle
      4. lesquelles
      5. laquelle

p. 296   1. Ce que
      2. ce dont
      3. ce qui
      4. Ce à quoi
      5. ce que

• LES PRONOMS POSSESSIFS
• LES PRONOMS DÉMONSTRATIFS

13

I. Les pronoms possessifs

A. Formes

Les pronoms possessifs

		un seul OBJET POSSÉDÉ		plusieurs OBJET POSSÉDÉ	
un seul possesseur	*personnes* je tu il, elle	*masculin* **le mien** **le tien** **le sien**	*féminin* **la mienne** **la tienne** **la sienne**	*masculin* **les miens** **les tiens** **les siens**	*féminin* **les miennes** **les tiennes** **les siennes**
plusieurs possesseurs	nous vous ils, elles	*masculin* **le nôtre** **le vôtre** **le leur**	*féminin* **la nôtre** **la vôtre** **la leur**	*masculin et féminin* **les nôtres** **les vôtres** **les leurs**	

1. Le pronom possessif est formé de *deux mots*.

Ex. le mien

Le premier mot est *l'article défini*, qui se contracte avec les prépositions **à** et **de**. Le deuxième mot est un adjectif possessif qui ne s'emploie que dans la construction des pronoms possessifs (ou dans la langue soignée).

singulier : **au mien, du mien, au nôtre, du leur,** etc.

pluriel : **aux tiens, des miennes, aux vôtres,** etc.

2. Il y a *un accent circonflexe* sur le **o** des pronoms **le (la) nôtre, le (la) vôtre, les nôtres, les vôtres** ; il y a donc une différence de prononciation avec l'adjectif possessif **notre, votre**.

Prononcez :   notre [nɔtr(ə)] le nôtre [lə notr(ə)]
              votre, le vôtre

B. Accord

Considérons cette phrase :

> Votre sac est bleu, mais **le mien** est jaune. (mon sac)

Le pronom possessif **le mien** s'accorde d'une part *en personne avec le possesseur* (1re personne du singulier) et, d'autre part, *en genre et en nombre avec l'objet possédé* (**sac**, masculin singulier). Le pronom possessif *n'indique pas le genre du possesseur*.

C. Emploi

Le pronom possessif remplace *un déterminant possessif + un nom*.

> **Ex.** J'ai trouvé mon billet ; avez-vous trouvé **le vôtre** ? (votre billet)
> Vous avez reçu des nouvelles de vos parents, mais je n'en ai pas reçu **des miens**. (de mes parents)

Application immédiate

Remplacez les déterminants possessifs et les noms par des pronoms possessifs. Attention aux contractions avec les prépositions.

1. ma maison
2. notre chien
3. leur livre
4. son travail
5. ses impressions

6. ton opinion
7. de leur jardin
8. à leurs parents
9. à vos lettres

réponses p. 314

D. Expressions idiomatiques

Le pronom possessif a le sens d'un nom dans les expressions suivantes :

1. Y mettre du sien = y mettre de la bonne volonté (masculin singulier).

> **Ex.** Pour que nous ayons de bons résultats, il faut que chacun **y mette du sien**.
> Il faudra **y mettre du vôtre**.

2. **Les siens** = les parents (masculin pluriel), la famille, un groupe auquel on appartient.

    Ex. Il parle d'un façon bizarre et **les siens** ne le comprennent pas. (sa famille)

    Serez-vous **des nôtres** demain soir? (Serez-vous avec nous demain soir?)

3. **Faire des siennes** = faire des bêtises, des mauvaises actions (féminin pluriel).

    Ex. Julie a été méchante; elle **a** encore **fait des siennes** cet après-midi.

4. **À la vôtre! À la bonne vôtre! À la tienne!** = À votre santé! À ta santé! (féminin singulier) Expression employée quand on porte un « toast » à quelqu'un en buvant.

    Ex. À la vôtre, chers amis!

Application immédiate

Complétez les phrases suivantes avec des expressions qui contiennent des pronoms possessifs.

1. La solitude ne lui va pas; elle aime vivre au milieu _____ .

2. Nous allons goûter ce vin; _____!

3. Il n'y a pas d'autre façon d'y arriver; il faut _____ .

4. Quand il aura fini de _____ , nous pourrons peut-être partir!

réponses p. 314

Exercices

Exercice I (oral)

Donnez le pronom possessif qui remplace les mots suivants. Attention aux contractions avec les prépositions.

1. mes amis	9. ses parents	16. à ses souhaits
2. leur composition	10. leurs travaux	17. de mes difficultés
3. notre situation	11. nos intentions	18. à mon tour
4. vos livres	12. son courage	19. celui de ma sœur
5. son imagination	13. à votre place	20. celles de mon frère
6. son erreur	14. de mon côté	21. ceux de mon père
7. votre groupe	15. de leurs opinions	22. celles de ma mère
8. mon problème		

Exercice II (oral)

Complétez les phrases avec les déterminants possessifs et les pronoms possessifs qui conviennent.

1. Tout le monde a .... idées ; vous avez .... , j'ai .... et mes amis ont ....
2. Parlez-nous de .... enfants et nous vous parlerons ....
3. Il faut que vous alliez à .... entraînement et il faut que j'aille à ....
4. J'ai .... parapluie ; as-tu .... ?
5. Mon petit frère parle toujours de .... jouets ; je ne mentionne pas souvent ....
6. Vous vous plaignez souvent de .... difficultés, mais il ne se plaint jamais de ....
7. J'ai parlé à .... père. Avez-vous parlé .... ?

Exercice III (oral)

Répondez rapidement à la question.

1. À qui est ce manteau ?
2. Est-ce ta ceinture ? Non, ... À qui est-elle alors ?
3. Est-ce que c'est ton portable ?
4. À qui est cette feuille ?
5. Est-ce le sac de votre amie ?
6. À qui sont ces livres sur le pupitre ?
7. Est-ce ma faute si c'est arrivé ? Non, ...
8. À qui est l'auto qui est devant la maison de nos voisins ?
9. Est-ce que ce sont tes notes ?
10. Cette bicyclette est-elle à ton ami ?

Exercice IV (écrit)

Faites une phrase avec chacune de ces expressions.

1. les siens
2. y mettre du sien
3. à votre (ta) santé
4. faire des siennes

Exercice V (écrit)

Vous avez eu un accident et vous avez été blessé(e). Décrivez les circonstances. Employez des possessifs ou des articles.

Ex. Je suis tombé et je me suis fait mal à...

Exercice VI (écrit)

Décrivez succinctement la maison où vous habitez et les personnes ou choses qui s'y trouvent. Employez beaucoup de possessifs. (six lignes)

Exercice VII (écrit)

Décrivez une personne intéressante que vous connaissez : aspect physique, habitudes, etc. Employez beaucoup de possessifs. (cinq lignes)

II. Les pronoms démonstratifs

Le pronom démonstratif remplace *un déterminant et un nom* en le situant dans l'espace. Il sert à *montrer* la personne ou la chose désignée par un nom. Certains prennent le genre et le nombre du nom, d'autres sont invariables.

> **Ex.** Je prépare mon repas et **celui** de Michel. (*pronom variable simple*)
> Prends **celui-ci**, je prends **celui-là**. (*pronoms variables composés*)
> **Ce** sont les amis qui seront surpris de te voir. (*pronom invariable*)

Les pronoms démonstratifs

	Pronoms variables				Pronoms invariables
	singulier		*pluriel*		*neutre*
	masculin	*féminin*	*masculin*	*féminin*	
formes simples	**celui**	**celle**	**ceux**	**celles**	**ce (c', ç')**
formes composées	**celui-ci** **celui-là**	**celle-ci** **celle-là**	**ceux-ci** **ceux-là**	**celles-ci** **celles-là**	**ceci** **cela (ça)**

A. Pronoms démonstratifs variables

1. Formes simples : **celui, celle, ceux, celles**

Ils *s'accordent en genre et en nombre avec le nom qu'ils remplacent*. Ils ne s'emploient généralement *pas seuls ;* ils sont suivis de :

— *la préposition* **de** pour marquer la possession ;

> **Ex.** Je préfère mon jardin à **celui de** mon voisin. (« my neighbour's »)

— *un pronom relatif :* **qui, que, dont, où, auquel.** (« the one, the ones »)

> **Ex.** Il nommera **ceux qui** auront le mieux réussi.
> J'ai vu **celui auquel** vous vous êtes adressé.

2. Formes composées : avec **ci** et **là**

a. Pour faire *la distinction entre deux pronoms démonstratifs*, on ajoute **ci** après un des pronoms et **là** après l'autre ; **ci** et **là** sont réunis aux pronoms par un trait d'union. Un pronom composé remplace *un déterminant démonstratif + nom*.

> **Ex.** Je m'occuperai de **cette affaire-ci** et vous vous occuperez de **celle-là**. (de cette affaire-là)

b. Celui-ci et **celui-là** sont employés dans une même phrase pour signifier respectivement ce qui est *proche* (ici) et ce qui est *loin* (là), ou pour désigner ce dont il *sera* question (ici) et ce dont il *a été* question (là).

> **Ex.** Le jaune et le bleu sont de belles couleurs pour ta cuisine ; **celle-ci** (le bleu) est calmante, **celle-là** (le jaune) est énergisante.

c. Celui-ci sert à préciser *une possession*, à la place d'un déterminant possessif (voir leçon 4, p. 108).

> **Ex.** La maison de **celui-ci**.

d. Le pronom démonstratif a quelquefois un sens *péjoratif* en parlant de personnes.

> **Ex.** Oh ! **celui-là**, il me fatigue ! **Celle-là**, elle exagère toujours !

Application immédiate

Complétez en utilisant un pronom démonstratif et un autre mot au besoin.

1. La Porsche et la Triumph sont des voitures de sport ; _____ est anglaise et _____ est allemande.

2. Apportez-moi les légumes ; je veux dire _____ sont sur la table.

3. De ces deux théories, préférez-vous _____ ou _____ ?

4. Ce ne sont pas mes affaires, ce sont _____ Pierre.

réponses p. 314

B. Pronoms démonstratifs invariables

1. Forme simple : **ce** (**c'** devant **e** et **ç'** devant **a**)

C'est un pronom *neutre*.

a. Ce est employé comme sujet du verbe **être** quand ce verbe est suivi :

— *d'un nom* (ou *nom + adjectif*) ;

Ex. **C**'est un mur. **C**'est un grand mur.

Exception :

> Avec un nom de *profession* ou de *nationalité* sans article, on emploie **il, elle** devant **être** (nom employé comme adjectif).

Ex. **Elle** est secrétaire.   *mais :* **C**'est une bonne secrétaire.
Il est français.   *mais :* **C**'est un Français.

— *d'un nom propre ;*

Ex. **C**'est Mme Morin.

— *d'un pronom* placé directement après le verbe **être** ;

Ex. Est-**ce** toi, Jean ? — Oui, **c**'est moi.
C'est celui-là que je veux.
Qui est-**ce** ?

— *d'un superlatif.*

Ex. **Ce** sont les moins chères.
C'est la plus jolie rose.

Exception : quand on insiste sur le sujet.

Ex. **Il** est le meilleur de tous.

Ce est aussi employé comme sujet du verbe **être** :

— pour *reprendre un sujet* qui précède (voir aussi leçon 15, p. 347) ;

Ex. Ces couchers de soleil, **c**'était splendide !
Prenez ceci, **c**'est pour vous.
Ça, **c**'est vraiment dommage.
Si tu avais pu venir, **ç**'aurait été épatant !
Vous êtes fatigué, **c**'est facile à voir.

— pour *annoncer un sujet.*

Ex. Écoutez. **C**'est beau, cette musique !
Ce serait bizarre, ça.
C'est intéressant de visiter des musées.
C'est utile que vous soyez venu.
C'est rare que cet enfant pleure.

b. On le trouve aussi comme *antécédent du pronom relatif* : **ce** qui, **ce** que, **ce** dont, **ce** à quoi (leçon 12, p. 293). Il est quelquefois répété devant le verbe **être** qui suit.

Ex. Ce qu'il veut, **c'**est pouvoir vous parler.
Prenez **ce** que vous voulez.

REMARQUES

— Quand *l'attribut du verbe* **être** (le nom qui suit le verbe **être**) est *pluriel*, on emploie **ce sont**. On emploie aussi **c'est** dans le langage parlé.

Ex. Ce sont (*ou* **C'est**) des gens sympathiques.

— Devant *une énumération*, on emploie **ce sont**.

Ex. Voilà des fruits ; **ce sont** des mangues et des papayes.

— Avec *un temps composé* du verbe **être** ou les verbes semi-auxiliaires **devoir** et **pouvoir**, on emploie **ce** ; mais **ça** est employé dans la langue populaire, familière ou informelle.

Ex. Ce (Ça) doit être intéressant de travailler avec lui.

— Quand il y a *un pronom objet devant le verbe* **être**, enployez **ça** à la place de **ce**.

Ex. Ça m'est égal.

2. Formes composées : ceci, cela (ça)

Ce sont des pronoms *neutres*, c'est-à-dire sans distinction entre le masculin et le féminin. Ils sont formés de **ce + ci** (« ce qui est ici ») et **ce + là** (« ce qui est là », sans accent). Ils se rapportent à des idées ou à faits.

> ### Note
> **Çà** (notez l'accent) est un adverbe de lieu, employé dans l'expression **çà et là**. Ne le confondez pas avec le pronom **ça** sans accent.

a. En principe, **ceci** s'applique à une chose plus proche ou à ce qu'on va dire alors que **cela** renvoie à une chose plus éloignée ou à ce qu'on vient de dire. En réalité, ils sont employés pour contraster toute paire de *choses* ou de *groupes de choses*.

Ex. Ceci est bien, mais **cela** ne l'est pas. (« This... that. ») Je refuse le contrat. **Cela** dit, je suis ouvert aux discussions si vous le modifiez.
Dites-lui **ceci** : il est toujours facile de donner des conseils.

Quand il s'agit *d'une chose* ou *d'un événement*, on emploie plus souvent **cela** ou **ça**. **Cela** est plus fréquent à l'écrit, alors que **ça** est plus fréquent à l'oral, mais les duex sont interchangeables.

Ex. Comment **ça** va? **Ça** ne fait rien.
Les nouvelles, **ça** intéresse tout le monde.
On m'a donné cent dollars; **cela** ne suffira pas.
Venez-vous avec nous ce soir? — **Ça** dépend.
Ça ne fait rien qu'il pleuve.
Cela vaudra la peine d'y aller.

b. Le pronom **ça** peut avoir un sens *péjoratif* en parlant d'une personne.

Ex. **Ça** veut faire croire que **ça** sait tout!

Application immédiate

Complétez les phrases avec **ce, ceci, cela (ça)**.

1. _____ qui m'étonne, _____ est que je ne puisse pas trouver ce papier.

2. _____ commence bien!

3. _____ est surtout pour vous qu'il a fait _____ .

4. Mettez _____ dans ma serviette.

5. Expliquez-moi _____ que _____ veut dire.

6. Une gifle, _____ ne fait pas de bien.

7. _____ le dérange d'aller chez le dentiste.

réponses p. 314

Exercices

Exercice I (oral)

Ajoutez le déterminant démonstratif qui convient, simple ou composé.

1. .... jour heureux restera longtemps dans ma mémoire.
2. ...... petite rivière, ... arbres touffus, ... herbe épaisse rendaient .... petit coin de la vallée très pittoresque.
3. Ce sont .... hommes et .... femmes qui construisent l'avenir.
4. Depuis .... jour-....... , il se couche toujours tôt.
5. Nous n'aimons pas .... gens-.......

Exercice II (oral)

Mettez les phrases au pluriel.

1. Cette pagode est magnifique.
2. Cette travailleuse a creusé cet énorme trou dans la rue.
3. Cet honneur a été accordé à cet enfant.

Exercice III (oral)

Traduisez les mots entre parenthèses pour compléter les phrases suivantes.

1. Je devais choisir entre le film anglais et le film français ; je suis allé voir .... pour améliorer mon français. (« the latter »)
2. Je ne veux pas cette feuille ; donnez-moi .... est là-bas. (« the one which »)
3. J'ai perdu mon stylo ; alors j'ai emprunté .... (« my brother's »)
4. Il y avait de nombreuses personnes à la réunion ; j'ai parlé à .... je connaissais. (« the ones whom »)

Exercice IV (oral)

*Complétez les phrases avec **ce** ou **ça**.*

1. D'un océan à l'autre, ... est la devise du Canada.
2. Si tu avais pu venir, ... m'aurait fait plaisir.
3. .... n'a l'air de rien, mais .... n'est pas si facile à faire.
4. Comment .... va ? — .... va généralement bien, mais .... dépend des jours.
5. .... m'occupe, ce travail. .... est bien de ne pas s'ennuyer.
6. Est-ce que ton projet avance ? — Oui, ... marche bien, mais .... a été dur.
7. .... aurait été plus simple de lui dire immédiatement.
8. .... ferait du bien d'aller se baigner après une telle journée.

Exercice V (oral)

Soulignez les pronoms démonstratifs qui se trouvent dans ces maximes de La Rochefoucauld et expliquez leurs emplois.

1. Ceux qui s'appliquent trop aux petites choses deviennent ordinairement incapables des grandes.
2. Qui vit sans folie n'est pas si sage qu'il croit. (*pronom sous-entendu*)
3. La parfaite valeur est de faire sans témoins ce qu'on serait capable de faire devant tout le monde.
4. La véritable éloquence consiste à dire tout ce qu'il faut et à ne dire que ce qu'il faut.
5. Nous pardonnons souvent à ceux qui nous ennuient, mais nous ne pouvons pardonner à ceux que nous ennuyons.
6. Le plus grand effort de l'amitié n'est pas de montrer nos défauts à un ami, c'est de lui faire voir les siens.
7. En amour, celui qui est guéri le premier est toujours le mieux guéri.

Exercice VI (écrit)

Complétez les phrases en utilisant un déterminant démonstratif ou un pronom démonstratif, accompagné d'un autre mot si c'est nécessaire.

1. Le temps _____ est de l'argent.
2. _____ est lui qui m'en a parlé et _____ pourrait être grave.
3. Est-_____ ma faute si personne n'est venu?
4. Nous avons fait imprimer les photos et je t'envoie _____ nous sommes ensemble.
5. Quel couple! _____ dit qu'il voudrait un chat, _____ dit qu'elle voudrait des perruches.
6. Le nouveau jouet de Sacha est brisé; alors elle convoite _____ son frère.
7. Le Canada et le Brésil sont deux pays d'Amérique. _____ est en Amérique du Sud et _____ est en Amérique du Nord.
8. Le 24 juin, _____ est la Saint-Jean Baptiste, une fête très appréciée au Québec.
9. Avec _____, madame, vous faut-il autre chose?
10. _____ qui est dommage, _____ est que _____ ne vous intéresse pas.
11. Dites-lui _____: je ne pourrai pas venir avant dix heures demain.
12. Je ne sais pas exactement _____ il faut faire.
13. Je vous présenterai à _____ seront présents.
14. _____ exercices-_____ sont faciles, mais _____ sont très durs.
15. Le pire, _____ est quand on ne peut pas faire _____ on veut.
16. Vous avez besoin d'argent? — Non, je n'ai pas dit _____.
17. _____ n'est pas la peine d'essayer; _____ ne marchera pas.
18. _____ lumière au bout du tunnel, _____ celle d'un train qui vient vers nous.
19. _____ après-midi-_____, il avait eu une dispute avec son ami.
20. Je prendrai _____ boîte-_____, mais pas _____.

Exercice VII (écrit)

Rédigez une phrase avec chacune des expressions suivantes.

1. ceux de
2. celui qui (que, dont, où)
3. ça
4. ce + *être* + *nom*
5. en ce temps-là
6. ces jours-ci

Exercice VIII (écrit)

*Faites une phrase avec **ceci** pour introduire les mots qui suivent.*

Exercice IX (écrit)

Complétez les phrases suivantes en employant des pronoms démonstratifs.

> **Ex.** Quand je ne vous téléphone pas, _____
> → ça veut dire que j'ai le cafard.

1. Ce journal-ci est bon, _____ .
2. Venez me voir, _____ .
3. Quand vous êtes impatient avec lui, _____ .
4. Ce qui est ennuyeux, _____ .
5. Si vous me le disiez _____ .

Exercice X (écrit)

Vous avez une photo (photo de famille ou photo prise dans un endroit que vous avez visité) et vous la montrez à un(e) ami(e) en lui indiquant les différentes personnes ou choses qui s'y trouvent et en expliquant les circonstances. « Cet été, je suis allé à... et nous avons pris cette photo. Regarde... (Écrivez cinq ou six lignes et employez beaucoup de démonstratifs.)

Exercice XI (écrit)

Vous faites visiter un bâtiment neuf à quelqu'un et vous lui expliquez à quoi servent les différentes salles. (Employez beaucoup de démonstratifs.)

Réponses aux applications immédiates

I. Les pronoms possessifs

p. 304
1. la mienne
2. le nôtre
3. le leur
4. le sien
5. les siennes
6. la tienne
7. du leur
8. aux leurs
9. aux vôtres

p. 305
1. des siens
2. à la vôtre !
3. y mettre du sien
4. faire des siennes

II. Les pronoms démonstratifs

p. 308
1. celle-ci, celle-là
2. ceux qui
3. celle-ci, celle-là
4. celles de

p. 311
1. Ce, c'
2. Ça
3. C', ça
4. ça
5. ce, cela (ça)
6. ça
7. Ça

LES VERBES PRONOMINAUX

Un verbe pronominal est *un verbe accompagné d'un pronom personnel réfléchi désignant le même référent que le sujet* du verbe. Le pronom réfléchi qui accompagne l'infinitif est **se**.

> **Ex. se** lever, **s'**habituer

I. Formes

A. Conjugaison

Dans la conjugaison d'un verbe pronominal, le pronom réfléchi change aux différentes personnes ; il est toujours à la même personne que le sujet. Ceci s'applique aussi à l'infinitif et au participe présent.

pronom sujet	*pronom réfléchi*
je	**me (m')**
tu	**te (t')**
il, elle, on	**se (s')**
nous	**nous**
vous	**vous**
ils, elles	**se (s')**

Voici le présent de l'indicatif du verbe pronominal **se lever** :

je me lève	**nous nous levons**
tu te lèves	**vous vous levez**
il, elle, on se lève	**ils, elles se lèvent**

B. Infinitif et participe présent

Le pronom réfléchi correspond au sujet réel de l'infinitif ou du participe présent même s'il ne correspond pas au sujet grammatical des verbes conjugués.

> **Ex.** Vous **les** forcez à **se** plaindre. (Qui se plaint ? **les**, sujet réel de **plaindre**.)
> **Nous** allons **nous** promener. (Qui se promène ? **Nous**, sujet de **allons**.)
> **Me** rendant compte qu'il était tard, **je** suis parti. (Qui se rend compte ? **Je**, sujet de **suis parti**.)

Application immédiate

Écrivez le verbe pronominal à la forme correcte de l'infinitif ou du participe présent.

1. Nous allons _____ aujourd'hui. (se reposer)

2. Tu vas _____ les mains. (se laver)

3. En _____ , vous vous êtes dit bonjour. (se rencontrer)

4. Ils veulent _____ tôt demain. (se lever)

5. Je les encourage à _____ . (s'exprimer)

6. _____ perdu, je lui ai demandé de m'aider. (se voir)

réponses p. 333

C. Temps composés

Tous les verbes pronominaux sont conjugués avec **être**, sans exception. Voici le *passé composé* du verbe **se lever** :

je me suis levé(e)	**nous nous sommes levé(e)s**
tu t'es levé(e)	**vous vous êtes levé(e)(s)**
il, elle, on s'est levé(e)	**ils, elles se sont levé(e)s**

Voici *l'infinitif passé* : **s'être levé**
et *le participe présent composé* : **s'étant levé**.
(Pour l'accord du participe passé, voir p. 325.)

D. Impératif

Le pronom réfléchi accompagne toujours l'impératif, mais il devient un pronom disjoint à l'impératif affirmatif :

- *après* le verbe à l'impératif affirmatif : **toi (te, t')**, **nous, vous**
- *devant* le verbe à l'impératif négatif : **te, nous, vous**

Ex. se regarder

affirmatif	*négatif*
regarde-toi	ne te regarde pas
regardons-nous	ne nous regardons pas
regardez-vous	ne vous regardez pas

s'en aller

va-t'en	ne t'en va pas
allons-nous-en	ne nous en allons pas
allez-vous-en	ne vous en allez pas

E. Place du pronom réfléchi

La place du pronom réfléchi est la même que pour les autres pronoms personnels compléments, c'est-à-dire *directement avant le verbe sauf à l'impératif affirmatif* (voir D, ci-dessus).

> **Ex.** Tu ne **te** reposes pas. (verbe à la forme négative)
> **Se** rappelle-t-il ? (verbe à la forme interrogative)
> Nous **nous** sommes bien amusés. (verbe à un temps composé)
> Lève-**toi**. (impératif affirmatif)

Application immédiate

Refaites les phrases en utilisant les mots entre parenthèses.

1. Ils ne s'inquiéteront pas. (en) _____

2. Elles se sont perdues. (ne... pas) _____

3. Vous êtes-vous amusé ? (y) _____

4. Rappelez-vous. (le) _____

réponses p. 333

Lorsqu'un autre pronom personnel complément accompagne le verbe, le pronom réfléchi *se place entre le pronom sujet et les autres pronoms.*

> **Ex.** Ils **se** le disent tout bas.
> Vous **vous** en faites pour rien. (s'en faire = s'inquiéter)
> Vous **vous y** plairez.

A T T E N T I O N

Quand un pronom objet n'est pas à la même personne que le sujet, le verbe n'est pas pronominal.

Ex. Tu te promènes. (verbe pronominal : **se promener**)
Tu nous promènes. (verbe non pronominal : **promener**)
Ma sœur se regarde. (verbe pronominal : **se regarder**)
Ma sœur nous regarde. (verbe non pronominal : **regarder**)

Application immédiate

Est-ce que les verbes suivants sont pronominaux ? Écrivez l'infinitif.

1. Lave-toi les mains. _____

2. Lave-lui les mains. _____

3. Ils se cherchent. _____

4. Tout le monde se parle. _____

5. Elle nous appelle. _____

6. Ne me dérange pas. _____

7. Ne te dérange pas. _____

8. Je lui écris. _____

9. Nous ne nous aimons pas. _____

10. Vous vous disputez. _____

réponses p. 333

II. Catégories

Il y a trois catégories de verbes pronominaux :

— les verbes pronominaux *réfléchis* ou *réciproques* ;

— les verbes *essentiellement* pronominaux ;

— les verbes pronominaux *à sens passif.*

A. 1re catégorie : verbes pronominaux réfléchis ou réciproques

Un verbe de cette catégorie se forme en ajoutant le pronom réfléchi **se** *à un verbe transitif dont le sens reste le même quand il passe à la forme pronominale.*

Ex. Le verbe **regarder** est un verbe *transitif.*
Le verbe **se regarder** est le verbe *pronominal* correspondant.
Le sens du verbe **regarder** ne change pas à la forme pronominale.

1. On distingue :

a. Le verbe pronominal est *réfléchi* quand le sujet du verbe agit sur lui-même.

Ex. Je **me** lèverai à sept heures. (**me** renvoie à **je**)
Elle **se** pose des questions. (**se** renvoie à **elle**)

b. Le verbe pronominal est *réciproque* quand l'action est faite par *au moins deux personnes (ou choses)* qui exercent cette action *l'une sur l'autre* (ou les unes sur les autres). L'action est à la fois faite et reçue par chacune d'elles. Le verbe est *toujours pluriel.*

Ex. Ils **se battaient** souvent.
Vous **vous téléphonez** constamment.

REMARQUE

Pour insister sur la réciprocité ou pour la rendre plus claire, on ajoute **l'un l'autre** ou **les uns les autres** au verbe pronominal. Si le verbe est suivi d'une préposition, on la place entre **l'un** et **l'autre** (ou entre **les uns** et **les autres**).

Ex. Ils se cherchent **les uns les autres.** (se chercher)
Ils vont se remarier **l'un à l'autre.** (se remarier à)
Nous nous sommes approchés **les uns des autres.**
(s'approcher de)

Application immédiate

Ajoutez une préposition quand elle est nécessaire.

1. Nous nous plaisons l'un _____ l'autre.

2. Vous vous accusez les uns _____ les autres.

3. Ils s'éloignent l'un _____ l'autre.

réponses p. 333

Note

Un verbe pronominal au pluriel peut avoir le sens réfléchi ou le sens réciproque.

Ex. Ils se regardent dans un miroir. (sens réfléchi)
Ils se regardent l'un l'autre. (sens réciproque)

Le contexte indique si c'est l'un ou l'autre des sens.

2. Comme le verbe transitif garde son sens à la forme pronominale, *le pronom réfléchi peut être soit complément direct, soit complément indirect, d'après son rôle dans la construction active.*

Ex. **s'aider** → Ils **s'**aident beaucoup.
(on dit **aider quelqu'un**; **se** est donc complément *direct*)
se téléphoner → Ils **se** téléphonent souvent.
(on dit **téléphoner à quelqu'un**; **se** est donc complément *indirect*)

verbes à pronom réfléchi *complément direct*	*verbes à pronom réfléchi* *complément indirect*
s'accuser	se demander
s'aider	se dire
s'aimer	s'écrire
s'arrêter	se faire mal (**mal** est l'objet direct)
se battre	se nuire
se blesser	se parler
se cacher	se plaire
se chercher	se promettre
se comprendre	se ressembler
se fiancer	se sourire
se laver	se succéder
se lever	se téléphoner
se marier	
se perdre	
se regarder	
se rencontrer	
se voir	

REMARQUE

Quand le verbe pronominal a un objet complément *autre que le pronom réfléchi*, le pronom réfléchi est alors indirect.

Ex. Tu **te** laves. (*complément direct :* **te**)

Tu te laves **les mains**. (*complément direct :* les mains ; **te** est complément indirect)

ou : Tu te **les** laves. (*objet direct :* les ; *complément indirect :* **te**)

Application immédiate

Le pronom réfléchi est-il direct ou indirect dans les phrase suivantes ? Considérez la construction active du verbe pour le déterminer.

1. Je me suis fait mal à la main. _____

2. Elle ne se demande pas pourquoi. _____

3. Nous nous cherchions depuis longtemps. _____

4. Vous vous ressemblez beaucoup. _____

5. Ils se sont imposés à nous. _____

réponses p. 333

ATTENTION

Ne confondez pas :

s'asseoir	et	**être assis(e)**
se lever	et	**être levé(e)** (être debout)
s'allonger	et	**être allongé(e)**
se coucher	et	**être couché(e)** (être au lit)

Le verbe pronominal **s'asseoir** indique *l'action* de s'asseoir ; l'expression **être assis** indique *un état*, le résultat de cette action.

Ex.
⎰ Il **s'est assis** à côté d'elle. (action)
⎱ Quand je l'ai vu, il **était** confortablement **assis** dans son fauteuil. (état)

⎰ Je **me couche** à onze heures du soir généralement. (action)
⎱ J'**étais** déjà **couché** à dix heures. (état)

B. 2ᵉ catégorie : verbes essentiellement pronominaux

1. On ne peut identifier à qui ou à quoi renvoie le pronom réfléchi des verbes essentiellement pronominaux. *Le pronom n'a pas de rôle grammatical.* Voici quelques-uns de ces verbes :

s'écrier	(« to exclaim »)	se méfier de	(« to distrust »)
s'écrouler	(« to collapse »)	se moquer de	(« to make fun of »)
s'efforcer de	(« to strive »)	se soucier de	(« to mind »)
s'empresser de	(« to hasten »)	se souvenir de	(« to remember »)
s'enfuir	(« to flee »)	se suicider	(« to kill oneself »)
s'envoler	(« to fly away »)	se taire	(« to be silent »)
s'évanouir	(« to faint »)		

Dans cette liste, seuls **moquer** (mais c'est une tournure vieillie et littéraire) et **taire** s'emploient parfois sans pronom. Tous les autres verbes n'existent qu'à la forme pronominale. Le pronom fait corps avec le verbe.

2. À ces verbes s'ajoutent *des verbes non pronominaux dont le sens change à la forme pronominale.* Ils sont regroupés avec les verbes essentiellement pronominaux puisqu'ils ont un sens différent de leur contrepartie non pronominale et qu'il s'accordent comme les verbes essentiellement pronominaux.

agir (« to act »)	→ **s'agir de** (« to be about ») (sujet : **il** impersonnel)
aller (« to go »)	→ **s'en aller** (« to leave »)
apercevoir (« to perceive »)	→ **s'apercevoir de** (« to realize »)
attendre (« to wait »)	→ **s'attendre** (« to expect »)
douter (« to doubt »)	→ **se douter de** (« to suspect »)
ennuyer (« to annoy »)	→ **s'ennuyer** (« to be bored »)
	→ **s'ennuyer de** (« to miss, to long for »)
entendre (« to hear »)	→ **s'entendre avec** (« to get along »)
faire (« to do »)	→ **se faire à** (« to get used to »)
imaginer (« to imagine »)	→ **s'imaginer** (« to fancy »)
jouer (« to play »)	→ **se jouer de** (« to deride »)
mettre (« to put »)	→ **se mettre à** (« to begin »)
passer (« to pass »)	→ **se passer** « to arrive, to happen »
	→ **se passer de** (« to do without »)
plaire (« to please »)	→ **se plaire à** (« to enjoy »)
prendre (« to take »)	→ **s'y prendre** (« to go about »)
rappeler (« to remind »)	→ **se rappeler** (« to remember »)
rendre (« to give back »)	→ **se rendre** (« to go » *ou* « to surrender »)

rendre compte (« to give an account »)	→ **se rendre compte de** (« to realize »)
servir (« to serve »)	→ **se servir de** (« to use »)
tromper (« to deceive »)	→ **se tromper de** (« to be mistaken »)
trouver (« to find »)	→ **se trouver** (« to be found »)
vouloir (« to want »)	→ **s'en vouloir** (« to be angry with oneself, each other »)

Ex. Nous **nous rappelons** bien ce voyage.

Il **s'attendait** à la voir.

Dans ce poème il **s'agit d'**un oiseau. (« This poem is about... »)

Je **m'entendrai** bien avec vous.

Allez-vous-en tout de suite.

Il **se met à** rire. (= commencer à)

Au revoir ! Je **m'en vais**. (= partir)

Allez-vous-en.

Je **me souviens de** tout. (= se rappeller)

Maintenant je vais **me rendre** à la conférence. (= aller)

Le Parthénon **se trouve** à Athènes. (= être)

Il est facile de **se faire au** confort. (= s'habituer à)

Je ne peux pas **me passer de** musique. (= vivre sans)

Ce qui **se passe** est troublant. (= arriver)

Application immédiate

Complétez avec un verbe pronominal au temps convenable.

1. La Maison-Blanche _____ à Washington.

2. Mes amis vont _____ ; il faut que je leur dise au revoir.

3. Il est temps que je _____ à travailler. Il est déjà neuf heures.

4. J'ai entendu une sirène. Qu'est-ce qui _____ ?

5. Il faut qu'il _____ à l'étranger le mois prochain.

réponses p. 334

Note

Un verbe pronominal peut appartenir à deux catégories selon son sens et sa construction.

Ex. se mettre (**mettre** ne change pas de sens : *catégorie 1*)

→ Ils **se sont mis** là.

se mettre à (**mettre** change de sens : *catégorie 2*)

→ Elles **se sont mises à** chanter.

se faire (**faire** ne change pas de sens : *catégorie 1*)

→ Ils **se sont faits** prêtres.

se faire à (**faire** change de sens : *catégorie 2*)

→ Ils **se sont faits** à l'idée.

C. 3e catégorie : verbes pronominaux à sens passif

Ils sont employés *à la place d'un verbe au passif* (**être** + *participe passé d'un verbe transitif*) dont *l'agent n'est pas exprimé*. Ces verbes expriment *une action habituelle ou une coutume*. Le sujet du verbe est *une chose* ; le verbe est donc toujours à la troisième personne.

Le *pronom réfléchi* est incorporé au verbe ; il *ne peut donc pas être analysé*.

Ex. Le français **est parlé** dans beaucoup de pays. (verbe au passif)
Le français **se parle** dans beaucoup de pays. (verbe pronominal à sens passif)
Ce mot **s'emploie** souvent.
Ça **se faisait** autrefois.
Ce plat **se mange** froid.

Application immédiate

Traduisez les verbes suivants.

1. Ça _____ encore. (« is done »)

2. Ce mot _____ par un verbe pronominal. (« is translated »)

3. C'est une langue qui _____ autrefois. (« was spoken »)

4. Cette expression _____ depuis longtemps. (« is not used »)

réponses p. 334

III. Accord du participe passé

L'accord du participe passé aux temps composés dépend de la catégorie du verbe.

A. 1re catégorie

Le participe passé des verbes pronominaux réfléchis ou réciproques *s'accorde avec le complément direct si celui-ci précède le verbe.*

Pour trouver le complément direct, *substituez le verbe transitif (conjugué avec* **avoir***)* au verbe pronominal.

> **Ex.** Elle s'est maquillé**e**.
> *Question :* Elle a maquillé **qui**? *Réponse :* **se**.
> **Se** est complément direct → il y a un accord.
>
> Elle s'est maquill**é les yeux**.
> *Question :* Elle a maquillé **quoi**? *Réponse :* **les yeux**.
> **S'** est maintenant indirect → il n'y a pas d'accord.
>
> Ils se sont écri**t**.
> *Question :* Ils ont écrit **quoi**? *Réponse :* on l'ignore.
> Pas de complément direct.
> **Se** est complément indirect → il n'y a pas d'accord.

Application immédiate

Substituez *le verbe transitif* au verbe pronominal pour déterminer s'il y a un accord du participe passé.

1. Hélène s'est _____ (coucher).

2. Hélène s'est _____ (couper) le doigt.

3. Elles se sont _____ (promettre) de se revoir.

4. Je (*fém.*) me suis _____ (asseoir) au premier rang.

réponses p. 334

B. 2e et 3e catégories

Avec les verbes essentiellement pronominaux et à sens passif, le pronom réfléchi *ne peut pas être analysé. Le participe passé s'accorde alors avec le sujet du verbe.*

Ex. **Nous** nous en sommes **allés**. (s'en aller)
Elle s'est **évanouie**. (s'évanouir)
Elles se sont **aperçues** de leur erreur. (s'apercevoir de)
Je (fém.) ne me suis pas **souvenue** de la réponse. (se souvenir de)
Ils se sont **trompés** de route. (se tromper de)
Elle s'y est mal **prise**. (s'y prendre)
Vous vous êtes **tus**. (se taire)
Quelques objets d'art se sont **vendus** tout de suite. (se vendre)
Une route s'est **ouverte** ici récemment. (s'ouvrir)

Exceptions

Le participe passé de quelques verbes pronominaux reste invariable :

se plaire	se déplaire
se complaire	se rire

De plus, **se faire** et **se laisser** suivis d'un infinitif sont invariables.

Ex. Nous nous sommes **ri** de tous ces projets.
Elle s'était **plu** à le taquiner.
Ils se sont **fait** arrêter à la sortie de la banque.
Elles se sont **laissé** tomber en boule.

Application immédiate

Écrivez le participe passé des verbes entre parenthèses.

1. Elle s'est _____ (laisser) prendre par la pluie.

2. Ils se sont bien _____ (rire) des touristes.

3. Elles se sont _____ (plaire) à rêver aux vacances.

4. Les étudiants se sont _____ (déplaire) dès le début du cours.

5. Vous vous êtes _____ (faire) embrasser par toutes vos tantes.

6. Les tableaux se sont _____ à bon prix. (vendre)

7. Le problème s'est _____ tout seul. (résoudre)

8. Le changement s'était _____ sans obstacle. (faire)

réponses p. 334

EN RÉSUMÉ

Le participe passé des verbes pronominaux s'accorde avec:

— *le complément direct du verbe s'il précède le verbe;*

— *le sujet du verbe* pour les verbes dont le complément direct n'est pas analysable. Il existe quelques exceptions.

IV. Emplois

Les verbes pronominaux sont *très fréquents* en français.

A. Un verbe pronominal anglais correspond généralement à un verbe pronominal français.

> **Ex.** Il **s'est blessé** hier. «He *hurt himself...*» (réfléchi)
> Ils **s'aiment**. «They *love each other.*» (réciproque)

B. Le pronom réfléchi du verbe anglais est quelquefois sous-entendu, mais il est exprimé en français.

> **Ex.** Je **me fatigue** facilement. «I tire...»
> Elle **s'est noyée**. «She drowned.»

C. Quand le sujet fait l'action sur une partie de son corps, on emploie un verbe pronominal et l'article défini (voir leçon 4, p. 109) à la place du possessif.

> **Ex.** Je **me brosse les** dents. «I brush my teeth.»

D. Les constructions «*get*» + *participe passé* et «*get*» + *adjectif* sont souvent traduites par des verbes pronominaux.

> **Ex.** Il **s'est perdu** dans la forêt. «He *got lost...*»
> Nous allons **nous marier**. «We're going to *get married.*»
> Je **me fâche** souvent. «I often *get angry.*»
> Il faut **vous préparer**. «You must *get ready.*»

E. Le passif anglais est souvent traduit par un verbe pronominal français (voir C, p. 324).

Ex. Ce mot **s'employait** autrefois. « ... *was used...* »
Ma maison **se voit** de loin. « ... *can be seen...* »
Cela ne **se dit** pas. « ... *is not said.* »

Application immédiate

Complétez les phrases suivantes en traduisant les expressions anglaises entre parenthèses.

1. Il _____ d'avoir fait ça. (« is angry with himself »)

2. Ils _____ . (« accuse each other »)

3. Elle _____ . (« brushed her hair »)

4. Il _____ . (« killed himself »)

5. Ce travail _____ rapidement. (« can be done »)

6. _____ à partir. (« Get ready »)

réponses p. 334

Exercices

Exercice I (oral)

Changez la phrase de façon à ce que l'action soit faite sur le sujet.

Ex. Il lave son bébé. → **Il se lave.**

1. Vous brossez les cheveux de l'enfant.
2. J'interroge l'élève.
3. L'homme posera des questions à cette personne.
4. Nous demandions la réponse au candidat.
5. Elle a lavé les mains de l'enfant.

Exercice II (oral)

*Répondez aux questions suivantes par des phrases complètes. Si vous faites l'exercice avec un groupe de camarades de classe, employez **tu**.*

1. Comment vous appelez-vous ? Comment s'appelle votre camarade de chambre ? Se trouvait-il (elle) déjà dans la chambre quand vous êtes arrivé(e) le premier jour ? Vous entendez-vous bien avec lui (elle) ? Vous disputez-vous quelquefois ? De quoi vous plaignez-vous à son sujet ?
2. Quand vous êtes-vous inscrit(e) à cette université ?
3. Vous êtes-vous facilement habitué(e) à la vie universitaire ? Vous ennuyez-vous dans certains cours ? Pourquoi ?

4. Avez-vous le temps de vous reposer ? Que vous dépêchez-vous de faire quand vous avez un moment de libre ?
5. Que préférez-vous, vous coucher tard et vous lever tard ou vous coucher tôt et vous lever tôt ?
6. Comment vous distrayez-vous durant la fin de semaine ?

Exercice III (oral)

a) *Donnez le participe passé des verbes pronominaux réfléchis ou réciproques suivants. Substituez* **avoir** *au verbe actif quand c'est nécessaire pour trouver le complément direct.*

1. Marie était en retard parce qu'elle s'était....... (lever) trop tard.
2. Ils se sont....... (frotter) les mains contre le ventre pour se les réchauffer.
3. Avez-vous vu l'imprimante qu'elle s'est....... (acheter) ?
4. Ils se sont....... (rencontrer) au travail et se sont longtemps .... (parler). Ils se sont .... (revoir) ; ils se sont .... (fréquenter) pendant un an. Ils se sont .... (fiancer), mais ils se sont tellement .... (chicaner) qu'ils ne se sont jamais .... (marier).
5. Il voulait avoir la clé du laboratoire pour pratiquer sa grammaire ; alors il se l'est .... (procurer) au comptoir-prêt de la bibliothèque.
6. Ta camarade de chambre s'est peut-être .... (demander) si tu étais honnête.

b) *Donnez le participe passé des verbes pronominaux suivants. Attention aux exceptions.*

1. Elle s'est .... (rendre compte) de son erreur, mais il était trop tard.
2. Je ne voulais pas lui dire que je n'allais pas bien, mais elle s'en est .... (apercevoir).
3. Nous nous étions .... (imaginer) que vous étiez plus gros et plus vieux.
4. Malheureusement, des usines qui risquent de polluer se sont .... (établir) dans cette jolie région.
5. Pauline s'est .... (mettre) à pleurer quand elle s'est .... (retrouver) seule.
6. L'assistance s'est .... (taire) dès que la juge est arrivée.

Exercice IV (oral)

Dans les phrases suivantes, indiquez :

a) *Si le verbe est pronominal ou non, en donnant son infinitif.*

b) *À quelle catégorie il appartient s'il est pronominal :*
— *réfléchi ou réciproque,*
— *essentiellement pronominal,*
— *à sens passif.*

1. Aide-moi à m'enfuir.
2. Ils ne se sont pas vus depuis très longtemps.
3. Je te laverai la figure et les mains.

4. Je me suis plaint au directeur.
5. Ils s'en sont allés tout de suite après la rencontre.
6. Avez-vous rendu compte de votre visite à votre patron?
7. Les billets s'obtiendront au guichet du théâtre.
8. Voilà le résultat; nous nous y attendions.
9. Cette serveuse nous servira pendant le dîner.
10. Je me demande si sa naïveté est sincère.
11. Le piano ne s'apprend pas en un jour.
12. Ils se sont cherchés pendant une heure.

Exercice V (oral)

Mettez les impératifs à la forme affirmative.

1. Ne vous levez pas.
2. Ne te lave pas les cheveux.
3. Ne nous méfions pas des autres.
4. Ne nous dites pas bonjour.
5. Ne t'arrête pas de parler.
6. Ne vous en allez pas.

Exercice VI (oral)

Racontez en 4 ou 5 lignes une rencontre imprévue que vous avez faite récemment ou une dispute que vous avez eue avec quelqu'un. (Employez un grand nombre de verbes pronominaux.)

Exercice VII (écrit)

Complétez les phrases suivantes en traduisant les verbes entre parenthèses.

1. _____ à ma place. («Put yourself»)
2. Vous _____ vite. («got dressed»)
3. Mon vase _____ en tombant. («got broken»)
4. Cette coutume _____ de génération en génération. («is transmitted»)
5. Je _____ la main. («burned»)
6. Ils _____ . («hate each other»)
7. Il _____ souvent. («gets angry»)
8. Le soleil _____ à l'est. («rises»)

Exercice VIII (écrit)

Rédigez une phrase avec chacune des expressions.

1. se coucher
2. être couché(e)

3. s'asseoir
4. être assis(e)

Exercice IX (écrit)

Donnez le participe passé des verbes pronominaux suivants. (cas mélangés)

1. Les militaires se sont _____ (emparer) du pouvoir par un coup d'État.
2. Les enfants se sont _____ (cacher) de leur grand-père.
3. Nous nous sommes _____ (dire) des mots doux pendant le cours de français (en français, naturellement!).
4. Robert et sa sœur se sont beaucoup _____ (amuser) ensemble.
5. Elles se sont _____ (poser) des tas de questions à son sujet.
6. Ils se sont _____ (plaire) dès qu'ils se sont _____ (regarder).
7. Nous nous en sommes _____ (vouloir) de vous avoir fait de la peine.
8. De nombreux bâtiments se sont _____ (écrouler) pendant le tremblement de terre.
9. Deux criminels se sont _____ (enfuir) de la prison. Comment s'y sont-ils _____ (prendre)? Personne ne sait comment ils se sont _____ (échapper), mais ils se sont probablement _____ (faire) passer pour des gardes.
10. Les étudiants se sont _____ (souvenir) de l'explication du professeur.

Exercice X (écrit)

Complétez les phrases avec le temps convenable du verbe pronominal entre parenthèses.

1. Pour qui _____-vous (se prendre)? Vous avez l'air si fier.
2. Dès que je serai rentré, je _____ (se mettre) au travail.
3. Le vin rouge _____ (se boire) chambré.
4. En jouant au hockey, elle _____ (se faire mal) quand elle et une autre joueuse _____ (se heurter).
5. Voyons! _____ (ne pas se fâcher). Pourquoi es-tu de mauvaise humeur?
6. Je _____ (s'en vouloir) de ne pas vous avoir embrassée plus tôt.
7. Si nous avions eu assez de temps, nous _____ (se promener) un peu.
8. Ils _____ (se rencontrer) il y a six mois.
9. Elle _____ (se faire) lentement à l'idée de partir pour trois mois.
10. Quand elle était petite, elle _____ (s'obstiner) à penser qu'elle serait un jour une étoile de cinéma. Mais cela _____ (ne pas se concrétiser).
11. Nous allons _____ (se redonner) les lettres que nous _____ (s'écrire).
12. Je _____ (s'en aller) quand tu _____ (se sentir) mieux.
13. J'ai fait ma toilette. Je _____ (se laver) la figure et les mains, je _____ (se brosser) les dents et les cheveux et je _____ (se mettre) du gel dans les cheveux. Puis je _____ (s'habiller) rapidement parce qu'il faut toujours que je _____ (se dépêcher) le matin. En _____ (se regarder) dans le miroir, je _____ (se rendre compte) que j'avais l'air en pleine forme, alors je _____ (se dire) que la journée commençait bien.

14. La situation n'a jamais été comme vous la décrivez ; vous _____ (se faire) des idées quand vous avez pensé ça.
15. Le soleil _____ (se coucher) il y a quelques instants.
16. Autrefois la Suisse _____ (s'appeler) l'Helvétie.
17. Les groupes de première année de français _____ (se réunir) cinq fois par semaine.
18. L'instructeur dit à ses athlètes : « _____ (se taire) quand je parle. Vous _____ (se chamailler) après l'entraînement. »
19. Après la fin des études, ils _____ (se quitter) rapidement.
20. Nous _____ (se trouver) face à deux monstres qui _____ (s'entre-déchirer). Mon ami _____ (se blottir) contre moi avant de _____ (s'évanouir). Nous _____ (s'enfuir) discrètement dès qu'il _____ (se réveiller).

Exercice XI (écrit)

Répondez aux questions suivantes par des phrases longues et complètes.

1. À quoi vous intéressez-vous ? À quoi ne vous intéressez-vous pas ?
2. Vous demandez-vous quelquefois ce que vous ferez plus tard ? Vers quoi allez-vous vous diriger ?
3. Quand vous vous trompez, vous excusez-vous ? Vous conduisez-vous bien généralement ?
4. Si on se moquait de vous, réagiriez-vous ou vous tairiez-vous ?
5. Vous imaginez-vous quelquefois dans un autre monde ?
6. Vous dépêchez-vous quand vous êtes en retard ?
7. À quelle heure vous êtes-vous levé ce matin ? À quelle heure vous coucherez-vous ce soir ? Vous reposerez-vous durant la journée ?
8. Où vous logez-vous ? Où se trouve votre chambre dans l'habitation ?
9. Où vous trouviez-vous hier soir à neuf heures ?
10. S'est-il passé quelque chose d'intéressant ou d'amusant dans votre vie hier ?

Exercice XII (écrit)

Complétez les phrases suivantes selon votre imagination en employant les verbes pronominaux suggérés entre parenthèses ou d'autres.

Ex. (se rendre compte, se tromper) Comme nous ne reconnaissions pas notre chemin…
→ nous nous sommes rendu compte que nous nous étions trompés de route.

1. (se faire mal, se casser quelque chose, se relever) Quand je suis tombé(e)…
2. (s'aimer, se comprendre, s'écrire, se téléphoner) Je me demandais s'ils…
3. (s'efforcer, se changer les idées, se secouer) Il (Elle) était un peu déprimé(e), alors…
4. (s'occuper, se mettre à, s'amuser) Pour ne plus vous ennuyer,…

5. (s'enfuir, s'empresser) Après s'être emparés du sac de la vieille dame, ils…
6. (se plaindre, s'inquiéter) La vieille dame…
7. (se servir de, s'en vouloir) Comme j'avais oublié ma clé,…
8. (s'attendre à, se douter) L'enfant n'avait pas été obéissant, alors…

Exercice XIII (écrit)

Quand vous rencontrerez la personne de vos rêves, que vous promettrez-vous ? (Répondez en employant le plus de verbes pronominaux possible.)

Exercice XIV (écrit)

*Expliquez en quelques lignes comment vous vous comportez généralement. Employez des verbes comme : **se sentir, s'énerver, se fâcher, se calmer, s'entendre, se plaire à, se passer de, se plaindre, se lamenter, etc.***

Réponses aux applications immédiates

I. Formes

p. 316
1. nous reposer
2. te laver
3. vous rencontrant
4. se lever
5. s'exprimer
6. Me voyant

p. 317
1. Ils ne s'en inquiéteront pas.
2. Elles ne se sont pas perdues.
3. Vous y êtes-vous amusé ?
4. Rappelez-le-vous.

p. 318
1. se laver
2. laver
3. se chercher
4. se parler
5. appeler
6. déranger
7. se déranger
8. écrire
9. s'aimer
10. se disputer

II. Catégories

p. 319
1. l'un <u>à</u> l'autre
2. les uns les autres *(aucune préposition nécessaire)*
3. l'un <u>de</u> l'autre

p. 321
1. indirect
2. indirect
3. direct
4. indirect
5. direct

p. 323 1. se trouve
2. s'en aller
3. me mette
4. se passe
5. se rende

p. 324 1. se fait
2. se traduit
3. se parlait
4. ne s'emploie plus

III. Accord du participe passé

p. 325 1. couchée
2. coupé
3. promis
4. assise

p. 326 1. laissé
2. ri
3. plu
4. déplu
5. fait
6. vendus
7. résolu
8. fait

p. 328 1. s'en veut
2. s'accusent (l'un l'autre)
3. s'est brossé les cheveux
4. s'est suicidé
5. se fait
6. Préparez-vous (Prépare-toi)

15

L'INFINITIF

L'infinitif est un mode verbal qui n'indique ni le nombre, ni la personne. L'infinitif assume des *fonctions verbales*, mais il remplit aussi des *fonctions du nom*.

I. Formes

L'infinitif a deux temps : *l'infinitif présent* et *l'infinitif passé* (voir tableau des modes et temps, p. 427).

A. Infinitif présent

On identifie normalement un verbe avec l'infinitif présent.

1. Les verbes *réguliers* se terminent par **er, ir** ou **re** à l'infinitif présent.

Ex. aim**er**, fin**ir,** vend**re**

2. Les verbes *irréguliers* se terminent également par **er, ir** ou **re**.

Ex. all**er**, sort**ir**, v**oir**, prend**re**

3. Tous les verbes, réguliers et irréguliers, se divisent en :

— *verbes transitifs* (qui ont un objet direct ou indirect),

— *verbes intransitifs* (qui n'ont pas de complément direct ou indirect),

— *verbes pronominaux* (accompagnés du pronom réfléchi **se**).

B. Infinitif passé

C'est une forme composée : deux mots.

1. Il est formé *de l'infinitif de l'auxiliaire* **avoir** ou **être** + *participe passé* du verbe en question.

Ex. finir → avoir fini

aller → être allé

se lever → s'être levé

Le participe passé suit les mêmes règles d'accord que celles des autres temps composés.

Ex. Nous mangerons les fruits après les avoir pelés.

2. L'infinitif passé indique :

— une action *antérieure* à l'action du verbe principal,

Ex. Nous regrettons de vous **avoir donné** une mauvaise nouvelle. (L'action de **donner** est antérieure à l'action de **regretter**.) Robert a remercié Anne d'**être allée** au magasin avec lui.

— ou une action qui sera faite à un certain moment dans le futur.

Ex. Il faut **avoir lu** ce livre avant demain soir.

Application immédiate

Donnez la forme de l'infinitif passé du verbe. Attention à l'accord du participe passé.

1. Elle est certaine de nous _____ à la conférence. (voir)

2. Lucie ne regrette pas d' _____ à la Tour Eiffel. (monter)

3. Ils sont contents de _____ cet après-midi. (se promener)

4. Il a remis les livres sur l'étagère après les _____ . (lire)

réponses p. 355

C. Forme négative

On place **ne pas** devant l'infinitif et devant les pronoms objets. Pour la place des autres négations, voir leçon 8, p. 194.)

Ex. J'espère **ne pas** rencontrer les Dupont. J'espère **ne pas** les rencontrer.

Application immédiate

Mettez l'infinitif au négatif.

1. Vous m'avez dit de venir. _____

2. Il m'accuse d'y être allé. (deux possibilités) _____

réponses p. 355

D. Infinitif passif

L'infinitif passif se forme avec *l'infinitif* **être** + *participe passé d'un verbe transitif direct* (conjugué à la forme active avec **avoir**). Le participe passé s'accorde avec le mot auquel il se rapporte, comme un adjectif.

> **Ex.** Il voulait **être choisi** par ses camarades.
> Ces tableaux viennent d'**être vendus**.

Application immédiate

Complétez ces phrases avec l'infinitif passif du verbe entre parenthèses. Attention à l'accord du participe passé.

1. Ses vêtements vont _____ par une couturière. (faire)

2. La décision venait d' _____ . (prendre)

réponses p. 355

II. Emplois

A. Comme nom

1. Certains infinitifs sont employés comme noms *avec un article.*

   > **Ex.** le manger   le savoir-faire   le lever   un être humain
   >   le boire   le savoir-vivre   le coucher

2. D'autres sont parfois employés comme noms *sans article, avec la fonction de sujet.*
   C'est l'équivalent de « to _____ » ou « _____ -ing » en anglais.

Ex. Partir ne vous servira à rien. («to leave, leaving»)

«**Mourir** n'est pas de mise aux Marquises.» chante Jacques Brel. («to die, dying»)

Application immédiate

Complétez ces phrases en traduisant les verbes entre parenthèses.

1. _____ en ville par cette chaleur, c'est de la folie! («Going»)

2. _____ une douche froide en hiver n'est pas normal. («To take»)

réponses p. 355

B. Sans rapport au verbe principal

L'infinitif peut être employé sans rapport avec un verbe principal :

1. *Seul* dans une phrase habituellement interrogative ou exclamative.

Ex. S'allonger au soleil à la plage, quel bonheur!

M'excuser, moi? Vous n'êtes pas sérieux!

2. Pour donner *des directives écrites d'une façon impersonnelle*, à la place d'un impératif ou d'un futur.

Ex. Placer les truites dans un poêle; les saler et les poivrer. **Ajouter** des amandes.

Application immédiate

Complétez les ordres du professeur avec des verbes appropriés à l'infinitif.

Pour demain, _____ aux questions de l'exercice A et _____ une composition de deux pages. Puis _____ le texte à haute voix pour la prononciation.

réponses p. 355

C. Comme complément d'un verbe

Lorsqu'il est complément d'un verbe, l'infinitif est souvent précédé d'une préposition. Les plus fréquentes sont **à** et **de**. La présence et le choix de la préposition sont purement grammaticaux et l'étudiant doit en apprendre l'usage pour chaque verbe.

1. Verbes et expressions sans préposition

affirmer	entendre (quelque chose	penser (avoir l'intention
aimer	ou quelqu'un)	de)
aimer mieux	entrer	pouvoir
aller	envoyer	préférer
apercevoir	espérer	prétendre
assurer	être censé	se rappeler (+ inf. passé)
avoir beau	faillir	reconnaître
avouer	faire	regarder
compter	falloir	rentrer
courir	se figurer	retourner
croire	s'imaginer	revenir
daigner	jurer	savoir
déclarer	laisser	sembler
descendre	mener	sentir
désirer	monter	sortir
détester	nier	souhaiter
devoir	oser	valoir mieux
dire (déclarer)	ouïr	venir
écouter	paraître	voir
emmener	partir	vouloir

Ex. Il **dit avoir trouvé** de l'or.

On **entend** les oiseaux **chanter**.

Il **faut essayer** de comprendre la situation.

ATTENTION

Ne confondez pas la construction **aller** (dans le sens de **se déplacer**) + *infinitif* avec le futur proche **aller** (auxiliaire) + *infinitif.*

Ex. Va étudier maintenant. (deux verbes distincts : « Go and study »)

Tu **vas étudier** cet après-midi. (action dans le futur : « You are going to study... »)

Ne confondez pas la construction **venir** + *infinitif* avec le passé récent **venir de** + *infinitif.*

(suite page 340)

> **Ex.** Vous **venez** la **voir**. (deux verbes distincts : « You are coming to see her. »)
>
> Vous **venez de** la **voir**. (évènement dans le passé récent : « You have just seen her. »)

2. Verbes et expressions avec la préposition *à*

s'accoutumer	être décidé	perdre (du temps)
aider	demander (vouloir)	persister
aimer (littéraire)	destiner	se plaire
s'amuser	encourager	pousser
s'appliquer	s'engager	prendre plaisir
apprendre	enseigner	se préparer
arriver	forcer	renoncer
s'attendre	s'habituer	se résoudre
autoriser	hésiter	réussir
avoir (obligation)	inciter	servir
chercher	s'intéresser	songer
commencer (*ou* de)	inviter	suffire
condamner	jouer	surprendre
conduire	se mettre	tarder
consentir	mettre (du temps)	tenir
consister	obliger (*ou* de)	travailler
continuer	parvenir	en venir
décider (quelqu'un)	passer (du temps)	
se décider	penser	

> **Ex.** Veux-tu que je t'**aide à faire** ton travail?
>
> J'**ai perdu** beaucoup de temps **à** chercher dans le salon.
>
> On dit que vous **songez à quitter** la ville; avez-vous **pensé à acheter** un chalet plutôt?

3. Verbes et expressions avec la préposition *de*

s'abstenir	avoir besoin, la	cesser
accepter	chance, envie,	choisir
accuser	honte, l'air, soin, le	commander
achever	temps, tort,	commencer (*ou* à)
admirer	l'intention, peur,	conseiller
s'agir (il)	raison	continuer (*ou* à)
s'arrêter	blâmer	convaincre

craindre	(se) féliciter	prendre soin
crier	finir	se presser
décider	se garder	prier
défendre	se hâter	promettre
demander	inspirer	proposer
se dépêcher	interdire	punir
désespérer	juger bon	rappeler
dire	jurer	se rappeler
écrire	se lasser	refuser
s'efforcer	manquer	regretter
empêcher	menacer	remercier
s'empresser	mériter	se repentir
entreprendre	mourir	reprocher
essayer	négliger	résoudre
s'étonner	obtenir	rire
être obligé	s'occuper	risquer
éviter	offrir	souffrir
s'excuser	ordonner	soupçonner
faire bien	oublier	se souvenir
faire exprès	pardonner	suggérer
faire semblant	permettre	tâcher
se fatiguer	persuader	tenter
feindre	se plaindre	venir (passé récent)

Ex. Il **s'agit de savoir** qui a raison.
Vous **avez l'air de** vous **amuser**.
Le bruit **m'empêche de dormir**.

REMARQUE

Il peut y avoir trois ou quatre verbes consécutifs dans une phrase. Attention à la construction de chacun d'eux.

Ex. **J'ai oublié d'aller faire** mes courses.
Vous **avez eu raison** de lui **défendre** d'**aller jouer** avec son voisin.

ATTENTION

La construction *verbe + infinitif* peut différer de la construction *verbe + nom* pour le même verbe.

Ex. Je **commence à** écrire. *(verbe + infinitif)*
Je **commence** mon devoir. *(verbe + nom)*
Je lui **demande de** m'avertir. *(verbe + infinitif)*
Je lui **demande** la direction. *(verbe + nom)*

---

4. **Changement de sens selon la préposition**

Le sens de certains verbes à l'infinitif change selon la préposition qui les accompagnent.

a. commencer à, commencer par ; finir de, finir par

— **commencer à** indique le début d'une action.

Ex. Je **commence à** être fatigué.

— **commencer par** indique la première action.

Ex. Nous allons **commencer par** lire le poème et puis nous l'expliquerons.

— **finir de** = cesser de

Ex. J'ai **fini de** travailler.

— **finir par** = arriver à

Ex. J'ai **fini par** trouver la rue que je cherchais.

b. décider de, décider (quelqu'un à), se décider à, être décidé à

— **décider de** = prendre une décision

Ex. À la fin de la réunion, nous **avons décidé de** nous revoir bientôt.

— **décider (quelqu'un) à** = persuader quelqu'un de faire quelque chose

Ex. J'ai **décidé Robert** à venir avec moi.

— **se décider à** = prendre la détermination de, se résoudre à

Ex. Quand **vous déciderez-vous à** prendre des vacances ?

— **être décidé à** (forme passive) = être fermement déterminé à

    Ex. Il **est décidé à** la suivre, sans penser aux conséquences.

c. demander de, demander à

— **demander de** = ordonner, commander

    Ex. Je vous **demande de** me répondre.

— **demander à** = avoir envie de, vouloir

    Ex. Il **a demandé à** parler devant l'assistance.

d. passer du temps à, mettre du temps à, avoir le temps de

— **passer du temps à** = mettre du temps à

    Ex. Je **passe** (Je **mets**) beaucoup de temps à écrire un essai.

— **avoir le temps de** = avoir suffisamment de temps

    Ex. Je n'**ai** pas **le temps de** vous voir aujourd'hui.

e. penser, penser à

— **penser** = avoir l'intention de, compter, projeter

    Ex. Il **pense** aller en France l'été prochain.

— **penser à** = ne pas oublier

    Ex. Il faut que je **pense à** acheter du pain.

f. rappeler, se rappeler, se rappeler de

— **rappeler à** quelqu'un de faire quelque chose = « to remind »

    Ex. Le professeur **rappelle** aux étudiants qu'il y a un examen.

— **se rappeler** + *infinitif passé* = « to remember »

    Ex. Il **se rappelle** avoir vu ce film.

— **se rappeler de** + *infinitif présent* = « not to forget »

    Ex. **Rappelle-toi** d'acheter du pain.

g. venir, venir de, en venir à

— **venir, venir de** (voir p. 339–340, Attention)

— **en venir à** = en arriver à

    Ex. Quand il est en colère, il **en vient à** dire des choses regrettables.

Application immédiate

Complétez les phrases avec le temps correct du verbe indiqué et une préposition si elle est nécessaire.

1. Je _____ me préparer, puis je viendrai. (finir)

2. Pouvez-vous _____ me voir ? (venir)

3. Nous essayons de le _____ changer d'avis. (décider)

4. Il faut que je _____ apporter de l'argent pour payer mon inscription. (penser)

5. Jean a eu une mauvaise note dans un cours, alors il _____ voir son examen final. (demander)

6. Jean _____ venir hier. (oublier)

7. Je vous _____ dîner avec moi. (inviter)

8. Il faut _____ comprendre la situation. (essayer)

réponses p. 355

D. Comme complément d'un nom ou d'un adjectif

1. On emploie **de** avec certains noms (ou les pronoms qui les remplacent) et certains adjectifs quand ils ont un infinitif comme complément.

Noms	*Adjectifs*	
l'habitude de	aimable de	heureux de
l'ordre de	capable de	obligé de
la permission de	certain de	raisonnable de
le temps de	content de	ravi de
	courageux de	satisfait de
	enchanté de	sensé de
	forcé de	sûr de
	gentil de	

Ex. Elle n'a pas **le temps de** vous rencontrer.
Pourrais-je avoir **la permission d'**utiliser ce local ?

Je suis **enchanté de** faire votre connaissance.
Vous êtes si **gentil de** m'avoir invité.

2. On emploie **à** :

    a. Quand l'infinitif fait partie d'un nom pour *indiquer la fonction* du nom.

        Ex. une salle à manger
            une machine à écrire, à laver, à coudre
            une chambre à coucher
            un fer à repasser

Application immédiate

Comment s'appelle :

1. une machine qui sert à faire des calculs ? _____

2. une pomme que l'on doit faire cuire ? _____

3. une aiguille pour faire du tricot ? _____

réponses p. 355

---

    b. Quand l'infinitif exprime *la réaction que le nom ou l'adjectif produit sur* quelqu'un :

        Ex. Il m'a raconté une histoire **à dormir debout**.
            (tellement ennuyeuse qu'elle endort ceux qui l'écoutent)
            C'est un film **à éclater de rire**.
            (tellement amusant qu'on en éclate de rire)
            Cette musique est triste **à en pleurer**.
            (tellement triste que les gens en pleurent)

    c. Quand l'infinitif est l'objet :

        — d'un nombre ordinal : le premier, le deuxième..., le dernier ;

        — de l'adjectif *seul* ;

        — ou de quelques adjectifs : **agréable, aisé, amusant, beau, commode, facile, gai, habitué, intéressant, léger, lent, long, passionnant, possible, prêt, rapide.**

            Ex. Vous êtes **le deuxième à** m'en parler.
               Tu étais **le seul à** comprendre.
               Le train est **lent à** venir.
               Es-tu **prêt à** commencer ton travail ?

Cette dissertation est **difficile à composer**.
La cuisine à l'huile est **lourde à digérer**.
C'est une situation **pénible à voir**.
Mon amie est **agréable à écouter**.
C'est **long à faire**, ce genre de travail.

Application immédiate

Ajoutez **à** ou **de**.

1. Vous n'êtes pas satisfait _____ l'avoir vu?

2. Voilà un texte _____ taper à la machine.

3. N'es-tu pas fatigué _____ entendre cette musique?

4. Vous êtes le seul _____ le savoir.

5. Je suis certain _____ vous l'avoir dit.

6. Votre problème est difficile _____ résoudre.

7. C'était une histoire _____ dormir debout.

8. Il a reçu l'ordre _____ retourner chez lui.

9. Êtes-vous prêts _____ partir?

10. J'ai été forcé _____ arrêter.

réponses p. 355

E.   Dans des constructions impersonnelles

1. Il (impersonnel) + **être** + *adjectif* + **de** + *infinitif*

On emploie **de** devant l'infinitif quand cet infinitif, placé après **être** + *adjectif*, est le *sujet réel* de **être** + *adjectif*.

Ex. <u>Il</u> est agréable **de** <u>lire des romans</u>. (= Lire des romans est agréable.)
(sujet apparent)   (sujet réel)

Il impersonnel, sujet apparent de **est agréable**, annonce la proposition infinitive **lire des romans**, qui est le sujet réel de **est agréable**.

Dans la langue parlée, on emploie aussi **ce** au lieu de **il**.

Ex. Il (C') est agréable **de** lire des romans.

2. Ce + être + *nom* + de + *infinitif*

On emploie toujours **de** devant l'infinitif dans cette construction parce que le sujet réel de **être** + *nom* est toujours cet infinitif, placé après le nom.

Ex. <u>C'</u>est de la folie <u>de partir maintenant.</u> (= Partir maintenant est de la folie.)
(sujet apparent) (sujet réel)

C', sujet apparent de **est une folie**, annonce la proposition infinitive **partir maintenant**, qui est le sujet réel de **est une folie**.

Application immédiate

Changez les phrases suivantes en constructions impersonnelles avec **il** ou **ce**.

1. Écouter de la guitare est agréable. _____

2. Donner de l'argent aux pauvres est une bonne action. _____

3. Gagner à la loterie est difficile. _____

4. Courir un marathon est exténuant. _____

5. Dépenser tout son argent n'est pas un malheur. _____

réponses p. 355

---

3. Ce + être + *adjectif* + à + *infinitif*

On emploie **à** devant l'infinitif quand **ce** représente le sujet réel qui se trouve avant **être** + *adjectif*. Dans ce cas, l'infinitif n'est pas le sujet.

Ex. <u>Vous avez passé de bonnes vacances</u> ; <u>c'</u>est facile **à** voir.
(sujet réel) (sujet)

C', sujet de **est facile**, représente la phrase **Vous avez passé de bonnes vacances**, placée avant le verbe **être**.

Application immédiate

Cherchez le sujet réel de **être** + *adjectif* ou de **être** + *nom*, puis complétez avec **il** ou **ce** et **à** ou **de**.

1. _____ est normal _____ avoir besoin de ses parents.

2. _____ est ridicule _____ penser qu'il a raison ; _____ est même une sottise _____ le croire.

3. Paul souffre de migraines ; _____ est difficile _____ guérir.

4. _____ était une bonne idée _____ rentrer immédiatement.

réponses p. 355

Exercices

Exercice I (oral)

Substituez au verbe souligné chacun des verbes indiqués. Attention à la construction verbe + infinitif.

1. J'<u>aime</u> apprendre le français.
   a. vais
   b. ai envie
   c. espère
   d. essaie

2. Je <u>peux</u> parler français.
   a. tiens
   b. commence
   c. arrive
   d. refuse

3. On ne <u>doit</u> pas le répéter.
   a. est censé
   b. tarde
   c. permet
   d. a peur

4. On <u>se dépêche</u> de le faire.
   a. sait
   b. souhaite
   c. hésite
   d. risque

5. Il <u>dit</u> avoir menti.
   a. prétend
   b. regrette
   c. se rappelle
   d. s'excuse

6. Il <u>fait semblant d'</u>avoir peur.
   a. a honte
   b. déteste
   c. semble
   d. nie

7. Nous <u>avons décidé de</u> ne pas entrer.
   a. avons préféré
   b. avons cherché
   c. avons accepté
   d. avons eu tort

8. Nous <u>avons eu raison de</u> partir.
   a. avons bien fait
   b. avons failli
   c. avons fait exprès
   d. avons promis

9. Nous <u>aimerions</u> voir ce film.
   a. désirons
   b. avons hâte
   c. osons
   d. conseillons

10. Nous <u>songeons</u> à faire des courses.
   a. avons le temps
   b. partons
   c. allons
   d. venons (passé récent)

11. <u>Permettez</u>-moi <u>de</u> parler.
   a. Laissez
   b. Invitez
   c. Écoutez
   d. Interdisez

12. <u>Forcez</u>-moi <u>à</u> travailler.
   a. Apprenez
   b. Empêchez
   c. Demandez
   d. Décidez

Exercice II (oral)

Faites une seule phrase avec les deux propositions en employant une structure infinitive. Attention à la construction verbe + infinitif.

   Ex. Je voudrais/j'irai vous voir bientôt.
          Je voudrais aller vous voir bientôt.

1. Il pense/il pourra venir.
2. Il a dû/il part immédiatement.
3. Ils ont décidé/ils iront à la campagne samedi.
4. L'étudiant malade a demandé/il sort de la classe.
5. Tu ne semblais pas/tu avais fait tant de fautes.
6. Il aime mieux/il s'occupe de cette affaire.
7. Nous nous rappelons/nous avons eu cette occasion inespérée.
8. J'espérais/je pourrais lui parler.

Exercice III (oral)

*Dans les phrases suivantes, décidez s'il faut **à**, **de** ou aucune préposition.*

1. Il vaut mieux .... rester à la maison quand il pleut.
2. J'ai tellement de travail .... faire aujourd'hui que je préfère .... ne pas y penser.
3. Je vais .... essayer .... me décider .... prendre des cours de peinture.
4. Vous n'arrêtez pas .... vous plaindre.
5. Faudrait-il .... le prévenir de notre arrivée?
6. Vous auriez dû .... lui demander .... vous permettre .... partir.
7. Auriez-vous l'obligeance .... accepter .... venir chez moi .... prendre une tasse de café.
8. Vous pensiez .... lui dire .... aller .... voir ce film?
9. As-tu réussi .... décider ton père .... te prêter sa voiture?
10. Vous faites semblant .... ne pas comprendre, j'en suis sûr.
11. Je venais .... tourner au coin de la rue quand l'accident s'est produit.
12. Il est absolument défendu .... marcher sur les pelouses des jardins publics.

13. Il a failli .... se tuer en essayant .... grimper cette paroi sans équipement de protection.

14. Je ne crois pas .... pouvoir .... vous l'expliquer.

15. J'ai beau .... faire de mon mieux, vous ne semblez pas .... apprécier mes efforts.

16. Les étudiants n'ont pas fini l'exercice, car ils ont oublié .... tourner la page pour voir les dernières questions.

17. Nous serons à la fête et nous espérons .... vous y voir.

18. Il s'est mis .... manger sans attendre les autres.

19. Pensez-vous .... faire un voyage au Nunavut l'été prochain?

20. Pourquoi venez-vous .... me voir? — Je désire .... vous parler.

21. Je vous demande .... bien vouloir me permettre .... m'absenter deux ou trois jours.

22. Pensez .... lui dire que j'arriverai à six heures.

23. Reviendrez-vous .... me voir bientôt? J'ose .... l'espérer.

24. Elle a envoyé sa fille .... faire une course à l'épicerie.

25. Ai-je tort .... dire que vous voudriez .... savoir .... parler français couramment?

Exercice IV (oral)

Lisez le poème suivant à haute voix. Puis trouvez les infinitifs et expliquez leur emploi.

Pour faire le portrait d'un oiseau

À Elsa Henriques

Peindre d'abord une cage
Avec une porte ouverte
peindre ensuite
quelque chose de joli
quelque chose de simple
quelque chose de beau
quelque chose d'utile
pour l'oiseau
placer ensuite la toile contre un arbre
dans un jardin
dans un bois
ou dans une forêt
se cacher derrière l'arbre
sans rien dire
sans bouger…
Parfois l'oiseau arrive vite
mais il peut aussi bien mettre de longues années
avant de se décider

Ne pas se décourager
attendre
attendre s'il le faut pendant des années
la vitesse ou la lenteur de l'arrivée de l'oiseau
n'ayant aucun rapport
avec la réussite du tableau
Quand l'oiseau arrive
s'il arrive
observer le plus profond silence
attendre que l'oiseau entre dans la cage
et quand il est entré
fermer doucement la porte avec le pinceau
puis
effacer un à un tous les barreaux
en ayant soin de ne toucher aucune des plumes de l'oiseau
Faire ensuite le portrait de l'arbre
en choisissant la plus belle de ses branches
pour l'oiseau
peindre aussi le vert feuillage et la fraîcheur du vent
la poussière du soleil
et le bruit des bêtes de l'herbe dans la chaleur de l'été
et puis attendre que l'oiseau se décide à chanter
Si l'oiseau ne chante pas
c'est mauvais signe
signe que le tableau est mauvais
mais s'il chante c'est bon signe
signe que vous pouvez signer
Alors vous arrachez tout doucement
une des plumes de l'oiseau
et vous écrivez votre nom dans un coin du tableau.

Jacques Prévert, Paroles, © Éditions Gallimard

Exercice V (oral)

Mettez les phrases à la forme passive.

Ex. On vient d'annoncer la nouvelle. → La nouvelle vient d'être annoncée.

1. Les étudiants vont préparer ces questions.
2. On vient de finir la leçon.
3. Le professeur va expliquer le texte.

Exercice VI (oral)

Faites une phrase avec les mots donnés en mettant l'infinitif au négatif. Employez l'infinitif présent ou passé selon le sens. Ajoutez une préposition si elle est nécessaire. Attention au pronom des verbes pronominaux.

> **Ex.** Je vous demande/être en retard. → Je vous demande de ne pas être en retard.

1. On vous a conseillé/l'acheter.
2. Elle préfère/sortir ce soir.
3. Nous regrettons/venir.
4. Il a réussi/parler constamment de son travail.
5. Je tiens/travailler le jour de mon anniversaire.

Exercice VII (oral)

Complétez avec à ou de devant l'infinitif objet d'un nom (ou pronom) ou d'un adjectif (constructions personnelles).

1. Je ne suis pas sûr .... pouvoir aller à la conférence avec vous ce soir.
2. La mort d'un de nos enfants est un événement horrible .... passer.
3. Votre idée, celle .... retourner à la maison, est excellente.
4. Elle m'a bien donné l'impression .... vouloir vous parler.
5. C'est vous qui m'avez donné l'idée .... tenter ma chance.
6. Ils sont ravis .... avoir eu de si bons résultats.
7. Il m'a passé un livre intéressant .... lire, mais il est très long.
8. Je vous remercie beaucoup d'avoir été si rapide .... imprimer ces fichiers.
9. Ce chansonnier raconte des histoires amusantes .... en pleurer.
10. Je suis très contente .... avoir pu passer quelques jours avec vous.

Exercice VIII (écrit)

Choisissez un des sujets suivants.

a) *Vous êtes le professeur et, comme lui (ou elle), vous préparez par écrit en deux ou trois lignes le travail à donner aux étudiants, en employant des infinitifs à la place de l'impératif et un peu d'humour. Choisissez les verbes avec soin. « Pour mercredi... »*

b) *Écrivez la recette du plat que vous préparez quand il y a une fête à votre résidence. Employez des infinitifs.*

c) *Trouvez deux conseils qu'on vous demande de suivre dans vos activités sur le campus : à la bibliothèque, au laboratoire ou à votre résidence. Employez des infinitifs.*

Exercice IX (écrit)

Faites deux longues phrases indépendantes dans lesquelles vous emploierez le plus possible de constructions verbe + infinitif. N'hésitez pas à consulter les listes fournies aux pages 339 à 341.

> **Ex.** Il est défendu de fumer en classe ; alors quand Robert a commencé à allumer une cigarette, le professeur lui a dit de l'éteindre et d'aller la jeter dehors.

Exercice X (écrit)

Complétez les phrases avec l'infinitif présent ou le passé du verbe entre parenthèses, selon le sens. Attention à l'accord du participe passé.

1. Vous semblez _____ (faire) des progrès depuis votre dernière composition.
2. Je t'avais défendu de _____ (marcher) nu-pieds.
3. Elle a acheté le vélo après l'_____ (essayer).
4. Ne nous reprochez pas de vous _____ (appeler) hier soir.
5. Après _____ (arriver) au sommet de la montagne, ils ont dû redescendre immédiatement.

Exercice XI (écrit)

Avec chacune des expressions suivantes, écrivez une phrase qui montre clairement le sens de l'expression.

1. penser à + *infinitif*
2. venir + *infinitif*
3. se décider à + *infinitif*
4. commencer à + *infinitif*

Exercice XII (écrit)

Finissez les phrases avec une proposition infinitive.

> **Ex.** Après avoir obtenu un mauvais résultat, on essaie de faire mieux la prochaine fois.

1. Cette machine sert…
2. Après notre conversation, je m'attends…
3. Je passe toujours beaucoup de temps…
4. Rappelez-moi demain…
5. À la fin de l'année, je crois…
6. Tu vois que j'ai eu raison…

Exercice XIII (écrit)

Complétez les phrases avec il ou ce (c') et à ou de (constructions impersonnelles).

1. _____ n'est pas nécessaire _____ trouver des excuses.
   _____ est plus facile et plus honnête _____ s'excuser.
2. _____ serait de la folie _____ ne pas profiter de la situation.
3. _____ est impossible _____ comprendre ce qui est arrivé ;
   _____ est un mystère pour tout le monde.
4. _____ n'est pas la peine _____ venir.
5. _____ est bon signe _____ avoir faim.
6. _____ est plus rapide _____ voyager en avion qu'en train.
7. Il va faire beau demain ; _____ est bon _____ savoir.
8. N'essayez pas de le convaincre ; _____ est presque impossible
   _____ faire.

Exercice XIV (écrit)

Complétez les phrases avec à ou de quand une préposition est nécessaire. Distinguez les différents cas : verbe + infinitif et adjectif ou nom + infinitif (constructions personnelles ou impersonnelles).

1. Il n'est pas bon _____ rester au soleil trop longtemps.
2. Ce point de grammaire n'est pas facile _____ comprendre.
3. Il faut passer beaucoup de temps _____ étudier à la bibliothèque parce que les étudiants ne veulent pas _____ se taire dans les résidences.
4. Il prétend _____ connaître la question à fond, mais il est préférable _____ le laisser _____ l'étudier un peu plus longtemps.
5. Voilà un passage très difficile _____ analyser ; les étudiants ont été obligés _____ le lire plusieurs fois avant de commencer _____ le comprendre.
6. Êtes-vous content _____ être de retour à la maison ?
7. Ça doit être formidable _____ faire le tour du monde.
8. Voudriez-vous _____ savoir la raison de son départ ? C'est un peu délicat _____ expliquer, mais je vais _____ tâcher _____ le faire.
9. Il a une voiture _____ vendre.
10. C'est une histoire _____ vous faire pâlir.

Exercice XV (écrit)

En employant les constructions des parties D et E de la leçon, écrivez un petit paragraphe sur votre vie d'étudiant. Dites quel travail est intéressant ou difficile à faire, ce que vous avez le temps, la permission ou l'habitude de faire sur le campus, ce qu'il est utile d'y faire, etc.

Exercice XVI (écrit)

Finissez les phrases en utilisant l'adjectif entre parenthèses. Variez l'infinitif.

Ex. Vous êtes heureux,… (facile) → c'est facile à voir.

1. Dépenser de l'argent,…. (facile)
2. Quand il y a des programmes de sport à la télévision,… (intéressant)
3. La hauteur des chutes du Niagara,… (impressionnant)
4. Écrire une dictée sans oublier d'accents,… (difficile)

Réponses aux applications immédiates

I. Formes

p. 336
1. avoir vus (vues)
2. être montée
3. s'être promenés
4. avoir lus

p. 337
1. Vous m'avez dit de ne pas venir.
2. Il m'accuse de ne pas y être allé.
   ou : …de n'y être pas allé. (rare)

p. 337
1. être faits
2. être prise

II. Emplois

p. 338
1. Aller
2. Prendre

p. 338 répondre ; écrire ; lire

p. 344
1. vais finir de
   ou : finis de
2. venir
3. décider à
4. pense à
5. a demandé à
   ou : demande à
6. a oublié de
7. invite à
8. essayer de

p. 345
1. une machine à calculer
2. une pomme à cuire
3. une aiguille à tricoter

p. 346
1. de
2. à
3. d'
4. à
5. de
6. à
7. à
8. de
9. à
10. d'

p. 347
1. Il (C') est agréable d'écouter…
2. C'est une bonne action de donner…
3. Il (C') est difficile de gagner…
4. Il (C') est exténuant de courir…
5. Ce n'est pas un malheur de dépenser…

p. 348
1. Il (C') ; d'
2. Il (C') ; de ; c' ; de
3. c' ; à
4. C' ; de

• LES VERBES IMPERSONNELS
• LES MOTS INDÉFINIS

16

I. Les verbes impersonnels

A. Définition

Un verbe impersonnel est un verbe dont *le sujet grammatical est le pronom impersonnel* **il**, mais pour lequel il n'y a pas de sujet réel. Cette sorte de verbe se conjugue donc *seulement à la 3ᵉ personne du singulier* de tous les temps. Quand on parle d'un verbe impersonnel, il faut toujours penser au groupe : **il** (*impersonnel*) + **verbe**.

Les constructions impersonnelles sont plus employées en français qu'en anglais.

B. Verbes impersonnels et expressions impersonnelles

Ce sont :

1. Les verbes, ainsi que les expressions avec **faire**, qui expriment *les conditions atmosphériques.*

> **Ex. il pleut** (ou **il va pleuvoir), il neige, il gèle, il grêle, il tonne,** etc.
> **il fait** beau, mauvais, chaud, froid, frais, bon, humide, sec, etc.
> **il fait** jour, nuit, sombre, clair, etc.
> **il fait** du soleil, du vent, de l'orage, du tonnerre, du brouillard, etc.

2. falloir

Ce verbe peut être suivi d'un nom, d'un infinitif ou d'un subjonctif. Son sujet est toujours **il** impersonnel.

> **Ex. Il** (me) **faut** du courage. (*nom*)
> **Il a fallu** y aller. (*infinitif*)
> **Il faudra** que j'y aille. (**que** + *subjonctif*)

3. s'agir de (verbe régulier)

> **Ex. De** qui **s'agit-il**? — **Il s'agit de** vous.
> **De** quoi **s'agit-il** dans cette histoire? — Dans cette histoire, **il s'agit** de gens pauvres. (« This story is about... »)

Application immédiate

Traduisez :

« This film is about a king. » _____

réponse p. 379

---

4. il y a (singulier ou pluriel)

> **a.** Pour *indiquer l'existence de quelque chose*;
>
> > **Ex. Il y a** des gens qui sont méchants.
>
> **b.** Pour *exprimer le temps écoulé* (voir leçon 1, p. 13);
>
> > **Ex. Il y a** une heure qu'il l'attend. Je l'ai vu **il y a** une heure.
>
> **c.** Dans l'expression **Qu'est-ce qu'il y a**? (= Qu'est-ce qui se passe?)
>
> > **Ex.** Qu'est-ce qu'**il y a**? Tout le monde regarde en l'air.

5. il est

> **a.** Pour exprimer *l'heure*;
>
> > **Ex.** Quelle heure **est-il**? — **Il est** cinq heures.
> > **Il est** temps de partir.
> > **Il sera** tard quand je reviendrai.
> > **Il est** trop tôt pour l'appeler.
>
> **b.** Dans les constructions suivantes avec *un adjectif*:
>
> > — **il** *(impersonnel)* + **être** + *adjectif* + **de** + *infinitif* (voir leçon 15, p. 346)
> >
> > > **Ex. Il est nécessaire de travailler.**
> >
> > — **il** *(impersonnel)* + **être** + *adjectif* + **que** + *indicatif*
> >
> > > **Ex. Il est évident que vous êtes fatigué.**

— **il** *(impersonnel)* + **être** + *adjectif* + **que** + *subjonctif* (voir leçon 6, p. 150)

Ex. Il est rare qu'il vienne me voir.

c. À la place de **il y a** :

— *en littérature ;*

Ex. Il est des choses qu'on ne peut pas dire. (= **Il y a...**)

— ou *au commencement d'un conte.*

Ex. Il était une fois une petite fille qui... («Once upon a time there was...»)

6. Les *verbes personnels employés à la forme impersonnelle pour mettre en relief l'action du verbe.* Cela mène parfois à des phrases à la voix passive, qu'il est souhaitable d'éviter.

Ex. Une pluie diluvienne tombe. *(verbe personnel)*
Il tombe une pluie diluvienne. *(verbe impersonnel ; sujet réel :* **une pluie diluvienne**)
Il manque des sous dans la boîte.
Il ne faut pas faire de bruit.

REMARQUE

Le participe passé, variable avec un verbe personnel, est invariable quand le verbe est impersonnel.

Ex. Des choses étranges se sont passées ici. *(verbe personnel)*
Il s'est passé des choses étranges ici. *(verbe impersonnel)*
Quelle tempête **il a fait** hier !
Savez-vous les mois qu'**il a fallu** pour construire ce pont ?

Application immédiate

Mettez les phrases à la forme impersonnelle.

1. Des malheurs arrivent à tout le monde.

2. Une compétition féroce se prépare.

3. Beaucoup de bonbons restent dans la boîte.

réponses p. 379

Exercices

Exercice I (oral)

Indiquez si il est personnel ou impersonnel.

1. Voulez-vous me dire l'heure qu'il est, s'il vous plaît?
2. Il est difficile à contenter.
3. Il est intéressant de lire un bon roman.
4. Il était une fois un étudiant qui n'aimait pas dormir.
5. Il convient que nous lui répondions dès aujourd'hui.
6. Il y a eu des sifflements assourdissants.
7. Il se faisait beaucoup de soucis.
8. Il suffit de le demander.

Exercice II (oral)

Trouvez le sujet réel du verbe impersonnel.

1. Il vous faudra beaucoup de patience.
2. Il vaudrait mieux que vous lui téléphoniez.
3. Il arrive que je me trompe de route.
4. Il m'est venu une idée sensationnelle.
5. Il se trouve qu'ils étaient déjà arrivés.
6. Il suffirait que vous le lui disiez.
7. Il est tombé près d'un mètre de neige.
8. Il est bon de se reposer quand on est fatigué.

Exercice III (oral)

Mettez les phrases suivantes à la forme impersonnelle.

1. Quelques semaines de vacances restent encore.
2. Un brouillard épais arrivait de l'océan.
3. Douze voitures sont entrées en peu de temps.
4. Un grand silence se fera quand il entrera.
5. Des gens étranges viennent quelquefois le voir.

Exercice IV (oral)

Répondez aux questions suivantes.

1. Quel temps fait-il? Quel temps fait-il au printemps, en été, en automne, en hiver?
2. Que vous faut-il pour être heureux?
3. Quelle heure-est-il?
4. De quoi s'agit-il dans cette leçon?
5. Il y a combien de temps que vous êtes ici?

6. Combien de semaines reste-t-il jusqu'à la fin du semestre?
7. Que s'est-il passé d'intéressant hier?

Exercice V (écrit)

Faites une phrase avec chacun des verbes (ou expressions) impersonnels suivants.

1. falloir
2. il y a
3. s'agir de
4. il est

Exercice VI (écrit)

Donnez la forme correcte du participe passé du verbe entre parenthèses.

1. (se produire)
   a) Des tas de réactions se sont _____ .
   b) Il s'est _____ des tas de réactions.
2. (venir)
   a) Une foule nombreuse est _____ au défilé.
   b) Il est _____ une foule nombreuse au défilé.

Exercice VII (écrit)

Composez trois phrases contenant des verbes personnels employés impersonnellement.

Exercice VIII (écrit)

Commencez un conte de fée. Employez le plus possible de verbes impersonnels.
(cinq ou six lignes)
Il était une fois...

II. Les mots indéfinis

Les mots indéfinis désignent ou représentent les noms d'une manière vague, indéterminée.

On distingue les déterminants, les pronoms et les adverbes indéfinis.

A. Formes (voir le tableau suivant)

Les mots indéfinis

Déterminants		Pronoms (variables et invariables)		Adverbes
Singulier	*Pluriel*	*Singulier*	*Pluriel*	
aucun(e)	—	aucun(e)	—	—
autre	autres	autre	autres	—
—	—	autre chose	—	—
—	—	autrui	—	—
certain(e)	certain(e)s	—	certains, certain(e)s	—
chaque	—	chacun(e)	—	—
—	différent(e)s	—	—	—
—	divers(es)	—	—	—
maint(e)	maint(e)s	—	—	—
même	mêmes	—	—	—
n'importe quel(le)	n'importe quel(le)s	n'importe lequel (laquelle)	n'importe lesquel(le)s	n'importe où, n'importe quand, n'importe comment
nul(le)	nul(le)s	nul(le)	—	—
—	—	on	—	—
—	—	—	—	où que
—	—	personne	—	—
—	plusieurs	—	plusieurs	—
quel(le) que...	quel(le)s que...	—	—	—
quelconque	quelconques	—	—	—
quelque, quelque... que...	quelques, quelques… que...	quelqu'un	quelques-uns (unes)	quelque, quelque… que...
—	—	quelque chose	—	—
—	—	—	—	quelque part

(suite page 362)

Déterminants		Pronoms (variables et invariables)		Adverbes
Singulier	*Pluriel*	*Singulier*	*Pluriel*	
—	—	qui que ce soit (qui), quoi que ce soit (qui), qui que, quoi que	—	—
—	—	quiconque	—	—
—	—	rien	—	—
tel(le)	tel(le)s	tel(le)	—	—
tout, toute	tous, toutes	tout	tous, toutes	—
—	—	un(e), l'un(e)	les un(e)s	—

B. Emplois

1. aucun(e)

— *déterminant et pronom négatifs* (voir leçon 8, p. 198 et 199).

2. autre(s)

— *déterminant*. Il est placé devant le nom (voir aussi leçon 2, p. 51).

Ex. Robert est resté en classe, mais les **autres** étudiants sont partis. Voilà un **autre** exemple. Voilà d'**autres** exemples.

— *pronom*. Il est précédé d'un article et remplace un nom.

Ex. Je n'ai qu'une feuille. Vous avez l'**autre**. Si vous avez besoin d'un crayon supplémentaire, **en** voici un **autre** (« another one ») ; et j'**en** ai encore d'**autres**.

EXPRESSIONS :

- Nous **autres**, vous **autres** indiquent des groupes distincts :

  Ex. Vous autres vous avez eu de la chance. (« All of you... ; You people... »)

- **L'un l'autre** indique la réciprocité (voir leçon 14, p. 319).
- **D'un côté** (« on one hand »), **d'un autre côté** (« on the other hand »)

3. **autre chose** (« something else »). À distinguer de **une autre chose** (« another thing »).

   — *pronom.* Il est invariable et sans article. Il se construit avec **de** + *adjectif* (invariable).

   > **Ex.** **Autre** chose m'intéresse.
   > Y a-t-il **autre** chose de nouveau ?

4. **autrui** (tous les autres, en opposition à moi)

   — *pronom.* Il est invariable. Il est généralement l'objet d'une préposition ou objet direct, mais jamais sujet.

   > **Ex.** Ne fais pas à **autrui** ce que tu ne voudrais pas qu'on te fît.
   > (proverbe)
   > Il faut avoir le respect d'**autrui**.

5. **certain(e)(s)**

   — *déterminant.* Il est placé devant le nom ; il n'a pas d'article au pluriel. Il signifie **un**, **quelque** (au singulier), **quelques** (au pluriel). Il est souvent accompagné de **d'autres** pour contraster deux groupes.

   > **Ex.** Un **certain** auteur a dit cela.
   > **Certains** champignons sont toxiques, **d'autres** ne le sont pas.

Note

Placé après le nom, **certain** n'est pas indéfini ; c'est plutôt un adjectif signifiant « sûr » (voir leçon 2, p. 53).

   — *pronom.* Seulement au pluriel. **Certains** = quelques-uns.

   > **Ex.** Beaucoup de gens le croient, mais **certains** en doutent.

Application immédiate

Complétez avec une forme de **autre**, **autre chose**, **autrui** ou une forme de **certain**. Ajoutez le pronom **en** s'il est nécessaire, ou un article.

1. Avez-vous _____ à me dire à ce sujet ?

2. _____ personnes aiment la campagne, _____ préfèrent la ville.

3. Il faut gagner le respect d' _____ .

4. Une cinquantaine de passagers ont pu être sauvés, mais _____ ont péri.

5. Parlons d'_____ . Comment s'est passé votre voyage ?

6. C'est bizarre ; _____ personne m'a déjà dit ce que vous me dites.

7. Dans _____ pays, il fait toujours chaud.

8. J'ai perdu la clé de ma voiture ; heureusement que j'_____ ai _____ .

9. _____ jour, j'ai visité un musée très intéressant.

10. _____ prétendent que ce n'est pas vrai.

réponses p. 379

---

6. chaque, chacun(e)

— *déterminant.* **Chaque** est toujours singulier.

Ex. Après **chaque** cours, il y a un arrêt de dix minutes.

— *pronom.* **Chacun**(e) s'emploie pour une personne ou une chose considérée en elle-même, mais qui appartient à un tout.

Ex. Ces lampes coûtent cent dollars **chacune**.
Chacun pour soi et Dieu pour tous. (proverbe)

7. différents(es), divers(es)

— *déterminants.* Ils sont employés au pluriel et précèdent le nom, sans article.

différents, divers = quelques, certains

Ex. J'ai vu **différents** endroits et j'ai rencontré **diverses** personnes.

Note

Placé après le nom, **différent** n'est pas indéfini ; c'est plutôt un adjectif (voir leçon 2, p. 53).

8. maint(e)(s)

— *adjectif.* C'est un mot vieilli, surtout employé au pluriel et qui signifie un grand nombre indéterminé.

Ex. Je l'ai vu **maintes** fois. (beaucoup de)

9. même(s)

— *déterminant.* Placé devant le nom, il exprime l'identité, la ressemblance.

Ex. Nous portons les **mêmes** robes.

Placé après le nom, il renforce la personne ou l'objet dont on parle, met le nom en relief. Il est alors adjectif indéfini. Il s'accorde en nombre s'il est placé après plusieurs noms coordonnés et porte sur chacun d'eux.

Ex. C'est la vérité **même**. Vous le savez bien vous-**même** (voir leçon 2, p. 53 et 11, p. 280). Il était la sagesse et la patience **mêmes**.

— *pronom.* Il est précédé de **le, la, les**.

Ex. Ils sont tous les **mêmes**.

Note

Même adverbe n'est pas indéfini (voir aussi leçon 7, p. 173).

Ex. Elle n'y croyait **même** plus.

---

10. n'importe quel(le)(s)
n'importe lequel, laquelle, lesquel(le)s
n'importe qui, quoi, où, quand, comment

— *déterminant :* **n'importe quel(le)(s)** (« any »)

N'importe quel indique un choix libre entre plusieurs personnes ou plusieurs choses.

Ex. Prenez **n'importe quelle** place.

— *pronoms :* **n'importe lequel, laquelle, lesquel(le)s, n'importe qui** (pour une personne), **n'importe quoi** (pour une chose)

Ils peuvent être sujets, objets directs ou objets indirects du verbe.

Ex. De quel sujet faut-il traiter ? — **N'importe lequel.** (N'importe quel sujet.)
N'importe qui est capable de faire cela. (« Anyone »)
Pensez à quelque chose, à **n'importe quoi. N'importe quoi** l'intéresse. (« Anything »)

— *adverbes* : **n'importe où, n'importe quand, n'importe comment**

> **Ex.** Mettez ce livre **n'importe où**.
> Venez demain, **n'importe quand**.
> Il faut recommencer ce travail parce qu'il est fait **n'importe comment**.

Application immédiate

Complétez les phrases avec une forme de **chaque, chacun, différent, divers, même, n'importe quel** (ou **n'importe qui**, etc.).

1. _____ jour, il fallait mettre le vieillard dans un fauteuil.

2. Quelle place faut-il prendre ? _____ , ça n'a pas d'importance.

3. Ne venez pas tous au _____ moment.

4. J'ai vu _____ choses ; j'ai eu _____ réactions.

5. Vous êtes la bonté _____ .

6. C'est très facile à préparer ; _____ peut le faire.

7. Si vous _____ ne pouvez pas le croire, alors comment le croirai-je ?

8. Après la conférence, _____ rentra chez soi satisfait.

9. Je serai à la maison demain ; vous pouvez venir me voir _____ .

10. Je déteste le travail fait _____ .

réponses p. 379

---

11. nul(le)

— *déterminant* et *pronom* négatifs (voir leçon 8, p. 198 et 199) qui signifie **aucun(e)**.

> **Note**
>
> Placé après le nom, **nul** n'est pas indéfini ; c'est plutôt un adjectif. Il indique l'absence de valeur.
>
> **Ex.** Le résultat de ce calcul est une valeur **nulle**.

12. on

— *pronom.* **On** est un pronom personnel indéfini de la 3ᵉ personne du singulier. Il est toujours sujet, généralement masculin singulier. Il peut désigner quelqu'un, un groupe de gens, l'humain en général ou même des personnes déterminées ; dans ce dernier cas, le participe passé s'accorde avec le nom que **on** remplace. Le pronom **on** est parfois accompagné de **l'** si le mot précédent se termine par une voyelle.

Ex. On m'a dit qu'il était absent. (une personne)
Alors, **on** marche dans les fleurs ! (un parent à son enfant)
On dit que l'été sera très sec. (des gens)
On a souvent besoin d'un plus petit que soi. (l'humain en général) (La Fontaine)
Si **l'on** allait se promener cet après-midi ! (nous)
Lucie et moi, **on** s'est disput**ées**. (**On** représente deux jeunes filles : accord du participe passé.)

13. où que (« wherever »)

— *adverbe indéfini.* Il est suivi du subjonctif.

Ex. Où que vous alliez, soyez heureux.

14. personne (« nobody »)

— *pronom négatif*

Ex. Personne ne m'aime !

15. plusieurs (« several »)

— *déterminant.* Il indique un nombre indéterminé — peu élevé, mais supérieur à deux.

(Ne mettez pas **de** entre **plusieurs** et le nom qui suit.)

Ex. J'ai vu **plusieurs** volées d'outardes traverser le ciel.

— *pronom*

Ex. Je le sais. **Plusieurs** me l'ont dit. (Plusieurs personnes)
Avez-vous des fautes dans votre dictée ? — Oui, j'en ai **plusieurs**. (avec **en**)

Plusieurs et **quelques** ont des sens proches. **Plusieurs** donne une impression de quantité plus grande que **quelques**, même si les quantités peuvent être en réalité de proportions variées. Considérez l'exemple suivant :

Ex. Je connais **quelques** personnes au ministère dont **plusieurs** sont très importantes.

16. quel(le)(s) que (« whoever, whatever, whichever »)

— *déterminant*. Il est suivi du verbe **être** au subjonctif et s'accorde avec le sujet du verbe.

Ex. Quelles que soient vos excuses, je les accepterai.
Quels qu'ils soient, il faut leur parler.

17. quelconque

— *déterminant*. Il est placé après le nom. Il signifie « n'importe quel ».

Ex. Il s'excuse toujours pour une raison **quelconque**. (pour n'importe quelle raison)

Note

Quand **quelconque** n'est pas indéfini, il est adjectif et signifie **de valeur médiocre, insignifiant**. Il se place toujours après le nom.

Ex. C'est un livre **quelconque**.
Elle a vu un film très **quelconque**.

18. quelque(s), quelqu'un

— *déterminant*

- **Quelque(s)** indique un certain nombre (voir **plusieurs**, ci-dessus). Il peut avoir un article.

  Ex. Vous avez demandé **quelques** conseils.
  Corrigez les **quelques** fautes que vous avez faites.
  J'y resterai **quelque** temps.

  Il signifie aussi **n'importe quel(le)**, au singulier seulement.

  Ex. Il cherche **quelque** occupation.

- Dans la construction **quelque(s)** + **nom** + **que...** + **verbe** (*subjonctif*), il signifie « whatever, whichever ».

  Quelque(s) s'accorde alors avec le nom qui le suit . Cette construction est équivalente à **quel que** + **être** (*subjonctif*) (voir ci-dessous).

Ex. Quelque talent que vous ayez... (Quel que soit votre talent)
Quelques difficultés que vous ayez, vous les résoudrez.
(Quelles que soient vos difficultés,...)
Quelque chemin que vous preniez, vous trouverez l'endroit.
(Quel que soit le chemin que vous preniez,...)

— *pronom*

Quelqu'un s'applique à une personne. Il peut être sujet du verbe ou complément direct. Dans ce cas, il se construit avec **de** + *adjectif*. Celui-ci est alors *invariable*.

Le **e** de **quelque** s'élide seulement devant **un(e)**.

Ex. Quelqu'un est venu pendant votre absence.
J'ai rencontré **quelqu'un** de très intéressant à connaître.

Les mots pluriels **quelques-uns**, **quelques-unes** s'appliquent à des personnes ou à des choses et remplacent **quelques** + **nom**.

Ex. Nous avons beaucoup de fleurs ; prenez-en **quelques-unes**.
(quelques fleurs)
J'ai parlé à **quelques-uns** de tes amis.

— *adverbe*

Quelque signifie **à peu près, environ**.

Ex. Il y a **quelque** cent personnes dans cette salle.

Dans la construction **quelque** + *adjectif ou adverbe* + **que** ... + **verbe** (*subjonctif*), il est équivalent à **tout... que..., si... que..., aussi... que...** (« however »). Cette formule est rare.

Ex. Quelque gentiment qu'elle parle, je n'ai pas confiance en elle.
(*adverbe*)
Quelque forts qu'ils soient, ils feront face à une compétition féroce. (*adjectif*)

REMARQUES

Distinguez bien les différences de sens entre les mots suivants :
quelqu'un, personne, peuple, habitant, gens

— **Quelqu'un** (« someone »)

Ex. Trouvez **quelqu'un** pour m'aider.

— Une **personne** (toujours féminin) désigne un nombre déterminé (trois, cent, un millier de, etc.). Employez ce mot avec **quelques**, **plusieurs** ou un nombre.

— Un **peuple** s'emploie seulement pour l'ensemble des gens qui forment une nation.

   Ex. un **peuple** autochtone, un **peuple** décimé, le **peuple** américain

— Un **habitant** désigne une personne qui réside en un lieu déterminé : une ville, un village, un pays.

— Des **gens** (toujours pluriel) s'emploie dans le sens général de « people », et désigne un nombre indéterminé de personnes. (Ne l'employez pas avec **quelques**, **plusieurs**, ou avec un nombre.)

Application immédiate

Complétez avec un des mots suivants : **peuple, habitant, gens, personne, quelqu'un.**

1. Le Concorde peut transporter cent _____ .

2. Montréal est une grande ville ; il y a un grand nombre de _____ .

3. _____ m'a dit que vous aviez été malade.

4. Le ministre a fait appel à la coopération du _____ .

5. Il y a des _____ qui n'auraient jamais été amoureux s'ils n'avaient jamais entendu parler de l'amour. (La Rochefoucauld)

6. J'aime les _____ qui parlent franchement.

réponses p. 379

---

19. quelque chose

— *pronom.* Il est invariable. C'est l'équivalent de **quelqu'un**, mais pour une chose. Il se construit avec **de** + *adjectif invariable* (voir leçon 2, p. 49).

   Ex. J'ai trouvé **quelque chose de** très intéressant.

20. quelque part (« somewhere »)

— *adverbe.* Il signifie un endroit indéfini.

   Ex. J'ai vu votre livre **quelque part**, mais je ne sais plus où.

Application immédiate

Complétez les phrases avec **on, plusieurs, quelconque, quelque, quelqu'un, quelque chose** ou **quelque part.**

1. _____ frappe à la porte.

2. Quand _____ veut, _____ peut. (proverbe)

3. Il y a _____ que je ne comprends pas. Pourriez-vous me donner _____ explications supplémentaires ?

4. Il peut vous prêter une gomme à effacer, car il _____ a _____ .

5. Je connais cette dame ; je sais que je l'ai déjà vue _____ .

6. Nous nous sommes arrêtés à _____ endroits.

7. Choisissez au hasard une revue _____ et partez tout de suite.

8. Nous avons beaucoup de poires ; _____ voulez-vous _____ ?

réponses p. 379

---

21. qui que ce soit, quoi que ce soit
   qui que ce soit qui, quoi que ce soit qui
   qui que, quoi que

— *pronoms*

- **Qui que ce soit** (« anyone at all, whoever it may be ») et **quoi que ce soit** (« anything at all, whatever it may be ») ont à peu près le même sens que **n'importe qui** et **n'importe quoi**, mais sont plus emphatiques.

  Ex. Vous pouvez le demander à **qui que ce soit**.
  Si vous lui dites **quoi que ce soit**, elle le répète immédiatement.
  Ne parlez à **qui que ce soit** le soir dans la rue.
  (Ne parlez à personne…)*
  N'acceptez **quoi que ce soit** d'un étranger.
  (N'acceptez rien…)

- **Qui que ce soit qui**, pronom indéfini sujet pour une personne (« anyone, whatever, whoever ») et **quoi que ce soit qui** pour une chose (« anything, whatever ») sont suivis du subjonctif.

---

* **Ne… qui que ce soit** et **ne… quoi que ce soit** sont des formes emphatiques de **ne… personne** et **ne… rien** ; c'est pourquoi on omet **pas**.

Ex. **Qui que ce soit qui** vienne, je l'écouterai attentivement.
Achète **quoi que ce soit qui** te fasse plaisir.

- **Qui que**, pronom complément pour une personne (« whoever,
whomever ») et **quoi que**, pronom complément pour une chose
(« whatever, no matter what ») sont également suivis du subjonctif.

Ex. **Qui que** vous aimiez, restez impartial.
Qui que vous soyez, je n'ai pas peur de vous.
Quoi que vous décidiez, ça ira très bien.
Ne vous inquiétez pas, **quoi qu'**il advienne.

Application immédiate

Traduisez les mots entre guillemets pour compléter les phrases.

1. _____ cela soit, je n'y comprends rien. (« However clear »)

2. _____ vous soyez, faites attention. (« Wherever »)

3. _____ frappe à la porte le soir, n'ouvrez pas. (« Whoever »)

4. _____ il dise, elle ne l'écoute pas. (« No matter what »)

5. _____ soit la situation, nous irons là-bas. (« Whatever »)

réponses p. 379

---

22. quiconque

— *pronom relatif.* Il est invariable et signifie **celui qui, toute personne
qui**. Il unit deux propositions et a une double fonction : **quiconque**
est le sujet du verbe de la proposition relative qu'il introduit (verbe à
l'indicatif), et il est le sujet ou le complément du verbe de la
proposition principale.

Ex. **Quiconque** mentira sera puni. (sujet de **mentira** et de **sera**)
Il parlera à **quiconque** voudra écouter. (complément indirect de
parlera et sujet de **voudra**)
Arrêtez **quiconque** vous semblera étrange. (complément direct
de **arrêtez** et sujet de **semblera**)

23. rien

— *pronom négatif* (voir leçon 8, p. 200 et 201)

24. **tel(le)** (« such (a) »), **tel(le) que** (« such as, like »)

— *déterminant.* Il renvoie à une personne ou à une chose qu'on ne veut ou ne peut pas désigner avec précision.

Ex. J'ai vu tel et tel artiste.

— *adjectif.* Il est indéfini quand il indique l'indétermination.

Ex. Les choses **telles qu**'elles sont deviennent insoutenables.

— *pronom.* Il s'emploie au singulier. Il signifie : **un certain, quelqu'un, celui qui.**

Ex. Tel est pris qui croyait prendre. (proverbe)

Un tel s'emploie à la place d'un nom propre quand on ne veut pas ou ne peut pas nommer une personne.

Ex. Monsieur **Un Tel**, Madame **Une Telle**.

25. tout (toute, tous, toutes)

— *déterminant défini*

- **Tout** et **toute** sont déterminants définis lorsqu'ils signifient « entier, complet », « unique » ou « au plus haut point ». Ils sont alors toujours singuliers.

  Ex. Elle a travaillé **toute** la nuit.
  Pour **tout** sommeil, elle a dormi deux heures.
  Cette fleur est de **toute** beauté.

— *déterminant indéfini*

- Les déterminants indéfinis **tout, toute, tous** et **toutes** ont le sens de « chaque », « sans exception », « n'importe quel » ou « n'importe quoi ».

  Ex. Voici **toutes** les clés que nous avons trouvées.
  Elle est partie avec **tous** mes livres.
  Tout ceci est bien intéressant.
  Toute chose étant pas ailleurs égale, celle-ci est meilleure.

— *pronom*

- **Tous, toutes** sont pronoms indéfinis lorsqu'ils remplacent un ensemble de personnes ou de choses. Ils sont alors pluriels et prennent le genre de ce qu'ils remplacent.

  Ex. Tous et **toutes** étaient motivés.

- **Tout**, masculin singulier, est un pronom neutre et signifie « toutes les choses ».

Ex. C'est **tout** ou rien. J'ai **tout** pris. Cet enfant mange de **tout**.

— *adverbe*

• **Tout** au sens de « entièrement » ou « tout à fait » est adverbe. Il ne s'accorde pas, sauf pour des raisons d'euphonie lorsqu'il est suivi d'un adjectif féminin commençant par une consonne ou un **h** aspiré ; il devient alors féminin et s'accorde en nombre.

Ex. Je suis **tout** content.
  Elle est **tout** enjouée. (il y a lors liaison)
  Elles sont **toutes** fanées.
  Vous marchiez **tout** lentement.
  Les événements ont pris une **tout** autre allure.

— *nom*

• **Tout** et **touts** sont des noms qui signifient un ou des ensembles indivisibles.

Ex. Nous formons un **tout** homogène.
  Ces groupes son des **touts** distincts.

Note

Tout peut aussi être *adverbe* dans le sens de « complètement, entièrement » ou *nom* dans le sens de « totalité » ; **tout** n'est alors pas indéfini. (Voir leçon 7, p. 174 et 175.)

Ex. Il est **tout** couvert de boue. (adverbe)
  Je risque le **tout** pour le **tout**. (nom)

---

26. un(e)

— *pronom*. Il remplace **un(e)** + *nom*.

Ex. As-tu fait des fautes dans ta dictée ? — Non, pas **une** (seule).
  (Voir aussi leçon 11, p. 269.)

• On peut employer **l'un** quand il est suivi de **de** + *nom ou pronom*.

Ex. L'un de vous doit partir.

• Il s'emploie souvent avec **autre** : l'un et l'autre, l'un... l'autre... ; l'un ou l'autre, ni l'un ni l'autre ; etc.

Ex. Les **uns** sont satisfaits, les **autres** ne le sont pas.

• Il peut s'employer avec un adjectif.

Ex. J'ai des roses. En voilà **une** belle pour vous. (« a beautiful one »)

Application immédiate

Complétez avec **qui (quoi) que ce soit**, **quiconque**, **tel**, **un**, **nul** (nᵒˢ 1 à 5) ou une forme de **tout** (nᵒˢ 6 à 10).

1. Il réagit très fortement à _____ et à _____ .

2. À l'impossible _____ n'est tenu. (proverbe)

3. Dites à _____ viendra que je ne suis pas là.

4. C'est ainsi que je le veux ; _____ est ma volonté.

5. _____ des professeurs du département est malade.

6. _____ les étudiants sont présents aujourd'hui.

7. Ils sont _____ contents en ce moment.

8. _____ travail mérite une reconnaissance.

9. J'ai _____ compris le film.

10. Nous y allons _____ les deux semaines.

réponses p. 379

Exercices

Exercice I (oral)

Complétez les phrases avec le mot indéfini qui convient. Consultez le tableau aux p. 361 et 362.

1. .... les jours, à la .... heure, il fait une petite promenade.
2. Depuis .... années, environ quatre, ils ne vont plus à la montagne.
3. Le soleil vient de se coucher, il commence à faire sombre et on voit déjà ...... étoiles.
4. .... serpents sont venimeux, ... ne le sont pas.
5. Ne vous inquiétez pas ; vous ne m'avez fait .... mal.
6. Dans .... circonstances, il faut être prudent.
7. .... chose dit être à sa place.
8. Je ne sais pas du tout ce que je pourrai faire ; alors ne promettez rien à ....
9. Votre chien n'a pas arrêté d'aboyer pendant .... la matinée.
10. .... de nous a ses opinions.
11. Tous ces fruits sont mûrs, alors vous pouvez choisir ......
12. .... stationnera sa voiture ici aura une contravention.

13. Vous lui avez .... dit, même le prix de notre hôtel ?
14. Il faut donner un prétexte .... ; mais il faut en donner un.
15. Pourquoi faites-vous un .... effort pour la convaincre ? Je pense que ça n'en vaut pas la peine.
16. Ils étaient .... contents d'avoir réussi. C'était si important pour eux !
17. Vous faites les .... fautes pour les .... raisons.
18. Je devais le rencontrer .... sur le campus, mais il n'est pas venu.
19. J'ai fini mon travail ; je ne veux pas commencer .... avant de partir.
20. .... ne me comprend.
21. Mettez ça .... ; le principal est de pouvoir le retrouver aisément.
22. Je n'ai pas besoin d'acheter de manteau cette année, car j'en ai acheté .... l'année dernière.
23. .... s'est trompé de route, alors il a fallu revenir sur nos pas.
24. .... est bien qui finit bien. (proverbe)

Exercice II (oral)

*Complétez les phrases avec **n'importe quel (lequel, qui, quoi, où, quand** ou **comment).***

1. Venez vite ; habillez-vous ...., c'est-à-dire portez ....
2. Apportez ...... disque et amenez .... Nous irons ...... et nous ferons ....
3. Nous rentrerons .... et .... d'entre nous nous ramènera en voiture.

Exercice III (oral)

*Lisez les phrases suivantes à haute voix. Attention à la prononciation du pronom **tous.***

1. Tous les enfants sont dehors.
2. Tous m'ont dit cela et ils me l'ont même tous répété.
3. Tous vos livres sont dans votre chambre.
4. Les prisonniers ont tous été libérés.
5. C'est entendu, cet après-midi nous irons en ville, tous ensemble.

Exercice IV (oral)

Placez l'adjectif devant ou après le nom souligné, selon le sens dans la phrase : adjectif qualificatif ou mot indéfini. Faites les changements nécessaires.

1. (certain)   Des choses ne lui plaisent pas.
                     Je sais qu'il voulait venir ; c'est un oubli.
2. (différent)   Les Canadiens et les Américains sont des peuples.
                     Qu'avez-vous fait ce matin ? — J'ai fait des courses.
3. (divers)   À la radio, on donne les nouvelles.
                     Des écrivains ont cette tendance.
4. (même)   C'est la personne que j'ai vue hier.
                     Ces mots représentent la sagesse.

5. (nul)   La partie s'est terminée par un <u>match</u>.
             Un espoir est <u>permis</u>.

Exercice V (oral)

*Remplacez les mots soulignés par les pronoms indéfinis qui conviennent et faites les changements nécessaires. N'oubliez pas d'ajouter **en** avec le pronom objet.*

1. Plusieurs pages restent à taper.
2. Nous avons fait quelques remarques.
3. Tous les invités étaient satisfaits. (deux possibilités)
4. N'importe quelle réponse conviendra.
5. Chaque homme a ses goûts.
6. Il y a d'autres photos ici.
7. Il ne faut oublier aucune correction.
8. Pour certaines occupations, c'est absolument nécessaire.

Exercice VI (oral)

Répondez aux questions suivantes en employant des mots indéfinis. Consultez le tableau aux p. 361 et 362 pour vous aider.

Ex. Faut-il que j'achète une viande spéciale pour ce soir ?
         Non, **n'importe laquelle** conviendra, la même qu'hier si tu veux.

1. Recevez-vous un journal le dimanche ? Lisez-vous des articles ?
2. Où faut-il que je mette ton sac ? Pourquoi ?
3. Quel courrier as-tu reçu aujourd'hui ?
4. Pouvez-vous passer nous voir dans la soirée ?
5. Qui est à la porte ?
6. Quand êtes-vous heureux (heureuse) ?
7. Est-ce que les étudiants de la résidence sont allés à la danse ?
8. Qu'est-ce que vous regardez ?
9. Est-ce que les insectes sont utiles ou nuisibles ?
10. Avez-vous vu le spectacle ? Avez-vous aimé la musique, les danses, les chansons ?

Exercice VII (écrit)

Faites une phrase avec chacun des mots suivants.

1. une personne
2. des gens
3. un peuple

Exercice VIII (écrit)

*Complétez avec une forme de **tout** : adjectif, pronom ou adverbe (revoir leçon 7, p. 174 et 175).*

1. Marchez _____ doucement.

2. _____ mes amis sont très sympathiques.

3. Mes photos sont _____ ratées.

4. _____ cette famille est française.

5. J'ai été _____ étonnée quand j'ai appris cela.

6. Avez-vous fait les exercices ? — Oui, je les ai _____ faits.

7. _____ en marchant, il réfléchit à son problème.

8. Savez-vous _____ le poème par cœur ?

9. Nous voyageons _____ les étés.

10. Voulez-vous _____ inspecter ?

11. Il y a une composition à écrire ; je les veux _____ pour demain, a dit le professeur.

12. Je n'ai pas compris _____ ce qu'elle a dit.

Exercice IX (écrit)

Complétez avec le mot relatif indéfini qui convient :
quel (quelle) que *ou* **quelque(s)... que...**
qui (quoi) que ce soit
qui que ce soit qui *ou* **quoi que ce soit qui**
qui que *ou* **quoi que** *ou* **où que**.

1. _____ soient leurs secrets, ils ne devraient pas les divulguer.

2. Surtout ne dites rien à _____ se trouve là.

3. _____ opinions _____ vous ayez, elles seront acceptées.

4. _____ vous soyez, nos cœurs seront toujours ensemble.

5. _____ vous en pensiez, la situation n'est pas très grave.

6. Nous partirons _____ soit le temps.

7. _____ vous désiriez rencontrer, je vous le présenterai.

8. Ne lui dites _____ parce qu'elle le répétera.

Exercice X (écrit)

Faites une phrase avec chacun des mots indéfinis suivants.

1. n'importe lequel
2. autre chose
3. plusieurs
4. quiconque
5. quelconque
6. tel
7. certains... d'autres...
8. quoi que ce soit

Exercice XI (écrit)

Décrivez en quelques lignes la routine de la vie de famille : repas, indépendance des différents membres de la famille, travail, distractions, etc. Employez beaucoup de mots indéfinis : on, chacun, tout le monde, tout, etc.

Exercice XII (écrit)

Expliquez en quelques lignes comment se pratique votre sport préféré. Employez beaucoup de mots indéfinis et de verbes impersonnels.

Réponses aux applications immédiates

I. Les verbes impersonnels

p. 357   Dans ce film, il s'agit d'un roi.

p. 358   1. Il arrive des malheurs à tout le monde.
2. Il se prépare une compétition féroce.
3. Il reste beaucoup de bonbons dans la boîte.

II. Les mots indéfinis

p. 363   1. autre chose
2. Certaines, d'autres
3. autrui
4. les autres
5. autre chose
6. une autre
7. certains
8. en, une autre
9. L'autre
10. Certains

p. 366   1. Chaque
2. N'importe laquelle
3. même
4. différentes, diverses
5. même
6. n'importe qui
7. même
8. chacun
9. n'importe quand
10. n'importe comment

p. 370   1. personnes
2. d'habitants
3. Quelqu'un
4. peuple
5. gens
6. gens

p. 371   1. Quelqu'un
2. on, on
3. quelque chose, quelques
4. en, plusieurs
5. quelque part
6. plusieurs (quelques)
7. quelconque
8. en, quelques-unes

p. 372   1. Quelque clair que (*ou :* Tout clair que, Si clair que)
2. Où que
3. Qui que ce soit qui
4. Quoi qu'
5. Quelle que

p. 375   1. qui que ce soit, quoi que ce soit
2. nul
3. quiconque
4. telle
5. Un
6. Tous
7. tous
8. Tout
9. tout
10. toutes

• LES PRÉPOSITIONS
• LES CONJONCTIONS

17

I. Les prépositions

A. Rôle

Une préposition est un mot invariable qui sert à marquer le rapport d'un mot avec un autre. Le rapport établi par la préposition peut être entre :

— un verbe et un nom ;

Ex. Je travaille **pour** cette compagnie.

— un nom et un nom ;

Ex. Le livre **de** l'étudiant

— un nom et un verbe à l'infinitif ;

Ex. Une salle **à** manger

— un adjectif et un nom ;

Ex. Le bureau est couvert **de** papiers.

— un verbe et un autre verbe à l'infinitif.

Ex. Vous avez décidé **de** partir.

B. Catégories

1. Il y a des *prépositions courantes* comme :

à, après, avant, avec, chez, contre, dans, de, depuis, derrière, dès, devant, durant, en, entre, envers, excepté, jusque, malgré, outre, par, parmi, pendant, pour, sans, selon, sous, sur, vers, voici, voilà, etc.

et des *locutions prépositives* :

à cause de, à côté de, au-dessous de, au-dessus de, au lieu de, autour de, d'après, en dépit de, en face de, grâce à, hors de, jusqu'à, le long de, loin de, près de, quant à, etc.

2. Certains *adjectifs, participes passés et participes présents* sont employés comme prépositions (voir leçon 9, p. 213 et p. 225).

> **Ex. sauf** (*adjectif*)
> **y compris, vu** (*participes passés*)
> **durant, suivant** (*participes présents*)

REMARQUE

Les mots comme **après, avant, dessus, dessous** et **depuis** peuvent appartenir à la classe de l'adverbe ou à celle de la préposition. *Sans complément, ce sont des adverbes ; suivis d'un complément, ce sont des prépositions.*

> **Ex.** Je vous parlerai **après** la classe. (*préposition*)
> Je vais d'abord parler à Jean et je vous parlerai **après**. (*adverbe*)

Application immédiate

Distinguez la préposition de l'adverbe.

1. Je suis triste **depuis** votre départ. _____

2. Le tableau est **derrière** vous. _____

3. Il s'est mis **devant** pour mieux voir. _____

4. Place-t-on ce mot **avant** le verbe ou **après** ? _____

réponses p. 399

C. Emplois

1. Préposition + verbe

a. Après toutes les prépositions, excepté **en**, *le verbe est à l'infinitif* présent ou passé (en anglais, il est le plus souvent au participe présent).

> **Ex. à** faire   **de** voir   **pour** (**afin de**) travailler
> **sans** avoir regardé   **avant de** visiter   **au lieu d'**insister

b. La préposition **en** est *toujours suivie du participe présent* (remarquez les deux sons [ã] ; voir gérondif, leçon 9, p. 213 et 214).

> **Ex. en** attendant   **en** faisant   **en** se promenant

c. La préposition **après** est toujours suivie de l'infinitif passé.

> **Ex. après** avoir écrit   **après** être parti   **après** s'être installé

d. La préposition **pour** peut exprimer :

— un but, un dessein (« to, in order to ») ;

> **Ex. Pour** finir cette histoire, je dois ajouter que...
> Il faut manger **pour** vivre et non vivre **pour** manger.
> (proverbe)

— la cause d'une action ;

> **Ex.** Il a été arrêté **pour** avoir blessé quelqu'un.

— l'idée d'être sur le point de (faire quelque chose).

> **Ex.** J'étais **pour** partir quand tu es arrivé.

Application immédiate

Traduisez :

1. « without thinking » _____

2. « before beginning » _____

3. « after arriving » _____

4. « in order to understand » _____

5. « By persevering » _____ vous réussirez.

réponses p. 399

---

e. Les prépositions **à** et **de** *précèdent un infinitif* dans des constructions *verbe + verbe* (voir p. 447, 448).

2. Préposition + nom

Voici les emplois de quelques prépositions :

a. Préposition **à** (se contracte en **au** ou **aux** avec **le** ou **les**)

— *introduit le nom complément indirect* d'un verbe.

> **Ex.** Il va téléphoner **à** son ami.

— indique soit *le lieu où l'on est* soit *le lieu où l'on va* (destination, direction) :

- avec les noms de ville,

    Ex. Je suis **à** New York.
    Je vais **à** Paris.
    Je suis arrivé **à** Québec.

- avec les noms de pays ou de régions masculins (ces noms sont accompagnés de l'article défini).

    Ex. au Canada   **aux** États-Unis   **au** Texas   **au** Québec

- avec certaines grandes îles,

    Ex. à Madagascar   **à** Cuba   **à** Hawaii   **à** Ceylan

- avec d'autres endroits.

    Ex. à table   **au** cinéma   **à** la bibliothèque
    à la campagne   **au** soleil   **à** l'ombre

— indique *le temps*, l'heure précise.

> **Ex.** Arrivez **à** l'heure.
> Arrivez **à** temps pour le commencement du film.
> Je vous verrai **à** deux heures.

On dit aussi :

à demain	**à** ce soir	**à** tout à l'heure
à bientôt	a**dieu**	**au** mois de juillet
au vingtième siècle		cent kilomètres **à** l'heure

— indique *une caractéristique* (= avec).

> **Ex.** une fille **aux** cheveux noirs
> un homme **à** la barbe dure
> la dame **au** grand nez

— indique à quel *usage* un objet est destiné.

> **Ex.** une tasse **à** café   des patins **à** glace
> une brosse **à** cheveux   une machine **à** laver

— est employée pour *un moyen de locomotion*, quand **on se place sur** le véhicule ou l'animal en question.

> **Ex. à** bicyclette   **à** motocyclette   **à** vélo   **à** pied
> **à** cheval   **à** dos d'éléphant

— indique *la possession* avec les expressions **être à** et **appartenir à** (voir leçon 4, p. 111).

— se trouve dans des *expressions adverbiales de manière ou de moyen.*

Ex. tomber goutte **à** goutte
à toute vitesse
parler **à** voix basse (**à** haute voix, **à** l'oreille)
être **à** jeun
marcher **au** pas (**au** trot, **au** galop)
jouer **au** ballon
Ces tricots sont faits **à** la main (**à** la machine).
Ma cuisinière marche **à** l'électricité (**au** gaz).

— est employée pour *un appel, un souhait.*

Ex. **À** moi! **Au** secours! **À** table! **À** la soupe!
À vos (tes) souhaits! (quand on éternue)

b. Préposition **de**

— introduit *un nom :*

• après certains verbes,

Ex. Il s'est aperçu **de** son erreur. (s'apercevoir de)

• quand c'est *l'objet d'un autre nom* (complément déterminatif, voir leçon 4, p. 97).

Ex. un tremblement **de** terre   un cours **de** français

— indique *le lieu d'où l'on vient* (origine, séparation, provenance) :

• avec un nom de ville,

Ex. Je viens **de** Chicago.
Elle arrive **de** la Nouvelle-Orléans.

• avec un nom de pays,

Ex. Je repars **des** États-Unis demain.
Je viens **de** la Saskatchewan.

• avec d'autres lieux.

Ex. Ils sortent **de** la classe.
J'ai sorti mon mouchoir **de** ma poche.
Ils sont détachés **de** la réalité.
C'est importé **d'**Italie.

Il tient beaucoup **de** lui. (Il lui ressemble beaucoup.)
Fontainebleau est à une cinquantaine de kilomètres **de**
Paris.

— indique la *possession,* la *dépendance.*

Ex. C'est le livre **de** Robert; celui **de** Jean est là-bas.
C'est le dernier vers **d'**un poème **de** Anne Hébert.
Nous avons acheté une peinture **de** Picasso.

— est employée dans *des expressions de temps.*

Ex. De mon temps, tout était moins rapide.
De nos jours, tout va très vite.
C'est un travail **de** longue haleine.

— indique *la matière* (on emploie aussi **en**).

Ex. une robe **de** coton, le rideau **de** fer, un manteau **de** (en) cuir

— indique *la cause.*

Ex. Je meurs **de** soif.
Elle s'est évanouie **d'**émotion.

— indique *la manière,* à la place d'un adverbe de manière.

Ex. Il marchait **d'**une façon bizarre.
Vous alliez **d'**un pas pressé.
Il m'a parlé **d'**un air sévère et **d'**un ton grave.

— est employée *après* **quelqu'un, personne, quelque chose, rien**
suivis d'un *adjectif alors invariable* (voir leçons 2, p. 49 et 8, p.
199 et 200).

Ex. la personne la plus aimable **du** groupe

— est employée avec *les adverbes et expressions de quantité* et dans la
construction du *partitif* (voir leçon 4, p. 94 et 95).

Ex. beaucoup **de** travail   **du** pain   **de** la crème
une tasse **de** café (comparez avec : une tasse **à** café)

Application immédiate

Ajoutez **à** ou **de**, avec un article si c'est nécessaire.

1. C'est une vieille machine _____ vapeur qui appartient _____ cet
homme.

2. Il vient _____ Londres et se rend _____ Vancouver.

3. Je meurs _____ faim ; je vais aller prendre quelque chose _____ restaurant avec une tasse _____ café.

4. _____ la fin de la réunion il m'a parlé _____ un ton très sérieux.

5. Cet homme _____ génie tremble _____ excitation devant son bureau couvert _____ formules.

6. Il n'y a rien _____ neuf _____ mentionner quand on ne sort pas _____ sa maison _____ toute la journée.

7. Nous buvons de l'eau _____ source parce que nous avons mal _____ reins.

8. Je travaillerai _____ huit heures _____ midi.

réponses p. 399

DISTINCTIONS DE SENS ENTRE :

— **penser à** et **penser de**

- **penser à** quelqu'un, à quelque chose (« to think of »)

  Ex. Paul **pense à** Julie.
  Robert **pense à** ses vacances.

- **penser de** (avoir une opinion sur)

  Ex. Que pensez-vous **de** ce journal ? Le trouvez-vous bon ?
  Si nous allions en ville ! Qu'est-ce que vous **en** pensez ?

— **partir (de)**, **quitter** (+ *complément direct*) et **s'en aller** (de)

- **partir** = **s'en aller**. Employez **partir** dans les temps composés.

  Ex. Je **pars** à trois heures. (Je **m'en vais** à trois heures.)
  Il **est parti** tôt de la réunion.

- **partir** d'un endroit = **quitter** un endroit
  Quitter doit toujours être accompagné d'un objet direct.

  Ex. Je **quitte** cette maison sans regrets.
  Je **pars de** l'école à six heures.
  Je vous **quitte** maintenant ; au revoir !

— **manquer à** et **manquer de**

- **manquer** une chose (rater, « to miss »)

  Ex. Je **manque** mon autobus quelquefois.

- **manquer** = être absent

  Ex. Trois étudiants **manquent** aujourd'hui.

- **manquer à** (ne pas se conformer *ou* faire défaut)

  Ex. On **manque à** son devoir, à sa parole.

- **manquer à** (pour des sentiments). La construction est différente de la construction anglaise : l'objet direct devient le sujet du verbe et le sujet devient l'objet indirect.

  Ex. Je **manque à** mes parents. (« My parents miss me. »)
  Son chien **lui manque.** (« He misses his dog. »)

- **manquer de** (ne pas avoir en quantité suffisante) (sens général, sans article)

  Ex. Ils **manquent d'**argent.
  Nous ne **manquons de** rien.

  mais : Il **manque de l'**argent dans mon sac.
  (quantité spécifique avec article)

- **manquer de** + *infinitif* (faillir, être sur le point de, courir le risque de)

  Ex. J'ai **manqué** de tomber dans l'escalier. (J'ai failli tomber...)

Application immédiate

Ajoutez les mots nécessaires pour les n°s 1 à 7. Traduisez le n° 8.

1. Que pensez-vous _____ mon idée ? N'est-elle pas excellente ?

2. Vous manquez _____ imagination. Ça se voit dans votre composition.

3. Je vais penser _____ vous demain, car il ne faut pas que vous manquiez _____ votre examen.

4. Partez _____ là ; vous avez déjà manqué _____ vous blesser tout à l'heure.

5. On est toujours triste quand il faut quitter _____ son pays.

6. Il manque _____ son devoir.

7. Les vacances ne manquent pas _____ Julie.

8. « They miss their children. » _____

réponses p. 399

c. Préposition **en**

Elle est employée :

— *avec les noms féminins de pays, de continents, d'états et de régions. Ces noms se terminent souvent par* **e.** La préposition indique alors *un lieu.*

> **Ex. en** Amérique, **en** France, **en** Italie
> **en** Europe, **en** Asie, **en** Afrique
> **en** Californie, **en** Floride, **en** Virginie
> **en** Colombie britannique, **en** Saskatchewan
> **en** Normandie, **en** Bretagne, **en** Auvergne

> *mais :* le Mexique, le Zaïre, le Cambodge
> → **au** Mexique, **au** Zaïre, **au** Cambodge

- avec les noms de pays qui commencent par une voyelle : **en** Israël, **en** Iran

- et quelques grandes îles : **en** Corse, **en** Sardaigne

— avec *les mois, les saisons, les années.*

— avec *un participe présent pour former le gérondif* (voir leçon 9, p. 212 et 213).

— devant un nom sans article défini, *à la place de* **dans** :

> **Ex. en** classe (dans la classe), **en** prison

— pour indiquer *le moyen de locomotion* quand *on se place dans le véhicule* en question.

> | **Ex. en** train | **en** voiture | **en** bateau |
> |---|---|---|
> | **en** hélicoptère | **en** autobus | **en** avion |

> *mais :* On envoie une lettre **par** avion.

— pour indiquer *le temps qu'il faut pour accomplir une action.*

> **Ex.** J'ai fait ce travail **en** trois jours.

— pour indiquer *la matière dont un objet est fait* (**de** est aussi employé quelquefois).

> **Ex.** Son sac est-il en cuir ? — Non, il est **en** plastique.
> Mon bureau est **en** bois et ma montre est **en** or.

— pour *un état physique.*

> **Ex.** Je suis **en** colère. L'arbre est **en** fleurs.
> Nous sommes heureux **en** famille.

— dans de nombreuses *expressions et locutions adverbiales et prépositives.*

> **Ex. en un mot**   **en ce temps-là**
> **en retour**   **en même temps**
> **en route**   **en face de**
> **en train de**

d. Préposition **pour**

Elle est employée :

— pour indiquer *la destination.*

> **Ex.** Voilà le train **pour** Paris.
> J'ai fait ceci **pour** vous.

— à la place de **pendant, durant**, avec les verbes **partir, (s'en) aller** et **venir** (voir aussi leçon 1, p. 18).

> **Ex.** Je pars **pour** trois jours.

— au sens de **à la place de, en échange de.**

> **Ex. Pour** toute récompense, on ne m'a donné que ceci.
> Je l'avais pris **pour** le directeur.

e. Préposition **dans**

— signifie le plus souvent **à l'intérieur de.**

> **Ex.** La lettre est **dans** la boîte.

Par extension, elle indique **la situation d'une personne ou d'une chose :**

> **Ex.** Nous sommes **dans** notre jardin.
> Ils vivent **dans** la saleté.
> Il s'est perdu **dans** Paris.

Dans le doute, abstiens-toi. (proverbe)
Dans la vie, il faut savoir rire.

— suivie d'un *espace de temps*, signifie **au bout de, après** (dans le futur) et *s'oppose à* **il y a** (dans le passé) :

Ex. Revenez me voir **dans** cinq jours. (futur)
Il est venu me voir **il y a** cinq jours. (passé)

f. Préposition **par**

Elle est employée :

— pour indiquer *le lieu par où l'on passe.*

Ex. En allant à mon travail, je passerai **par** chez vous.
Il l'a jeté **par** la fenêtre.
Je suis passé **par** une période troublée.

— pour indiquer *un moyen.*

Ex. J'ai obtenu cette carte **par** un moyen spécial.
C'est **par** lui que j'ai eu cela.

— pour indiquer *une cause.*

Ex. Il a fait ça **par** gentillesse.

— pour indiquer *l'agent d'un verbe au passif* (voir leçon 9, p. 227 et 228).

Ex. Il a été attaqué *par* un voleur.

— dans un sens *distributif.*

Ex. Je gagne deux mille dollars **par** mois.
Il boit six tasses de jus d'orange **par** jour.

— dans *certaines expressions.*
un par un, par terre, par hasard, par-ci, par-là, etc.

Application immédiate

Complétez avec une des prépositions en, pour, dans, par, à, de.

1. J'irai _____ Belgique et _____ Italie _____ faire plaisir à mes amis.

2. Une composition s'écrit généralement _____ trois heures. Nous en faisons une _____ semaine.

3. J'étais _____ classe ; un étudiant m'a demandé si _____ hasard je savais la date _____ l'examen. Je lui ai répondu que c'était _____ la fin _____ la deuxième semaine _____ décembre.

4. J'ai perdu ma montre _____ or pendant que je voyageais _____ avion. Quand j'étais _____ mon fauteuil, j'ai dû la laisser tomber _____ regardant _____ le hublot.

5. Elle fera un gâteau _____ vous _____ quatre jours quand ce sera votre anniversaire. Elle a su la date _____ une de vos amies.

6. Je suis _____ colère quand j'entends des gens de cette ville dire qu'il pleut souvent _____ la mienne. _____ tous renseignements, ils n'ont que ceux des brochures.

réponses p. 400

g. Observations sur quelques autres prépositions

— **À cause de** s'emploie avec *un nom* ou *un pronom* (*avec un verbe*, employez **parce que** ou **car**, qui sont des *conjonctions*).

Ex. Nous ne pourrons pas partir à cause de la neige.

— **avant, devant**

Généralement, **avant** est employé pour le *temps* et **devant** pour le *lieu*.

Ex. Je lui parlerai **avant** le cours.
L'étudiant récitera son poème **devant** la classe.

— **avec ≠ sans**

Quand **avec** et **sans** indiquent *la manière*, il n'y a *pas d'article* après ces prépositions. L'expression équivaut à *un adverbe de manière* (voir leçon 7, p. 169).

Ex. Vous l'écrivez **avec** soin. (soigneusement)
Vous le traitez **sans** pitié. (impitoyablement)

— **chez = à la maison de, dans le pays de** (+ *nom de personne*).

Ex. Je suis resté **chez** moi hier.
Tu vas **chez** le dentiste à trois heures.
Ça arrive en Europe, mais ça n'arrive pas **chez** nous. (dans notre pays)

Au sens figuré, **chez signifie dans la personne de, dans l'œuvre de, dans la société de.**

> **Ex.** C'est une réaction normale **chez** lui.
> On trouve ce récit **chez** Proust.

— **jusque** est suivi *d'une préposition :* **à** (le plus fréquemment), **vers, chez,** etc. ;
ou *d'un adverbe ;* **là, ici,** etc.

> **Ex.** Vous attendez **jusqu'à** la dernière minute pour faire votre travail.
> Il est allé **jusqu'à** dire que ce n'était pas vrai.
> J'irai **jusqu'au** parc avec vous.
> Nous y resterons **jusque** vers dix heures.
> **Jusque**-là, elle avait été charmante.

— **sur** et **au-dessus de**

Sur signifie **en haut de** et implique le contact direct (on le traduit souvent par « on »). **Au-dessus de** a le même sens, mais sans l'idée de contact (on le traduit par « above »).

> **Ex.** Le livre est **sur** la table.   L'avion vole **au-dessus de** la ville.

— **sous** (= **plus bas** ; peut être en contact ; « under ») et **au-dessous de** (= **plus bas que, inférieur à** ; « below »)

> **Ex.** La bateau passe **sous** le pont.
> Il fait 20° C **au-dessous de** zéro.

— **vers** et **envers**

Vers indique *la direction physique* ou *une approximation du temps.*
Envers signifie **à l'égard de** (pour des sentiments, des attitudes).

> **Ex.** Je marche **vers** la fenêtre.
> Elle viendra **vers** midi.
> Elle est bienveillante **envers** son frère.
> Vous avez réussi **envers et contre tout.**
> (= **malgré les obstacles**)

Exercices

Exercice I (oral)

Complétez les phrases avec la préposition qui manque.

1. Hier, je suis allée .... ville et je suis restée .... un ami.
2. Il faut avoir de la compassion .... les gens qui souffrent.
3. Quand ils sont tombés .... panne au milieu du désert, il ne leur restait de l'eau que .... deux jours.
4. .... s'y être installé, il a commencé .... lire.
5. Je me dirigeais .... l'épicerie quand je l'ai rencontré.
6. Vous y êtes arrivé .... poursuivant vos efforts.
7. Nous sortons .... un examen de chimie et nous sommes très fatigués.
8. Quand elle a été arrêtée, elle allait .... cent kilomètres .... l'heure.
9. Demain, nous allons partir .... deux semaines.
10. Que préférez-vous? Voyager .... chemin de fer, ... avion, ... autobus ou .... cheval?
11. Il l'a regardé .... un air impatient.
12. J'arrive .... Victoria, je repars demain .... Seattle et je vais .... Vancouver le lendemain.
13. Le soleil était si chaud qu'il a fallu se mettre .... l'ombre d'un arbre.
14. C'est une pièce .... six mètres .... quatre.
15. Vous préférez étudier .... jour ou .... nuit?
16. Le vocabulaire qu'on trouve .... ce texte est riche.
17. Es-tu passé .... le chemin le plus court?
18. La maison a été peinte .... trois jours.
19. On l'a puni .... son mensonge.
20. Tu n'as rien .... autre .... me dire?
21. Elle se lève très tôt et elle est très active .... le lever.
22. .... mener à bien ce projet, il faudra de la patience.
23. Tous les passagers, ... deux, ont péri dans l'accident d'avion.
24. .... la feuille que vous désirez.
25. Vous vous levez généralement....... bonne heure.
26. C'est à vous .... lui pardonner.
27. Découpez l'image .... les pointillés.
28. Son attitude n'est plus la même .... son échec.
29. Vous avez agi .... réfléchir.
30. .... où vous irez en Asie, vous verrez beaucoup ...... choses intéressantes.
31. .... une grande fatigue, ils ont continué leur chemin.
32. J'ai une belle statue .... bronze.
33. Notre propriété s'étend .... la rivière.
34. Est-ce que tu me prends .... un sot?
35. Il faut que je vous quitte, mais je reviendrai vous voir .... quelque temps.
36. C'est un poème touchant .... Baudelaire.

37. Vous vous exprimez .... facilité.
38. Complétez les phrases .... le modèle.
39. .... les gens qui se trouvaient là, aucun ne pouvait expliquer la disparition de leur ami.
40. Tout est arrivé .... lui ; c'était vraiment sa faute.

Exercice II (écrit)

*Employez **vers** ou **envers**.*

1. Quand je me suis dirigé _____ la porte, il a compris que je partais.
2. On peut dire que vous êtes loyal _____ vos amis.
3. Ils s'en sont tirés _____ et contre tout.
4. Ce sera fini _____ midi.
5. Il a couru _____ la rive.

Exercice III (écrit)

*Complétez les phrases avec une des prépositions suivantes : **sur, sous, au-dessus de, au-dessous de**.*

1. Il lui a coupé l'herbe _____ le pied.
2. Le chef a l'habitude de mettre ses pieds _____ le bureau.
3. Le soleil est encore _____ l'horizon.
4. Il conduisait _____ l'effet de l'alcool.
5. Il faut aller _____ le bateau pour atteindre le trou à réparer.
6. Le chien est en train de dormir _____ la table.

Exercice IV (écrit)

Composez une phrase avec chacune des expressions suivantes :

1. penser à
2. manquer à (*sens d'un sentiment*)
3. quitter

II. Les conjonctions

A. Rôle

Une conjonction est un mot *invariable* qui sert à *joindre deux mots* ou *deux propositions de même nature* (conjonction de coordination) *ou une proposition subordonnée à une principale* (conjonction de subordination).

B. Catégories

1. **Conjonctions de coordination :** alors, car, cependant, c'est-à-dire, c'est pourquoi, comme, d'ailleurs, donc, en effet, ensuite, et, mais, néanmoins, ni, or, ou, ou bien, par conséquent, par contre, pourtant, puis, sinon, soit... soit, toutefois, etc.

   a. Elles joignent *des mots de même fonction*.

   > **Ex.** Je suis heureux, **comme** vous.
   > Il ne pourra pas venir aujourd'hui, **ni** demain d'ailleurs.

   b. Elles joignent *des propositions de même nature*.

   > **Ex.** Elle est allée au bar **puis** elle est retournée chez elle.
   > Vous étiez fatigué **alors** je ne vous ai pas demandé de venir avec nous.

Application immédiate

Complétez les phrases par une conjonction de coordination.

1. Vous n'avez pas terminé votre travail ; _____ je vous avais dit de le finir.

2. Robert est toujours gentil, _____ son frère, c'est une autre histoire !

3. Je pense, _____ je suis. (Descartes)

4. Il fait de l'exercice régulièrement ; _____ il est toujours en bonne forme.

5. Elle est venue _____ elle voulait voir ses amis.

6. Il était maigre et, _____ il était pauvre, je l'ai invité à manger chez moi.

réponses p. 400

REMARQUE

Or s'emploie pour introduire un argument ou un raisonnement.

> **Ex.** On jouait Carmen à l'opéra ; **or** elle ne l'avait pas vu depuis longtemps. (« and yet, in fact »)

2. **Conjonctions de subordination.** Elles établissent *une dépendance* entre les propositions qu'elles unissent. Une proposition est une partie de phrase qui s'articule autour d'un verbe. La proposition la plus importante est nommée *proposition principale* et celle ou celles qui en

dépendent s'appellent des *propositions subordonnées*. Dans l'exemple ci-dessous, **Venez me voir** est la proposition principale, **avant que** est la conjonction de subordination et **les cours finissent** est la proposition subordonnée.

Ex. Venez me voir **avant que** les cours finissent.

Application immédiate

Identifiez les propositions principales et subordonnées dans les phrases suivantes.

1. J'ai des cheveux blancs **depuis que** je suis marié.
2. Elle ont dû partir **avant que** vous n'arriviez.

réponses p. 400

Beaucoup de conjonctions de subordination sont composées avec **que**.

a. Certaines sont *suivies du subjonctif*. Elles indiquent :

— le but : **pour que, afin que, de peur que (+ ne), de crainte que (+ ne), de manière que, de façon que, de sorte que**

— la restriction : **à moins que (+ ne), sans que**

— la condition : **à condition que, à supposer que, pourvu que**

— le temps : **avant que (+ ne), jusqu'à ce que, en attendant que**

— la concession : **bien que, quoique, malgré que, soit que... soit que...**

b. D'autres sont *suivies de l'indicatif*. Elles indiquent :

— la cause : **comme, parce que, puisque, étant donné que,** etc.

— l'opposition : **tandis que, alors que,** etc.

— la condition : **si, au cas où,** etc.

— la conséquence : **que, de sorte que, en sorte que, de façon que, de manière que,** etc.

— le temps : **quand, lorsque, aussitôt que, dès que, à peine... que..., après que, depuis que, pendant que,** etc.

— la comparaison : **plus que, moins que, autant que, de même que, selon que, suivant que, comme, comme si,** etc.

Note

— **Lorsque** devient **lorsqu'** devant *une voyelle* ou *un* **h** *muet*.

Ex. Lorsqu'il a faim, il mange.

— La conjonction **que** s'emploie dans des locutions (**malgré que, plus que,** etc.) ou seule. On la retrouve aussi combinée à d'autres mots : **voila que, c'est que, ne que,** etc.

Application immédiate

Complétez les phrases avec la conjonction de subordination qui convient.

1. Vérifiez-le avec lui _____ vous ne voulez pas me croire.

2. _____ le soleil brille, il fait assez froid.

3. On m'a annoncé _____ vous alliez partir.

4. Je vous le dis _____ vous voudriez lui en parler.

5. _____ elle est en colère, je la laisse tranquille.

6. Il faudra le prévenir _____ il sache la vérité.

réponses p. 400

REMARQUES

— Quand deux propositions consécutives commencent par la même conjonction, ne la répétez pas ; employez **que** avec le même mode.

Ex. Quand je suis fatigué et **qu'**il est tard, je vais me coucher. **Afin que** vous puissiez la voir et **que** vous ayez la possibilité de lui parler quelques instants, je vous emmènerai chez elle.

— Certaines conjonctions de subordination correspondent à des prépositions, qui sont employées devant un infinitif, un nom ou un pronom.

Ex. Parlez-moi **avant que** je parte. (*conjonction*)
Parlez-moi **avant de** décider. (*préposition*)

Parlez-moi **avant** le cours. (*préposition*)
Vous êtes parti **sans que** je vous voie. (*conjonction*)
Vous êtes parti **sans** me dire au revoir. (*préposition*)
Vous êtes parti **sans** votre livre. (*préposition*)

Conjonctions et prépositions correspondantes

Conjonction (+ *proposition*)		Préposition (+ *infinitif*)	Préposition (+ *nom* ou *pronom*)
après que	(+ ind.)	après (+ inf. passé)	après
avant que	(+ subj.)	avant de	avant
c'est-à-dire que	(+ ind.)		c'est-à-dire
depuis que	(+ ind.)		depuis
jusqu'à ce que	(+ subj.)	jusqu'à	jusqu'à
malgré que	(+ subj.)		malgré
sans que	(+ subj.)	sans	sans

(Voir autre tableau de conjonctions et prépositions correspondantes, leçon 6, p. 159.)

— Les conjonctions **parce que** et **car** ont des sens proches, mais **car** ne s'emploie pas au début d'une phrase ni après une autre conjonction de coordination alors que **parce que** s'emploie dans tous les cas.

Ex. Vous êtes content **parce que** (**car**) vous avez passé une bonne journée au grand air.
Parce que tu es gentil, je vais te donner un bonbon.
Il m'a dit quelque chose ; **mais parce que** c'est un secret je ne le répéterai pas.

Exercices

Exercice I (écrit)

Mettez les verbes entre parenthèses au mode et au temps qui conviennent après la conjonction de subordination ou la préposition.

1. Lorsqu'elle _____ (finir) son travail, elle sera contente.
2. Vous m'avez marché sur le pied sans _____ (faire attention).
3. Puisque tu _____ (être) plus petit, tu auras moins de gâteau.
4. Comme l'orage _____ (approcher), nous avons rentré les fauteuils.
5. Nous pouvons vous aider à condition que vous _____ (accepter).
6. Vous m'en parlerez après _____ (discuter) la question avec eux.
7. Si nous vous le _____ (dire) et que vous le _____ (répéter), ce serait terrible.

8. Depuis qu'elle _____ (être) malade et qu'elle ne _____ (pouvoir) plus sortir, son moral baissait à vue d'œil.

9. Il gagne moins d'argent que vous ne le _____ (penser).

10. Bien que ce _____ (être) faisable et que vous en _____ (être) capable, le projet ne sera jamais accepté par vos supérieurs.

Exercice II (écrit)

Faites une phrase avec chacune des conjonctions suivantes.

a) *conjonctions de coordination*

1. et
2. alors
3. par contre
4. sinon
5. comme
6. or

b) *conjonctions de subordination*

1. comme (la cause)
2. de sorte que (+ indicatif)
3. dès que
4. si
5. alors que
6. pendant que

Réponses aux applications immédiates

I. Les prépositions

p. 381
1. préposition
2. préposition
3. adverbe
4. préposition, adverbe

p. 382
1. sans penser
2. avant de commencer
3. après être arrivé(e)(s)
4. pour comprendre
5. En persévérant

p. 386
1. à, à
2. de, à
3. de, au, de
4. À, d'
5. de, de, de
6. de, à, de, de
7. de, aux
8. de, à

p. 387
1. de
2. d'
3. à, —
4. de, de
5. —
6. à
7. à
8. Leurs enfants leur manquent.

p. 390   1. en, en, pour
         2. en, par
         3. en, par, de, à, de, de
         4. en, en, dans, en, par
         5. pour, dans, par
         6. en, dans, Pour

II. Les conjonctions

p. 395   1. pourtant
         2. mais
         3. donc
         4. c'est pourquoi (alors, en conséquence)
         5. et
         6. comme

p. 396   1. J'ai des cheveux blancs : *principale*
            je suis marié : *subordonnée*
         2. Elle ont dû partir : *principale*
            vous n'arriviez : *subordonnée*

p. 397   1. puisque
         2. Bien que (Quoique)
         3. que
         4. au cas où
         5. Quand (Lorsqu', Comme)
         6. afin qu' (pour qu')

LES VERBES SEMI-AUXILIAIRES
SAVOIR ET CONNAÎTRE

I. Devoir + *infinitif*

(voir conjugaison du verbe **devoir** dans l'appendice, p. 438)

Quand le verbe **devoir** est suivi d'un *infinitif*, on l'appelle un verbe *semi-auxiliaire*. Il exprime :

A. *L'obligation* (**falloir**, **être obligé de** avec le présent, l'imparfait, le passé composé et le futur. Le sens de nécessité est *un peu moins fort* avec **devoir** qu'avec **falloir**.

> **Ex.** Je **dois** lui dire si j'accepte ou non cet après-midi. (« must, have to »)
> Elle **devait** travailler dur à ce moment-là. (« had to »)
> Il **a dû** s'excuser pour être accepté de nouveau dans le club.
> (« had to »)
> Vous **devrez** m'apporter votre travail demain au plus tard. (« will have to, must »)

B. *L'intention* (**être censé** ou **supposé**) avec le présent ou l'imparfait.

> **Ex.** Je **dois** partir la semaine prochaine. (« am supposed to »)
> Vous **deviez** aller à la campagne ; y êtes-vous allée ? (« were supposed to »)

C. *La probabilité* avec le présent, l'imparfait ou le passé composé.

> **Ex.** Robert est absent. Il **doit** être malade. (« probably is, must be »)
> Le dîner **devait** être excellent puisque tu as bien mangé. (« probably was »)
> Ils **ont dû** avoir un accident pour être si en retard. (« must have had... »)

Remarquez que le verbe **devoir** est suivi de l'infinitif **être** quand le sens est « must be, probably is, probably was ».

D.   *Un conseil, une suggestion ou l'anticipation*, avec le conditionnel présent (« should, ought to »).

>   **Ex.**   Tu **devrais** aller la voir.
>   Vous **devriez** expliquer votre action.
>   Je **devrais** faire un plus grand effort.
>   Je **devrais** avoir fini demain, je pense.

E.   *Un reproche* ou *un regret* avec le conditionnel passé (« should have, ought to have »).

>   **Ex.**   Elle **aurait dû** être plus gentille.
>   Vous **auriez dû** l'aider.
>   J'**aurais dû** faire attention.

Application immédiate

Donnez le sens du verbe **devoir** dans chaque phrase (obligation, intention, etc.).

1. Nous avons dû repeindre notre maison.

2. Tu devrais aller voir un docteur.

3. Ce film doit être très amusant.

4. Elle a dû encore rater son autobus.

5. Vous n'auriez pas dû lui donner ce renseignement.

6. Je me demande ce qui est arrivé ; il devait téléphoner aujourd'hui.

7. À quelle heure cet autobus doit-il partir ?

réponses p. 414

Note

Quand le verbe **devoir** est suivi d'un nom, il signifie « avoir une dette ».

>   **Ex.**   Je te **dois** dix dollars.
>   Il lui **doit** la vie.

Équivalents anglais des temps de **devoir**

obligation	(«must, have to»)	
intention	(«is supposed to»)	} le présent
probabilité	(«must be, probably is, probably does»)	
obligation	(«had to»)	
intention	(«was supposed to»)	} l'imparfait
probabilité	(«probably was, probably did»)	
obligation	(«had to»)	
probabilité	(«must have, probably did»)	} le passé composé
obligation	(«will have to»)	} le futur
un conseil	(«should, ought to»)	} le conditionnel présent
un regret	(«should have, ought to have»)	} le conditionnel passé

Application immédiate

Traduisez avec une forme de **devoir**.

Ex. Les enfants <u>devaient</u> se coucher tôt tous les soirs. («had to»)

1. Vous _____ leur dire de se taire. («should, ought to»)

2. Tu _____ le rencontrer un jour. («must have»)

3. Tout le monde _____ partir de bonne heure. («will have to»)

4. Nous _____ vous présenter à nos amis. («should have, ought to have»)

5. Elle _____ vous voir à six heures. («was supposed to»)

6. Quand j'ai fait cela, je _____ être fatiguée. («probably was»)

7. Le directeur _____ le renvoyer à cause de son mauvais travail. («had to»)

8. Il _____ aimer les sports. («probably does»)

réponses p. 414

II. Pouvoir + infinitif

C'est un verbe semi-auxiliaire quand il est suivi d'un infinitif. Il exprime :

A. *La capacité* (être capable de, être en état de, avoir la faculté de).

Au passé composé, **j'ai pu** = j'ai réussi à.

> **Ex.** Je **peux** vous expliquer ce poème, si vous voulez. («can, am able to»)
>
> Quand il était en forme, il **pouvait** faire rire tout le monde. («could, was able to»)
>
> Nous **n'avons pas pu** finir les mots croisés, ils étaient trop difficiles. («could not, were not able»)
>
> Vous **pourriez** le faire aussi. («could, would be able»)
>
> Vous **auriez pu** le faire aussi bien que nous. («could have, would have been able»)

Attention à la traduction de «could», soit par un conditionnel présent, soit par un imparfait ou un passé composé (voir aussi leçon 5, p. 135).

B. *La permission ou la possibilité.*

> **Ex.** Leurs enfants **peuvent** rentrer tard s'ils le veulent.
> **Puis**-je vous demander quelque chose ?
> **Pourriez**-vous déposer le paquet chez la concierge ?
> Tu **aurais pu** y aller si tu en avais eu envie.

C. *Un reproche.* Le verbe **pouvoir** au conditionnel passé est quelquefois employé à la place de **devoir**.

> **Ex.** Vous **auriez pu** me le dire ! (= Vous auriez dû)
> Tu **aurais pu** faire attention !

Application immédiate

Expliquez le sens du verbe **pouvoir** dans chaque phrase (capacité, possibilité, etc.).

1. Je vous dis que je pourrais traverser cette rivière à la nage.

2. Elle n'a pas pu répondre à trois des cinq questions.

3. Pouvez-vous venir tout de suite ?

4. Vous auriez pu faire mieux, vous ne croyez pas?

5. Je pouvais y aller, mais j'ai préféré rester ici.

réponses p. 414

III. *Faire, laisser* et les verbes de perception + infinitif

Quand les verbes **faire, laisser,** ainsi que *les verbes de perception* sont suivis d'un infinitif, leur construction est spéciale ; les règles qui gouvernent *l'emploi* et la *place des pronoms* et des *noms compléments* changent.

A. **Faire** + *infinitif.* La construction **faire** + *infinitif* est employée *quand le sujet cause l'action, mais ne la fait pas.* On appelle cet emploi le **faire causatif.**

> **Ex.** Louis XIV **a fait construire** le château de Versailles.
> Mes cheveux étaient trop longs, alors je les **ai fait couper.**

> — *Celui qui fait l'action* n'est pas toujours mentionné, comme dans les exemples ci-dessus.

> — *Le participe passé* de **faire** est *invariable* dans cette construction.

> — Le groupe **faire + infinitif** est *inséparable.* On ne peut donc pas placer de noms ni de pronoms entre les deux verbes.

> Voici les différents cas.

1. L'infinitif a *un sujet réel.*

> — Si ce sujet est un nom, il est placé après l'infinitif; il devient donc un complément direct.

> **Ex.** Je fais chanter **l'enfant.**

> — Si ce sujet est un pronom, il précède le verbe **faire**; c'est un pronom complément direct puisque le sujet devient complément direct.

> **Ex.** Je **le** fais chanter.

2. L'infinitif a *un complément direct.*

> — Si ce complément est un nom, il est après l'infinitif, à sa place normale.

> **Ex.** Je fais chanter **les chansons.**

— Si c'est un pronom, il précède le verbe **faire**.

    Ex. Je **les** fais chanter.

3. L'infinitif a *un sujet réel et un complément direct.*

— Si ce sont des noms, ils suivent l'infinitif; le complément direct ne change pas; le sujet devient complément indirect.

    Ex. Je fais chanter **les chansons à l'enfant**.

— Si ce sont des pronoms, ils précèdent le verbe **faire**; le complément direct est remplacé par un pronom complément direct et le sujet par un pronom complément indirect.

    Ex. Je **les lui** fais chanter.

4. Voici quelques autres expressions employant le verbe **faire**.

— Le **faire** *causatif* peut aussi être pronominal : **se faire**.

    Ex. Je **me suis fait** couper les cheveux.
        Je **me** les **suis fait** couper.

— **faire voir** = montrer

    Ex. Fais-moi **voir** tes photos. (= Montre-moi...)

— **faire savoir** = apprendre

    Ex. Je vous **ferai savoir** les résultats. (= Je vous apprendrai...)

B. **Laisser** et les *verbes de perception + infinitif*

1. Le verbe **laisser** et les verbes de perception (**regarder, voir, apercevoir, écouter, entendre, sentir,** etc.) ne sont pas inséparables de l'infinitif comme le verbe **faire**. Les pronoms et les noms peuvent donc se trouver entre le verbe et l'infinitif.

Voici les différents cas.

a. L'infinitif a *un sujet réel.*

— Si ce sujet est *un nom*, il est placé devant ou après l'infinitif. Il est équivalent à un complément direct.

    Ex. Je vois **les enfants** arriver.

    ou : Je vois arriver **les enfants**.

Remarquez que le sujet de l'infinitif (**les enfants**) est aussi le complément direct du verbe principal (**vois**), ce qui n'était pas le cas avec le verbe **faire**.

— S'il y a *un complément circonstanciel* après l'infinitif, le sujet se place devant l'infinitif :

Ex. Je vois **les enfants** arriver **à la porte.**

— Si c'est *un pronom*, le sujet est remplacé par un pronom complément direct et il est placé devant le verbe principal.

Ex. Je **les** vois arriver.

b. L'infinitif a *un complément direct.*

— Si ce complément est *un nom*, il suit l'infinitif.

Ex. Il laissera arrêter **la course.**

— Si c'est *un pronom*, il précède le verbe principal.

Ex. Il **la** laissera arrêter.

c. L'infinitif a *un sujet réel* et *un complément direct.*

— Si ce sont *des noms*, ils prennent leur place normale devant et après l'infinitif.

Ex. Je laisse **les enfants** regarder **la télévision.**

— Si ce sont *des pronoms*, il y a deux possibilités :

- Les pronoms sont placés devant le verbe dont ils sont le complément. Il y a un pronom complément direct devant chaque verbe. C'est le cas le plus simple et le plus courant.

  Ex. Je **les** laisse **la** regarder. (deux compléments directs)

  On pourrait aussi employer un nom et un pronom.

  Ex. Je **les** laisse regarder la télévision.

  ou : Je laisse les enfants **la** regarder.

- Les deux pronoms sont placés devant le verbe principal. Le sujet de l'infinitif devient un complément indirect et le complément direct ne change pas.

  Ex. Je **la leur** laisse regarder. (complément direct et complément indirect)

REMARQUES

— Quand deux pronoms incompatibles (voir leçon 11, p. 278) se trouvent devant le verbe principal, il faut mettre un pronom devant chaque verbe.

Ex. J'ai vu **Robert vous** regarder.
On dit : Je l'ai vu **vous** regarder. (**Vous** et **lui** sont incompatibles.)

— Quand le complément direct de l'infinitif est le pronom partitif **en**, le sujet réel de l'infinitif devient le complément indirect (construction normale).

Ex. J'ai vu **Robert** acheter **des livres**.
Je **lui en** ai vu acheter.

ou : Je l'ai vu **en** acheter.

Mais si **en** est un pronom adverbial (**de là**), le sujet réel de l'infinitif reste un complément direct, car **en** n'est pas un complément direct :

Ex. J'ai vu **Robert** revenir **de ses classes**.
Je **l'en** ai vu revenir.

ou : Je l'ai vu **en** revenir.

2. Le *participe passé* d'un verbe de perception *s'accorde avec le complément direct qui précède, si ce complément direct est complément du verbe* et non de l'infinitif.

Ex. Les enfants que j'ai **entendus** chanter. (j'ai entendu les enfants qui chantaient)
Les chansons que j'ai **entendu** chanter. (j'ai entendu chanter les chansons)

Note

On a cependant tendance à laisser le participe passé invariable dans les deux cas pour ces verbes, comme pour le verbe **faire**.

Ex. Je les **ai laissé** partir.
Voilà la femme que nous **avons vu** pleurer.
Ils **se sont senti** perdre au jeu.

Application immédiate

Remplacez les mots soulignés par des pronoms et placez-les dans la phrase. Donnez les deux possibilités le cas échéant.

1. Nous avons entendu <u>la jeune fille</u> jouer <u>la sonate</u>. _____

2. Il a laissé <u>son ami</u> aller <u>en ville</u>. _____

3. J'ai senti <u>les feuilles</u> me toucher. _____

réponses p. 414

IV. Savoir et connaître

Les usages de ces deux verbes sont présentés dans le tableau suivant.

Emplois de **savoir** et **connaître**

Savoir	Connaître
+ *complément direct* quand la connaissance est complète, catégorique, précise (après réflexion ou raisonnement, apprise par l'étude ou l'expérience, ou par cœur). **Ex.** Je sais la différence entre ces deux mots. Je sais ma grammaire. Je sais la date de la Révolution française. Je sais ce poème. (par cœur)	+ *complément direct* quand la connaissance n'est pas catégorique ni complète (on a déjà vu ou rencontré cette chose ou cette situation ; on est donc capable de la reconnaître), quand on ressent des émotions ou vit des expériences. **Ex.** Je connais son point de vue sur la question. Il a connu la misère, le bonheur, le malheur. Il connaît nos habitudes. On ne connaît pas l'hiver dans certains pays. Je connais ce poème. (Je l'ai déjà lu.)

(suite page 410)

Savoir	Connaître
N'employez jamais **savoir** avec : une personne, un animal, un endroit ou un objet concret.	(«to be acquainted with») *une personne* : **Ex.** Je connais bien M. Durand. *un animal (un poisson, un insecte)* : **Ex.** Il connaît les serpents. *un endroit* : **Ex.** Nous connaissons Paris et Londres. *un objet concret* : **Ex.** Je connais ce monument, ce magasin, ces fleurs.
+ *une proposition subordonnée*, introduite par que : **Ex.** Je sais qu'il ne faut pas trop se fatiguer.	
+ *des interrogations indirectes* : **Ex.**.Je sais **où** est le trésor. Je sais **quelle** heure il est. Je ne sais pas **ce que** c'est. Je ne sais pas **comment** il va.	*N'employez jamais* **connaître** avec : une proposition subordonnée ou une infinitive.
+ *une proposition infinitive* : **Ex.** Je sais **faire** la cuisine. Je sais comment **trouver** un appartement.	

REMARQUE

Il peut arriver que l'un ou l'autre des verbes convienne quand leur sens est très proche.

Ex. Je **sais** (**connais**) le grec.
Je **sais** (**connais**) la réponse à la question.

Application immédiate

Employez **savoir** ou **connaître** dans les phrases suivantes.

1. Je _____ à quoi vous pensez.

2. _____-vous ce poème ? Pouvez-vous le réciter par cœur ?

3. Vous _____ probablement ce texte.

4. Il ne _____ pas comment faire ça.

5. Nous _____ ça par son frère qui nous l'a dit un jour.

6. _____-tu la Statue de la Liberté?

7. Il _____ beaucoup de choses sur la plongée sous-marine.

8. Vous _____ les champignons de Paris et vous _____ qu'ils sont petits.

9. Tu _____ mon amie Lucie, n'est-ce pas?

10. _____-vous l'heure qu'il est?

11. Ils ne voudront pas m'écouter. Je le _____ .

réponses p. 414

Exercices

Exercice I (oral)

*Traduisez les formes du verbe **devoir**.*

1. Il ……. faire son travail. (« should have »)
2. Cette grève ……. s'arrêter. (« must »)
3. Tu ……. lire ce recueil de poèmes. (« should »)
4. J' ……. paraître timide, car j'ai rougi. (« must have »)
5. Il ……. neiger hier. (« was supposed to »)
6. Elle ……. avoir une greffe du cœur pour recouvrer sa santé. (« had to »)
7. Je ne comprends pas l'explication; je ……. stupide. (« probably am »)
8. Nous ……. partir mais il faisait trop froid. (« were supposed to »)
9. Chaque jour elle ……. prendre le train de cinq heures. (« had to »)
10. Je …… écrire à mes parents la semaine prochaine. (« will have to »)

Exercice II (oral)

Remplacez les mots soulignés par des pronoms et placez-les dans la phrase. S'il y a deux possibilités, donnez-les toutes les deux.

1. Vous laisserez les enfants entrer dans la salle.
2. Nous faisons toujours inspecter notre voiture par la même personne.
3. J'ai vu les oiseaux prendre leur vol.
4. Il a regardé l'écureuil casser des noix.
5. Faites dire à Robert que je veux le voir.
6. Je vais faire écrire une pièce par les étudiants.
7. Il s'est fait raser la barbe.

Exercice III (oral)

Répondez à la question en remplaçant les noms par des pronoms.

a) *Avec **faire** + infinitif.*

> **Ex.** Faites-vous souvent laver votre voiture?
> — Non, je ne la fais pas souvent laver. Généralement, je la lave moi-même.

1. Ferez-vous chercher la personne responsable de l'accident?
2. Faites-vous lire le journal de votre école à vos parents?
3. As-tu fait faire une promenade à ton chien aujourd'hui?
4. Vas-tu me faire voir ton projet?
5. A-t-on fait annoncer la nouvelle aux intéressés?
6. Avez-vous fait faire un agrandissement de votre photo?
7. Allez-vous vous faire couper les cheveux?

b) *Avec **laisser** et les verbes de perception + infinitif. Donnez les deux possibilités le cas échéant.*

1. Le professeur laisse-t-il les étudiants apporter leurs compositions en retard?
2. M'écouterez-vous faire ma conférence?
3. Entendez-vous les enfants crier dans le jardin?
4. Voyez-vous approcher l'orage?
5. As-tu entendu ton ami dire des blagues hier soir?
6. Allez-vous laisser passer quelques semaines avant de répondre à cette lettre?
7. Sentez-vous venir le sommeil quand vous lisez trop?

Exercice IV (oral)

Répondez aux questions suivantes en remplaçant les noms par des pronoms.

1. Avez-vous fait visiter <u>votre campus</u> à <u>vos parents</u>?
2. Avez-vous fait réparer <u>votre montre</u>?
3. Faites-vous ranger <u>ses affaires</u> à <u>votre camarade de chambre</u>?
4. Faites-vous fermer <u>sa radio</u> à <u>votre voisin</u>?
5. Avez-vous vu <u>votre ami</u> accompagner <u>une jeune fille</u> à la bibliothèque?
6. Avez-vous déjà vu <u>cet enseignant</u> sourire <u>aux élèves</u>?

Exercice V (écrit)

*Refaites les phrases suivantes en employant un temps de **devoir** ou de **pouvoir**.*

> **Ex.** Il a probablement eu un accident. → Il a dû avoir un accident.

1. Vous avez tort de fumer.
2. Je n'ai pas réussi à le convaincre.
3. Il est probablement encore là.
4. Vous étiez censé recevoir cet argent hier?
5. Elle est capable de faire ce travail.

6. Est-ce que vous me donnez la permission de me servir de votre téléphone ?
7. Ils ne sont pas venus ; ils ont probablement oublié.
8. Il faudra que tu prennes un rendez-vous avec le dentiste.
9. Nous allons vraisemblablement faire leur connaissance bientôt.
10. Je regrette de ne pas vous avoir informés plus tôt.

Exercice VI (écrit)

Faites une phrase donnant un conseil et une autre exprimant un regret, en employant le verbe devoir.

Exercice VII (écrit)

*Faites une phrase avec **savoir** ou **connaître**, d'après l'emploi indiqué.*

1. (+ une personne)
2. (+ un infinitif)
3. (+ que)
4. (+ un endroit)
5. (+ une chose, avec **connaître**)
6. (+ une chose, avec **savoir**)

Exercice VIII (écrit)

*Faites une phrase avec chacune des expressions : **faire voir, faire savoir**.*

Exercice IX (écrit)

*Complétez la phrase en employant une des constructions : **faire, laisser** ou **verbe de perception** + infinitif.*

Ex. Il y a des gens qui sont très amusants ;...
→ j'ai un camarade qui fait rire tout le monde.

1. Les enfants étaient fatigués ; ils ne voulaient pas se lever.
   Alors leur mère...
2. Nous ne pourrons pas aller au concert que cette chanteuse va donner ; mais comme elle a une répétition la veille, nous...
3. Ils ne font pas bon ménage. — Comment le sais-tu ? — Je ...
4. Je suis très occupée ; je n'ai pas le temps de faire la vaisselle ; je...
5. Pour apprendre comment il fait ce tour incroyable...
6. Comment sais-tu qu'il lui a tout répété ? — Je...

Réponses aux applications immédiates

I. Devoir + infinitif

p. 402
1. nécessité
2. conseil
3. probabilité
4. probabilité
5. reproche
6. intention
7. intention

p. 403
1. devriez
2. as dû
3. devra
4. aurions dû
5. devait
6. devais
7. a dû
8. doit

II. Pouvoir + infinitif

p. 404
1. capacité
2. capacité
3. possibilité
4. reproche
5. permission, possibilité

III. Faire, laisser et les verbes de perception + infinitif

p. 409
1. Nous l'avons entendue la jouer.
2. Il l'y a laissé aller.
   ou Il l'a laissé y aller.
3. Je les ai senties me toucher.

IV. Savoir et connaître

p. 410
1. sais
2. Savez
3. connaissez
4. sait
5. savons
6. Connais
7. sait
8. connaissez, savez
9. connais
10. Savez
11. sais

LES TEMPS LITTÉRAIRES
Le passé simple
Le passé antérieur
L'imparfait et le plus-que-parfait du subjonctif

I. Le passé simple

C'est un temps simple : un mot.

Le passé simple ne s'emploie que dans la langue écrite, notamment littéraire, et dans les contes.

REMARQUE

Dans la littérature contemporaine, le passé simple est de moins en moins employé. Il faut surtout savoir le reconnaître.

A. Formes

1. Verbes réguliers

a. Pour les verbes en **er** (y compris le verbe irrégulier **aller**), ajoutez au radical de l'infinitif les terminaisons :

ai	**âmes**
as	**âtes**
a	**èrent**

Ex. aimer

j'aim**ai**	nous aim**âmes**
tu aim**as**	vous aim**âtes**
il, elle, on aim**a**	ils, elles aim**èrent**

b. Pour les verbes en **ir** et **re**, ajoutez au radical de l'infinitif les terminaisons :

is	**îmes**
is	**îtes**
it	**irent**

Ex. finir	**vend**re
je fin**is**	je vend**is**
tu fin**is**	tu vend**is**
il, elle, on fin**it**	il, elle, on vend**it**
nous fin**îmes**	nous vend**îmes**
vous fin**îtes**	vous vend**îtes**
ils, elles fin**irent**	ils, elles vend**irent**

2. Verbes irréguliers

a. Voici le passé simple *des verbes auxiliaires* :

avoir	**être**
j'eus (prononcez [ʒy])	je fus
tu eus	tu fus
il, elle, on eut	il, elle, on fut
nous eûmes	nous fûmes
vous eûtes	vous fûtes
ils, elles eurent	ils, elles furent

b. Les verbes **venir**, **tenir** et leurs composés ont la terminaison **ins**. On garde le son [ɛ̃] à toutes les personnes :

venir	**tenir**
je vins	je tins
tu vins	tu tins
il, elle, on vint	il, elle, on tint
nous vînmes	nous tînmes
vous vîntes	vous tîntes
ils, elles vinrent	ils, elles tinrent

c. Les autres verbes irréguliers ont les terminaisons **is** (comme celles des verbes réguliers en **ir** et **re**) ou **us** (comme le verbe **être**). Les verbes en **oir** ont la terminaison **us**, excepté le verbe **voir** : **je vis**. Pour un grand nombre de ces verbes, le participe passé conduit au passé simple.

Ex. Infinitif	Participe passé	Passé simple
boire	bu	je bus
connaître	connu	je connus
courir	couru	je courus
croire	cru	je crus
lire	lu	je lus
mettre	mis	je mis
pouvoir	pu	je pus
prendre	pris	je pris
recevoir	reçu	je reçus
rire	ri	je ris
vivre	vécu	je vécus
vouloir	voulu	je voulus

(Voir le passé simple des autres verbes irréguliers dans l'appendice, p. 434 à 445.)

REMARQUES

— Aux formes *nous* et *vous*, il y a toujours un *accent circonflexe sur la voyelle de l'avant-dernière syllabe* de tous les passés simples. C'est une façon de reconnaître ce temps à ces personnes :

âmes   **îmes**
âtes   **îts**

— Ne confondez pas **être** : **je fus** et **faire** : **je fis**.

— Ne confondez pas le passé simple du verbe **voir** : **je vis, tu vis, il vit, nous vîmes,** etc. et le présent du verbe **vivre** : **je vis, tu vis, il vit, nous vivons,** etc.

Application immédiate

Écrivez le passé simple des verbes réguliers ou irréguliers suivants à la personne indiquée.

1. être; nous _____

2. ajouter; tu _____

3. répondre; elle _____

4. partir; ils _____

5. se lever; ils _____

6. devenir; il _____

7. avoir; vous _____

8. revoir; je _____

réponses p. 425

B. Emplois

Le passé simple exprime *un fait qui a eu lieu dans le passé, et qui est considéré de son début jusqu'à sa fin, mais sans aucun rapport avec le présent.* Il correspond au passé composé dans la langue usuelle, mais celui-ci a un rapport avec le présent.

Note

Que le style soit littéraire ou non littéraire, l'imparfait ne change pas.

Ex. Il partit parce qu'il **était** fatigué.

Exercices

Exercice I (oral)

Donnez les passés composés correspondant aux passés simples de l'extrait suivant.

Ce jour-là je <u>déjeunai</u> chez mon oncle. Peu de temps après le repas, il <u>sortit</u>; je l'<u>accompagnai</u> jusqu'à son bureau, puis <u>remontai</u> à la maison Plantier chercher ma mère. Là j'<u>appris</u> qu'elle était sortie avec ma tante et ne rentrerait que pour dîner. Aussitôt je <u>redescendis</u> en ville, où il était rare que je pusse librement me promener. Je <u>gagnai</u> le port...; j'<u>errai</u> une heure ou deux sur les quais. Brusquement le désir me <u>saisit</u> d'aller surprendre Alissa que pourtant je venais de quitter... Ma mère s'<u>éteignit</u> très doucement un soir, entre Miss Ashburton et moi. La dernière crise qui l'<u>enleva</u> ne semblait d'abord pas plus forte que les précédentes; elle ne <u>prit</u> un caractère alarmant que vers la fin, avant laquelle aucun de nos parents n'<u>eut</u> le temps d'accourir...

André Gide, *La Porte Étroite*

Exercice II (écrit)

Rédigez un petit paragraphe de quatre ou cinq lignes au passé simple.
Sujet : un événement historique qui a eu lieu depuis votre naissance.

II. Le passé antérieur

C'est un temps composé : deux mots.

Le passé antérieur exprime un fait achevé avant qu'un autre fait au passé simple ait commencé.

A. Formes

Le passé antérieur est le temps composé du passé simple. Il est formé du *passé simple d'***avoir** *ou d'***être** + *participe passé* du verbe en question (voir aussi tableau des modes et temps, p. 428).

Ex. aimer (*verbe transitif*)
j'eus aimé
tu eus aimé
il, elle, on eut aimé
nous eûmes aimé
vous eûtes aimé
ils, elles eurent aimé

aller (*verbe intransitif*)
je fus allé(e)
tu fus allé(e)
il, elle, on fut allé(e)
nous fûmes allés(es)
vous fûtes allé(s, e, es)
ils, elles furent allés(es)

se promener (*verbe pronominal*)
je me fus promené(e)
tu te fus promené(e)
il, elle, on se fut promené(e)
nous nous fûmes promenés(es)
vous vous fûtes promené(s, e, es)
ils, elles se furent promenés(es)

Application immédiate

Écrivez le passé antérieur des verbes suivants à la personne indiquée.

1. lire; nous
2. faire; vous
3. arriver; ils
4. mordre; il
5. avoir; j'
6. finir; tu

réponses p. 425

B. Emplois

Le passé antérieur est généralement employé pour une action *immédiatement antérieure à une action passée au passé simple.* Il est introduit par *une conjonction de temps* qui exprime l'antériorité : **quand, lorsque, après que, aussitôt que, dès que, à peine... que...**

Ex. Il était hésitant à agir, mais, dès qu'il **eut pris** la décision, il **se sentit** mieux.

Après que nous **eûmes fini** de parler, elle **commença** à rire.

REMARQUES

— Si l'action immédiatement antérieure est *presque simultanée* à l'action au passé simple, elle peut aussi être *au passé simple.*

Ex. Aussitôt qu'elle le **vit**, elle **sourit.**

— Si l'action n'est pas immédiatement antérieure, employez *le plus-que-parfait.*

Ex. Comme il **avait compris** la question, il **put** l'expliquer à son ami.

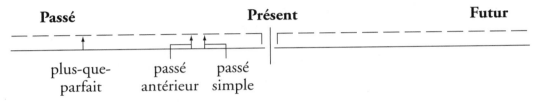

| **Passé** | | **Présent** | **Futur** |

plus-que-parfait   passé antérieur   passé simple

— Comme le passé simple, le passé antérieur *peut être accompagné d'un imparfait.*

Ex. Il **était** content après qu'ils lui **eurent apporté** le message.

— De nos jours, on emploie généralement le passé composé pour remplacer le passé antérieur, même si cela occasionne une perte de nuance. Dans la langue parlée, on remplace parfois le passé antérieur par *le passé surcomposé.*

Ex. Aussitôt que **j'ai eu fini** de manger, je **suis partie.**

Exercices

Exercice I (oral)

Remplacez les passés simples et les passés antérieurs par des passés composés.

Ex. Dès qu'ils <u>furent arrivés</u>, nous <u>partîmes</u> au cinéma.
→ Dès qu'ils <u>sont arrivés</u>, nous <u>sommes partis</u> au cinéma.

1. À peine <u>eut</u>-elle <u>reçu</u> la nouvelle qu'elle <u>se sentit</u> heureuse.
2. Dès que je leur <u>eus fait</u> part de mes désirs, ils <u>éclatèrent</u> de rire.
3. Après qu'il <u>eut entendu</u> un cri, il <u>courut</u> voir ce qui s'était passé.
4. Quand la souris <u>montra</u> son museau, le chat la <u>vit</u> aussitôt.

5. Après qu'ils <u>furent</u> <u>partis</u>, je <u>poussai</u> la porte de la maison.
6. Après qu'il <u>eut</u> <u>fini</u> de manger, il <u>se</u> <u>remit</u> à travailler.
7. À peine <u>fut-elle</u> <u>rentrée</u> qu'elle <u>enleva</u> ses souliers.
8. Dès que j'<u>eus</u> <u>trouvé</u> une place, je la <u>pris</u>.

Exercice II (écrit)

Complétez les phrases en mettant le verbe au temps nécessaire : passé simple, passé antérieur ou plus-que-parfait.

1. Après qu'elle le _____ , il referma la porte lentement. (quitter)
2. Quand le chien _____ sur elle, elle se mit à crier. (sauter)
3. À peine le pianiste _____ de jouer le concerto que les applaudissements retentirent dans la salle. (finir, il)
4. Elle raconta l'accident qu'elle _____ ce matin-là. (voir)
5. Aussitôt qu'il _____ , l'autre arriva. (partir)
6. Comme son chef _____ son bureau, il put lui parler. (ne pas quitter)
7. À peine _____ mon secret que je le regrettai. (dire, je)
8. Dès que le conférencier _____ à parler, un bruit se fit dans l'auditoire. (commencer)

III. L'imparfait et le plus-que-parfait du subjonctif

Ces temps correspondent en littérature classique respectivement au subjonctif présent et au subjonctif passé. Il ne sont plus utilisés de nos jours, même dans les contes.

A. Formes

1. Imparfait du subjonctif

C'est un temps simple : un mot.

On le forme en doublant le **s** final de la 2e personne du singulier (**tu**) du *passé simple* et en ajoutant les *terminaisons* du *présent du subjonctif* (**e, es, e, ions, iez, ent**), excepté à la 3e personne du singulier, qui prend un **t** et un accent circonflexe sur la voyelle.

La formation est la même pour tous les verbes, *réguliers* et *irréguliers*.

Ex. *Verbes réguliers* (Les verbes en **ir** et en **re** ont le même passé simple.)

aimer (tu **aimas**)
que j'aim**asse**
que tu aim**asses**
qu'il, elle, on aim**ât**
que nous aim**assions**
que vous aim**assiez**
qu'ils, elles aim**assent**

finir (tu **finis**)
que je fin**isse**
que tu fin**isses**
qu'il, elle, on fin**ît**
que nous fin**issions**
que vous fin**issiez**
qu'ils, elles fin**issent**

Verbes irréguliers

connaître (tu **connus**)
que je conn**usse**
que tu conn**usses**
qu'il, elle, on conn**ût**
que nous conn**ussions**
que vous conn**ussiez**
qu'ils, elles conn**ussent**

venir (tu **vins**)
que je v**insse**
que tu v**insses**
qu'il, elle, on v**înt**
que nous v**inssions**
que vous v**inssiez**
qu'ils, elles v**inssent**

REMARQUE

On reconnaît la 3e personne du singulier à l'accent circonflexe sur la voyelle. Rappelez-vous qu'au passé simple l'accent circonflexe se rencontre aux personnes **nous** et **vous**.

Application immédiate

Écrivez l'imparfait du subjonctif des verbes suivants à la personne indiquée.

1. répondre; que je
2. vouloir; qu'ils

3. supposer; qu'il
4. faire; qu'elle

réponses p. 425

---

2. Plus-que-parfait du subjonctif

C'est un temps composé : deux mots.

C'est le temps composé de l'imparfait du subjonctif (voir aussi le tableau des modes et temps, p. 428). Il est formé de *l'imparfait du subjonctif d'***avoir** *ou d'***être** + *participe passé* du verbe en question.

Ex. aimer (*verbe transitif*)   **aller** (*verbe intransitif*)

que j'eusse aimé	que je fusse allé(e)
que tu eusses aimé	que tu fusses allé(e)
qu'il, elle, ont eût aimé	qu'il, elle, on fût allé(e)
que nous eussions aimé	que nous fussions allé(e)s
que vous eussiez aimé	que vous fussiez allé(s, e, es)
qu'ils, elles eussent aimé	qu'ils, elles fussent allé(e)s

se lever (*verbe pronominal*)

que je me fusse levé(e)
que tu te fusses levé(e)
qu'il, elle, on se fût levé(e)
que nous nous fussions levé(e)s
que vous vous fussiez levé(s, e, es)
qu'ils, elles se fussent levé(e)s

Application immédiate

Écrivez le plus-que-parfait du subjonctif des verbes suivants à la personne indiquée.

1. travailler; que j'

2. se tromper; qu'ils

3. venir; qu'il

4. comprendre; que vous

réponses p. 425

B. Emplois

L'imparfait et le plus-que-parfait du subjonctif ne sont plus employés de nos jours. *À l'imparfait* (temps simple), on substitue le *présent* (temps simple) et *au plus-que-parfait* (temps composé), on substitue le *passé* (temps composé).

Il faut savoir reconnaître les deux temps dans un texte et comprendre leur emploi. Le tableau suivant indique quel temps du subjonctif est employé dans un rapport *de simultanéité*, *de postériorité* ou *d'antériorité* avec le verbe principal.

Emploi classique des quatre temps du subjonctif

VERBE PRINCIPAL À L'INDICATIF	VERBE SUBORDONNÉ AU SUBJONCTIF	
	simultanéité ou postériorité	*antériorité*
présent, futur, passé composé	présent	passé
imparfait, plus-que-parfait, conditionnel	imparfait *ou* présent	plus-que-parfait *ou* passé
passé simple	imparfait	plus-que-parfait

Exercices

Exercice I (oral)

Remplacez les imparfaits et les plus-que-parfaits du subjonctif par les temps non littéraires correspondants, quand c'est possible.

1. Il était peu probable qu'il <u>eût fini</u> ses recherches en six mois.
2. Nous aimerions qu'il <u>fît</u> un peu plus attention.
3. Il valait mieux que vous ne lui <u>répondissiez</u> pas.
4. Elle attendit que son ami lui <u>écrivît</u> une lettre.
5. Je doutais qu'ils <u>pussent</u> l'aider.
6. C'était le seul ami qu'il <u>eût eu</u> à ce moment-là.

Exercice II (oral)

Identifiez les différents temps littéraires (passé simple, passé antérieur, imparfait du subjonctif et plus-que-parfait du subjonctif) des verbes soulignés.

1. Je voudrais qu'il ne vous en <u>voulût</u> pas.
2. Ils <u>parlèrent</u> des heures et des heures jusqu'à ce qu'ils n'en <u>pussent</u> plus.
3. À peine <u>eût</u>-il fini de courir qu'il <u>tomba</u> épuisé.
4. « L'âne, s'il <u>eût osé</u>, <u>se fût mis</u> en colère. » (La Fontaine)
5. Nous <u>entendîmes</u> le garde qui faisait sa ronde.
6. Il fallait qu'elles <u>eussent</u> de la force pour endurer cela.
7. Nous cherchions un moyen qui <u>rendît</u> la chose facile.

Réponses aux applications immédiates

I. Le passé simple

p. 417
1. fûmes
2. ajoutas
3. répondit
4. partirent
5. se levèrent
6. devint
7. eûtes
8. revis

II. Le passé antérieur

p. 419
1. eûmes lu
2. eûtes fait
3. furent arrivés
4. eut mordu
5. eus eu
6. eus fini

III. L'imparfait et le plus-que-parfait du subjonctif

p. 422
1. répondisse
2. voulussent
3. supposât
4. fît

p. 423
1. eusse travaillé
2. s'eussent trompé
3. fût venu
4. eussiez compris

APPENDICE

I. Tableau des modes et des temps **428**
  A. Verbes réguliers 429
  B. Verbes irréguliers 432
  C. Autres verbes irréguliers 434

II. Les nombres, les mois, les jours **446**

III. Verbes + infinitif **447**

IV. La syllabe orthographique **449**

V. Le e et l'accent grave **450**

I.   Tableau des modes et des temps

TEMPS SIMPLES	*aimer*	TEMPS COMPOSÉS
INDICATIF		
présent j'aime		*passé composé* j'ai aimé *passé surcomposé* j'ai eu aimé
imparfait j'aimais		*plus-que-parfait* j'avais aimé
passé simple (littéraire) j'aimai		*passé antérieur (littéraire)* j'eus aimé
futur j'aimerai		futur antérieure j'aurai aimé
CONDITIONNEL		
présent j'aimerais		*passé* j'aurais aimé j'eusse aimé (*littéraire*)
IMPÉRATIF		
présent aime		*passé* aie aimé
SUBJONCTIF		
présent que j'aime		*passé* que j'aie aimé
imparfait (littéraire) que j'aimasse		*plus-que-parfait (littéraire)* que j'eusse aimé
INFINITIF		
présent aimer		*passé* avoir aimé
PARTICIPE		
présent aimant		*passé* ayant aimé
passé aimé		

A. Verbes réguliers

1. Verbe régulier en **er : aimer**

MODES	TEMPS SIMPLES		TEMPS COMPOSÉS	
infinitif	*présent* aimer		*passé* avoir aimé	
indicatif	*présent* aime aimons aimes aimez aime aiment		*passé composé* ai aimé avons aimé as aimé avez aimé a aimé ont aimé	
	imparfait aimais aimions aimais aimiez aimais aimaient		*plus-que-parfait* avais aimé avions aimé avais aimé aviez aimé avait aimé avaient aimé	
	passé simple aimai aimâmes aimas aimâtes aima aimèrent	— littéraires —	*passé antérieur* eus aimé eûmes aimé eus aimé eûtes aimé eut aimé eurent aimé	
	futur aimerai aimerons aimeras aimerez aimera aimeront		*futur antérieur* aurai aimé aurons aimé auras aimé aurez aimé aura aimé auront aimé	
	conditionnel présent aimerais aimerions aimerais aimeriez aimerait aimeraient		*conditionnel passé* aurais aimé aurions aimé aurais aimé auriez aimé aurait aimé auraient aimé	
impératif	*présent* aime, aimons, aimez		*passé* aie aimé, ayons aimé, ayez aimé	
subjonctif	*présent* aime aimions aimes aimiez aime aiment		*passé* aie aimé ayons aimé aies aimé ayez aimé ait aimé aient aimé	
	imparfait aimasse aimassions aimasses aimassiez aimât aimassent	— littéraires —	*plus-que-parfait* eusse aimé eussions aimé eusses aimé eussiez aimé eût aimé eussent aimé	
participe	*présent* aimant			
	passé aimé, ée		*passé composé* ayant aimé	

2. Verbe régulier en **ir** : **finir**

MODES	TEMPS SIMPLES	TEMPS COMPOSÉS
infinitif	*présent* finir	*passé* avoir fini
indicatif	*présent* finis finissons finis finissez finit finissent *imparfait* finissais finissions finissais finissiez finissait finissaient *passé simple* — **littéraires** — finis finîmes finis finîtes finit finirent *futur* finirai finirons finiras finirez finira finiront *conditionnel présent* finirais finirions finirais finiriez finirait finiraient	*passé composé* ai fini avons fini as fini avez fini a fini ont fini *plus-que-parfait* avais fini avions fini avais fini aviez fini avait fini avaient fini *passé antérieur* eus fini eûmes fini eus fini eûtes fini eut fini eurent fini *futur antérieur* aurai fini aurons fini auras fini aurez fini aura fini auront fini *conditionnel passé* aurais fini aurions fini aurais fini auriez fini aurait fini auraient fini
impératif	*présent* finis, finissons, finissez	*passé* aie fini, ayons fini, ayez fini
subjonctif	*présent* finisse finissions finisses finissiez finisse finissent *imparfait* — **littéraires** — finisse finissions finisses finissiez finît finissent	*passé* aie fini ayons fini aies fini ayez fini ait fini aient fini *plus-que-parfait* eusse fini eussions fini eusses fini eussiez fini eût fini eussent fini
participe	*présent* finissant *passé* fini, ie	*passé composé* ayant fini

3. Verbe régulier en **re**: **vendre**

MODES	TEMPS SIMPLES		TEMPS COMPOSÉS	
infinitif	*présent* vendre		*passé* avoir vendu	
indicatif	*présent* vends vends vend	vendons vendez vendent	*passé composé* ai vendu as vendu a vendu	avons vendu avez vendu ont vendu
	imparfait vendais vendais vendait	vendions vendiez vendaient	*plus-que-parfait* avais vendu avais vendu avait vendu	avions vendu aviez vendu avaient vendu
	passé simple vendis vendis vendit	vendîmes vendîtes vendirent	— **littéraires** — *passé antérieur* eus vendu eus vendu eut vendu	eûmes vendu eûtes vendu eurent vendu
	futur vendrai vendras vendra	vendrons vendrez vendront	*futur antérieur* aurai vendu auras vendu aura vendu	aurons vendu aurez vendu auront vendu
	conditionnel présent vendrais vendrais vendrait	vendrions vendriez vendraient	*conditionnel passé* aurais vendu aurais vendu aurait vendu	aurions vendu auriez vendu auraient vendu
impératif	*présent* vends, vendons, vendez		*passé* aie vendu, ayons vendu, ayez vendu	
subjonctif	*présent* vende vendes vende	vendions vendiez vendent	*passé* aie vendu aies vendu ait vendu	ayons vendu ayez vendu aient vendu
	imparfait vendisse vendisses vendit	vendissions vendissiez vendissent	— **littéraires** — *plus-que-parfait* eusse vendu eusses vendu eût vendu	eussions vendu eussiez vendu eussent vendu
participe	*présent* vendant			
	passé vendu, ue		*passé composé* ayant vendu	

B.   Verbes irréguliers

Verbe **avoir**

MODES	TEMPS SIMPLES		TEMPS COMPOSÉS	
infinitif	*présent* avoir		*passé* avoir eu	
indicatif	*présent*		*passé composé*	
	ai	avons	ai eu	avons eu
	as	avez	as eu	avez eu
	a	ont	a eu	ont eu
	imparfait		*plus-que-parfait*	
	avais	avions	avais eu	avions eu
	avais	aviez	avais eu	aviez eu
	avait	avaient	avait eu	avaient eu
	passé simple — littéraires —		*passé antérieur*	
	eus	eûmes	eus eu	eûmes eu
	eut	eûtes	eus eu	eûtes eu
	eus	eurent	eut eu	eurent eu
	futur		*futur antérieur*	
	aurai	aurons	aurai eu	aurons eu
	auras	aurez	auras eu	aurez eu
	aura	auront	aura eu	auront eu
	conditionnel présent		*conditionnel passé*	
	aurais	aurions	aurais eu	aurions eu
	aurais	auriez	aurais eu	auriez eu
	aurait	auraient	aurait eu	auraient eu
impératif	*présent* aie, ayons, ayez		*passé* aie eu, ayons eu, ayez eu	
subjonctif	*présent*		*passé*	
	aie	ayons	aie eu	ayons eu
	aies	ayez	aies eu	ayez eu
	ait	aient	ait eu	aient eu
	imparfait — littéraires —		*plus-que-parfait*	
	eusse	eussions	eusse eu	eussions eu
	eusses	eussiez	eusses eu	eussiez eu
	eût	eussent	eût eu	eussent eu
participe	*présent* ayant			
	passé eu, ue		*passé composé* ayant eu	

Verbe **être**

MODES	TEMPS SIMPLES		TEMPS COMPOSÉS	
infinitif	*présent* être		*passé composé* avoir été	
indicatif	*présent* suis es est	sommes êtes sont	*passé composé* ai été as été a été	avons été avez été ont été
	imparfait étais étais était	étions étiez étaient	*plus-que-parfait* avais été avais été avait été	avions été aviez été avaient été
	passé simple fus fus fut	fûmes fûtes furent	— **littéraires** — *passé antérieur* eus été eus été eut été	eûmes été eûtes été eurent été
	futur serai seras sera	serons serez seront	*futur antérieur* aurai été auras été aura été	aurons été aurez été auront été
	conditionnel présent serais serais serait	serions seriez seraient	*conditionnel passé* aurais été aurais été aurait été	aurions été auriez été auraient été
impératif	*présent* sois, soyons, soyez		*passé* aie été, ayons été, ayez été	
subjonctif	*présent* sois sois soit	soyons soyez soient	*passé* aie été aies été ait été	ayons été ayez été aient été
	imparfait fusse fusses fût	fussions fussiez fussent	— **littéraires** — *plus-que-parfait* eusse été eusses été eût été	eussions été eussiez été eussent été
participe	*présent* étant *passé* été		*passé composé* ayant été	

C. Autres verbes irréguliers

INFINITIF et PARTICIPES	INDICATIF				
	Présent	**Imparfait**	**Passé composé**	**Passé simple**	**Futur**
acquérir acquérant acquis, ise	j'acquiers tu acquiers il acquiert nous acquérons vous acquérez ils acquièrent	j'acquérais	j'ai acquis	j'acquis	j'acquerrai
		Plus-que-parfait	**Passé surcomposé**	**Passé antérieur**	**Futur antérieur**
		j'avais acquis	j'ai eu acquis	j'eus acquis	j'aurai acquis
aller allant allé, ée	vais vas va allons allez vont	allais	suis allé(e)	allai	irai
		étais allé(e)	ai été allé(e)	fus allé(e)	serai allé(e)
s'asseoir (1) asseyant assis, ise	m'assieds t'assieds s'assied nous asseyons vous asseyez s'asseyent	m'asseyais	me suis assis(e)	m'assis	m'assiérai
		m'étais assis(e)	m'ai été assis(e)	me fus assis(e)	me serai assis(e)
(2) s'assoyant	m'assois t'assois s'assoit nous assoyons vous assoyez s'assoient	m'assoyais			m'assoirai
battre battant battu, ue	bats bats bat battons battez battent	battais	ai battu	battis	battrai
		avais battu	ai eu battu	eus battu	aurai battu
boire buvant bu, ue	bois bois boit buvons buvez boivent	buvais	ai bu	bus	boirai
		avais bu	ai eu bu	eus bu	aurai bu
conclure concluant conclu, ue	conclus conclus conclut concluons concluez concluent	concluais	ai conclu	conclus	conclurai
		avais conclu	ai eu conclu	eus conclu	aurai conclu

Conditionnel présent	IMPÉRATIF	SUBJONCTIF		
	Présent	Présent	Imparfait (littéraire)	Passé
j'acquerrais	acquiers	que j'acquière	que j'acquisse	que j'aie acquis
		que tu acquières	que tu acquisses	
Conditionnel passé		qu'il acquière	qu'il acquît	**Plus-que-parfait (littéraire)**
j'aurais acquis	acquérons	que nous acquérions	que nous acquissions	
	acquérez	que vous acquériez	que vous acquissiez	
		qu'ils acquièrent	qu'ils acquissent	que j'eusse acquis
irais	va	aille	allasse	sois allé(e)
		ailles	allasses	
		aille	allât	
serais allé(e)	allons	allions	allassions	
	allez	alliez	allassiez	fusse allé(e)
		aillent	allassent	
m'assiérais	assieds-toi	m'asseye	m'assisse	me sois assis(e)
		t'asseyes	t'assisses	
		s'asseye	s'assît	
me serais assis(e)	asseyons-nous	nous asseyions	nous assissions	
	asseyez-vous	vous asseyiez	vous assissiez	me fusse assis(e)
		s'asseyent	s'assissent	
m'assoirais	assois-toi	m'assoie		
		t'assoies		
		s'assoie		
	assoyons-nous	nous assoyions		
	assoyez-vous	vous assoyiez		
		s'assoient		
battrais	bats	batte	battisse	aie battu
		battes	battisses	
		batte	battît	
aurais battu	battons	battions	battissions	
	battez	battiez	battissiez	eusse battu
		battent	battissent	
boirais	bois	boive	busse	aie bu
		boives	busses	
		boive	bût	
aurais bu	buvons	buvions	bussions	
	buvez	buviez	bussiez	eusse bu
		boivent	bussent	
conclurais	conclus	conclue	conclusse	aie conclu
		conclues	conclusses	
		conclue	conclût	
aurais conclu	concluons	concluions	conclussions	
	concluez	concluiez	conclussiez	eusse conclu
		concluent	conclussent	

INFINITIF et PARTICIPES	INDICATIF				
	Présent	**Imparfait**	**Passé composé**	**Passé simple**	**Futur**
conduire conduisant conduit, te	conduis conduis conduit conduisons conduisez conduisent	conduisais	ai conduit	conduisis	conduirai
		Plus-que-parfait	**Passé surcomposé**	**Passé antérieur**	**Futur antérieur**
		avais conduit	ai eu conduit	eus conduit	aurait conduit
connaître connaissant connu, ue	connais connais connait connaissons connaissez connaissent	connaissais	ai connu	connus	connaîtrai
		avais connu	ai eu connu	eus connu	aurai connu
coudre cousant cousu, ue	couds couds coud cousons cousez cousent	cousais	ai cousu	cousis	coudrai
		avais cousu	ai eu cousu	eus cousu	aurai cousu
courir courant couru, ue	cours cours court courons courez courent	courais	ai couru	courus	courrai
		avais couru	ai eu couru	eus couru	aurai couru
craindre craignant craint, te	crains crains craint craignons craignez craignent	craignais	ai craint	craignis	craindrai
		avais craint	ai eu craint	eus craint	aurai craint
croire croyant cru, ue	crois crois croit croyons croyez croient	croyais	ai cru	crus	croirai
		avais cru	ai eu cru	eus cru	aurai cru
croître croissant crû, crue	croîs croîs croît croissons croissez croissent	croissais	ai crû	crûs	croîtrai
		avais crû	ai eu crû	eus crû	aurai crû
cueillir cueillant cueilli, ie	cueille cueilles cueille cueillons cueillez cueillent	cueillais	ai cueilli	cueillis	cueillerai
		avais cueilli	ai eu cueilli	eus cueilli	aurai cueilli

Conditionnel présent	IMPÉRATIF Présent	SUBJONCTIF Présent	Imparfait (littéraire)	Passé
conduirais	conduis	conduise conduises conduise	conduisisse conduisisses conduisît	aie conduit
Conditionnel passé				**Plus-que-parfait (littéraire)**
aurais conduit	conduisons conduisez	conduisions conduisiez conduisent	conduisissions conduisissiez conduisissent	eusse conduit
connaîtrais	connais	connaisse connaisses connaisse	connusse connusses connût	aie connu
aurais connu	connaissons connaissez	connaissions connaissiez connaissent	connussions connussiez connussent	eusse connu
coudrais	couds	couse couses couse	cousisse cousisses cousît	aie cousu
aurais cousu	cousons cousez	cousions cousiez cousent	cousissions cousissiez cousissent	eusse cousu
courrais	cours	coure coures coure	courusse courusses courût	aie couru
aurais couru	courons courez	courions couriez courent	courussions courussiez courussent	eusse couru
craindrais	crains	craigne craignes craigne	craignisse craignisses craignît	aie craint
aurais craint	craignons craignez	craignions craigniez craignent	craignissions craignissiez craignissent	eusse craint
croirais	crois	croie croies croie	crusse crusses crût	aie cru
aurais cru	croyons croyez	croyions croyiez croient	crussions crussiez crussent	eusse cru
croîtrais	croîs	croisse croisses croisse	crûsse crûsses crût	aie crû
aurais crû	croissons croissez	croissions croissiez croissent	crûssions crûssiez crûssent	eusse crû
cueillerais	cueille	cueille cueilles cueille	cueillisse cueillisses cueillît	aie cueilli
aurais cueilli	cueillons cueillez	cueillions cueilliez cueillent	cueillissions cueillissiez cueillissent	eusse cueilli

INFINITIF et PARTICIPES	INDICATIF				
	Présent	Imparfait	Passé composé	Passé simple	Futur
devoir devant dû, due (dus, dues)	dois dois doit devons devez doivent	devais	ai dû	dus	devrai
		Plus-que-parfait	**Passé surcomposé**	**Passé antérieur**	**Futur antérieur**
		avais dû	ai eu dû	eus dû	aura dû
dire disant dit, ite	dis dis dit disons dites disent	disais	ai dit	dis	dirai
		avais dit	ai eu dit	eus dit	aurai dit
écrire écrivant écrit, ite	écris écris écrit écrivons écrivez écrivent	écrivais	ai écrit	écrivis	écrirai
		avais écrit	ai eu écrit	eus écrit	aurai écrit
envoyer envoyant envoyé, ée	envoie envoies envoie envoyons envoyez envoient	envoyais	ai envoyé	envoyai	enverrai
		avais envoyé	ai eu envoyé	eus envoyé	aurai envoyé
faire faisant fait, te	fais fais fait faisons faites font	faisais	ai fait	fis	ferai
		avais fait	ai eu fait	eus fait	aurai fait
falloir fallu	il faut	il fallait	il a fallu	il fallut	il faudra
		il avait fallu	il a eu fallu	il eut fallu	il aura fallu
fuir fuyant fui, ie	fuis fuis fuit fuyons fuyez fuient	fuyais	ai fui	fuis	fuirai
		avais fui	ai eu fui	eus fui	aurai fui
haïr haïssant haï, ïe	hais hais hait haïssons haïssez haïssent	haïssais	ai haï	haïs	haïrai
		avais haï	ai eu haï	eus haï	aurai haï

	IMPÉRATIF	SUBJONCTIF		
Conditionnel présent	**Présent**	**Présent**	**Imparfait (littéraire)**	**Passé**
devrais	dois	doive	dusse	aie dû
		doives	dusses	
Conditionnel passé		doive	dût	**Plus-que-parfait (littéraire)**
aurais dû	devons	devions	dussions	
	devez	deviez	dussiez	
		doivent	dussent	eusse dû
dirais	dis	dise	disse	aie dit
		dises	disses	
		dise	dît	
aurais dit	disons	disions	dissions	
	dites	disiez	dissiez	eusse dit
		dissent	dissent	
écrirais	écris	écrive	écrivisse	aie écrit
		écrives	écrivisses	
		écrive	écrivît	
aurais écrit	écrivons	écrivions	écrivissions	
	écrivez	écriviez	écrivissiez	eusse écrit
		écrivent	écrivissent	
enverrais	envoie	envoie	envoyasse	aie envoyé
		envoies	envoyasses	
		envoie	envoyât	
aurais envoyé	envoyons	envoyions	envoyassions	
	envoyez	envoyiez	envoyassiez	eusse envoyé
		envoient	envoyassent	
ferais	fais	fasse	fisse	aie fait
		fasses	fisses	
		fasse	fît	
aurais fait	faisons	fassions	fissions	
	faites	fassiez	fissiez	eusse fait
		fassent	fissent	
il faudrait	*pas d'impératif*	il faille	il fallût	il ait fallu
il aurait fallu				eût fallu
fuirais	fuis	fuie	fuisse	aie fui
		fuies	fuisses	
		fuie	fuît	
aurais fui	fuyons	fuyions	fuissions	
	fuyez	fuyiez	fuissiez	eusse fui
		fuient	fuissent	
haïrais	hais	haïsse	haïsse	aie haï
		haïsses	haïsses	
		haïsse	haït	
aurais haï	haïssons	haïssions	haïssions	
	haïssez	haïssiez	haïssiez	eusse haï
		haïssent	haïssent	

INFINITIF et PARTICIPES	INDICATIF				
	Présent	**Imparfait**	**Passé composé**	**Passé simple**	**Futur**
lire lisant lu, ue	lis lis lit lisons lisez lisent	lisais	ai lu	lus	lirai
		Plus-que-parfait	**Passé surcomposé**	**Passé antérieur**	**Futur antérieur**
		avais lu	ai eu lu	eus lu	aurai lu
mettre mettant mis, ise	mets mets met mettons mettez mettent	mettais	ai mis	mis	mettrai
		avais mis	ai eu mis	eus mis	aurai mis
mourir mourant mort, te	meurs meurs meurt mourons mourez meurent	mourais	suis mort(e)	mourus	mourrai
		étais mort(e)	ai été mort(e)	fus mort(e)	serai mort(e)
naître naissant né, ée	nais nais naît naissons naissez naissent	naissais	suis né(e)	naquis	naîtrai
		étais né(e)	ai été né(e)	fus né(e)	serai né(e)
ouvrir ouvrant ouvert, te	ouvre ouvres ouvre ouvrons ouvrez ouvrent	ouvrais	ai ouvert	ouvris	ouvrirai
		avais ouvert	ai eu ouvert	eus ouvert	aurai ouvert
peindre peignant peint, te	peins peins peint peignons peignez peignent	peignais	ai peint	peignis	peindrai
		avais peint	ai eu peint	eus peint	aurai peint
plaire plaisait plu, ue	plais plais plaît plaisons plaisez plaisent	plaisais	ai plu	plus	plairai
		avais plu	ai eu plus	eus plus	aurai plu
pleuvoir plu	il pleut	il pleuvait	il a plu	il plut	il pleuvra
		il avait plu	il a eu plu	il eut plu	il aura plu

Conditionnel présent	IMPÉRATIF	SUBJONCTIF		
	Présent	Présent	Imparfait (littéraire)	Passé
lirais	lis	lise	lusse	aie lu
		lises	lusses	
Conditionnel passé		lise	lût	**Plus-que-parfait (littéraire)**
	lisons	lisions	lussions	
aurais lu	lisez	lisiez	lussiez	
		lisent	lussent	eusse lu
mettrais	mets	mette	misse	aie mis
		mettes	misses	
		mette	mît	
	mettons	mettions	missions	
aurais mis	mettez	mettiez	missiez	eusse mis
		mettent	missent	
mourrais	meurs	meure	mourusse	sois mort(e)
		meures	mourusses	
		meure	mourût	
	mourons	mourions	mourussions	
serais mort(e)	mourez	mouriez	mourussiez	fusse mort(e)
		meurent	mourussent	
naîtrais	nais	naisse	naquisse	sois né(e)
		naisses	naquisses	
		naisse	naquît	
	naissons	naissions	naquissions	
serais né(e)	naissez	naissiez	naquissiez	fusse né(e)
		naissent	naquissent	
ouvrirais	ouvre	ouvre	ouvrisse	aie ouvert
		ouvres	ouvrisses	
		ouvre	ouvrît	
	ouvrons	ouvrions	ouvrissions	
aurais ouvert	ouvrez	ouvriez	ouvrissiez	eusse ouvert
		ouvrent	ouvrissent	
peindrais	peins	peigne	peignisse	aie peint
		peignes	peignisses	
		peigne	peignît	
	peignons	peignions	peignissions	
aurais peint	peignez	peigniez	peignissiez	eusse peint
		peignent	peignissent	
plairais	plais	plaise	plusse	aie plu
		plaises	plusses	
		plaise	plût	
	plaisons	plaisions	plussions	
aurais plu	plaisez	plaisiez	plussiez	eusse plu
		plaisent	plussent	
il pleuvrait	*pas d'impératif*	il pleuve	il plût	il ait plu
il aurait plu				il eût plu

INFINITIF et PARTICIPES	INDICATIF				
	Présent	**Imparfait**	**Passé composé**	**Passé simple**	**Futur**
pouvoir	peux, puis	pouvais	ai pu	pus	pourrai
	peux				
pouvant	peut	**Plus-que-parfait**	**Passé surcomposé**	**Passé antérieur**	**Futur antérieur**
pu	pouvons				
	pouvez	avais pu	ai eu pu	eus pu	aurai pu
	peuvent				
prendre	prends				
	prends	prenais	ai pris	pris	prendrai
prenant	prend				
pris, ise	prenons				
	prenez	avais pris	ai eu pris	eus pris	aurai pris
	prennent				
recevoir	reçois				
	reçois	recevais	ai reçu	reçus	recevrai
recevant	reçoit				
reçu, ue	recevons				
	recevez	avais reçu	ai eu reçu	eus reçu	aurai reçu
	reçoivent				
résoudre	résous				
	résous	résolvais	ai résolu	résolus	résoudrai
résolvant	résout				
résolu, ue	résolvons				
	résolvez	avais résolu	ai eu résolu	eus résolu	aurai résolu
	résolvent				
rire	ris				
	ris	riais	ai ri	ris	rirai
riant	rit				
ri	rions				
	riez	avais ri	ai eu ri	eus ri	aurai ri
	rient				
savoir	sais				
	sais	savais	ai su	sus	saurai
sachant	sait				
su, ue	savons				
	savez	avais su	ai eu su	eus su	aurai su
	savent				
suffire	suffis				
	suffis	suffisais	ai suffi	suffis	suffirai
suffisant	suffit				
suffi	suffisons				
	suffisez	avais suffi	ai eu suffi	eus suffi	aurai suffi
	suffisent				
suivre	suis				
	suis	suivais	ai suivi	suivis	suivrai
suivant	suit				
suivi	suivons				
	suivez	avais suivi	ai eu suivi	eus suivi	aurai suivi
	suivent				

| Conditionnel présent | IMPÉRATIF | SUBJONCTIF | | |
	Présent	Présent	Imparfait (littéraire)	Passé
pourrais	*pas d'impératif*	puisse	pusse	aie pu
Conditionnel passé		puisses	pusses	
		puisse	pût	**Plus-que-parfait (littéraire)**
aurais pu		puissions	pussions	
		puissiez	pussiez	
		puissent	pussent	eusse pu
prendrais	prends	prenne	prisse	aie pris
		prennes	prisses	
		prenne	prît	
aurais pris	prenons	prenions	prissions	
	prenez	preniez	prissiez	eusse pris
		prennent	prissent	
recevrais	reçois	reçoive	reçusse	aie reçu
		reçoives	reçusses	
		reçoive	reçût	
aurais reçu	recevons	recevions	reçussions	
	recevez	receviez	reçussiez	eusse reçu
		reçoivent	reçussent	
résoudrais	résous	résolve	résolusse	aie résolu
		résolves	résolusses	
		résolve	résolût	
aurais résolu	résolvons	résolvions	résolussions	
	résolvez	résolviez	résolussiez	eusse résolu
		résolvent	résolussent	
rirais	ris	rie	risse	aie ri
		ries	risses	
		rie	rît	
aurais ri	rions	riions	rissions	
	riez	riiez	rissiez	eusse ri
		rient	rissent	
saurais	sache	sache	susse	aie su
		saches	susses	
		sache	sût	
aurais su	sachons	sachions	sussions	
	sachez	sachiez	sussiez	eusse su
		sachent	sussent	
suffirais	suffis	suffise	suffisse	aie suffi
		suffises	suffisses	
		suffise	suffît	
aurais suffi	suffisons	suffisions	suffissions	
	suffisez	suffisiez	suffissiez	eusse suffi
		suffisent	suffissent	
suivrais	suis	suive	suivisse	aie suivi
		suives	suivisses	
		suive	suivît	
aurais suivi	suivons	suivions	suivissions	
	suivez	suiviez	suivissiez	eusse suivi
		suivent	suivissent	

INFINITIF et PARTICIPES	INDICATIF				
	Présent	**Imparfait**	**Passé composé**	**Passé simple**	**Futur**
tenir	tiens	tenais	ai tenu	tins	tiendrai
	tiens				
tenant	tient	**Plus-que-parfait**	**Passé surcomposé**	**Passé antérieur**	**Futur antérieur**
tenu, ue	tenons				
	tenez	avais tenu	ai eu tenu	eus tenu	aurai tenu
	tiennent				
vaincre	vaincs				
	vaincs	vainquais	ai vaincu	vainquis	vaincrai
vainquant	vainc				
vaincu, ue	vainquons				
	vainquez	avais vaincu	ai eu vaincu	eus vaincu	aurai vaincu
	vainquent				
valoir	vaux				
	vaux	valais	ai valu	valus	vaudrai
valant	vaut				
valu, ue	valons				
	valez	avais valu	ai eu valu	eus valu	aurai valu
	valent				
venir	viens				
	viens	venais	suis venu(e)	vins	viendrai
venant	vient				
venu, ue	venons				
	venez	étais venu(e)	ai été venu(e)	fus venu(e)	serai venu(e)
	viennent				
vêtir	vêts				
	vêts	vêtais	ai vêtu	vêtis	vêtirai
vêtant	vêt				
vêtu, ue	vêtons				
	vêtez	avais vêtu	ai eu vêtu	eus vêtu	aurai vêtu
	vêtent				
vivre	vis				
vivant	vis	vivais	ai vécu	vécus	vivrai
vécu, ue	vivons				
	vivez	avais vécu	ai eu vécu	eus vécu	aurai vécu
	vivent				
voir	vois				
	vois	voyais	ai vu	vis	verrai
voyant	voit				
vu, ue	voyons				
	voyez	avais vu	ai eu vu	eus vu	aurai vu
	voient				
vouloir	veux				
	veux	voulais	ai voulu	voulus	voudrai
voulant	veut				
voulu, ue	voulons				
	voulez	avais voulu	ai eu voulu	eus voulu	aurai voulu
	veulent				

| Conditionnel présent | IMPÉRATIF | SUBJONCTIF | | |
	Présent	Présent	Imparfait (littéraire)	Passé
tiendrais	tiens	tienne	tinsse	aie tenu
		tiennes	tinsses	
Conditionnel passé		tienne	tînt	**Plus-que-parfait (littéraire)**
aurais tenu	tenons	tenions	tinssions	
	tenez	teniez	tinssiez	
		tiennent	tinssent	eusse tenu
vaincrais	vaincs	vainque	vainquisse	aie vaincu
		vainques	vainquisses	
		vainque	vainquît	
aurais vaincu	vainquons	vainquions	vainquissions	
	vainquez	vainquiez	vainquissiez	eusse vaincu
		vainquent	vainquissent	
vaudrais	vaux	vaille	valusse	aie valu
		vailles	valusses	
		vaille	valût	
aurai valu	valons	valions	valussions	
	valez	valiez	valussiez	eusse valu
		vaillent	valussent	
viendrais	viens	vienne	vinsse	sois venu(e)
		viennes	vinsses	
		vienne	vînt	
serais venu(e)	venons	venions	vinssions	
	venez	veniez	vinssiez	fusse venu(e)
		viennent	vinssent	
vêtirais	vêts	vête	vêtisse	aie vêtu
		vêtes	vêtisses	
		vête	vêtît	
aurais vêtu	vêtons	vêtions	vêtissions	
	vêtez	vêtiez	vêtissiez	eusse vêtu
		vêtent	vêtissent	
vivrais	vis	vive	vécusse	aie vécu
		vives	vécusses	
		vive	vécût	
aurais vécu	vivons	vivions	vécussions	
	vivez	viviez	vécussiez	eusse vécu
		vivent	vécussent	
verrais	vois	voie	visse	aie vu
		voies	visses	
		voie	vît	
aurais vu	voyons	voyions	vissions	
	voyez	voyiez	vissiez	eusse vu
		voient	vissent	
voudrais	veux (veuille)	veuille	voulusse	aie voulu
		veuilles	voulusses	
		veuille	voulût	
aurais voulu	voulons	voulions	voulussions	
	voulez (veuillez)	vouliez	voulussiez	eusse voulu
		veuillent	voulussent	

II.   Les nombres, les mois, les jours

NOMBRES CARDINAUX

0	zéro	20	vingt	70	soixante-dix
1	un, une	21	vingt et un	71	soixante et onze
2	deux	22	vingt-deux	72	soixante-douze
3	trois				
4	quatre	30	trente	80	quatre-vingts
5	cinq	31	trente et un	81	quatre-vingt-un
6	six	32	trente-deux	82	quatre-vingt-deux
7	sept				
8	huit	40	quarante	90	quatre-vingt-dix
9	neuf	41	quarante et un	91	quatre-vingt-onze
10	dix	42	quarante-deux	92	quatre-vingt-douze
11	onze				
12	douze	50	cinquante	100	cent
13	treize	51	cinquante et un	101	cent un
14	quatorze	52	cinquante-deux	102	cent deux
15	quinze				
16	seize	60	soixante	200	deux cents
17	dix-sept	61	soixante et un	201	deux cent un
18	dix-huit	62	soixante-deux	202	deux cent deux
19	dix-neuf				

NOMBRES ORDINAUX

1000	mille	1$^{er(re)}$	premier(ère)	8^e	huitième
1001	mille un	2^e	deuxième ou second(e)	9^e	neuvième
2000	deux mille	3^e	troisième	10^e	dixième
10 000	dix mille	4^e	quatrième	17^e	dix-septième
100 000	cent mille	5^e	cinquième	20^e	vingtième
1 000 000	un million (de)	6^e	sixième	21^e	vingt et unième
1 000 000 000	un milliard (de)	7^e	septième	22^e	vingt-deuxième

LES MOIS

janvier	juillet
février	août
mars	septembre
avril	octobre
mai	novembre
juin	décembre

LES JOURS

lundi
mardi
mercredi
jeudi
vendredi
samedi
dimanche

III. Verbes + infinitif

SANS PRÉPOSITION

affirmer
aimer
aimer mieux
aller
apercevoir
assurer
avoir beau
avouer
compter
courir
croire
daigner
déclarer
descendre
désirer
détester
devoir
dire (déclarer)
écouter
emmener

entendre
entrer
envoyer
espérer
être censé
faillir
faire
falloir
se figurer
s'imaginer
jurer
laisser
mener
monter
nier
oser
ouïr
paraître
partir
penser (avoir l'intention de)

préférer
pouvoir
prétendre
se rappeler (+ *inf. passé*)
reconnaître
regarder
rentrer
retourner
revenir
savoir
sembler
sentir
sortir
souhaiter
valoir mieux
venir
voir
vouloir

AVEC LA PRÉPOSITION *À*

s'accoutumer
aider
aimer (*littéraire*)
s'amuser
s'appliquer
apprendre
arriver
s'attendre
autoriser
avoir
chercher
commencer (*ou* **de**)
condamner
conduire
consentir
consister
continuer
décider (quelqu'un)
se décider

être décidé
demander (vouloir)
destiner
encourager
s'engager
enseigner
forcer
s'habituer
hésiter
inciter
s'intéresser
inviter
jouer
se mettre
mettre (du temps)
obliger (*ou* **de**)
parvenir
passer (du temps)
penser

perdre (du temps)
persister
se plaire
pousser
prendre plaisir
se préparer
renoncer
se résoudre
réussir
servir
songer
suffire
surprendre
tarder
tenir
travailler
en venir

AVEC LA PRÉPOSITION *DE*

s'abstenir
accepter
accuser
achever
s'agir (il)
admirer
s'arrêter
avoir besoin, la chance,
    envie, hâte, honte, l'air,
    l'intention, peur, raison,
    soin, le temps, tort
blâmer
cesser
choisir
commander
commencer (*ou* **à**)
conseiller
continuer (*ou* **à**)
convaincre
craindre
crier
décider
défendre
demander (ou **à**)
se dépêcher
désespérer
dire
écrire
s'efforcer
empêcher

s'empresser
entreprendre
essayer
s'étonner
éviter
s'excuser
faire bien
faire exprès
faire semblant
se fatiguer
feindre
(se) féliciter
finir
se garder
se hâter
inspirer
interdire
juger bon
jurer
se lasser
manquer
menacer
mériter
mourir
négliger
obligé (*ou* **à**)
obtenir
s'occuper
offrir
ordonner

oublier
pardonner
permettre
persuader
se plaindre
prendre soin
se presser
prévoir
prier
promettre
proposer
punir
rappeler
se rappeler
refuser
regretter
remercier
se repentir
reprocher
résoudre
rire
risquer
souffrir
soupçonner
se souvenir
suggérer
tâcher
tenter
venir (*passé récent*)

IV. La syllabe orthographique

Quand il n'y a pas assez de place pour écrire un mot à la fin d'une ligne, il faut le couper. Les règles de division sont différentes de celles utilisées pour les mots anglais.

— Pour couper un mot, cherchez les consonnes dans le mot; coupez immédiatement avant une consonne.

    Ex. se/ra   ra/pi/di/té   u/ne

— Séparez deux consonnes consécutives.

    Ex. par/tie   foot/ball   res/te

— Quand deux consonnes sont identiques, coupez entre les deux consonnes.

    Ex. ap/pel   fil/let/te   ar/rêt

— Ne coupez pas :
- des combinaisons généralement indivisibles :

  consonne + **h** (ch, ph, th)

      Ex. **ch**ai/se   **ph**i/lo/so/**ph**ie   re/**ch**er/**ch**e

  consonne + **l** (bl, cl, fl, gl, kl, pl, tl, vl)

      Ex. ta/**bl**e   a/**tl**as   an/**gl**e

  consonne + **r** (br, cr, dr, fr, gr, pr, tr, vr)

      Ex. **vr**ai   **cr**oi/re   **Fr**an/ce

  et **gn**

      Ex. ma/**gn**i/fi/que   i/**gn**o/rant   ré/pu/**gn**ant

- avant une consonne finale :

      Ex. fo/rêt   bar   ba/vard

- à l'endroit d'une apostrophe :

      Ex. d'a/bord   l'a/ni/mal

— Une syllabe contient toujours une voyelle ou un groupe de voyelles qui peut être transcrit par un ou plusieurs symboles vocaliques : ou [u], eau [o], oi [wa].

    Ex. au/jour/d'hui [o-ʒur-dyi] mi/roir [mi-ʀwaʀ]

— Un **é** est à la fin d'une syllabe. On peut donc toujours couper immédiatement après un **é**.

    Ex. th**é**/â/tre   eu/ro/p**é**/en   r**é**/u/nion

APPLICATION PRATIQUE

Bien sûr, dit le renard. Tu n'est encore pour moi qu'un petit garçon tout semblable à cent mille petits garçons. Et je
n'ai pas besoin de toi. Et tu n'as pas besoin de moi non plus... Mais, si tu
m'apprivoises, nous aurons besoin l'un de
l'autre. Tu seras pour moi unique au monde... Ma vie est monotone. Je chasse
les poules, les hommes me chassent. Toutes les poules se ressemblent, et tous les
hommes se ressemblent. Je m'ennuie donc
un peu. Mais, si tu m'apprivoises, ma
vie sera comme ensoleillée. Je connaî-
trai un bruit de pas qui sera différent de
tous les autres. Les autres pas me font rentrer sous terre. Le tien m'appela hors
du terrier, comme une musique...

Saint-Exupéry, *Le Petit Prince*

V. Le e et l'accent grave

Quand un **e** se prononce [ɛ], on a tendance à l'écrire avec un accent grave. Mais il n'y en a pas toujours.

À l'intérieur d'une syllabe, un **e** suivi d'une consonne se prononce [ɛ] mais n'a pas d'accent grave.

Ex. per/mis/sion   ef/fort   j'ap/pel/le   es/pa/ce
guer/r   ver/mi/cel/le   com/mer/ce   je jet/te

Quand il n'y a pas de consonne après un **e** dans une syllabe, il faut mettre un accent grave sur le **e** pour avoir le son [ɛ].

Ex. pè/re   mè/re   é/lè/ve   siè/cle   té/nè/bres   pre/miè/re   com/plè/te/ment

La consonne **x** est une consonne double. Elle se divise; donc un **e** qui précède un **x** n'a jamais d'accent grave et se prononce toujours [ɛ].

Ex. e/xem/ple   le/xi/que   con/ve/xe   e/xact   per/ple/xi/té   fle/xi/ble

Autres exemples illustrant les cas ci-dessus (Les **e** soulignés se prononcent [ɛ]) :

hebdomadaire   erreur   espèce   frère   exercice
sceptre   il espère   nièce   antenne   terre

LEXIQUE

A

abaisser to lower
abeille *n.f.* bee
abîmer to damage
aboiement *n.m.* barking
abonné *n.m.* subscriber
abonnement *n.m.* subscription
d'abord at first
aboyer to bark
absolument absolutely
accompagner to accompany
accompli(e) accomplished
accord *n.m.* agreement
    être d'accord to agree
s'accorder to agree
accourir to run up
accoutrement *n.m.* getup, rig-out
s'accoutumer to get used to
accueil *n.m.* welcome, greeting
accueillir to receive, to greet
achat *n.m.* purchase
acheter to buy
achever to end, to complete
acier *n.m.* steel
acquérir to acquire
adieu farewell
admettre to admit
s'adresser à to address, to inquire
adroit(e) skillful
affaires *n.f.* things, belongings
    avoir affaire à to deal with
affamé(e) hungry, starving

affolant(e) maddening, disturbing
afin de in order to
afin que in order that
agacer to set on edge, to irritate
âgé(e) aged, old
agir to act
    s'agir de to be about
agiter to agitate
agneau *n.m.* lamb
agrandir to enlarge
agrandissement *n.m.* enlargement
agréable pleasant
agréer to accept
agripper to clutch, to grip
aider to help
    à l'aide de with the help of
aïeul *n.m.* grandfather
aïeux *n.m. pl.* ancestor
aigre sour, acid, bitter
aigu(ë) acute, piercing
aiguille *n.f.* needle
aile *n.f.* wing
ailleurs elsewhere
    d'ailleurs besides
aimable amiable, kind
aimer to like, to love
    — mieux to prefer
aîné(e) elder, eldest
ainsi thus, so
air : avoir l' — to look, to seem
    au grand — outdoors
    en l'— up, into the sky
aise : être à l'— to be comfortable
aisé(e) easy, rich
aisément easily
ajouter to add

allemand *n.m.* German
aller to go, to become, to suit
s'en aller to leave
s'allonger to stretch out, to lie down
allumer to light
allumette *n.f.* match
alors then
    — que whereas
alourdir to make heavy
amasser to pile up, to gather
âme *n.f.* soul
amener to bring (a person)
ami(e) friend
    petit(e) — boyfriend (girlfriend)
amincir to thin down, to make thinner
amitié *n.f.* friendship
amour *n.m.* love
amoureux(euse) in love
amusant(e) amusing, funny, fun
s'amuser to have a good time
an *n.m.* year
ancien (ancienne) ancient, old, former
âne *n.m.* donkey, ass
année *n.f.* year
anniversaire *n.m.* birthday
apercevoir to see
    s'apercevoir de to realize
aperçu *n.m.* glimpse
apparaître to appear
appartenir à to belong to
appel *n.m.* call
    faire — à to call upon
appeler to call, to phone
    s'appeler to be named

applaudissement *n.m.* applause

s'appliquer to apply

apporter to bring

apprécier to appreciate

apprendre to learn

apprivoiser to tame, to domesticate

s'approcher de to come near

approfondir to go deeper into

approprié(e) appropriate, suitable

appui *n.m.* support

appuyer to press, to lean on, to support

après (que) after

    d'après according to

après-midi *n.m.* afternoon

araignée *n.f.* spider

arbre *n.m.* tree

arc-en-ciel *n.m.* rainbow

ardoise *n.f.* slate

argent *n.m.* money, silver

    — liquide cash

s'armer to arm, to equip oneself

arracher to pull out

arranger to fix, to adjust

arrêt : sans — continuously

s'arrêter to stop

arriver à to arrive, to succeed in

assailli(e) assailed, attacked

s'asseoir to sit

assez enough, rather

assis(e) seated, sitting

assistance *n.f.* audience, help

assister à to be present at, to attend

assourdissant(e) deafening

atteindre to reach

en attendant in the meantime

    — que + subj. till, until

attendre to wait

    s'attendre à to expect

attention : faire — à to pay attention to

atterrir to land

attirer to attract

attraper to catch

attribut *n.m.* predicate

aucun(e) none, not any

aucunement in no way, by no means

audace *n.f.* audacity, daring

au-dessus (de) above

auditoire *n.m.* audience

aujourd'hui today

auparavant before

auprès de close to, near

aussi also, too, consequently

    —... que... as... as...

aussitôt at once

    — que as soon as

autant de as much, as many

    d'autant plus que all the more

auteur(e) *n.* author

autocar *n.m.* bus

autour de around, about

autre other

autre chose something else

autrefois formerly, in the past

autrement otherwise

autrui others, other people

avaler to swallow

avaleur *n.m.* swallower

d'avance in advance, ahead

s'avancer to move forward

avant (que) before

avare miserly

avec with

avenir *n.m.* future

    à l'avenir in the future

avertir to warn

aveugle blind, sightless

avide greedy, eager

avion *n.m.* plane, aircraft

avis *n.m.* opinion

avoir (à) to have (to)

    en avoir assez to have had enough

avouer to acknowledge, to confess

B

bague *n.f.* ring

baguette *n.f.* rod, stick, baguette

se baigner to bathe

bail *n.m.* lease

bâiller to yawn

bain *n.m.* bath

baisser to lower, to go down

bal *n.m.* ball

balançoire *n.f.* swing

balle *n.f.* ball

ballon *n.m.* ball, balloon

banc *n.m.* bench, seat

bande *n.f.* audio or video tape, group

barbe *n.f.* beard

barre *n.f.* bar, rod

barreau *n.m.* bar, rung

bas(se) low

basse-cour *n.f.* farmyard, poultry-yard

bateau *n.m.* boat

bâtiment *n.m.* building

bâtir to build

battant(e) hanging

battre to beat, to beat up, to hit, to defeat, to whip

  se battre to fight

beau (belle) beautiful

  avoir beau to do in vain

beaucoup (de) much, many, a lot

beauté *n.f.* beauty

bénin (bénigne) benign

bénir to bless

bercer to rock

besoin ; avoir — de to need

bête *n.f.* animal, beast

bêtise *n.f.* silliness, mistake

beurre *n.m.* butter

bibliothèque *n.f.* library

bien well

  le bien good

  bien des many

  bien que although

  bien sûr of course

bientôt soon

bienveillant(e) benevolent

bière *n.f.* beer

bijou *n.m.* jewel, gem

billard *n.m.* pool, billiard

billet *n.m.* ticket

blague *n.f.* joke

blanc (blanche) white

blanchir to whiten, to blanch, to launder

(se) blesser to hurt, to wound (oneself)

bleu(e) blue

bleuir to turn blue

bœuf *n.m.* ox, beef

boire to drink

bois *n.m.* wood

boisson *n.f.* drink

boîte *n.f.* box

bon (bonne) good

bonbon *n.m.* candy

bonheur *n.m.* happiness

bonté *n.f.* goodness, kindness

bord : au — de at the side, edge, shore of

bordé(e) bordered

borne *n.f.* boundary mark, post

bouche *n.f.* mouth

boue *n.f.* mud

boueux(euse) muddy

bouger to move

bougie *n.f.* candle

bouquin *n.m.* book

bouquiniste *n.m.* second-hand bookseller

bourg *n.m.* borough, town, village

bourru(e) churlish, rugged

bourse *n.f.* scholarship

bout *n.m.* end, extremity

bouteille *n.f.* bottle

bouton *n.m.* button, pimple

bras *n.m.* arm

bref (brève) brief

briller to shine

(se) briser to break

brosser to brush

brouillard *n.m.* fog

bruit *n.m.* noise

brûler to burn

brun(e) brown

brunir to tan, to brown

brusquement abruptly

bruyant(e) noisy

bureau *n.m.* office

but *n.m.* goal

C

ça that

çà et là here and there

ça y est it's done

cache-cache *n.m.* hide-and-seek

(se) cacher to hide (oneself)

cadeau *n.m.* gift

cafard : avoir le — to have the blues

cahier *n.m.* notebook

caillou *n.m.* pebble, stone

calculatrice *n.f.* calculator

camarade *n.* friend

  — de chambre roommate

  — de classe classmate

caméra *n.f.* movie camera

camion *n.m.* truck

campagne *n.f.* countryside

caoutchouc *n.m.* rubber

capacité *n.f.* ability, capacity

car for, because

caractère : avoir bon (mauvais) — to be good (bad) tempered

carnet *n.m.* notebook

carré(e) square

carreau *n.m.* windowpane

carrosse *n.m.* state-coach

cartomancienne *n.f.* fortune teller

cas : en — d'urgence in case of emergency

  au — où in case

casser to break

cause : à — de on account of, because of

causer to chat

cave *n.f.* cellar, basement

ce (cet, cette, ces) this, that

ceci this

céder to yield

ceinture *n.f.* belt

cela that

célèbre famous

célibataire *n.m.* bachelor

célibataire single, unmarried

celui (celle, etc.) the one, the ones

censé(e) supposed

cependant however

ce que, ce qui what

cerise *n.f.* cherry

certains some

cerveau *n.m.* brain

cesser de to stop, to cease

c'est-à-dire that is to say

c'est pourquoi that's why

chacun(e) each one

chagrin *n.m.* sorrow

chair de poule *n.f.* gooseflesh

chaise *n.f.* chair

chaleur *n.f.* heat

chambre (à coucher) *n.f.* bedroom

chambré(e) at room temperature

champ *n.m.* field

champignon *n.m.* mushroom

chance *n.f.* luck
  avoir de la — to be lucky

changement *n.m.* change

changer (de) to change

se changer to change into

chanson *n.f.* song

chanter to sing

chanteur *n.m.* singer

chapeau *n.m.* hat

chaque each

chargé(e) : être — de to be in charge of

charmant(e) charming

chasser to hunt

chat *n.m.* cat

chatter (à l'Internet) to chat

chaud(e) warm, hot

chaume *n.m.* thatch

chaussures *n.f.* shoes

chauve bald

chef *n.m.* head, manager, boss
  — de gare stationmaster
  — d'œuvre masterpiece

chemin *n.m.* way
  — de fer railway

cheminée *n.f.* chimney

chemise *n.f.* shirt

cher (chère) expensive

chercher to look for, to come and get

cheval *n.m.* horse

cheveu(x) *n.m.* hair

cheville *n.f.* ankle

chèvre *n.f.* goat

chez at the house of

chien *n.m.* dog

chiffre *n.m.* figure (number)

chimie *n.f.* chemistry

choisir to choose

choix *n.m.* choice

chose *n.f.* thing

quelque chose something

chou *n.m.* cream puff, cabbage

chute *n.f.* fall

ci-dessous below

ci-dessus above

ciel *n.m.* sky

cinéma *n.m.* movie theatre

cirque *n.m.* circus

citation *n.f.* quotation

citron *n.m.* lemon

civière *n.f.* stretcher

clair(e) clear, light

clairement clearly

clé (clef) *n.f.* key

cloche *n.f.* bell

clocher *n.m.* steeple

clou *n.m.* nail

cœur *n.m.* heart
  par— by heart

coffre-fort *n.m.* safe, strong-box

coiffeur *n.m.* hairdresser

coiffure *n.f.* hairdo

coin *n.m.* corner, place
  au — de at the corner of

colère *n.f.* (être) en — (to be) angry

collant(e) sticky

collier *n.m.* necklace

colline *n.f.* hill

combat *n.m.* fight

combien de how much, how many

commander to order

comme as, like, since

commencement *n.m.* beginning

commencer (à) to begin (to)

comment how

commérage *n.m.* gossip

commerçant *n.m.* merchant

commode easy, convenient

compagnie *n.f.* company

se comporter to behave

composé(e) compound

comprendre to understand

    y compris included

compte *n.m.* count

    faire ses comptes to add up expenses

compter to count, to expect to do

comte *n.m.* count, earl

concevoir to conceive

concierge *n.* doorkeeper, caretaker

conclure to conclude

condition: à — que on condition that

conducteur *n.m.* driver

conduire to drive

    se conduire to behave

conduite *n.f.* behaviour

conférence *n.f.* lecture

conférencier *n.m.* lecturer

confiance *n.f.* confidence, trust

    avoir — to trust

se confier à to confide, to confess

confiture *n.f.* preserves, jam

confondre to confuse, to mistake

congé *n.m.* holiday

se conjuguer to be conjugated

connaissance *n.f.* knowledge, acquaintance

connaître to know

s'y — en to be an expert in, to be knowledgeable

connu(e) known

conseil *n.m.* advice

conseiller to advise

conséquent: par — consequently

constamment constantly

construire to build

conte *n.m.* story, tale

content(e) glad

contenter to content, to please

conter to tell, to relate

continuel(le) continuous

se contraindre to force oneself

contre against

    par — on the other hand

contrée *n.f.* country, region

convaincre to convince

convenable suitable

convenablement correctly

convenir to fit, to suit

convié *n.m.* guest

copain *n.m.* friend, pal, buddy

coq *n.m.* rooster

coquillage *n.m.* shell (of shellfish)

coquin(e) rascal

corail *n.m.* coral

corbeille *n.f.* (open) basket

corne *n.f.* horn

corps *n.m.* body

    faire — to be an integral part of, to be joined

corriger to correct, to proof

corrompre to corrupt

côte *n.f.* slope, hill

    — à — side by side

côté *n.m.* side

    à — de near

    d'un —, d'un autre — on one hand, on the other hand

cou *n.m.* neck

se coucher to go to bed

    être couché(e) to be in bed

coucher (de soleil) *n.m.* sunset

coudre to sew

couler to flow, to run

couloir *n.m.* hall

coup *n.m.* blow

    — de fil ring, call

    — de marteau hammer-stroke

    — de pied kick

    — de soleil sunburn

    — d'état coup

    — d'œil glance

couper to cut

coupure *n.f.* cut, gash, cutting

cour *n.f.* yard

couramment fluently

courant(e) common

courant électrique *n.m.* electric current

courant: être au — (de) to know all about

coureur *n.m.* runner

courir to run

courrier *n.m.* mail

cours *n.m.* class

    au — de in the course of

    en — in process

course *n.f.* race

faire des courses to go shopping, to run errands

court(e) short

courtois(e) courteous

coûter to cost

coutume *n.f.* custom

couturière *n.f.* dressmaker

couvert(e) covered

couverture *n.f.* cover, blanket

couvrir to cover

craindre to fear, to dread

crainte *n.f.* **de — que** for fear that, lest

craquer to crack

cravate *n.f.* tie

crayon *n.m.* pencil

créer to create

creux(euse) hollow

cri *n.m.* scream

crier to shout, to yell

critique *n.f.* review, criticism

croire to believe

croiser to cross, to pass

mots croisés *n.m. pl.* crossword puzzle

croissant *n.m.* crescent

croître to grow

croquer to crunch

cru(e) raw

cueillir to pick, to gather

cuir *n.m.* leather

cuire to cook

cuisine *n.f.* cooking, kitchen

cuisinière *n.f.* stove

D

dangereusement dangerously

dans in, into

davantage more

se débarrasser de to get rid of

déboucher to open on

debout standing

débrouillard(e) resourceful

se débrouiller to manage

début *n.m.* beginning

au — de at the beginning of

débutant *n.m.* beginner

décevoir to deceive, to disappoint

déchirer to tear

découdre to unstitch

découper to cut out, to carve

découvrir to discover

décrire to describe

dedans inside

déduire to deduct

défaut *n.m.* fault, shortcoming

défendre to forbid

défense *n.f.* protection, interdiction

défilé *n.m.* parade

défiler to march past, to parade

dégât *n.m.* damage

dégoûtant(e) disgusting

dégoutter to drip

dégustateur (dégustatrice) taster

dehors outside

déjà already

déjeuner *n.m.* lunch (Europe), breakfast (North America)

petit-déjeuner *n.m.* breakfast (Europe only)

demain tomorrow

se demander to wonder

démarche *n.f.* gait, walk

— majestueuse stately walk

démembrer to break up

déménager to move (house)

démesuré(e) out of proportion

demeure *n.f.* residence, dwelling

demi(e) half

démissionner to resign

dénouer to untie

denrée *n.f.* foodstuff, produce

dent *n.f.* tooth

départ *n.m.* departure

dépasser to pass, to overtake

se dépêcher to spend

se dépenser to exert oneself

dépit: en — de in spite of

déplacement *n.m.* travel, transfer

déposer to deposit

déprimé(e) depressed, to feel down

depuis (que) since

déraciner to uproot

déranger to disturb

dernier (dernière) last

se dérouler to take place

derrière behind

dès as early as

— que as soon as

descendre to go down

désinvolture *n.f.* ease of manners

désormais from now on, henceforth

dessein *n.m.* plan, project

dessin *n.m.* drawing, sketch

dessiner to draw

dessous *n.m.* lower part
  au- — below
  en- — underneath

dessus *n.m.* top
  au- — above, upstairs, on top, over

détruire to destroy

dette *n.f.* debt

devancer to outdistance

devant before, in front of

devenir to become

deviner to guess

devise *n.f.* motto

devoir *n.m.* duty, homework

devoir to owe, to have to, must

diamant *n.m.* diamond

dictée *n.f.* dictation

Dieu God

différent(es) various

difficile difficult

digérer to digest

digne worthy

diluvien(ne) torrential (rain)

dimanche *n.m.* Sunday

dire bonjour to say hello

se diriger to make one's way, to go (towards)

discours *n.m.* speech

discuter to discuss

disparaître to disappear

dispenser to dispense, to distribute

dispute *n.f.* quarrel

se disputer to argue, to quarrel

disque compact *n.m.* compact disk

distractions *n.f. pl.* amusement

se distraire to amuse oneself

distribuer to give out

divers(es) various

diviser to divide

d'occasion used, second-hand

doigt *n.m.* finger

dommage *n.m.* damage
  c'est — it's too bad

donc therefore, so, hence

donner to give

étant donné que seeing that

dont of which, whose

dorénavant henceforth

dormir to sleep

dortoir *n.m.* dormitory

dos *n.m.* back

doucement gently, slowly

douche *n.f.* shower

doué(e) gifted

douleur *n.f.* ache, pain

doute : sans — doubtless, probably

douter to doubt
  se douter to suspect

douteux(euse) doubtful

doux (douce) soft, gentle, mild

dresser (les oreilles) to prick up (one's ears)

droit : avoir le — **de** to have the right to

droite *n.f.* right-hand side

drôle funny

dur(e) hard, difficult

durant during, for

durcir to harden

durée *n.f.* duration

durer to last

E

eau *n.f.* water

ébahi(e) dumbfounded

s'échapper to escape

s'échauffer to get heated, to flare up

échec *n.m.* failure

échouer to fail

éclair *n.m.* lightning

éclatant(e) striking

éclater to burst, to blow up

école *n.f.* school

Écosse *n.f.* Scotland

s'écouler to flow away, to elapse

écouter to listen

écran *n.m.* screen

écraser to run over, to crush

s'écrier to exclaim

écrire to write

écriture *n.f.* writing

écrivain *n.m.* writer

s'écrouler to collapse, to fall down

écueil *n.m.* reef, snag, danger

écureuil *n.m.* squirrel

écurie *n.f.* stable

effacer to erase

effet : en — indeed

efficace efficient

s'efforcer de to strive to

effrayant(e) terrifying

effrayer to frighten

égal(e) equal

ça m'est égal it's all the same to me
égaler to equal
égard : à l'— de with regard to
égaré(e) stray, lost
église *n.f.* church
eh bien ! well
élargir to widen
élève *n.* pupil, student
élevé(e) high, raised
élire to elect
éloigné(e) distant, far (away)
s'éloigner to get (farther) away
émail *n.m.* enamel
embaumé(e) balmy, fragrant
embellir to beautify
émission *n.f.* broadcast, TV or radio show
emmener to take (away)
émouvoir to move, to affect
s'emparer de to seize, to take possession
empêchement *n.m.* obstacle, difficulty
empêcher to prevent
empirer to worsen
emploi *n.m.* employment, job, use
employé(e) *n.* worker, employee
employer to use
s'— to be used
emporter to take away
l' — sur to prevail
s'empresser to hurry, to hasten
emprunter to borrow
en in, of it, of them

encadrer to frame, to enclose by
enchaîné(e) chained up
enchanté(e) delighted
enchanteur(teresse) fascinating
encore still
— plus still more
encre *n.f.* ink
endormant(e) boring
endormi(e) sleepy, asleep
s'endormir to fall asleep
endroit *n.m.* place
à l'— right side up
énervant(e) irritating
s'énerver to become irritable
enfant *n.* child
enfoncer to drive in
s'enfuir to flee, to run away
enivrant(e) intoxicating, heady
enlaidir to make ugly
enlèvement *n.m.* kidnapping
enlever to remove
ennemi(e) *n.m.* enemy, foe
ennuis *n.m.* worries
ennuyer to bother, to annoy
s'— to be bored
ennuyeux(euse) boring, disturbing
enseigner to teach
ensemble together
ensuite then
entendre to hear
— dire to hear that
— parler de to hear of
s'— to get along
entendu O.K.
entier(ère) whole, entire

entouré(e) surrounded
entraînant(e) catchy, stirring
entraîner to carry away, along
entre between
entreprendre to undertake
entrer to enter
envenimer to inflame
envers towards
à l'envers upside down, inside out
envie : avoir — de to want, to feel like
envier to envy
environ about
s'envoler to fly away
envoyer to send
épais(se) thick
épandre to spread
s'épanouir to blossom, to open out
épargner to spare, to save
épatant(e) wonderful, terrific
épaule *n.f.* shoulder
épeler to spell
épicerie *n.f.* grocery
épicier(ère) *n.m ou f.* grocer
épinards *n.m. pl.* spinach
épouser to marry
époux (épouse) husband (wife)
éprouver to feel, to experience
épuisé(e) exhausted
équipage *n.m.* crew
équipe *n.f.* team
escalier *n.m.* stairs
espace *n.m.* space
Espagne *n.f.* Spain
espalier *n.m.* trellis

espèce *n.f.* kind, species

espérance *n.f.* expectation, hope

espérer to hope

espoir *n.m.* hope

esprit *n.m.* mind

essayer to try

essence *n.f.* gas

essoufflé(e) out of breath

essuyer to wipe

est *n.m.* east

estomper to shade off

étable *n.f.* cowshed

étage *n.m.* floor, story

étagère *n.f.* shelf

étaler to display

état *n.m.* state

été *n.m.* summer

éteindre to extinguish
    s'— to die out, to pass away

étendre to extend, to stretch

étendue *n.f.* size, range

éternuer to sneeze

étoile *n.f.* star

étonnant(e) surprising

étonnement *n.m.* astonishment

étonner to surprise
    s'étonner to be astonished

étourdissant(e) astounding

étrange strange

étranger(ère) *n.m. ou f.* stranger

étranger(ère) *adj.* foreign
    à l'étranger abroad

être to be
    — à to belong to
    en — to be at, to have reached

    y — to be ready, to be with it

être humain *n.m.* human being

étroit(e) narrow

étudiant(e) *n.* student

étudier to study

s'évader to escape

s'évanouir to faint

éveillé(e) awake

s'éveiller to awaken

évènement *n.m.* event

éventail *n.m.* fan

évident(e) obvious

éviter to avoid

exaucer (un souhait) to grant, to fulfill a wish

exclure to exclude

exiger to demand, to require

expliquer to explain

exprès on purpose

exprimer to express

F

fabricant *n.m.* manufacturer

fabriquer to make

face : en — de facing

se fâcher to get angry

facile easy

facilement easily

façon *n.f.* manner, way
    de — à so as to
    de — que so that
    de toute — in any case

facteur *n.m.* mailman, instrument maker

facultatif(ve) optional

faible weak

faiblesse *n.f.* weakness

faillir to just miss

faim *n.f.* hunger, appetite
    avoir — to be hungry

faire to do, to make
    — appel to call on, to appeal
    — attention to pay attention
    — bien de to be right to (do)
    — connaissance to meet
    — défaut to be lacking
    — de son mieux to do one's best
    — des siennes to be up to one's old tricks
    — exprès to do on purpose
    — face to face
    — faire to have done
    — l'appel to call the roll
    — le tour de to go round
    — mal to hurt
    — nuit to be dark
    — part de to inform, to advise
    — partie de to be a part of
    — plaisir to please (someone)
    — sa toilette to wash and dress
    — savoir to inform
    — semblant de to pretend to
    —signe to make a sign, to signal
    —voir to show

ne — que not to
  cease, not to stop
se — à to get used to
s'en — to worry
faisable feasible
fait *n.m.* fact
falloir to be necessary
  il faut it is necessary
famille *n.f.* family
fané(e) faded
farine *n.f.* flour
faute *n.f.* mistake
fauteuil *n.m.* armchair
fautif(ve) faulty, guilty
faux (fausse) false,
  erroneous
faveur *n.f.* favour
fée *n.f.* fairy
  conte de — fairy tale
feindre to pretend
femme *n.f.* woman, wife
fendre to split
fenêtre *n.f.* window
fer *n.m.* iron
ferme *n.f.* farm
fermer to close, to shut
fête *n.f.* party, birthday
  (Canada)
feu *n.m.* fire
feuillage *n.m.* foliage
feuille *n.f.* sheet (paper),
  leaf
feuilleter to flip through
se ficher de not to care
fier(ère) proud
fierté *n.f.* pride
fièvre *n.f.* fever
figure *n.f.* face
se figurer to fancy,
  to imagine
fil *n.m.* thread, wire
fille *n.f.* girl, daughter
fils *n.m.* son

fin *n.f.* end
fin(e) fine, refined
fini(e) finished
flacon *n.m.* small bottle
flaque d'eau *n.f.* puddle
flatteur *n.m.* flatterer
fleur *n.f.* flower
fleuri(e) in bloom, flowery
fleuve *n.m.* river (drains in
  the ocean)
foi *n.f.* faith
foie *n.m.* liver
foire *n.f.* fair
fois *n.f.* time
  à la — at the same
    time
  une — que once, as
    soon as
folie *n.f.* madness, folly
foncé(e) dark, deep
fond *n.m.* bottom, back
  à — thoroughly
  au — de at the
    bottom of
fondre to melt
fondue *n.f.* melted cheese,
  fondue
fontaine *n.f.* fountain
force *n.f.* strength
forcer to force
fort(e) strong
fou (folle) mad, crazy
foule *n.f.* crowd, multitude
four *n.m.* oven
fourmi *n.f.* ant
fourrure *n.f.* fur
fraîcheur *n.f.* freshness,
  coolness
frais (fraîche) fresh, cool
frais *n.m. pl.* expenses
franc (franche) frank
français *n.m.* French
  language

frapper to know, to hit
frère *n.m.* brother
frisé(e) curly
frites *n.f. pl.* French fries
froid(e) cold
fromage *n.m.* cheese
froncer (les sourcils) to
  frown
front *n.m.* forehead, war
  front
frontière *n.f.* border,
  frontier
frotter to rub
fuire to flee, to leak
fumée *n.f.* smoke
fumer to smoke
fusil *n.m.* rifle

G
gagnant(e) *n.* winner
gagner to win
  — sa vie to earn one's
    living
gant *n.m.* glove
garçon *n.m.* boy, waiter
garde *n.m.* keeper,
  watchman
  prendre — à to
    beware
garder to keep
gare *n.f.* train station
se garer to pull to one
  side, to park
gâteau *n.m.* cake
  — sec *n.m.* cookie
gâter to spoil
gauche left
gaz *n.m.* gas
geler to freeze
gênant(e) embarrassing
gêner to embarrass, to
  annoy
genou *n.m.* knee

genre *n.m.* kind, gender
gens *n.m. pl.* people
gentil(le) nice, pleasant
gentillesse *n.f.* kindness
gentiment kindly, nicely
geste *n.m.* gesture
gifle *n.f.* slap in the face
gigot *n.m.* leg of lamb
glace *n.f.* ice-cream, mirror
glacé(e) glazed, frozen, icy
glacial(e) freezing cold
gorge *n.f.* throat
gourmand(e) glutton, greedy
goût *n.m.* taste
goûter to taste
goutte *n.f.* drop
grâce à thanks to
grand(e) big, tall, important
grandir to grow up
gras(se) fat
gratte-ciel *n.m.* skyscraper
grave serious
gré : de bon — willingly
greffe du cœur *n.f.* heart transplant
grêle *n.f.* hail
grève *n.f.* strike, sea shore
griffe *n.f.* claw
grippe *n.f.* flu
gris(e) grey
gronder to scold
gros(se) big, fat
grossir to grow bigger
guère : ne... guère hardly
guérir to cure, to heal
guerre *n.f.* war
guichet automatique *n.m.* automatic teller
guichet *n.m.* box office window

guillemets *n.m. pl.* quotation marks

H
(* signifie que le **h** est aspiré)

habilement skilfully
habiller to dress
habitant *n.m.* inhabitant
habiter to live
habitude *n.f.* habit, custom
d'— usually
habituellement usually
s'habituer to get used to
haine* *n.f.* hatred
haïr* to hate
haleine : de longue — long-term
hanche* *n.f.* hip
hardes* *n.f. pl.* worn clothes
hasard* : par — by accident, by chance
hâte* : avoir — de to be eager to
hausse* *n.f.* increase
hausser* to shrug, to increase (price)
haut(e)* high
en haut* upstairs, at the top
hauteur* *n.f.* height
hebdomadaire weekly
hein?* what?
herbe *n.f.* grass
héritage *n.m.* inheritance, cultural origins
hésitant(e) undecided
hésiter to hesitate
heure *n.f.* hour, time
à l' — on time
de bonne — early

heureusement fortunately
se heurter* to collide, to hit
hibou* *n.m.* owl
hier yesterday
histoire *n.f.* story, history
hiver *n.m.* winter
homme *n.m.* man, humans
honni* disgraced, spurned
honorer to honour
honte* : avoir — de to be ashamed
honteux(euse)* shameful
horloge *n.f.* clock
hors* de out of
huile *n.f.* oil
humeur *n.f.* mood
de bonne (mauvaise) — in a good (bad) mood
humour *n.m.* humour
hurlement* *n.m.* howling
hurler* to howl, to scream

I
ici here
il y a there is, there are, ago
île *n.f.* island
illisible illegible
s'imaginer to imagine
imbuvable undrinkable
immédiatement immediately
impitoyable pitiless
impoli(e) impolite
n'importe qui anyone
impressionnant(e) impressive
imprévu(e) unexpected
s'incliner to bow, to lean
incroyable unbelievable

inespéré(e) unhoped-for

infirmière *n.f.* nurse

informatique computer science

inouï(e) unheard of, unbelievable

inquiet(ète) worried

inquiétant(e) disturbing

s'inquiéter to worry

insolemment insolently

instant: à l'— just now

instruire to educate, to teach

insu: à l' — de unknowingly

interdire to forbid

intéressant(e) interesting

s'intéresser to become interested

interrompre to interrupt

intervenir to intervene

introduit(e) introduced

invité(e) *n.m* ou *f.* guest

ivre drunk

ivrogne *n.* drunkard

J

jadis formerly

jamais never

jambe *n.f.* leg, foreleg

jardin *n.m.* garden

jaune yellow

jaunir to turn yellow

jeter to throw

jeu *n.m.* game

jeudi Thursday

jeun: être à — to be fasting

jeune young
    — fille *n.f.* young lady
    — homme *n.m.* young man

jeunes gens *n.m. pl.* young people

jeunesse *n.f.* youth

(se) joindre to join

joli(e) pretty

joue *n.f.* cheek

jouer to play

jouet *n.m.* toy

jour *n.m.* day

journal *n.m.* newspaper

journée *n.f.* day (duration)

juger to judge

juillet July

jumeau (jumelle) twin

jurer to swear

jus d'orange *n.m.* orange juice

jusqu'à as far as, up to
    — ce que until

L

là there

là-bas over there

lac *n.m.* lake

laid(e) ugly

laisser to let, to allow
    — tomber to drop
    — tranquille to leave alone

lait *n.m.* milk

lamentable appalling

lancer to throw
    se lancer to start up, to throw oneself into

langue *n.f.* language, tongue

large wide
    le — open sea

largeur *n.f.* width

las(lasse) tired

se lasser de to get tired of

(se) laver to wash (oneself)

lecteur (lectrice) *n.m* ou *f.* reader

lecture *n.f.* reading

léger(ère) light

légume *n.m.* vegetable

légumineuse *n.f.* legume

le lendemain the next day

lent(e) slow

lentement slowly

lenteur *n.f.* slowness

lequel who(m), which, which one

lever to raise
    se — to get up

liaison *n.f.* phonetic linking, love relationship

libéré(e) liberated, freed

librairie *n.f.* bookstore

libre free

lié(e) linked, tied

lien *n.m.* link

lieu *n.m.* place
    au — de instead of
    avoir — to take place

ligne *n.f.* line

lire to read

lisiblement legibly

lit *n.m.* bed

livre *n.f.* pound

livre *n.m.* book

loin far
    de — from afar

long: le long de along

longtemps a long time

longue: à la longue in the long run

longueur *n.f.* length

lors de at the time of

lorsque when

louer to rent, to praise

loup *n.m.* **(louve)** wolf

lourd(e) heavy

lourdaud *n.m.* lout
luire to shine
lundi Monday
lune *n.f.* moon
lunettes *n.f. pl.* glasses, goggles, binoculars

M
machine *n.f.*
   — à coudre sewing machine
   — à écrire typewriter
   — à laver washing machine
magasin *n.m.* store
   grand — department store
magnétoscope *n.m.* VCR
maigre skinny
maigrir to get thin
maillot de bain *n.m.* bathing suit
main *n.f.* hand
maintenant now
maints(es) many a
mais but
maison *n.f.* house, home
maître *n.m.* master
majuscule *n.f.* capital letter
mal *n.m.* ailment, pain
   — de mer seasickness
   — de tête headache
   avoir — to feel pain
mal bad
   de — en pis from bad to worse
malade sick
maladie *n.f.* sickness, disease
maladroit(e) clumsy, awkward
malaise *n.m.* discomfort

malchance *n.f.* bad luck
malgré in spite of
   — que although
malheur *n.m.* misfortune, ordeal
malheureux (euse) unhappy
malin (maligne) shrewd, cunning, malignant
mallette *n.f.* attaché-case
malpropreté *n.f.* dirtiness
maman *n.f.* Mamma
manche *n.f.* sleeve
manche *n.m.* handle
mander to send news (by letter), to summon
manger to eat
manier to handle
manière : de manière que so that
manque *n.m.* lack, deficiency
manquer to miss, to lack, to be missing
manteau *n.m.* coat
se maquiller to make up (face)
marche *n.f.* walk, step (stairs)
marché *n.m.* market
   bon — cheap
marcher to walk, to work (machine)
mardi Tuesday
marée *n.f.* tide
mari *n.m.* husband
marron chestnut (colour), maroon
matière *n.f.* matter, subject
matin *n.m.* morning
   le — in the morning
matinée *n.f.* morning (duration)

maudire to curse
maussade glum, sullen, gloomy
mauvais(e) bad, wrong
méchant(e) wicked, naughty, mean
mécontent(e) displeased
médicament *n.m.* medicine
médire to slander
se méfier de to mistrust
meilleur(e) better
mélanger to mix
même same, even, itself
   — que same as
   de — que just as, like
mémoire *n.f.* memory
ménage : faire bon — to live happily together
mener to lead
mensonge *n.m.* lie
menteur(euse) liar
mentir to lie
menton *n.m.* chin
mépriser to scorn
mère *n.f.* mother
merveilleux(euse) marvellous
messe *n.f.* mass
mesure *n.f.* measure
métier *n.m.* trade
mets *n.m.* food, dish
mettre to put
   se — à to begin
   se — en route to start off
   y — du sien to contribute to
meuble *n.m.* piece of furniture
meurtre *n.m.* murder
midi *n.m.* noon
miel *n.m.* honey

mieux better

   le — the best

milieu : au — de in the middle of

mille thousand

milliard *n.m.* billion

millier *n.m.* about a thousand

million *n.m.* million

mince thin

mine *n.f.* appearance, look, mine (mineralogy)

minuit *n.m.* midnight

miroir *n.m.* mirror

mode *n.m.* mood (verbs)

mode *n.f.* fashion

moindre smaller, less, least

moine *n.m.* monk

moins less

   à — que unless

   au — at least

   de — en — less and less

mois *n.m.* month

moitié *n.f.* half

moment *n.m.* moment

   à ce — -là at that moment

   au — où now, at that time

   par moments at times

monde *n.m.* world, people

monnaie *n.f.* change, currency

montagne *n.f.* mountain

monter to go up

montre *n.f.* watch

montrer to show

se moquer de to make fun of

mordre to bite

mort *n.f.* death

mort(e) *n.m.* ou *f.* dead person

mot *n.m.* word

mou (molle) soft

se moucher to blow one's nose

mouchoir *n.m.* handkerchief

moule *n.m.* mold, pan

moule *n.f.* mussel

mourir to die

mousse *n.f.* moss, foam

mouton *n.m.* sheep

moyen *n.m.* means

   au — de by means of

moyen(ne) average

moyenne *n.f.* average

muet(te) mute

mur *n.m.* wall

mûr(e) ripe

muraille *n.f.* high wall

museau *n.m.* snout

N

nage *n.f.* swimming

nager to swim

naissance *n.f.* birth

naître to be born

natal(e) native

naviguer to sail (boat), to browse (Internet)

né(e) born

néanmoins nevertheless

négliger to neglect

neige *n.f.* snow

ne... que only

net(te) clean, clear, sharp

nettoyer to clean

neuf (neuve) (brand) new

neveu *n.m.* nephew

nez *n.m.* nose

ni... ni... neither... nor...

nièce *n.f.* niece

nier to deny

nœud *n.m.* knot

noir(e) black

noircir to blacken

noix *n.f.* nut

nom *n.m.* noun, name

nombre *n.m.* number

nombreux(euse) numerous

non plus nor, neither

note *n.f.* grade

nouer to tie, to knot

nourriture *n.f.* food, nourishment

nouveau(elle) new, another

   de nouveau again

nouvelle *n.f.* news, short story (literature)

nouvelles *n.f. pl.* media news

se noyer to drown

nu(e) bare, naked

nuage *n.m.* cloud

nuire à to be harmful, prejudicial

nuisible harmful, hurtful

nul(le) *(déterminant)* no, not one

nul(le) *(adjectif)* bad

nullement not at all, in no way

nulle part nowhere

numéro *n.m.* number

O

obéir to obey

obtenir to obtain

occasion : d'— used, second-hand

occupé(e) busy

occuper   to occupy, to hold a position, to take over a country
  s' — de   to take care of
odeur *n.f.*   smell
odorat *n.m.*   sense of smell
œil (*pl.* **yeux**) *n.m.*   eye
œillet *n.m.*   carnation
œuf *n.m.*   egg
œuvre *n.f.*   work
offrir   to offer
oiseau *n.m.*   bird
ombragé(e)   shaded, shady
ombre *n.f.*   shadow, shade
  à l'— de   in the shade of
omettre   to omit
on   one, people
oncle *n.m.*   uncle
or *n.m.*   gold
or   now
orage *n.m.*   thunderstorm
ordinateur *n.m.*   computer
ordonner   to order
ordre *n.m.*   order
oreille *n.f.*   ear
oreiller *n.m.*   pillow
orné(e)   adorned
ôter   to remove
où   where, in which
  — que   wherever
ou   or
  — bien   or
oubli *n.m.*   omission, oversight
oublier   to forget
ours *n.m.*   bear
outil *n.m.*   tool
outre   beyond
  — mesure   beyond measure
ouvert(e)   open
ouvrage *n.m.*   work
ouvrir   to open

P

pain *n.m.*   bread
petit —   roll
palier *n.m.*   stair landing
pâlir   to turn pale
panier *n.m.*   basket
panne *n.f.*   breakdown
pantalon *n.m.*   slacks, pants
papier *n.m.*   paper
papillon *n.m.*   butterfly
paquet *n.m.*   package
par   by, per, out of
paraître   to appear, to seem
parapluie *n.m.*   umbrella
parc *n.m.*   park
parce que   because
parcourir   to travel through, to go over
par-dessous   underneath
par-dessus   over the top of
pardessus   overcoat
pareil(le)   similar, such, like that
parents *n.m. pl.*   parents, relatives
paresseux(euse)   lazy
parfois   sometimes
parfum *n.m.*   perfume
pari *n.m.*   bet
parier   to bet
parler   to speak, to talk
parmi   among, amid
parole *n.m.*   (spoken) word
part *n.f.*   share, part
  à —   apart, aside
  quelque —   somewhere
partager   to share
parterre *n.m.*   flower bed
particulier : en —   in particular
particulièrement   particularly

partie *n.f.*   part
partir   to leave
  à — de   from
partout   everywhere
parvenir   to attain
  — à   to succeed
pas *n.m.*   step
  ne... pas   not
  pas du tout   not at all
  pas encore   not yet
  pas grand-chose   not much
  pas mal de   a fair amount
passager *n.m.*   passenger, temporary
passant(e) *n.*   passer-by
passé *n.m.*   past
passer   to pass, to spend (time)
  — un examen   to take an exam
  se —   to happen
  se — de   to do without
passionnant(e)   exciting, thrilling
patins à glace *n.m. pl.*   ice skates
patins à roues alignées *n.m. pl.*   roller blades
pâtisserie *n.f.*   pastry
patte *n.f.*   paw
pâture *n.f.*   food (for animals) pasture
pauvre   poor
payer   to pay
pays *n.m.*   country
paysage *n.m.*   landscape, scenery
peau *n.f.*   skin
pêche *n.m.*   peach
pêcheur *n.m.*   fisherman
pécheur *n.m.*   sinner
peindre   to paint

peine *n.f.* pain, sorrow, trouble

    à —... que... hardly... when...

    ce n'est pas la — de it's not worth the trouble

    valoir la — to be worth the trouble

peinture *n.f.* painting, paint

peler to peel

pelouse *n.f.* lawn

penchant *n.m.* inclination

se pencher to bend, to stoop over

pendant during

    — que while

pendant(e) hanging

pendre to hang

pénible painful

pensant(e) thinking

pensée *n.f.* thought

penser to think

penseur *n.m.* thinker

perdant *n.m.* loser

perdre to lose

    se — to be lost, to lose one's way

perdu(e) lost

père *n.m.* father

périr to perish

permettre to allow

permis de conduire *n.m.* driver's license

personnage *n.m.* character

personne *n.f.* person

personne no one

peser to weigh

petit(e) small

peu (de) little, few

    à — près nearly about

    un — de a little

peuple *n.m.* people, nation

peur *n.f.* fear

    avoir — to be afraid

    de — que for fear that

peureux(euse) fearful

peut-être (que) perhaps, maybe

phare *n.m.* lighthouse, headlight

phrase *n.f.* sentence

pièce *n.f.* play (theatre), room (building)

pied *n.m.* foot

pierre *n.f.* stone

pinceau *n.m.* paintbrush

piquer to sting, to prick

pire worse, worst

pis worse, worst

piste *n.f.* runway

pitié *n.f.* pity

    avoir — de to have mercy

place *n.f.* place, seat, room, square (public)

    à la — de in place of, instead of

placer to place

plage *n.f.* beach

plaindre to pity

    se — to complain

plaire to please

    se — à to enjoy

plaisanter to joke

plaisanterie *n.f.* joke

plancher *n.m.* floor

plat *n.m.* dish

    à plat flat

plein(e) full, filled

plein de plenty of

pleurer to cry

pleuvoir to rain

plonger to plunge, to dip

pluie *n.f.* rain

plume *n.f.* feather, fountain pen

plupart : la plupart des most, the greatest part

plus more

    de — en — more and more

    ne... — no more, no longer

    — ... —... the more... the more...

    —... que... more... than

plusieurs several

plutôt rather

pneu *n.m.* tire

poche *n.m.* pocket, bag, pouch

poésie *n.f.* poetry

poids *n.m.* weight

point *n.m.* dot, period

    à — just right

    ne... — not

pointillés *n.m. pl.* dotted line

pointu(e) pointed, sharp

poire *n.f.* pear

poireau *n.m.* leek

pois *n.m.* peas

poisson *n.m.* fish

poli(e) polite

policier *n.m.* policeman

pomme *n.f.* apple

pompier *n.m.* fireman

pondre to lay eggs

pont *n.m.* bridge

porte *n.f.* door

portefeuille *n.m.* billfold, wallet

porter to carry, to wear

    se — to be (of health)

poser to put

— **une question** to ask a question

posséder to possess

poste *n.m.* job, employment

poste *n.f.* post office

potager *n.m.* vegetable garden

pou *n.m.* (*pl.:* **poux**) louse

poulailler *n.m.* henhouse

poule *n.f.* hen

poulet *n.m.* chicken

poumon *n.m.* lung

poupée *n.f.* doll

pour for, in order, to

— **que** in order that

pourquoi why

poursuivre to pursue

pourtant however, nevertheless

pourvu que provided that, so long as, I only hope

pousser to push, to grow (plants)

poussière *n.f.* dust

pouvoir *n.m.* power, command

pouvoir to be able, to be possible, can

ne plus en — to be tired out, exhausted

précédent(e) preceding

se précipiter to rush

prédire to foretell, to predict

premier(ère) first

prendre to take

— **froid** to catch a cold

— **une décision** to make decision

s'y — to go about (something)

près (de) near

présenter to present, to introduce

se — to introduce oneself

presque almost

pressé(e) : être — to be in a hurry

se presser to hurry

prêt(e) ready

prêter to lend

prêtre *n.m.* priest

prévenir to warn, to caution

prévoir to foresee

prier to beg, to request, to pray

prière *n.f.* prayer

principe : en — as a rule

printemps *n.m.* spring

prise *n.f.* taking, capture, strike (baseball), power outlet

prix *n.m.* price

prochain(e) next

proche near, chose

produire to produce

produit *n.m.* product

profond(e) deep

promenade *n.f.* walk

se promener to take a walk

promettre to promise

propos : à : — by the way, at the right time

à — **de** with regard to

proposition *n.f.* clause

propre clean (following a noun), own (preceding a noun)

propriétaire *n.* owner

propriété *n.f. pl.* property

prouver to prove

provisions *n.f. pl.* supply, eatables

publié(e) published

puis then

puisque since, as, because

puissant(e) powerful, strong

punir to punish

Q

quai *n.m.* wharf, pier

quand when

— **même** all the same

quant à as for

quart *n.m.* quarter (fraction), work shift

quartier *n.m.* neighbourhood, quarter (portion of food)

que that, whom, what

ne... que... only

quel(le) what, which

quelconque whatever, mediocre

quel que whatever

quelque chose something

quelquefois sometimes

quelque part somewhere

quelque... que... however, whatever

quelques some, a few

quelque temps some time

quelqu'un someone

quelques-uns some

se quereller to quarrel

qu'est-ce que what

— **c'est que** what is

qu'est-ce qui what

qu'est-ce qu'il y a? what's the matter?

queue *n.f.* tail

qui who, which, that

quiconque anyone who, whoever

qui que ce soit anyone (whatever)

quitter to leave

quoi what, which

— **que** whatever

— **que ce soit** anything (whatever)

quoique although

quotidien *n.m.* newspaper

quotidien(ne) daily

R

raccourcir to shorten

racheter to buy back, to redeem

raconter une histoire to tell a story

ragoût *n.m.* stew

raisin *n.m.* grapes

raison *n.f.* reason, thinking

avoir — to be right

en — **de** on account of

raisonnable reasonable

raisonnement *n.m.* reasoning

rajeunir to rejuvenate, to look younger

ralentir to slow down

ramasser to gather, to pick up

ramener to bring back

ramper to crawl, to sliver

rang *n.m.* row, rank

ranger to put in order

rapide fast, quick

rapidement quickly

rappeler to remind, to recall

se — to remember

rapport : par — **à** in relation to, compared with

se rapporter to refer, to relate

rarement rarely

ras(e) close, short hair

au ras de on a level with

se raser to shave

rater to miss, to fail

ravi(e) delighted

réagir to react

réalité : en réalité really, as a matter of fact

récemment recently

recette *n.f.* recipe

recevoir to receive

se réchauffer to get warm again

recherche *n.f.* research

récit *n.m.* story

réclamer to claim

récolte *n.f.* crop, harvest

reconnaître to recognize

recouvrer to recover, to regain

récréation *n.f.* playtime, break

recueil *n.m.* collection, selection

recueillir to collect

récurer to clean

redouter to fear, to dread

réfléchi(e) reflexive

réfléchir to reflect, to think over

regard *n.m.* look, glance

regarder to look at, to watch

règle *n.f.* rule, ruler

règlement *n.m.* rule, bylaw

règlement de comptes *n.m.* gangland killing

régner to reign

régulier(ère) regular

rein *n.m.* kidney

rejeter to reject

relever to raise again, to pick up, to spice up (cooking)

relié(e) linked

remarquer to notice

remercier to thank

remettre to put back

remis(e) : être — to be recovered

remplacer to replace

remplir to fill

rencontre *n.f.* meeting, encounter

rencontrer to meet

rendez-vous *n.m.* appointment, date

rendre to return, to give back, to make (+ adj.)

— **service** to render a service

se — to go, to make oneself (+ adj.)

se — **compte** to realize

se renfermer to confine oneself

renseignement *n.m.* information

rentrer to return home

être rentré(e) to be back

renverser to spill, to throw down

renvoyer to send back, to discharge

répandre to spread, to scatter

réparer to repair, to fix

repas *n.m.* meal

repasser to iron
répéter to repeat, to rehearse (theatre)
répétition *n.f.* rehearsal
se replier to fold up, to withdraw into oneself
répondre to answer
réponse *n.f.* answer
repos *n.m.* rest
se reposer to rest
reprises: à plusieurs — repeatedly
reprocher to reproach
résoudre to solve, to resolve
   se — à to decide, to make up one's mind
respirer to breathe
responsable responsible
ressembler to resemble
ressentir to feel
ressortir to go out again, to stand out
rester to stay
restes *n.m. pl.* leftovers
retard *n.m.:* **en —** late
retentir to resound, to have repercussions
retentissement *n.m.* resounding sound, repercussion
retour: être de — to be back
retourner to go back, to turn around
retroussé(e) turned up, snub (nose)
réunion *n.f.* meeting
se réunir to meet, to reunite
réussir to succeed
réussite *n.f.* success

rêve *n.m.* dream
réveiller to awaken, to wake up
   se — to awake
revenant *n.m.* ghost
revenir to come back
revenu *n.m.* income
rêver to dream
révision *n.f.:* **faire des —** to review
revue *n.f.* magazine, journal
rez-de-chaussée *n.m.* first floor
rhume *n.m.* cold
ridé(e) wrinkled
rien nothing
   — que nothing but
rire to laugh
rive *n.f.* bank, shore
robe *n.f.* dress
roi *n.m.* king
reine *n.f.* queen
roman *n.m.* novel
romancier(ère) *n.m ou f.* novelist
rompre to break (bread or relationship)
rond(e) round
ronde: faire sa — to make the rounds
roseau *n.m.* reed
rouge red
   — à lèvres *n.m.* lipstick
rougir to redden, to blush
rouler to roll
route *n.f.* road
   en — on the way
roux (rousse) red-haired
ruban *n.m.* ribbon
rue *n.f.* street
rusé(e) sly, cunning

S

sable *n.m.* sand
sabot *n.m.* wooden shoe
sac *n.m.* bag, purse
sage wise, reasonable
sagesse *n.f.* wisdom, good behaviour
saignant(e) bleeding, rare (meat)
saisir to seize, to grasp an idea, to grab
saison *n.f.* season
salaire *n.m.* salary
sale dirty
salé(e) salted
saleté *n.f.* dirt
salir to soil
salle *n.f.* large room
   — à manger dining room
saluer to greet, to salute
sanglant(e) bloody
sans without
santé *n.f.* health
satisfaire to satisfy
satisfait(e) satisfied, pleased
sauf except
saut *n.m.* jump
sauter to jump
sauver to save
savant *n.m.* scholar
savoir to know
savourer to savour, to relish
sceau *n.m.* seal, mark
seau *n.m.* pail, bucket
sec (sèche) dry
sécher to dry
secourir to aid, to rescue
secours *n.m.:* **au — !** help!
secrétaire *n.m.* writing desk

séjour *n.m.* sojourn, stay

sel *n.m.* salt

selon according to

semaine *n.f.* week

semblable similar, same

sembler to seem

sens *n.m.* sense, meaning, direction

sensé(e) sensible, intelligent

sentiment *n.m.* feeling

sentir to feel, to smell

   se — to feel (globally)

serpent *n.m.* snake

serrer to press, to tighten, to squeeze

   — la main to shake hands

serveur (euse) *n.* waitress, waiter

serviette *n.f.* towel, briefcase

servir to serve

   — à to be used for

   se — de to use

serviteur *n.m.* servant

seul(e) alone, only, single one

seulement only

si if, whether, yes

siècle *n.m.* century

sifflement *n.m.* whistling

signe *n.m.* sign

   c'est — que it means that

   faire — to signal

signer to sign

s'il vous (te) plaît please

simplifier to simplify

sitôt as soon, so soon

sobre sober

sœur *n.f.* sister

soi oneself, himself, herself

soif *n.f.* thirst

   avoir — to be thirsty

soigner to take care of, to nurse, to look after

soin *n.m.* care, attention

soir *n.m.* evening

   ce — tonight

   le — at night

soirée *n.f.* evening (duration)

soit (que)... soit (que)... either... or, whether... or

solde : en — on sale

soleil *n.m.* sun

   au — in the sun

sombre dark

somme *n.f.* sum

sommeil : avoir — to be sleepy

sommet *n.m.* summit

son *n.m.* sound

songer to think

sonner to ring, to strike

sort *n.m.* fate, destiny

sorte *n.f.* sort

   de — que so that

sortie *n.f.* party, outing

sortir to go out, to take out

sot(te) stupid, silly

sou *n.m.* penny

souci *n.m.* worry

se soucier de to be concerned, to care

soudain suddenly, all of a sudden

soudainement suddenly

souffler to blow

souffrir to suffer

souhait *n.m.* wish

souhaiter to wish, to desire

soulagement *n.m.* relief, alleviation

soulager to relieve

soulever to raise, to stir up

soulier *n.m.* shoe

souligner to underline, to emphasize

soumis(e) submitted

soupirail *n.m.* vent

sourire *(verbe* ou *n.m.)* smile, to smile

souris *n.f.* mouse

sous under

sous-entendu(e) understood, implied

sous-marin *n.m.* submarine

sous-titre *n.m.* subtitle

soutenir to support, to sustain

se souvenir to remember

souvent often, many times

souverain *n.m.* sovereign

spectacle *n.m.* show

stationner to park

subir to undergo

sucre *n.m.* sugar

sucré(e) sweet

suer to perspire, to sweat

suffire to suffice

suffisamment sufficiently

suggérer to suggest

suite *n.f.* continuation

suivant(e) next, following

suivi(e) de followed by

suivre to follow

sujet : au — de about, concerning

supplémentaire additional

supplier to implore

supposer : à — que supposing that, assuming that

sur on

sûr(e) sure

    bien — of course

sûreté *n.f.* security

surprenant(e) surprising

surprendre to surprise

surtout above all, especially

surveiller to supervise, to watch over

survenir to happen, to take place

survivre to survive

T

tableau *n.m.* blackboard, table, painting

tache *n.f.* stain

tâche *n.f.* task, job

tâcher de to try

taille *n.f.* size

se taire to keep quiet, to fall silent

tandis que while, whereas

tant so, so much

    — mieux so much the better

    — pis so much the worse, too bad

    — que so long as

    en — que as

tante *n.f.* aunt

taper to type

tapis *n.m.* rug

taquiner to tease

tard late

tarder à to delay

tas heap, lot, pack

tasse *n.f.* cup

tâtonner to feel one's way, to grope

taureau *n.m.* bull

teindre to tint, to dye

teint *n.m.* complexion, colour

    fond de — make-up

tel(le) such, like

téléviseur *n.m.* television set

tellement so, so much, to such a degree

témoignage *n.m.* testimony

témoin *n.m.* witness

tempête *n.f.* storm

temps *n.m.* time, tense (verbs), weather

    à — in time

    de — en — from time to time

    en même — at the same time

    il est — de it is time to

    tout le — all the time

tendre to stretch, to lay

ténèbres *n.f. pl.* darkness, gloom

tenir to hold

    — à to want, to be anxious, to value

    se — to keep, to remain, to stand

    — compagnie to keep company

tenter to try, to attempt

terminaison *n.f.* ending

(se) terminer to end

terre *n.f.* earth, soil, ground

    par — on the ground

tête *n.f.* head

thé *n.m.* tea

tic *n.m.* twitching, tic

tiens! here!

tiers *n.m.* third

timbre *n.m.* stamp

timide shy

tirer to draw, to pull

    s'en — to pull through

tiroir *n.m.* drawer

tissu *n.m.* fabric

toile *n.f.* canvass

tolérer to tolerate

tollé *n.m.* outcry

tomber to fall

    — en panne to breakdown

ton *n.m.* tone

tondre to shear, to mow

tonner to thunder

tonnerre *n.m.* thunder

tordre to twist

torrent: à torrents downpour

tort: avoir — to be wrong

tôt early

touffu(e) bushy, tufted

toujours always, still

tour *n.m.* turn, trick

    faire le — de to go round

tour *n.f.* tower

tout(e) all, whole, every, very

tout everything

    — à coup suddenly

    — à fait completely, exactly

    — à l'heure in a few minutes, a few minutes ago

    — ce qui (que) all that

    — de suite immediately

    — le monde everyone

— le temps all the time
toutefois however, nevertheless
toux *n.f.* cough
trace *n.f.* trail
traduction *n.f.* translation
traduire to translate
  se — to be translated
train : être en — de to be in the act of
trait *n.m.* straight line
  — d'union hyphen
travail *n.m.* work
travailler to work
travailleur(euse) worker
travers : à — through
traverser to cross, to go through
tréma *n.m.* dieresis, umlaut (e.g. **ë**)
tremblement de terre *n.m.* earthquake
très very
trésor *n.m.* treasure
tricher to cheat
tricot *n.m.* knitting, sweater
tricoter to knit
trimestre *n.m.* quarter, trimester
triste sad
tromper to deceive
  se — to make a mistake, to be wrong
trompeur(euse) deceitful, misleading
trop (de) too much, too many
trottoir *n.m.* sidewalk
trou *n.m.* hole
trouver to find

  se — to be (found)
tuer to kill
tuile *n.f.* tile
tutoyer to address as « tu »

U

usage *n.m.* use
usé(e) worn out
usine *n.f.* factory
usité(e) in use, current
utile useful
utiliser to use

V

vacances *n.f. pl.* vacation
vache *n.f.* cow
va-et-vient *n.m.* coming and going
vague *n.f.* wave
vaillant(e) valiant
vaincre to conquer, to win
vaisselle : faire la — to wash the dishes
valeur *n.f.* value, worth
valise *n.f.* suitcase
valoir to be worth
  — mieux to be better
vapeur *n.f.* steam
vase *n.m.* vase
vase *n.f.* slime, mud
vaurien *n.m.* rascal, scoundrel
veille *n.f.* the day before
vélo *n.m.* bike
vendre to sell
se venger to revenge
venimeux(euse) poisonous, venomous
venir to come
  — de to have just
  en — à to come to the point of
vent *n.m.* wind

verdir to turn green
véreux(euse) wormy
verger *n.m.* orchard
vérité *n.f.* truth
vermeil(le) ruby, rosy
verre *n.m.* glass
verres de contact contact lenses
vers *n.m.* line of poetry
vers towards, around
verser to pour
vert(e) green
vertige *n.m.* vertigo
veste *n.f.* jacket, coat
vestibule *n.m.* hall, lobby
vêtement *n.m.* garment, clothes
vêtir to dress, to clothe
veuf (veuve) *n.* widower (widow)
viande *n.f.* meat
vide empty
vie *n.f.* life
vieillard *n.m.* old man
vieillir to age, to grow old
vieux (vieille) old
vif(vive) bright, vivid
vilain(e) ugly, mean
ville *n.f.* city, town
vin *n.m.* wine
virgule *n.f.* comma
visage *n.m.* face
vite quickly
vitesse *n.f.* speed
vitrail *n.m.* stained glass
vivant(e) lively, alive
vivre to live
vœu *n.m.* vow, wish, desire
voici here is, here are
voilà there is, there are
voile *n.m.* veil, net
voile *n.f.* sail
voir to see, to understand

voisin(e) neighbour
voiture *n.f.* car, automobile
voix *n.f.* voice
  à haute — aloud
  à — basse in a low voice
vol *n.m.* flight, theft
voler to fly, to steal
voleur *n.m.* thief
volonté *n.f.* will
volontiers willingly

vorace voracious
vouloir to want, to wish
  — dire to mean
  en — à to bear a grudge
  s'en — to be angry with oneself
voyage *n.m.* travel, trip
voyager to travel
vrai(e) true
vraiment really

vraisemblablement very likely, probably
vu in view of, considering
vue *n.f.* sight, view, eyesight

Y
yeux (*sing.* **œil**) *n.m. pl.* eyes

INDEX

A

À, 382–384
  avec le comparatif, 181
  contraction avec l'article
    défini, 88, 238
  + infinitif, 158, 201, 338,
    345, 382, 446
  introduisant le
    complément indirect,
    261
  + subjonctif, 151
  verbes et expressions avec
    ~, 340, 342–343
À cause de, 391
Accent grave, 449
Accord
  adjectif, 47–49
  déterminant possessif,
    106
  participe passé, 65,
    67–69, 8, 325–327,
    367, 408
  pronom possessif, 304
À ce que, 151
Acheter
  futur simple, 122
  impératif, 24
  présent de l'indicatif, 4
  subjonctif présent, 146
Adjectifs, 42–60
  accord, 47–49
  adverbes reliés à des ~,
    170
  antéposés, 51, 183
  article indéfini +, 92
  comparatif, 178–180
  + complément infinitif,
    344, 346–347
  consonne, redoublement
    de la, 44
  de +, 200–201
  de couleur, 45, 49
  de quantité, 94

démonstratifs, 102–105
dérivés de participes
  passés, 226
dérivés de participes
  présents, 216–217
employés adverbialement,
  48, 172
en *gu*, 42
féminin des ~, 42–45
indéfinis, 361–374
interrogatifs, 237
multiples, place des ~, 52
ordinaux, 56–57
pluriel des ~, 46
possessifs, 90, 105–110
postposés, 50, 183
sens des ~, selon la place,
  53
superlatifs, 182
verbes formés sur des ~, 5
Adverbes, 168–178
  catégories, 168
  comparatifs, 178–180
  de manière, 168–169
  de négation, 168,
    190–195
  de quantité, 94, 168–169
  de temps et de lieu, 168,
    171
  formation, 169
  indéfinis, 361, 366,
    369–370
  interrogatifs, 236, 250
  place, 171–172
  reliés à des adjectifs, 170
  rôle, 168
  + superlatif, 183–184
  utiles, 172–175
Âge, 21
Aimer, 428
  conditionnel, 131, 136
  futur, 120
  futur antérieur, 126

imparfait, 71
impératif, 23
passé antérieur, 419
passé simple, 415
plus-que-parfait, 81
À la longue, 172
Aller
  conditionnel passé, 136
  futur, 123
  futur antérieur, 126
  impératif, 23
  + infinitif, 12, 75, 124,
    134, 339
  passé antérieur, 419
  passé composé, 67
  présent de l'indicatif, 1
  s'en aller, 317, 386
  subjonctif, 148
Alors, 172
« *Although* », 155
Amener, 21
À moins que, 151
Antécédent, 285, 293
Antériorité, 81, 126, 419
« *Any* », 94
« *Anyone, anything* », 365
À peine... que
  futur antérieur, 126–127
  inversion sujet–verbe,
    260
  passé antérieur, 419
À plusieurs reprises, 172
Appartenir à, 111, 384
Appeler
  futur simple, 122
  impératif, 24
  présent de l'indicatif, 3
  subjonctif, 146
Apporter, 21
Après, 380, 382
  après que, 126, 419
Arriver, 81
Article, 87–102

défini, 88–91
   à la place du
      déterminant
         possessif, 109–110,
         327
   dans le pronom
      possessif, 303
   indéfini, 92–93, 202
   omission, 97–98
   partitif, 94–95, 202
« *As long as* », 124
Au cas où, 132, 137
Aucun, 198–199, 201, 362
Au-dessus de, 392
Auparavant, 172
Aussi, 172
   aussi... que, 178
   inversion sujet–verbe,
      260
Aussitôt que
   futur, 124
   futur antérieur, 126–127
   passé antérieur, 419
Autant que, 180
   d'autant plus que, 184
Autre, 362
   autre chose, 363
   l'un l'autre, les uns les
      autres, 319
Autrement, 173
Autrui, 363
Auxiliaire, 64 (*voir aussi*
      Avoir ; Être)
   semi-auxiliaire, 401–408
Avant, 391
   avant que, 151, 155
Avec, 391
Avoir, 64, 431
   expressions idiomatiques,
      19–21
   impératif, 23
   passé simple, 416
   subjonctif, 147

   verbes conjugués avec ~,
      64
Avoir besoin de, 19
Avoir chaud / froid, 19
Avoir envie de, 20
Avoir faim / soif, 20
Avoir l'air, 20, 48
Avoir le droit de, 20
Avoir le temps, 343
Avoir lieu, 20
Avoir raison / tort, 21
Avoir sommeil, 21
Avoir peur, 20
   + subjonctif, 151

B
Beaucoup, 20, 168–169
   comparatif, 179, 181
   ~ *plus / ~ moins*, 173
« *Because* », 213
Bien, 168, 170
   + adjectif, 173
   comparatif, 179
   place, 171
Bien que, 155, 160
Boire, 71, 147
Bon
   comparatif, 179–180
   superlatif, 183

C
« *Can* », 404
Car, 391, 398
Ce, cet, cette, ces, 103–104
Ce + être (*c'est, ce sont*), 48,
      279, 308–310, 347
Ceci, cela (ça), 310–311
Cela (Ça) fait... que, 13
Celui, celle, ceux, 307–308
Cent, 115
Certain, 363
Chacun, chaque, 364
Chez, 391–392

Combien, 236, 250
   combien de, 94
Comme, 18
Commencer, 342
Comment, 236, 250
Comparatifs, 178–182
   en corrélation, 182
   expressions, 184–185
   irréguliers, 179
   nom +, 180
   + pronom disjoint, 280
Complément d'agent,
      228–229
Complément circonstanciel,
      262
Complément de la
      préposition, 237
Complément déterminatif,
      97
Complément direct
   avec *faire* causatif,
      405–406
   avec *laisser* et verbes de
      perception, 407–408
   dans les phrases passives,
      228
   pronom personnel,
      261–263
   pronom réfléchi, 320
   pronom relatif (*que*),
      289–290
   trouver le ~, 325
   verbes avec ~, 261, 320
   Voir aussi Participe passé :
      accord
Complément indirect
   pronom personnel,
      261–262, 264–266
   pronom réfléchi,
      320–321
   pronom relatif, 291
   verbes avec ~, 261, 320
Conditionnel, 131–138

changements
orthographiques, 4,
132
passé, 136–137
présent, 131–134
emplois, 133–134
verbes irréguliers, 132
verbes réguliers, 131
Conjonctions, 394–399
coordination, 395
+ indicatif, 396
négatives, 191, 195,
201–203
prépositions
correspondantes, 159,
398
+ subjonctif, 153–155,
159, 396
subordination, 395–398
temporelles, 81, 124
Conjugaison
avec *avoir*, 64
avec *être*, 66
verbes pronominaux, 68,
315
voix passive, 228
Connaître, 409–410
Constructions
impersonnelles. *Voir*
Expressions
impersonnelles
« *Could* », 135, 404
Coupure des mots en fin de
ligne, 448
Craindre, 71, 146, 151
Croire, 71

D
Dans, 389–390
Dates, 90, 116
De, 384–385
+ adjectif, 200–201

complément indirect,
261, 278
contraction avec l'article
défini, 88, 96, 238
dans les superlatifs, 184
expression de la
possession, 111, 307
+ infinitif, 158, 338, 344,
382, 447
verbes et expressions avec
~, 340–343
Décider, 342
Dedans, 266
Demander, 343
Demi, 39, 48
Depuis, 12–15, 18
+ imparfait, 75
+ négation, 14
+ présent de l'indicatif,
12
depuis que, 12, 18
Dernier, 56
Dès que
futur simple, 124
futur antérieur, 126–127
passé antérieur, 419
Dessus, dessous, 266
au-dessus de, 392
Déterminant, 87
démonstratif, 102–105
indéfini, 361–374
interrogatif, 237
négatif, 190, 198
numéral, 114–116
prononciation
particulière, 116
possessif, 90, 105–110
dans le discours
indirect, 246
Voir aussi Article
Devant, 391
Devoir, 133
équivalents anglais, 403

+ infinitif, 401–402
+ nom, 402
Différent, 54, 364
Discours indirect, 246–255
concordance des temps,
247
emploi de l'imparfait, 74
emploi du plus-que-
parfait, 82
interrogation dans le ~,
249–250
ordre à l'impératif, 248
passer au ~, 251
phrase déclarative,
246–247
Divers, 364
Dont, 110, 290, 294
Doucement, 173
Du, de la, de l', des, 94–96,
202

E
Elle(s)
pronom disjoint, 278
pronom sujet, 258
Emmener, 21
Emporter, 21
En
préposition, 382,
388–389
gérondif, 212
impératif +, 24
omission de l'article
après ~, 98
pronom, 268–271
avec verbes de
perception, 408
désignant le possesseur,
110
expressions
idiomatiques,
270–271
En ce moment, 173

Encore, 260

En même temps, 173

Ennuyer, 4

Envers, 392

Envoyer, 1, 123

Épeler, 3

Espérer, 3, 146

Est-ce que, 233–234

Étranger, étrange, 55

Être, 65, 71, 432

   + *à*, expression de la
      possession, 111, 384

   + adjectif, 346

   formation du passif, 228,
      337

   impératif, 23

   passé simple, 416

   subjonctif, 147

   verbes conjugués avec ~,
      66, 316

   Voir aussi Ce + être

Être en train de, 11, 74, 215

Eux, 278

« *Even though* », 155

« *Ever* », 197

Exclamations, 238

Expressions impersonnelles,
   150, 356–358

   infinitif dans les ~,
      346–347

F

Faire

   conditions
      atmosphériques, 356

   impératif, 23

   imparfait, 71

   + infinitif (causatif),
      405–406

   se faire, 326

   se faire à, 322

   s'en faire, 271

   s'y faire, 267

   subjonctif, 147–148

Faire de son mieux, 185

Faire des siennes, 305

Faire mal, 20

Falloir, 147, 356

Féminin

   de l'adjectif, 42–45

   terminaisons des noms,
      34

Finir, 429

   changement de sens selon
      la préposition, 342

   conditionnel présent, 131

   futur simple, 120

   imparfait, 71

   impératif, 23

   passé simple, 416

« *For* », 12–13, 18

Fort, 48, 172–173

Fraction, 39

Futur antérieur, 125–127

   du passé, 137

   emplois, 126

   formes, 125

Futur proche, 12, 75, 124,
   339

   du passé, 134

Futur simple, 120–125

   changements
      orthographiques, 4,
      122

   emplois, 124

   verbes irréguliers, 123

   verbes réguliers, 120

G

Geler, 4

Genre, 33, 87, 106

   double ~, 36

Gérondif, 212

H

H muet / aspiré, 2

Haïr, 6, 24, 121

« *Have to* », 401

Heure

   ambiguïté de sens, 14

   exprimer l'~, 357

Horrible, 55

« *How about* », 72, 74

I

« *I wish I / you* », 133, 137

« *If only I did* », 72, 74

Il faut que, il est nécessaire
   que, 155

Il impersonnel. *Voir*
   Expressions
   impersonnelles

Il(s), 258

Il y a, 13, 357

Imparfait de l'indicatif, 63,
   70–75

   changements
      orthographiques, 4, 72

   emplois, 72–75

   formes, 70–72

Imparfait du subjonctif.
   Voir Subjonctif

Impératif, 23–31

   changements
      orthographiques, 4, 24

   discours indirect, 248

   emplois, 27–28

   formes, 23–24

   passé, 26

   pronoms compléments,
      place et ordre, 25, 281

   verbes pronominaux, 316

Indicatif présent. *Voir*
   Présent de l'indicatif

Infinitif, 335–355

   + à, 446

   dans le discours indirect,
      248

dans les constructions
impersonnelles,
346–347
+ de, 447
emplois, 337–347
formes anglaises en
« ing », 215, 337
négation et ~, 192–193,
336
passé, 158, 335–336
passif, 337
présent, 158
verbes pronominaux, 315
Voir aussi Proposition
infinitive
Interrogation, 233–245
adverbes d'~, 168
indirecte, 134, 137,
249–250
mots interrogatifs,
235–236
réponse affirmative ou
négative, 233–235
réponse spécifique, 235
Inversion sujet–verbe,
259–260
interrogation, 233–234,
236
négation, 192

J
Jamais, 194, 197, 204
Je, 258
Jeter, 3, 122, 146
Jours, 445
article devant les ~, 91
Jusque, 392
jusqu'à ce que, 155

L
Laisser, 406–408
se laisser, 326
Le, la, les

articles, 88
dans les superlatifs, 183
pronoms compléments,
263
+ *quel*, 238
Lequel
pronom interrogatif, 238,
250
pronom relatif, 292
Leur
déterminant possessif,
108
pronom complément,
264
Lever, 3, 122, 146
se lever, 126, 136,
315–316
Lorsque, 124, 126, 419
Lui
pronom complément,
264
pronom disjoint, 278

M
Maint, 364
Majuscule, 36
Mal, 168, 170
de mal en pis, 184
Manquer, 387
Masculin
terminaisons des noms,
35
Mauvais, 55
comparatif, 179–180
superlatif, 183
Me
devant une voyelle, 25
pronom complément,
262
pronom réfléchi, 315
Même, 173, 365
Mener, 21
Mi, 48

Mieux, 170, 179–180, 185
de mieux en mieux, 184
valoir mieux, 185
Mille, 115
Million, milliard, 116
Modes, 427
Moi, 25
Moindre, 179–180
Mois, 445
Moins, 179, 185
de moins en moins, 184
moins... que, 151, 178,
180
« *Must* », 401

N
Nager, 24
Ne explétif, 151, 181
Négation, 190–210
adverbes de ~, 168, 190,
196–197
article +, 92, 95–96
depuis +, 14
emplois, 196–203
formes, 190–191
multiple, 203–204
ordre, 204
place, 191–195
Ne... pas, 191–193, 196,
202, 336
Ne... que, 194, 204
Ne... rien, 195
N'est-ce pas, 234
Nettoyer
présent de l'indicatif, 4
impératif, 24
futur simple, 122
subjonctif présent, 146
Neuf
adjectif, 55
déterminant numéral,
116
Ni, 195, 201–202, 280

N'importe
   n'importe où, ~ quand, ~ comment, 366
   n'importe quel, 365
« *Nobody* », 367
Nom, 33–41
   à la place du subjonctif, 156
   article défini devant le ~, 88–91
   commun, 33, 36
   + comparatif, 180
   + complément infinitif, 344–345, 347
   composé, avec un adjectif, 51
   de nationalité, 36, 309
   de profession, 309
   de quantité, 94
   dérivé de participes passés, 225
   dérivé de participes présents, 216
   épicène, 36
   formes anglaises en « ing », 215
   genre, 33–36, 87
   infinitif employé comme ~, 337
   pluriel, 37
   propre, 33, 36
      qualifié par un adjectif, 51
   + superlatif, 183
Nombre. *Voir* Accord ; Pluriel
Nombres, 445
   cardinaux, 114–116
   collectifs, 38
   + comparatif, 181
   ordinaux, 56–57
Non, 235
Non plus, 194, 204

Nous
   pronom disjoint, 278
   pronom personnel, 257–258
   pronom réfléchi, 315
Nouveau, 55
Nu, 48
Nul, 198–199
Nulle part, 194

O
Objet. *Voir* Complément direct ; Complément indirect
On, 107, 259, 367
   voix passive, 229–230
Ordre, donner un ~, 27, 124, 248
Où
   adverbe indéfini (+ *que*), 367
   adverbe interrogatif, 236, 250
   pronom relatif, 292–293
Oui, 235

P
Par, 390
Parce que, 18, 391, 398
Par moments, 173
Participe passé, 221–227
   accord, 65, 67–69, 81
      avec *on,* 367
      pronominal, 325–327
      verbes de perception, 408
   emplois, 224–226
   employé comme adjectif, 50
   verbes du 3ᵉ groupe, 222–224
   verbes impersonnels, 358
   verbes réguliers, 221

Participe présent, 211–220
   à la place de la subordonnée relative, 156
   employé comme adjectif, 50
   employé seul, 213
   formes, 211
   gérondif, 212
   verbes pronominaux, 315
Partir, 386
Pas. Voir Ne... pas
Passé antérieur, 418–420
   emplois, 419–420
   formes, 419
Passé composé, 63–70, 73
   emplois, 69–70
   formes, 64–69
   Voir aussi Conjugaison ; Participe passé
Passé récent, 11, 75
Passé simple, 415–418
   emplois, 418
   verbes irréguliers, 416–417
   verbes réguliers, 415–416
Passé surcomposé, 420
Passif, 227–231
   construction de la voix passive, 228
   éviter le ~, 229
Pas un, 198–199
Payer, 4, 122
Peler, 4, 122
Pendant, 18
   pendant que, 124
Penser, 343, 386
« *People* », 370
Personne, 199–200, 367
Petit
   comparatif, 179–180
   superlatif, 183
Peu, 170

Peut-être, 174
  que, 260
Phrase conditionnelle, 138
  emploi de l'imparfait, 74,
    134
  emploi du futur,
    124–125
  emploi du plus-que-
    parfait, 82, 137
  emploi du présent de
    l'indicatif, 12
Phrase interrogative. *Voir*
  Interrogation
Pire, 179–180
Placer, 24
Pleuvoir, 147
Pluriel
  adjectifs, 46
  noms, 37
Plus, 185
  de plus en plus, 184
  plus... que, 151, 178, 180
Plusieurs, 367
Plus-que-parfait, 64, 80
  emplois, 81
  formes, 80
Plutôt, plus tôt, 174
Porter, 21
Possession, exprimer la ~,
  111.
    Voir aussi Déterminant :
    possessif ; Pronom
    possessif
Possible, 49
Pour, 18, 382, 389
Pourquoi, 236, 250
Pouvoir, 133, 135, 147
  à la place de *devoir*, 404
  + infinitif, 404
Premier, 56–57
Prendre, 23, 71
Prépositions, 380–394

changement de sens selon
  la ~, 342–343,
  386–387
complément de la ~, 237
complément indirect, 261
conjonctions
  correspondantes, 159,
  398
  courantes, 380
  dans un nom composé,
  38
  dérivées de participes
  passés, 226
  + infinitif, 159
  locutions prépositives,
  381
  participe présent employé
  comme ~, 217
  + pronom disjoint,
  278–279
  + pronom relatif, 292
  + verbe, 381–382
  verbes et expressions avec
  ~, 340–343
  verbes et expressions sans
  ~, 339
Présent de l'indicatif, 1–17
  changements
  orthographiques, 3
  emplois, 11
    après *si*, 12, 125
  formes, 1
  verbes irréguliers, 6
  verbes réguliers, 1
Présent littéraire, 12
Promener (se), 419
Pronoms compléments,
  261–273
  incompatibles, 278, 408
  insertion de la négation,
  192
  multiples, 280

  place et ordre, 25,
    271–273
  verbes pronominaux, 69,
    262, 279, 317
Pronoms démonstratifs,
  108, 307–314
  invariables, 308–311
  variables, 307–308
Pronom indéfini, 361–374
  déterminant possessif +,
  107
Pronoms interrogatifs
  invariables, 239–240, 250
  variables, 238
Pronom négatif, 190, 195,
  199
Pronom objet. *Voir* Pronoms
  compléments
Pronoms personnels,
  257–284
  atones, 257–277
  avec *faire* causatif,
  405–406
  avec *laisser* et verbes de
  perception, 407–408
  disjoints (toniques), 257,
  265, 278–281, 316
  renforcer le ~, 280
  Voir aussi Pronoms
    compléments ;
    Pronoms sujets ;
    Pronom réfléchi
Pronom possessif, 303–306
  dans le discours indirect,
  246
  expressions idiomatiques,
  304–305
Pronom réfléchi, 315–322
  à l'impératif affirmatif,
  316
  complément direct ou
  indirect, 320–321
  place, 317

sans rôle grammatical, 322, 324

Pronom relatif, 285–302

  antécédent nominal, 288–293

  antécédent proposition, 293–296

  fonction, 285

  formes, 286–287

  pronom démonstratif +, 307

  sans antécédent, 293–296

  Voir aussi Proposition relative

Pronoms sujets, 258–260

  inversion sujet–verbe, 233–234, 259–260

  multiples, 280

Proposition infinitive, 158–160. *Voir aussi* Infinitif

Proposition relative

  emploi du subjonctif, 156

  remplacée par un participe présent, 214

  Voir aussi Pronom relatif

Proposition subordonnée complétive

  emploi du subjonctif, 149

  remplacée par une proposition infinitive, 158

Puisque, 18

Q

Quand

  futur, 124, 126

  interrogation, 236, 250

  où à la place de ~, 293

  passé antérieur, 419

Quantité, mots de, 94, 168

  en +, 268

formation du comparatif, 178

Quatre, 115

Que

  conjonction, 145, 158, 174, 396–398

  dans le discours indirect, 246

  dans les comparatifs, 180–181

  pronom interrogatif, 240

  pronom relatif, 289–290, 294

  restrictif, 194

Quel, 237, 250

  quel que, 368

Quelconque, 368

Quelque, quelqu'un, 368–369

Quelque chose, 370

Quelque part, 370

Qu'est-ce que c'est que, 241

Qu'est-ce qui / ~ que, 241, 251

Qui

  pronom interrogatif, 240–241

  pronom relatif, 288–289, 292, 293

Quiconque, 372

Qui est-ce qui / ~ que, 240–241

Qui / quoi que ce soit, 371

Qui que, 372

Quitter, 386

Quoi

  pronom interrogatif, 240

  pronom relatif, 295

Quoique, 155, 159

R

Rapide, 175

Rappeler, 343

Rendre + adjectif, 56

Répéter, 24

Reposer (se), 81

Rien, 200–201, 372

S

Saisons, article devant les ~, 89

Sans, 391

Sans doute, 260

Savoir, 23, 147

  et *connaître*, 409–410

Se

  pronom complément, 262

  pronom réfléchi, 315

Seul, 174

« *Several* », 367

« *Shall* », 124

« *Should* », 132, 135–136, 402

Si

  adverbe, 174

  condition, 12, 74, 82, 124–125

  interrogation indirecte, 134, 137, 249

  supposition, 28

S'il vous plaît, 28

Simultanéité (actions simultanées), 74

« *Since* », 12, 18

Si oui, sinon, 174

« *So* », 172

Soi, 278

« *Some* », 94

« *Someone* », 369

« *Somewhere* », 370

Souhait, exprimer un ~, 28, 74, 149

Sous, 392

Souvenir (se), 148

Souvent, 174

« *Still* », 197

Style indirect. *Voir* Discours indirect

Subjonctif
changements orthographiques, 4, 145
conjonctions entraînant le ~, 153–155, 159, 396
dans le discours indirect, 248
dans les complétives, 149
dans les relatives, 156
emploi classique des quatre temps du ~, 424
emplois, 149–158
employé comme impératif, 26, 149
éviter le ~, 156
forme négative ou interrogative +, 152
imparfait, 421–423
nom à la place du ~, 156
passé, 148, 157
plus-que-parfait, 422–423
présent, 144–148
verbes du 3e groupe, 146–147
verbes réguliers, 144–145
vouloir que +, 133

Subordonnées complétives. *Voir* Proposition subordonnée complétive

Superlatif, 182–184
adjectif, 182
article devant le ~, 91
expressions, 184–185

Sur, 392

Surtout, 174

Syllabe, 448

T

Tandis que, 124, 126

Tant, 174
tant que, 124, 126

Te
devant une voyelle, 25
pronom complément, 262
pronom réfléchi, 315

Tel, 372–373

Tellement, 174, 181

Temps, passer du ~, mettre du ~, avoir le ~, 343

Temps, 427
composé, 224–225
verbes pronominaux, 316
concordance des ~, 247
en même temps, 173
expressions de ~, 247
littéraires, 415–425

« *This, that, these, those* », 103

Toi
après l'impératif, 25
pronom disjoint, 278

Tôt, 174

Tout, 174–175, 373–374

Trait d'union
avec l'impératif, 24–25
déterminant démonstratif, 103
déterminant numéral, 115
pronom démonstratif, 308

Très, 20, 48

Tu
forme familière, 259
pronom sujet, 258

U

Un
déterminant numéral, 114
pronom indéfini, 374

Un, une, des, 92–93, 202

« *Until* », 155

« *Used to* », 72, 74

V

Valoir, 147
valoir mieux, 185

Vendre, 430
impératif, 23
imparfait, 71
futur simple, 120
conditionnel présent, 131
passé simple, 416

Venir
changement de sens selon la préposition, 343
imparfait, 71
passé simple, 416

Venir de + infinitif, 11, 75, 339

Verbes
+ comparatif, 180
conjugués avec *avoir*, 64
conjugués avec *être*, 66, 316
dans un nom composé, 38
de changement d'état, 66
de déclaration, 153
de doute, 149
de mouvement, 66
de pensée, 152
de perception, 406–408
de sentiments, 150
d'état d'esprit, 73
de volonté, 150
en *cer* et en *ger*, 4, 72
en *er*, 1–4, 23, 428

en *ier, uer, ouer*,
  prononciation, 2, 121
en *ir*, 5–6, 23, 429
en *oir*, 7
en *oyer, uyer, ayer*, 4
en *re*, 6–7, 23, 430
formés sur des adjectifs, 5
groupes de ~, 1
impersonnels, 356–358
+ infinitif, 446–447
intransitifs, 65–66
inversion sujet–verbe,
  192, 233–234, 236
irréguliers, 433–444
pronominaux, 68–69,
  315–334
    accord du participe
      passé, 325–326
    à sens passif, 230, 324
    emplois, 327
    essentiellement,
      322–323

réciproques et
  réfléchis, 318–320
sans préposition, 339
transitifs, 65, 228, 261
  (*voir aussi*
  Complément direct ;
  Complément indirect)
voix, 227
Vers, 392
Veuillez + infinitif, 28
Vingt, 115
Vite, 175
Voilà... que, 13
Voir, 71
Voix, 227
Volontiers, 175
Vouloir
  impératif, 23, 28
  + infinitif, 133, 137
  + *que* + subjonctif, 133
  subjonctif, 148
Vous
  forme de politesse, 259

pronom disjoint, 278
pronom personnel,
  257–258
pronom réfléchi, 315

W
« *Whatever, whoever,
  whichever* », 368
« *When* », 212
« *Wherever* », 367
« *Whether* », 134, 249
« *While* », 212
« *Will* », 124
« *Would* », 72, 74, 132,
  135–136

Y
Y, 265–267
  expressions idiomatiques,
    267
  impératif +, 24

TABLEAUX

Adjectifs
changement de sens d'après la place, 53–54
Conditionnel
tableau complet des phrases conditionelles, 138
Conjonctions et prépositions
conjonctions et prépositions correspondantes, 398
Déterminants
les articles, 87
les déterminants démonstratifs, 103
les déterminants possessifs, 105
Impératif
ordre des pronoms après l'impératif affirmatif, 25
Interrogation
les pronoms interrogatifs invariables, 239
les pronoms interrogatifs invariables au discours indirect, 250
Mots indéfinis
tableau des mots indéfinis, 361–362
Négation
les mots négatifs, 190–191
ordre des négations dans une négation multiple, 204
Noms
terminaisons déterminant le féminin, 34
terminaisons déterminant le masculin, 35
Pronoms
tableau complet des pronoms personnels, 258
regroupement des pronoms compléments devant le verbe, 262
les pronoms relatifs, 287
les pronoms possessifs, 301
les pronoms démonstratifs, 307
les pronoms interrogatifs invariables, 239
les pronoms interrogatifs invariables au discours indirect, 250

Subjonctif

présent du subjonctif : verbes réguliers, 145

verbes de pensée, 152

verbes de déclaration, 153

emploi du présent et du passé du subjonctif, 157

conjonctions et prépositions correspondantes, 159

emploi classique des quatre temps du subjonctif, 424

Verbes

les temps composés, 225

les expressions de temps dans le présent et dans le passé, 247

équivalents anglais des temps de **devoir**, 403

emplois de **savoir** et **connaître**, 409–410